XIANFENG YEARBOOK 2020

咸丰年鉴

（2020）

咸丰年鉴编纂委员会 编

方志出版社
Publishing House of Local Records

图书在版编目（CIP）数据

咸丰年鉴. 2020 / 咸丰年鉴编纂委员会编. -- 北京：方志出版社，2020.12

ISBN 978-7-5144-4647-0

Ⅰ. ①咸… Ⅱ. ①咸… Ⅲ. ①咸丰县—2020—年鉴 Ⅳ. ① Z526.34

中国版本图书馆 CIP 数据核字（2021）第 254674 号

咸丰年鉴（2020）

编　　者：咸丰年鉴编纂委员会
责任编辑：张　颢

出 版 者：方志出版社
地址　北京市朝阳区潘家园东里 9 号（国家方志馆 4 层）
邮编　100021
网址　http://www.zgfzcb.cn
发　　行：方志出版社图书经销中心
电话　（010）67110500
经　　销：各地新华书店
排　　版：北京纺印图文设计制作有限公司
印　　刷：北京中科印刷有限公司

开　　本：889mm × 1194mm　1/16
印　　张：19.5
字　　数：560 千字
版　　次：2020 年 12 月第 1 版　2020 年 12 月第 1 次印刷

ISBN 978-7-5144-4647-0　**定价：**220.00 元

序

贫困问题一直是困扰人类社会发展的重大问题。中国作为世界上最大的发展中国家，为解决贫困问题进行了长期不懈的努力。改革开放以来，特别是党的十八大以来，以习近平同志为核心的党中央把脱贫攻坚作为全面建成小康社会的底线任务和标志性指标，纳入“五位一体”总体布局和“四个全面”战略布局，以前所未有的力度推进精准扶贫、精准脱贫，扶贫开发成就举世瞩目，显著改善了贫困地区和贫困群众生产生活条件，具有重大的现实意义和深远的历史意义。身处中华民族几千年发展历史上将首次整体消除绝对贫困现象的伟大时代，如何更好地发挥地方志的存史、育人、资政的作用，是新时代全国地方志系统必须深入研究和着力解决的重大课题。

党的十八大以来，在党中央国务院的正确领导下，全国地方志系统深入学习贯彻习近平新时代中国特色社会主义思想，紧紧围绕党和国家事业发展需要，深入推进地方志改革创新发展，凝心聚力，稳扎稳打，勇于担当，主动作为，全国地方志形势和地方志工作者的精神面貌发生了深刻变化，取得了优异成绩。其中，为贯彻落实《全国地方志事业发展规划纲要（2015—2020 年）》，经中国地方志指导小组领导批准，中国地方志指导小组办公室于 2015 年、2017 年先后启动民族地区与贫困地区志书、年鉴出版资助工程（以下简称“志鉴出版资助工程”），对国家级贫困县（区、旗、县级市），中西部地区、少数民族边疆地区面临出版经费困难的志书和综合年鉴给予出版资助。实施志鉴出版资助工程是紧扣时代脉搏、坚持创新发展、传承弘扬中华优秀传统文化的一项创举，不仅有力推动了“两全目标”的实现，而且数十部资助出版的志书、年鉴及时记述了民族地区与贫困地区在全面建成小康社会伟大征程中取得的新成绩和新经验、出现的新情况和新问题、涌现的优秀人物和典型事迹，留住地方文化的“根”和“魂”，为这些地区的经济社会发展、地域文化传播、爱国主义教育、精神文明建设等提供了历史借鉴和智力支持，对全面提升民族地区与贫困地区文化建设水平、确保民族地区与贫困地区和全国其他地区同步全面建成小康社会具有重要意义。

尤为可喜的是，志鉴出版资助工程促成了一批扶贫志书的编纂出版，在文化脱贫攻坚中发挥了独特的作用。例如，《贵州省减贫志》全面系统客观记述了从 1978

年至2015年贵州省扶贫、减贫工作的历程及取得的经验，为贵州省实施大扶贫战略提供了有力的资政辅治参考，集中体现了地方志工作因时而动、顺势而为的新作为。前不久，由福建省地方志编委会和人民网共同编纂的《闽宁扶贫协作图志》，是全国首部扶贫协作图志，图文并茂、直观立体、全方位地展现闽宁扶贫协作波澜壮阔的历程，弘扬“闽宁一家亲”“携手奔小康”的深厚情谊和滴水穿石、久久为功的精神，是贯彻落实习近平总书记扶贫工作重要论述精神，服务国家精准扶贫、精准脱贫战略的有力举措。希望各地以此为鉴，编纂出版更多、更好的扶贫志书、年鉴，助力国家精准扶贫、精准脱贫战略的实施，充分展现地方志的独特价值和作用。

当前，我国脱贫攻坚已进入全面决战决胜的关键时期，尚未脱贫的贫困地区集中分布在中西部深山区、极端干旱山区、高寒阴湿地区等，文化建设还比较薄弱，文化产品还不够丰富，文化精品更是少之甚少。同时，这些地区往往是民族文化、历史文化、红色文化、生态文化富集区，具有发展文化旅游、推进文化扶贫的巨大潜在优势，也是繁荣发展地方志事业的巨大文化宝库。要发挥好文化扶贫凝聚人心的优势，善于利用方志文化优势为贫困地区“赋能”，在脱贫攻坚中做出方志人应有的贡献。要发挥好中国名镇志文化工程、中国名村志文化工程的引领作用，大力加强乡镇村志编纂，让百姓记得起乡情、记得住乡愁，凝聚贫困乡镇村庄的强大民心，补齐贫困乡镇村庄的文化短板，以“扶智”的方式“扶志”，践行习近平总书记强调的“扶贫先扶志，扶贫必扶智”的重要理念。

求木之长者，必固其根本；欲流之远者，必浚其泉源。扶贫扶起的是志气骨气，传承的是家国情怀，守护的是绿水青山。扶贫既要富口袋，也要富脑袋。必须坚持文化脱贫和物质脱贫两手抓，筑牢贫困地区文化之基，补足信仰精神之钙，引领脱贫发展之舵。全国地方志系统要围绕中心、服务大局，坚决投入脱贫攻坚这场必须打赢的硬仗，积极参与脱贫攻坚战，发挥优势和特长，深入挖掘文化资源，着力补齐文化短板，努力帮助民族地区与贫困地区的文化建设实现较大的发展提升，在全面建成小康社会、实现中华民族伟大复兴中国梦的征程中贡献方志人的力量。

是为序。

中国社会科学院院长
中国地方志指导小组组长　谢伏瞻

民族地区与贫困地区年鉴出版资助工程领导小组

组　　长：高　翔

常务副组长：冀祥德

副 组 长：高京斋　邱新立

民族地区与贫困地区年鉴出版资助工程领导小组办公室

主　　任：冀祥德

副 主 任：邱新立

成　　员：于伟平　刘永强　冷晓玲　李　静

咸丰年鉴编纂委员会

咸丰年鉴编辑部

编辑说明

一、《咸丰年鉴（2020）》（以下简称本年鉴）以马克思列宁主义、毛泽东思想、邓小平理论、“三个代表”重要思想、科学发展观、习近平新时代中国特色社会主义思想为指导，坚持辩证唯物主义和历史唯物主义的立场、观点和方法，实事求是地记载2019年咸丰县改革与发展的进程。

二、本年鉴是咸丰县人民政府主办、咸丰县档案馆承编的系统记载咸丰县自然、经济、政治、文化、社会等方面情况的年度资料性文献。围绕县委、县政府中心工作，突出时代特征和地方特色，记述2019年度咸丰县物质文明、政治文明、精神文明、社会文明、生态文明建设的发展进程，旨在为促进咸丰经济社会发展提供基本资料和历史借鉴。

三、本年鉴记事时限为2019年1月1日至12月31日。中共咸丰县十四届代表大会第四次会议，咸丰县第十八届人民代表大会第四次会议，推迟到2020年召开，党代会报告和政府工作报告纳入本年鉴特载。

四、本年鉴采用类目编辑法，由类目、分目、条目三级结构组成，条目为收录信息的基本单元。

五、本年鉴采编的资料，由县直各单位、各乡镇提供，并由各参编单位领导审定，兼用编辑部采集的资料。综合性统计数据以咸丰县统计局公布的资料为准，其他以撰稿单位提供的数据为准。年鉴中所用数据因资料来源、统计口径等因素，各分项数据可能与总数据不尽一致。

咸丰县行政区划图

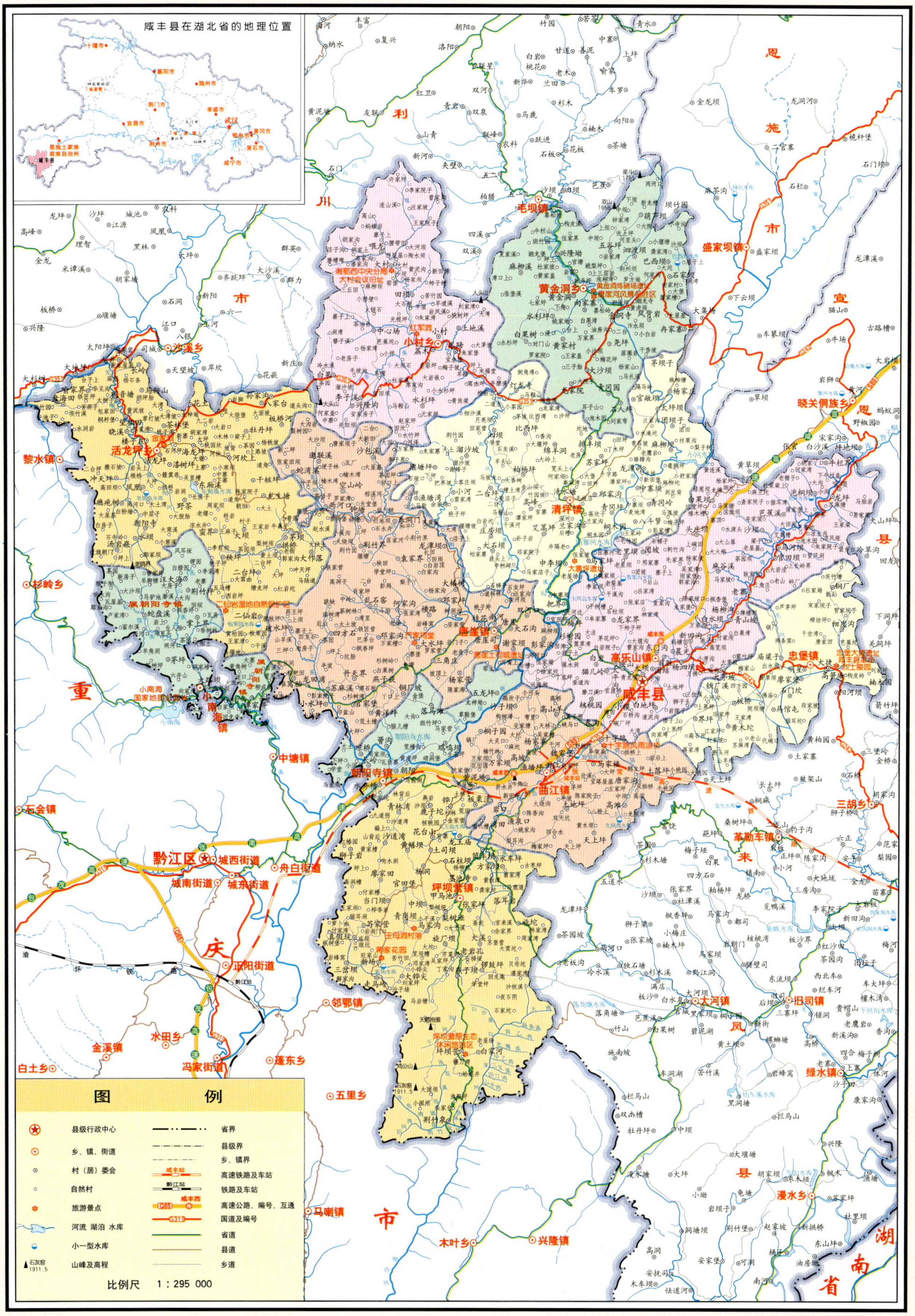

审图号：鄂XFS（2020）001号　　武汉亚新地学有限公司编制

“五个咸丰”建设

2016年12月18—25日，咸丰县分别召开中共咸丰县第十四届代表大会第一次会议、咸丰县第十八届人民代表大会第一次会议、政协咸丰县第九届委员会第一次会议，确立咸丰县未来五年的工作重点和建成“绿色咸丰、小康咸丰、法治咸丰、幸福咸丰、开放咸丰”（简称“五个咸丰”）的奋斗目标。

聚力生态文明，建设绿色咸丰。积极创建国家生态文明建设示范县，共抓长江大保护，不搞大开发，全力构筑优质生态屏障。坚决打好污染防治攻坚战，解决突出环境问题。推进“厕所革命”、乡镇生活污水处理、城乡垃圾无害化、美丽乡村建设工程，推行绿色生产生活方式，深入实施“山更青、水更绿、土更净、天更蓝、城乡更美”五大工程，大力发展生态产业，完善生态文明制度体系，建设人与自然和谐、环境优美的美丽咸丰。

聚力经济发展，建设小康咸丰。深化供给侧结构性改革，全面振兴实体经济，重点主攻生态文化旅游、硒食品精深加工、生物医药、清洁能源“四大产业集群”，做大做强企业，打造县域绿色经济体。以项目建设为总抓手，开展土地集中报批专项行动、项目前期推进专项行动、审批提速专项行动，全力攻克重点项目建设难题。强化基础设施支撑，加快构建内畅外联的交通网、全域覆盖的通信网、保障坚强的电力网、供水安全的水利网。推进生态城镇体系建设，加快建设咸丰新城，打造特色乡集镇和美丽乡村，复兴“中国干栏式建筑之乡”。

聚力社会治理，建设法治咸丰。加强社会主义民主法治建设，贯彻落实好党的民族政策，维护生动活泼、安定团结的政治局面。深化依法治国实践，推进严格执法、公正司法、全民守法，加快建设法治政府、法治企业、法治公民、法治社会。着力打造共建共治共享的社会治理格局，推广“一统三治”“一站六联”基层社会治理模式，推动信访矛盾大化解，抓好安全生产和应急管理，坚决打好防范化解重大风险攻坚战和扫黑除恶专项斗争攻坚战，保持社会和谐稳定。

聚力民生改善，建设幸福咸丰。全力打好精准脱贫攻坚战，围绕“人民群众满意、国家验收过关”目标，把脱贫攻坚同实施乡村振兴战略结合起来，以绣花功夫和钉钉子精神持续抓好“五基一动力”（基础产业、基础设施、基本公共服务、基层社会治理、基层党建、激发群众内生动力）工作重点，不让一个贫困群众在小康路上掉队。切实念好“衣食住行业教保医”民生“八字经”，办好人民满意教育，落实健康中国战略，健全社会保障体系和提高就业水平，协调推进文化事业和文化产业，努力让人民群众有更多获得感、幸福感。

聚力改革创新，建设开放咸丰。坚持发展导向、民生导向、环境导向、问题导向，深化机构和行政体制、投融资体制、农村产权制度、社会管理体制等重点领域和关键环节改革。坚定不移实施招商引资“一号工程”“一把手工程”，强化顶层设计，建实支撑平台，健全工作机制，做实从外引、向上争、朝内挖“三篇文章”，持续做大园区平台、做特会展平台、做好创新平台、做实投融资平台，大力发展外向型经济，推动形成全面开放格局。

仙居咸城　　秦兴武　摄

青狮峡看日出　　文　林　摄

龙潭司风光　　秦兴武　摄

黄金洞外景　　秦兴武　摄

马信屯全貌　　秦兴武　摄

龙坪村茶园　　高乐山镇党政办　供图

大路坝蛇盘溪茶林堡古寨
秦兴武　摄

沙坝蛮台子美丽乡村
高乐山镇党政办　供图

鸡公山原始森林
秦兴武　摄

2019 年 12 月 26 日，咸丰火车站建成通车

覃 明 摄

2019 年 9 月 30 日，咸丰大道通车　　文朝顺　摄

2019 年投入使用的白水坝易地扶贫安置区

县发改局　供图

十字街夜色　　　　　　秦兴武　摄

坪坝营镇大铧尖村——杭恩水库
吴友鹏　摄

建养一体化 01 项目包开工
县交通运输局　供图

小村乡朱家堡鸟瞰图　　　　李　攀　摄

2019 年 12 月 6 日，咸丰县 2019 年“12 · 4”国家宪法日法治宣传主题活动　　叶　斌　摄

2019 年 5 月 19 日，县委书记郑东来对新提拔任职及重要岗位的领导干部进行廉政谈话　　宋海燕　摄

2019年4月16日，赴清坪镇集镇开展“三学三知”宣传教育活动　　　　县司法局　供图

忠堡镇民族小学未成年人道德法制讲座
　　　　县人民检察院　供图

咸丰人民法院公开开庭审理案件　　　　县人民法院　供图

2019年8月21日，2019年湖北省全民健身　咸丰美丽乡村行活动

李　桦　摄

2019年1月25日，2019年咸丰县青年志愿者服务春运“暖冬行动”启动仪式

团县委　供图

咸丰县小村乡小腊壁生态院落群　　李　攀　摄

咸丰县 · 余杭区劳务招聘会
李 华 摄

唐崖镇大水坪集镇　　县档案馆　提供

牧歌唱晚——咸丰尖山土司皇城遗址风光
文 林 摄

唐崖渔歌——咸丰县黄金洞
文 林 摄

2019 年 2 月 18 日，咸丰县 2019 年新春庆元宵花灯展演在县城皇城广场举行　李　桦　摄

2019 年 11 月，咸丰县民族中学体育科技艺术节开幕式　胡春艳　摄

2019 年 9 月 26 日，咸丰县“民族情”书法、绘画、摄影及民族手工艺作品展　唐崖遗址管理处　供图

2019 年 5 月 29 日，湘鄂西、湘鄂川（渝）黔革命老区第五次联席会议在咸丰召开

县融媒体中心　供图

2019 年 8 月 22 日，庆祝新中国成立 70 周年　咸丰县第二届社会文艺团队展演

白艳丽　摄

2019年9月5日，竹马《吉么列》参加全国少数民族传统体育运动会表演　　李　桦　摄

2019 年 7 月 16 日，《唐崖土司夫人》第五届中国少数民族戏剧会演
县文化和旅游局　供图

2019 年 6 月 3 日，文化和自然遗产日“非遗”展演
李　桦　摄

2019 年 8 月 10 日，第三届唐崖论坛在咸丰落幕
唐崖遗址管理处　供图

2019 年 6 月 10 日，正式启用的咸丰市民之家　县管理局　供图

2019 年，咸丰县人民政府招商引资建成的咸丰春晖学校校园全景　春晖学校　供图

2019 年 7 月 17 日，咸丰县领导和各部门单位与聚邦科技有限公司在咸召开座谈会　王承羲　摄

目　录

2019年咸丰县经济社会发展概况

中国共产党咸丰县委员会

县委工作综述

组织工作

“不忘初心、牢记使命”主题教育

宣传思想文化工作

统战工作

法 治

政法委及综治

公 安

检 察

法 院

司法行政

军 事

人民武装

武警中队

人民防空

经济管理

发展和改革工作

国有资本投资管理

特 载

推进县域治理　决胜全面小康
奋力开创“五个咸丰”建设新局面

——在中共咸丰县第十四届代表大会第四次会议上的讲话

（2020 年 3 月 31 日）

县委书记　郑东来

这次大会的主题是：坚持以习近平新时代中国特色社会主义思想为指导，深入学习贯彻党的十九大和十九届二中、三中、四中全会精神，认真贯彻落实党中央决策部署和省委、州委工作要求，回顾总结 2019 年主要工作，安排部署法治咸丰建设及 2020 年重点工作，团结动员全县各级党组织和广大干部群众，践行初心使命，勇于担当作为，克服新冠肺炎疫情影响，奋力开创“五个咸丰”建设新局面。

一、2019 年工作回顾

2019 年是咸丰经济社会发展极不平凡的一年。我们坚持以习近平新时代中国特色社会主义思想为指导，坚决贯彻落实党中央决策部署和省委、州委工作要求，“五个咸丰”建设取得了显著成效。

（一）抓党建，强统领，全面从严治党有新气象。坚持以党的建设统领发展全局，政治保证坚强有力。把政治建设作为根本性建设，树牢“四个意识”，坚定“四个自信”，做到“两个维护”，政治生态风清气正。强化思想理论武装，切实以习近平新时代中国特色社会主义思想武装头脑、指导实践、推动工作，“不忘初心、牢记使命”主题教育扎实见效；牢牢把握党对意识形态工作的领导权，县级媒体融合发展，网络舆情防控有力，咸丰故事积极向上。切实加强组织建设，“五强五提升”[1]推动基层党建全面进步、全面过硬；落实“新三项制度”[2]，激励干部担当作为。驰而不息正风肃纪，监督执纪问责精准发力，大力整治形式主义、官僚主义，基层负担切实减轻，巡视巡察形成震慑，反腐败斗争压倒性胜利得到巩固发展。

（二）抓发展，强经济，小康咸丰建设有新成效。坚持新发展理念，加快转变发展方式，经济运行稳中有进、稳中提质。高铁新城、工业强县、全域旅游、乡村振兴“新四大引擎”竞相发力，“四大产业集群”[3]发展壮大。工业园区忠堡扩园、重点企业技改升级等项目落地投产，楚焱工贸、炳太矿业等一批困难企业实现联合重组，培育新进规企业 4 家。以“三茶果药猪”[4]为主导的农业产业格局不断优化，“唐崖茶”成为国家农产品地理标志登记保护产品，成功创建中国茶叶百强县，小村乡荣获全国“一村一品”示范村镇。全域旅游示范区创建稳步推进，唐崖河景区荣获全州十佳景区，乡村旅游蓬勃兴起。清洁能源产业取得突破，“咸页1井”点火成功。重大项目建设推进有力，黔张常铁路和咸丰大道通车运行，高铁新城初见雏形，渝鄂直流背靠背换流站投入运营，351国道、龙洞湾水库、十字岭隧道等重点工程进展迅速，项目建设的支撑作用明显增强，咸丰正阔步迈向全面小康。

（三）抓改革，强动力，开放咸丰建设有新突破。坚持把改革开放作为兴县强县的根本动力，加速推进“一新城四强县五平台”[5]建设。改革红利不断释放，党政机构改革顺利完成，农村集体产权制度改革全省领先，政策性银行支持咸丰新型城镇化示范区建设成效明显，县国投公司转型发展，供给侧结构性改革、“放管服”改革、生态文明体制改革、社会事业体制改革亮点纷呈，茶叶产业扶贫、基层社会治理等“咸丰经验”在全国全省分享交流。着力构建开放型经济格局，招商引资实际到资45亿元，咸丰对外开放的大门越开越大。

（四）抓生态，强根基，绿色咸丰建设有新面貌。坚持走生态优先、绿色发展之路。持续筑牢生态保护屏障，污染防治攻坚战、长江大保护十大标志性战役[6]、“四个三重大生态工程”[7]一体推进，中央和省环保督察反馈问题整改有力有效，县城集中式饮用水源地保护和规范化建设全面推进，城乡垃圾污水处理设施逐步完善，矿山修复、裸土覆绿成效明显，垃圾分类成为新时尚。着力推进产业生态化、生态产业化，有机农业、新型工业、全域旅游、清洁能源等绿色经济体正在构建。持续打造生态宜居家园，省级园林城市创建通过复审，乡集镇绿色生态走廊不断延伸，村庄环境整治成效明显，生态文明意识深入人心，成功创建国家生态文明建设示范县。

（五）抓治理，强保障，法治咸丰建设有新作为。坚持深化依法治国实践，深入推进严格执法、公正司法、全民守法，为全县改革发展稳定提供坚实法治保障。人大、政府、政协、监察委、法院、检察院依法履职尽责，爱国统一战线、民族宗教、国防武装和“双拥”工作进一步加强，群团组织作用积极发挥。法治政府、法治社会建设互促并进，咸丰获评全省“七五”普法中期先进县，县人民法院获评全国优秀法院。“一统三治六联”[8]治理模式整体推进，县乡综治中心全部建立，“雪亮工程”实现乡集镇全覆盖，治安防控体系不断完善。“迎大庆、保军运”任务全面完成，防范化解重大风险攻坚战和扫黑除恶专项斗争向纵深推进，安全生产形势稳定好转，防灾应急工作效果明显，社会大局保持和谐稳定。

（六）抓民生，强服务，幸福咸丰建设有新提升。坚持以人民为中心的发展思想，85%的财力用于民生社会事业，14.89万贫困群众全部走出贫困，全县综合贫困发生率由39.67%下降至0.27%，实现产业就业、安全饮水、农村公路、电网改造、通信覆盖、文化广场、住房保障、教育保障、医疗保障、社会兜底保障等18个100%。努力办好人民满意教育，高考成绩再创新高，春晖学校顺利开学。医疗卫生服务能力持续增强，医共体建设全面完成。社会主义核心价值观浸润人心，全国文明县城提名城市创建、新时代文明实践中心建设稳步推进，文化遗产传承保护有力，南剧《唐崖土司夫人》获得“屈原文艺奖”。

回顾一年来的工作，有“十件大事”展现奋斗足迹，是政策开放、思想解放、成果绽放的生动实践，对咸丰影响深远：一是脱贫攻坚取得决定性成就，千百年来消除绝对贫困的愿望变成现实。二是“不忘初心、牢记使命”主题教育有效推进，激励广大干部担当作为，凝聚起了守初心、担使命的强大正能量。三是黔张常铁路开通引领咸丰迈入高铁时代。四是咸丰大道建成通车拉开城市骨架，一座崭新的高铁新城渐行渐近。五是宣咸高速开工、利咸高速启动，标志着咸丰即将成为区域性交通中心。六是探索形成“比抓强争促”〔9〕抓县域经济的新举措和“七大工作专班”〔10〕领衔推进重点项目的新机制，形成了大抓发展的强大气场。七是成功创建国家生态文明建设示范县，生态环境持续改善，生态产业持续发展，生态优势持续彰显。八是农业农村部定点帮扶、省“616”对口帮扶和余杭东西部扶贫协作帮扶合力推进，形成推动咸丰加快发展的强大力量。九是致力打造余杭咸丰“三园三进三入三创”〔11〕东西部扶贫协作模式，得到国务院扶贫办的充分肯定。十是探索出“五建五传五进”〔12〕的新时代文明实践中心建设模式、“一统三治六联”基层社会治理模式、政策性银行支持咸丰新型城镇化建设模式等一批改革创新实践，形成了巨大生产力。

在总结成绩的同时，我们也清醒地认识到，发展进程当中仍然存在一些困难和不足：一是以党建统领经济社会发展的能力有待进一步提升，少数基层党组织的战斗堡垒作用和党员先锋模范作用发挥不够；二是全县经济社会基础差、底子薄局面尚未根本扭转，招商引资、工业转型、农村经济、全域旅游、财源建设等工作仍需持续发力；三是精准脱贫“后半篇文章”有待进一步写好，与乡村振兴战略统筹衔接还不够理想，民生领域补短板任务仍然艰巨；四是推进基层治理体系和治理能力现代化任重道远，各类风险隐患交织叠加，平安稳定压力仍然较大，法治咸丰建设有待进一步加强；五是少数干部守初心、担使命，找差距、抓落实的意识和能力仍然不强，基层减负、形式主义官僚主义整治未完全落到实处。对于这些问题，我们务必采取有力措施，切实加以解决。

2020年农历新年以来，我们经历了抗击新冠肺炎疫情这场没有硝烟的人民战争。在党中央和省委、州委的坚强领导下，县委坚持把疫情防控作为这段时间压倒一切的首要政治任务，始终把人民群众生命安全和身体健康放在第一位，严格落实科学防控、精准防控、依法防控、联防联控、群防群控的防控策略，奋力夺取了疫情防控阻击战的决定性胜利。在战“疫”最前线，全县各级党组织和广大党员干部牢记初心使命、主动担当作为，闻令而动、迎难而上，构筑起疫情防控的铜墙铁壁；广大医护工作者白衣执甲、逆行出征，天津市派出医疗队千里奔驰、援助咸丰，同时间赛跑、与病魔较量、为生命接力，是最大的功臣；各“尖刀班”成员、网格员、下沉干部、志愿者，不惧风雨、夜以继日，坚守一线、悉心服务，让全县人民倍感安心、暖心、贴心；政法公安、城管环卫、交通运输、市场监管、商贸物流、新闻媒体、民生保障等各条战线干部职工第一时间进入“战时状态”，严防死守、保障运行，为遏制疫情扩散蔓延、维护社会秩序稳定做出了重要贡献；社会各界倾情支持、无私援助，全县各族群众众志成城、守望相助，凝聚起了同心同德、守护家园的强大正能量。

二、深入学习贯彻党的十九届四中全会精神，加快推进法治咸丰建设

党的十九届四中全会明确提出我国国家制度和国家治理体系的“13个坚持”重点任务和“三步走”总体目标。全县各级党组织要全面深入学习宣传贯彻党的十九届四中全会精神，始终坚定中国特色社会主义制度自信，坚持国家总体部署与地方治理创新相结合，加快推动县域治理体系和治理能力现代化，把制度优势更好转化为治理效能，加快建设“法治咸丰”。

落实和完善党的领导制度，提升制度管党治党的能力。坚持和完善党的领导根本制度，坚决落实维护党中央权威和集中统一领导的制度，完善“总揽全局、协调各方”的党的全面领导机制，强化党对经济、政治、文化、社会、生态文明建设等工作的全面领导。牢固树立制度意识，以党章为根本遵循，全面落实准则、条例、规定、办法、规则、细则、意见等各项党内法规制度，严格落实好民主集中制、党务公开制以及规范党内政治生活的各项制度，探索完善激励干部担当作为机制，切实做到管党有章、治党有制。

完善政府治理制度，提升依法行政的能力。坚持法定职责必须为、法无授权不可为，依法全面履行政府职能，加快建设法治政府。健全政府依法决策机制，落实公众参与、专家论证、风险评估、合法性审查、集体讨论决定的重大行政决策制度。全面落实政务公开制度，完善法律顾问工作制度。完善行政综合执法体制，推进机构、职能、权限、程序、责任法定化，落实行政执法“三项制度”〔13〕。健全行政复议案件审理机制，认真落实行政负责人出庭应诉制度。建立健全政府接受法律监督、民主监督、审计监督、舆论监督、社会监督的各项制度。

完善社会治理机制，提升维护平安稳定的能力。坚持司法为民，完善维护社会公平正义法治保障制度。健全司法权力运行机制，全面落实司法责任制，深化司法体制综合配套改革，完善保障依法独立公正行使审判权和检察权制度，构建开放、动态、透明、便民的阳光司法机制，努力让人民群众在每一个司法案件中感受到公平正义。深入推进公安改革，加强公安执法规范化建设。完善重大疫情防控体制机制，健全公共卫生应急管理体系，提高应对突发重大公共卫生事件的能力水平。坚持共建共治共享，坚持和发展新时代“枫桥经验”〔14〕，深入推进“一统三治六联”基层社会治理模式。完善信访制度，完善人民调解、行政调解、司法调解联动工作体系，努力把矛盾化解在基层。

加强文化制度建设，提升文化创新发展的能力。坚持马克思主义在意识形态领域指导地位的根本制度，牢牢把握意识形态工作的领导权、管理权和话语权。完善城乡公共文化服务体系，鼓励社会力量参与公共文化服务事业。深化推进文化体制改革，加快建设现代文化产业体系和市场体系，积极培育和壮大各类文化市场主体，充分挖掘优秀传统民族文化和红色文化资源，打造有影响力的文化产品，提升文化软实力和竞争力。深入推进文旅融合，提升文化对经济的贡献力和对社会发展的影响力。

完善生态文明制度，提升生态文明建设的能力。加快构建政府为主导、企业为主体、社会组织和公众共同参与的环境治理体系。坚持用最严密法治、最严格制度保护生态环境，健全源头预防、过程控制、损害赔偿、责任追究的生态环境保护体系。加快健全国土空间规划体系，形成县域国土空间开发保护“一张图”。严明生态环境保护责任制度，完善自然资源督察机制，建立生态文明建设目标评价考核制度，落实领导干部自然资源资产离任审计制度。健全生态环境监测和评价制度，落实生态补偿和生态环境损害赔偿制度，实行生态环境损害责任终身追究制。

制度是建设法治咸丰的法宝，是促进社会和谐的基石。全县各级党组织和全体党员要更加坚定制度自信，自觉做社会主义法治的忠实崇尚者、自觉遵守者、坚定捍卫者。

三、2020年工作安排

2020年是全面建成小康社会和“十三五”规划收官之年，做好今年的工作，意义十分重大。全县工作的总体要求和目标是：坚持以习近平新时代中国特色社会主义思想为指导，深入学习贯彻党的十九大和十九届二中、三中、四中全会精神，中央、省委经济工作会议精神以及州委七届七次全会精神，以党的建设统领全局，以新发展理念为引领，落实“七个着力”〔15〕，加快推进“五个咸丰”建设，全力克服新冠肺炎疫情影响，促进经济社会实现全面进步，确保全面建成小康社会和“十三五”规划圆满收官。

（一）着力打好四大战役

打好精准脱贫攻坚战。坚持“摘帽不摘责任、摘帽不摘政策、摘帽不摘帮扶、摘帽不摘监管”原则，扎实开展脱贫攻坚“回头看”，聚焦查漏补缺、补齐短板，重点关注“四类人群”[16]，深入推进留存贫困人口如期脱贫、扶贫领域各类问题整改和对口帮扶，巩固“两不愁三保障”[17]成效，大力实施产业就业、基础设施、公共服务、人居环境、基层治理、基层党建“六大提升工程”，持续完善攻坚责任、动态监测、驻村帮扶、考核监督、财政投入保障“五个机制”，加快推进脱贫攻坚与乡村振兴战略有机衔接，全力提升脱贫攻坚质效。

打好污染防治攻坚战。坚持人与自然和谐共生，持续打赢“蓝天保卫战”“碧水保卫战”“净土保卫战”和长江大保护十大标志性战役，巩固提升国家生态文明建设示范县创建成果，努力创建“两山”理念实践创新区。加快完善城乡垃圾污水处理设施，全面推进垃圾分类、农业面源污染治理和城市粉尘、噪声、油烟治理，持续抓好生态环境修复，深入推进中央和省环保督察反馈问题整改，扎实开展环保执法专项行动，坚决守护好咸丰的每一片蓝天、每一座山体、每一片水体、每一寸土地、每一片森林。

打好防范化解重大风险攻坚战。坚决贯彻落实国家、省、州防范化解重点领域风险的部署要求，坚持“管行业必须防风险”，开展防范化解金融风险、政府债务风险、国有企业风险、工程建设风险等专项行动，统筹抓好政治、意识形态、经济、科技、文化、社会等领域风险防范化解工作，坚决守住不发生系统性区域性重大风险的底线。

打赢疫情防控阻击战。按照坚定信心、同舟共济、科学防治、精准施策、依法防控的总体要求，严格落实中央、省、州疫情防控策略，严格落实“四早”“四集中”[18]等工作措施，排查监测不漏一人，集中收治不漏一人，阻断传播通道，斩断传染源，形成重点人群管控闭环。同时，抓好“后疫情时期”经济社会发展工作，统筹抓好生产生活秩序有序恢复，统筹抓好复工复产复市复学，统筹化解各类社会矛盾，统筹重大项目建设和实体经济发展，确保疫情防控和经济社会发展“双胜利”。

（二）着力推动“四大引擎”

推动高铁新城。按照“四高”[19]总体要求，围绕打造“产业之城、生态之城、文化之城、旅游之城”发展定位，加快推进“五大核心功能区”[20]建设，壮大咸丰经济社会发展的“第一引擎”。坚持用市场化、法治化的办法经营城市，加快建设政策性银行支持咸丰新型城镇化示范区。加快建设高铁站前广场、市政路网、曲江中小学整体搬迁、凉水井和塘铺安置区等功能性标志性工程，加快推动综合客运枢纽站、综合物流园、汽车贸易城、曲江古镇、文体中心、新城旅游港、曲江生态景观等重点项目落地开工。支持老旧小区和棚户区改造，启动创建国家森林城市、国家园林城市，提升居民生活品质。以全国文明县城提名城市创建为抓手，提高城市管理和精细化服务水平，提升乡镇集镇、中心村的建设管理水平。

推动工业强县。树牢“工业第一”理念，坚持绿色、税收、科技、就业“四个导向”，落实“四量思路”[21]，做强“四大产业集群”。着力打造绿色矿山开发利用年产500万吨新型环保优质骨料加工产业集群，以年产30万吨无机盐深度改性、年产100万吨钙业精深加工为主的医用食用钙产业集群，以年产100万台（套）节能环保灶具、年产10万套高低压电气设备生产为主的精密制造产业集群，以民生能源集团咸丰天然气利用、页岩气综合开发利用为主的清洁能源产业集群，以道地药材精深加工为主的生物医药产业集群，以茶叶、油茶、藤茶全产业链建设为主的硒食品精深加工产业集群。做大做强市场主体，支持企业实施技改扩能，加快建立现代企业制度，加大盘活“僵尸企业”力度，对新进规企业、税收首次过千万元企业、产值首次过亿元企业进行奖励，力争新培育规上工业企业5家。鼓励支持有条件的乡镇建设1个产业园，培育1家以上规上企业。

推动全域旅游。抢抓黔张常铁路打通珠三角城市群、长株潭城市群和成渝经济圈东进西出交通大动脉的重大机遇，加快推进文体农和旅游业深度融合，发展生态旅游、文化旅游、乡村旅游、民宿旅游“四大旅游群”，创建国家全域旅游示范区，全力打造“世遗唐崖，康养咸丰”。实施景区提升工程，全力推进坪坝营AAAAA、唐崖土司城址AAAA创建工作，加快建设唐崖土司文化产业园，招商推动新城宾馆、购物中心建设，推动民宿加快发展，力争旅游投资达15亿元以上。积极申报“荆楚文旅名镇”“荆楚文旅名村”。

推动乡村振兴。落实乡村振兴“20字”总要求[22]，突出规划先行、分类推进、试点带动，着力建设“五美乡村”。大力发展富民产业，推动农旅、农工、农商融合，突破性发展农产品加工业，启动全域有机基地建设，壮大“唐崖”公共品牌，实现富民产业美。推动以拆破旧房拆猪牛圈拆违建、清污水清屋外垃圾清室内杂物、建卫生厕所建垃圾转运站建花果庭院为重点的“三拆三清三建”，实现村庄环境美。补齐农村水电路网房等基础设施和教育、医疗、社保等公共服务短板，实现农村生活美。开展“最美”系列评选，倡导家庭和美、邻里和睦、厚养薄葬、敬老爱幼、向善向好新风，实现乡风文明美。推动法治、德治、自治结合，立家风家训，定村规民约，创无上访、无刑事案件、无邪教、无吸毒、无责任事故的“五无乡村”，实现社会和谐美。

（三）着力抓好三项重点工作

抓好项目建设。牢固树立“项目第一”理念，一切围绕项目转、一切围绕项目干。科学编制“十四五”规划，精准谋划重大基础设施、重大产业、重大生态环保和重大民生工程等一批事关咸丰长远发展的重大项目，进入国家、省、州“十四五”规划笼子。加大向上对接争取项目、资金和政策力度，力争进入中央、省预算投资项目资金增长15%以上。加快推进一批重大项目建设，扎实抓好宣咸高速、利咸高速、351国道、463省道、朝阳大桥及连接线工程、唐崖至朝阳旅游公路、土地关隧道等重点交通项目建设，持续抓好新城防洪排涝、龙洞湾水库、三水厂、唐崖河青狮河治理等重点水利工程建设，加快推进110千伏叉马路输变电工程、35千伏泡木园配电站工程建设。深化运用“比抓强争促”工作机制，落实项目专员制度，对七大专班工作实行月调度、月通报、月公示。

抓好财源建设。在财源建设上坚持“税收第一”导向，巩固以水电、烟草、金融、房地产等为重点的骨干财源，做强以商贸物流、餐饮住宿等为重点的群体财源，培植以生态文化旅游、硒食品精深加工、清洁能源、生物医药、绿色建材、电子商务、精密制造等为重点的新型财源，努力形成高质量、高效益、可持续的梯级财源格局。加强重点税种、重点行业、重点企业税收的动态监控，确保税收高质量均衡足额入库。推进县国投公司转型发展，成为开放型、投资型、效益型投资公司。节约集约利用土地，加大土地收储出让及土地增减挂钩指标交易，力争政府性基金收入10亿元以上。积极盘活闲置国有资产，力争全年增加国有资产收入2000万元以上。努力盘活财政存量资金，力争全年盘活财政存量资金3000万元以上。

抓好招商引资。坚持招商引资“一号工程”“一把手工程”，建立完善“县级领导亲自招商、产业部门主抓招商、招商部门专业招商、职能部门服务招商”工作机制，层层压实招商责任，全力营造招商氛围。抢抓东部地区产业转移机遇，紧盯长三角、珠三角、环渤海湾等重点区域，紧盯行业内领军企业，实施敲门招商，大力推进以商招商、平台招商、产业链招商，精心谋划引进落地一批有牵动性、支撑性的大项目，力争年度完成实际到资50亿元以上，其中省外资金20亿元以上。新签及续建项目累计到资增长率高于全州平均水平。加强外贸出口主体培育，促进外贸出口增长。

（四）着力深化改革打造一流营商环境

深化各项改革。坚持把全面深化改革作为推进高质量发展的“关键一招”，注重改革的系统性、整体性、协同性，统筹推进经济、政治、文化、社会、生态文明和党的建设各领域体制机制改革，在每个领域选定1—2项释放生产力的关键性改革项目，改痛点、疏堵点、破难点、出亮点，扎实推进供给侧结构性改革、财税体制改革、投融资体制改革、城镇综合执法改革、公共卫生应急管理体系改革等重点改革。尊重和发挥基层首创精神，探索形成一批创新性制度性成果。

打造一流营商环境。牢固树立“开放第一”理念和“营商环境也是生产力”意识，着力深化“放管服”改革。切实优化政务环境，全力打造一门办、一窗办、一网办、一次办“四个一”咸丰政务服务标准化模式。切实优化政策环境，全面落实涉企优惠政策，用足用活土地保障、财政过桥、金融扶持、税收奖励等政策。切实优化法治环境，切实维护企业和企业家的合法权益，打击垄断行为，规范市场秩序，为市场主体保驾护航。切实优化金融环境，加强“银税互动”，鼓励金融机构创新信贷产品，加大对民营企业信贷支持力度；探索建立政府性融资担保平台，切实降低企业融资担保成本。

（五）着力推进法治建设和社会治理创新

推进民主政治建设。支持人大、政府、政协、监察委、法院、检察院依法依规履行职能。巩固和发展最广泛的爱国统一战线，积极为民主党派、工商联、无党派人士发挥作用搭建平台。加强国防武装工作，发挥驻咸部队、民兵预备役重要作用，大力开展“双拥”工作。坚持党的民族政策、宗教政策，打击和取缔非法宗教，促进民族团结进步。支持工会、共青团、妇联等群团组织改革创新。发展基层民主，集中各方智慧，凝聚磅礴力量。

推进依法行政。大力推进行政决策的科学化、民主化、制度化，健全公众参与、专家论证和政府决定相结合的行政决策机制，切实做到依法决策、科学决策、民主决策。全面执行各项行政法规，政府及其部门依法管理行政事务。全力推进政务公开，确保政务在阳光下运行。自觉接受纪律监督、法律监督、人大监督、政协民主监督和社会舆论监督，促进依法行政。

推进公正司法。支持司法机关依法独立行使职权，不断提高办案质量和效率。加强审判、检务、警务公开，强化司法监督，规范司法行为，促进司法公正，维护公平正义。巩固“基本解决执行难”成果。全面落实“七五”普法规划，加快推进公共法律服务体系建设，教育引导干部群众尊法学法守法用法，努力使“办事依法、遇事找法、解决问题用法、化解矛盾靠法”成为全社会自觉行为。

推进社会治理创新。坚持系统治理、依法治理、综合治理、源头治理，巩固拓展“一统三治六联”治理成果，探索创新城镇社区治理经验，充实社区干部、网格员队伍力量，加强社区保障力度，健全基层党组织领导下的自治、法治、德治机制，打造共建共治共享的社会治理格局。深入推进县乡综治中心建设，配齐配强乡（镇、区）综治中心、派出所、司法所、戒毒社区力量，推进执法力量下沉和“一村一警”全覆盖。运用网格化、信息化手段，推动社会治安防控体系创新升级。

推进平安建设。加强平安稳定风险排查和管控，开展矛盾风险排查化解百日攻坚行动，坚决维护国家政治安全和社会大局稳定。严格落实安全生产责任制，严防各类公共安全、安全生产事故发生。全面完善突发事件应急管理和联动处置机制，提高防灾减灾救灾能力。深入开展重点地区、行业和领域治乱，建立完善扫黑除恶常态化机制，纵深掘进扫黑除恶专项斗争，依法严厉打击各类违法犯罪。深化平安创建，提升人民群众安全感和满意度。

（六）着力推进民生建设

推进就业惠民。全面落实就业优先政策，强化精准就业服务，加强公共就业服务平台建设，推进“订单式、定向式、定岗式”就业培训，提高劳动力转移就业组织化程度，着力构建和谐劳动关系。统筹抓好易地扶贫搬迁户、高校毕业生、退役军人、城镇就业困难人员、去产能分流职工等重点群体就业，支持外出农民工返乡创业，切实抓好保障农民工工资支付工作。

推进教育惠民。坚定不移落实教育优先发展战略，深入推进教育六年振兴计划，深化教育体制改革，构建具备规范化学前教育、均衡化义务教育、品牌化高中教育、特色化职业教育、人性化特殊教育的全覆盖教育体系。加快教育新区建设，持续优化教育布局，改善城乡办学条件。建强师资队伍，全面提升教育教学质量。大力营造尊师重教的良好氛围，让关心教育、支持教育成为良好的社会风尚。

推进健康惠民。以“小病不出村、一般病不出乡镇、大病不出县”为目标，着力建设健康咸丰。深化基层卫生综合改革，巩固县乡医共体建设成果，加快推进县中医医院医技综合楼、疾控中心整体搬迁、新城人民医院等重点项目，加强县乡发热门诊和村（社区）卫生室建设，大力推进中医药事业发展。加强食品药品安全监管，让老百姓放心安心。严厉打击非法野生动物交易，全面禁止食用野生动物，从源头上控制重大公共卫生风险，建立平战结合的群防群控应急体系。深入开展爱国卫生运动、全民健身活动和全民公筷行动，倡导健康文明生活方式。

推进社会保障惠民。按照兜底线、织密网、建机制的要求，完善覆盖全民、城乡统筹、权责清晰、保障适度、可持续的多层次社会保障体系。深入实施全民参保计划，用好用足社会保险惠企惠民政策，积极稳妥做好中小企业从业人群、灵活就业人员等重点人群的参保工作，推进按标施保、应保尽保。健全社会救助、社会福利、社会慈善体系，关心关爱残疾人、“三留守”人员等特殊群体，加强医保、养老、住房等民生保障。

推进文化惠民。积极培育和践行社会主义核心价值观，弘扬中华优秀传统文化，深入推进全国文明县城提名城市创建和新时代文明实践中心建设，持续汲取榜样力量，放大“最美”典型示范效应，塑造社会文明新风尚。加强文化事业发展，完善公共文化服务体系，加快重点文化产业项目建设。抓好文化遗产保护传承，加快复兴中国干栏式建筑之乡。

（七）着力加强党的建设

事业发展，关键在党。要坚持党对一切工作的领导，坚决扛起全面从严治党政治责任，坚定不移贯彻落实新时代党的建设总要求，展现党的新气象新作为，为推动咸丰高质量发展提供坚强的政治保证。

旗帜鲜明讲政治。坚持把政治建设摆在首位，树牢“四个意识”，坚定“四个自信”，做到“两个维护”，始终同以习近平同志为核心的党中央保持高度一致。坚定不移贯彻落实党的路线方针政策以及党中央和省委、州委部署要求，确保政令畅通、令行禁止。严肃党内政治生活，坚持民主集中制，推进政治监督具体化常态化。坚持党委总揽全局、协调各方，进一步完善党委领导体制和工作机制，把加强党的领导落实到各领域、各方面、各环节。

思想建设强武装。坚持不懈用习近平新时代中国特色社会主义思想武装头脑、指导实践、推动工作。坚持和完善党委理论学习中心组学习制度，常态化、制度化推进“不忘初心、牢记使命”主题教育。扎实做好新形势下宣传思想工作，宣传新思想，讲好咸丰故事。加强对意识形态工作的领导，加强网络安全管理，弘扬主旋律，传播正能量，推动意识形态工作责任制落细落实。

组织建设筑堡垒。以“五强五提升”为抓手，持续深入实施基层党建“整县推进”。强化分类指导，加强基层党组织规范化建设，健全党组织领导下的群团组织、社会组织、自治组织建设。加强村（社区）支部能力建设，提升政治引领、带领发展、服务群众、化解矛盾、传播文明的能力。持续完善服务平台，提档升级一批党员群众服务中心，深化“农民办事不出村”。加大年轻干部、女干部、党外干部培养力度，持续实施人才“五百工程”[23]，促进人才强县。

驰而不息转作风。严格落实中央八项规定精神，持续纠正“四风”，突出整治形式主义、官僚主义顽症痼疾。统筹监督力量，加大庸政懒政怠政问责力度，从严治理“不担当、不作为、不落实”。持续减轻基层负担，减文减会减报表，提能提效提精神，加强督促指导，以敢于担当、真抓实干的过硬作风促进高质量发展。

标本兼治惩腐败。深入学习贯彻十九届中央纪委四次全会精神，一体推进不敢腐、不能腐、不想腐。始终保持反腐败斗争高压态势，以坚如磐石的决心扫黑除恶破“网”打“伞”，严肃查处群众身边的不正之风和“微腐败”。坚持挺纪在前、抓早抓小，坚决运用好监督执纪“四种形态”[24]。深入推进巡察全覆盖，持续抓好巡视巡察反馈问题整改，做好巡视巡察“后半篇文章”。

脱贫梦已圆，小康路在前。站在新的起点，迈上新的征程，我们肩负的使命光荣而又艰巨。让我们更加紧密地团结在以习近平同志为核心的党中央周围，深入贯彻落实党中央和省委、州委部署要求，不忘初心、牢记使命，整装扬旗、开拓进取，坚决夺取全面建成小康社会伟大胜利，奋力谱写“五个咸丰”建设新篇章，努力创造出无愧于党、无愧于人民、无愧于时代的新业绩。

注释：

〔1〕**“五强五提升”：**强统揽，提升政治领导能力；强队伍，提升推动发展能力；强平台，提升服务群众能力；强体系，提升社会治理能力；强活动，提升传播文明能力。

〔2〕**“新三项制度”：**《激励干部担当作为实施办法》《重要领导干部“不担当不作为不落实”问责管理办法》《失实信访举报澄清暂行办法》。

〔3〕**“四大产业集群”：**生态文化旅游、硒食品精深加工、生物医药、清洁能源。

〔4〕**“三茶果药猪”：**茶叶、油茶、藤茶、林果、中药材、恩施黑猪。

〔5〕**“一新城四强县五平台”：**高铁新城，农业强县、工业强县、旅游强县、文化强县，支撑有力的基础设施平台、投融并举的投融资平台、配套完善的园区平台、聚集先进要素的招商平台、宜商宜业的营商环境平台。

〔6〕**长江大保护十大标志性战役：**沿江化工企业专项整治、城市黑臭水体整治、农业面源污染整治、非法码头整治、非法采砂整治、饮用水源地保护、沿江企业污水减排、磷石膏污染整治、固体废物排查、城乡垃圾治理。

〔7〕**“四个三重大生态工程”：**厕所革命、精准灭荒、乡镇生活污水治理和城乡生活垃圾无害化处理工程。

〔8〕**“一统三治六联”：**党建统领，法治、德治、自治相结合，治安联防、纠纷联调、平安联

创、困难联帮、服务联心、发展联手。

〔9〕**“比抓强争促”**：比招商、抓项目、强产业、争政策、促进位。

〔10〕**“七大工作专班”**：农业农村项目工作推进专班，工业商贸经济项目工作推进专班，城乡建设项目工作推进专班，生态文化旅游产业项目工作推进专班，社会事业发展项目工作推进专班，重大基础设施项目工作推进专班，重大项目招商及争取国省投资、金融扶持项目工作推进专班。

〔11〕**“三园三进三入三创”**：现代农业园、电商产业园、返乡创业园，技术进咸、人才进咸、企业进咸，干部入杭、劳务入杭、硒品入杭，创新产业扶贫模式、创新协作帮扶理念、创新社会扶贫格局。

〔12〕**“五建五传五进”**：建体系、建平台、建队伍、建机制、建制度，传思想、传技术、传文化、传道德、传文明，理论政策进农家、科技服务进农家、文体健康进农家、道德法治进农家、乡风文明进农家。

〔13〕**行政执法“三项制度”**：行政执法公示制度、执法全过程记录制度、重大执法决定法制审核制度。

〔14〕**“枫桥经验”**：浙江省诸暨市枫桥镇探索出的“党政动手，依靠群众，预防纠纷，化解矛盾，维护稳定，促进发展”的社会治理模式。

〔15〕**“七个着力”**：着力打好三大攻坚战，着力推进乡村振兴，着力抓好招商引资、项目建设、工业经济，着力打造一流营商环境，着力加强基层社会治理，着力保障和改善民生，着力加强党的建设。

〔16〕**“四类人群”**：留存未脱贫户，监测户、边缘户、返贫风险户，无法外出务工的贫困户，因灾因病因疫产生的贫困户。

〔17〕**“两不愁三保障”**：不愁吃、不愁穿，义务教育、基本医疗、住房安全有保障。

〔18〕**“四早”“四集中”**：早发现、早报告、早隔离、早治疗；集中患者、集中专家、集中资源、集中救治。

〔19〕**“四高”**：高起点规划、高品位建设、高标准管理、高质量服务。

〔20〕**“五大核心功能区”**：旅游集散中心、商贸物流中心、科教文体中心、康养医疗中心、便民服务中心。

〔21〕**“四量思路”**：招商引资扩增量、技改扩规提质量、联合重组活存量、企业上市增变量。

〔22〕**乡村振兴“20字”总要求**：产业兴旺、生态宜居、乡风文明、治理有效、生活富裕。

〔23〕**人才“五百工程”**：培养和引进百名研究生、百名“唐崖英才”、百名“唐崖工匠”、百名高素质专业人才、百名企业科技创新人才。

〔24〕**监督执纪“四种形态”**：经常开展批评和自我批评、约谈函询，让“红红脸、出出汗”成为常态；党纪轻处分、组织调整成为违纪处理的大多数；党纪重处分、重大职务调整的成为少数；严重违纪涉嫌违法立案审查的成为极少数。

政府工作报告

——在县十八届人大四次会议上

（2020 年 4 月 9 日）

县长 杨 皓

一、2019 年工作回顾

2019 年，我们坚持以习近平新时代中国特色社会主义思想为指导，在州委、州政府和县委的坚强领导下，旗帜鲜明讲政治，强化责任顾大局，攻坚克难抓发展，实干苦干、顶压前行，较好地完成了县十八届人大三次会议确定的目标任务。一年来，我们遇到了比预料更大的困难，接受了比预想更大的挑战，也取得了比预期更好的成绩。全年实现地区生产总值增长 7%；规模以上工业增加值增长 5.3%；固定资产投资增长 17.6%；地方公共预算收入增长 2.5%；社会消费品零售总额增长 10.8%；城镇、农村常住居民人均可支配收入分别同比增长 9.36%、10.45%。

2019 年是喜事连连、成果丰硕的一年。黔张常铁路通车营运，咸丰人民圆了百年梦想，咸丰从此迈入高铁时代，交通格局发生历史性改变。咸丰大道建成通车，拉开了城市骨架，高铁新城已现雏形。66 个重点贫困村全部出列，14.89 万贫困人口脱贫，贫困发生率从 39.67% 下降到 0.27%，群众认可度达到 97% 以上，我们代表湖北省迎接了国家脱贫成效和东西部扶贫协作成效考核，顺利迎接了省第三方评估，脱贫攻坚取得了决定性胜利。

2019 年是克难攻坚、转型发展的一年。克服了经济下行压力持续加大的不利影响，克服了脱贫攻坚艰巨繁重的工作压力，抓发展、促转型，以“七大工作专班”推进重大项目，以“比抓强争促”推进县域经济大发展，实施重点项目 149 个，到位各类项目资金 35.85 亿元。招商引资实际到资 45 亿元，咸丰对外开放的大门越开越大。

2019 年是打基础、管长远最多的一年。高难度推进了生态红线的确定，高标准推进了城市规划建设“多规合一”。推动重点改革任务 108 项，完成农业农村、交通运输、文化旅游、市场监管、城市管理五类综合行政执法改革。建成“24 小时不打烊”办事大厅，43 家服务单位入驻市民之家。在全州率先建设乡镇综治中心，为基层社会治理贡献了咸丰智慧。

回顾一年来，我们主要做了以下工作：

一是固基础、补短板，三大攻坚战成效明显。围绕解决贫困群众“两不愁三保障”突出问题，全面落实产业扶贫、易地搬迁、生态扶贫、教育扶贫、健康扶贫、兜底保障等扶贫政策，硬化农村公路 626 千米，改造农村危旧房 4290 户，改善和提高 8.3 万农村居民饮水条件，6715 户易地扶贫搬迁对象全部入住，农村危房改造、通村硬化路、通组砂石路、安全饮水、稳定生产生活用电、4G 信号覆盖均实现了 100%。全县近万名帮扶干部、两千多名“尖刀班”成员奋战在脱贫攻坚第一线，一大批“脱贫攻坚榜样”“扶贫红旗标兵”活跃在扶贫舞台，极大地振奋了贫困群众自强不息的奋斗精神。深入推进“四个三重大生态工程”，建改农村卫生厕所 2.6 万户、各类公厕 142 座，完成裸土复绿 317.2 亩，乡镇垃圾、生活污水无害化处理全面实施。政府债务风险总体可控，未发生系统性、区域性各类风险。

二是抓项目、稳产业，经济发展稳中有升。坚持把项目投资作为推动高质量发展的最大引擎，推动重点项目落地见效。民生能源集团咸丰天然气利用、龙家界退伍军人疗养基地等 24 个项目顺利签约。火车站站前广场、龙洞湾水库、县人民医院新城住院综合楼等项目有序推进。渝鄂直流背靠背换流站建成运行，十字岭隧道贯通，春晖学校（一期）、忠堡工业园区标准化厂房等项目竣工投入使用。全县特色产业种植面积稳定在110万亩，新增“三品一标”[1]认证产品15个，“唐崖茶”成功入选国家农产品地理标志登记保护名录。成功创建咸丰·余杭省级现代化农业产业园。成功入选中国茶叶百强县。“咸页1井”点火成功。实现旅游综合收入61.73亿元，增长10.5%。

三是抓城建、美乡村，人居环境持续改善。县城三水厂、凉水井和塘铺安置区等重点项目进展顺利，新城防洪排涝工程、新城路网等基础设施建设有序推进，综合物流园、汽贸城等项目落地。实施老城区市政道路、城市管网、公共服务设施等市政项目19个，卢家沟主题公园（一期）建成开放。成功创建省级园林城市。城镇化率提升1.6个百分点。强化土地资源要素保障，实现土地综合收益10.1亿元。建成美丽乡村示范村11个，麻柳溪、白岩、龙家界成为2019年湖北省休闲农业示范点，马倌屯成为湖北省美好环境与幸福生活共同缔造活动示范村。县城区空气质量优良天数保持在350天以上。全面落实河长制、山长制，启动县城垃圾分类，开展农村垃圾分类试点。加强农村面源污染整治，完成土壤酸化治理6万亩，畜禽粪污资源化利用率达73.9%。划定生态红线1535.9平方千米，落实县城规划区保护山体4.09万亩。成功创建“国家生态文明建设示范县”。

四是抓改革、优环境，开放活力陆续释放。承接上级改革重点项目81项，谋划自主改革27项。深化投融资体制、财税金融、医药卫生体制改革，启动政府性融资担保公司组建，“医共体”全面铺开。农村产权制度改革稳步推进，农村土地确权登记颁证基本完成。建成全州首个燃气计量检定标准。新增规模以上工业企业4家、自营出口企业1家，新培育外贸市场主体4个。持续推进“放管服”改革，企业开办时间压缩至3个工作日内，工程建设项目审批时限压缩至90个工作日内，不动产一般登记压缩至4个工作日内，企业和居民用水、用电、用气实现网上报装、网上缴费。严格落实减税降费政策，为市场主体释放减税红利1.47亿元，为25家企业提供过桥资金1.78亿元。引导金融机构加大信贷投入，金融机构各项贷款较年初净增10.89亿元。

五是抓民生、强保障，人民生活更加幸福。持续保障民生，民生支出占比达到89.5%。城乡居民基本养老保险参保率达98%，城镇登记失业率0.61%。县公益性公墓（一期）建成投入使用。累计发放社会救助资金1.18亿元。群众反映强烈的大班额问题有效化解，普通高考本科上线率78%。城乡居民参加基本医疗保险实现全覆盖。县中医院门诊综合楼投入使用，全国首例5G云平台远程会诊骨科手术在咸丰成功实施。南剧《唐崖土司夫人》晋京成功展演，土家吊脚楼营造技艺入选国家传统工艺振兴目录，我县荣获“湖北省民间文化艺术之乡”称号。“一统三治六联”基层社会治理模式有效提升，荣获全省“七五”普法中期先进县。“雪亮工程”实现乡镇全覆盖，扫黑除恶专项斗争纵深推进，“迎大庆、保军运”工作扎实有效，防灾减灾应急工作效果明显。社会大局平稳，全社会和谐稳定。

六是抓效能、转作风，自身建设不断加强。主动接受人大法律监督、政协民主监督、监察监督、司法监督和社会监督，加强审计监督，认真推进巡视问题整改、环保和安全生产督察问题整改，严格落实信访工作责任制。扎实开展“不忘初心、牢记使命”主题教育。严格执行中央八项规定精神，驰而不息纠“四风”，力戒形式主义、官僚主义，风清气正、担当作为的干事创业氛围更加浓厚。

与此同时，全县双拥、国防动员、民族宗教、工会、共青团、妇女儿童、残疾人等各项事业均取得了长足发展。

筚路蓝缕，以启山林。取得的成绩来之不易，这是上级党委、政府和县委坚强领导、科学决策的结果，是县人大、县政协和社会各界有效监督、大力支持的结果，是全县广大干部群众艰苦努力、辛勤耕耘的结果。在此，我代表县人民政府，向全县各族人民，向人大代表、政协委员，向各民主党派、工商联、无党派人士和人民团体，向驻咸部队官兵、政法干警和民兵预备役人员，向离退休老同志，向关心支持咸丰经济社会发展的社会各界人士，向在我县创业的投资者、建设者，表示衷心的感谢并致以崇高的敬意。

回顾过去一年的工作，我们也清醒地看到，在发展中我们仍然面临诸多困难和问题：受各方面因素影响，经济下行、稳增长的压力仍然很大；部分企业生产经营仍然未打破困局；各种因素带来的本级财政收支压力进一步加剧；脱贫成效巩固和补齐民生短板的任务依然艰巨，民生保障与群众期盼还有差距。同时，少数部门及工作人员办事效率不高，服务意识不强，基层治理体系还不够完善，治理能力有待提高。我们必须以对党和人民高度负责的态度，正视这些问题和差距，持续用力、久久为功，积小胜为大胜。我们必须咬定发展目标不动摇，以更加坚定的信心、更加稳健的步伐，跑出咸丰经济社会高质量发展的“加速度”。

二、2020年工作重点

今年是全面建成小康社会和“十三五”规划的收官之年，是“十四五”谋划之年，是开创“五个咸丰”[2]建设新局面的关键之年。突如其来的新冠肺炎疫情，让今年的开局变得异常艰难，这场疫情给全县经济社会发展带来了巨大的影响。在党中央和省委、州委、县委的坚强领导下，全县各级党员干部、医务人员、政法干警等各条战线干部职工闻令而动、迎难而上，天津医疗队千里驰援，社会各界倾情支持、无私援助，构筑起我县疫情防控的铜墙铁壁，凝聚起了守护家园的强大力量，夺取了疫情防控阻击战的决定性胜利。现在已进入一手抓疫情防控、一手抓经济社会发展的关键时期，我们清醒地认识到，虽然受疫情的影响，经济下行压力将更大。但从整体上看，全国经济稳中向好、长期向好的基本趋势没有改变，疫情的影响只是一次性冲击，危机中也蕴含着机遇。我们在把困难估计得更多一些的同时，要牢牢把握机遇，做实各种预案，化被动为主动，变挑战为机遇，正确处理好“危”与“机”、“质”与“量”、“稳”与“进”、“守”与“转”的关系，进一步坚定发展信心，保持发展定力，统筹兼顾，聚焦重点，攻克难点，奋力突破，全力以赴做好各项工作。

今年政府工作的总体要求是：坚持以习近平新时代中国特色社会主义思想为指导，深入学习贯彻党的十九大和十九届二中、三中、四中全会精神以及中央、省委经济工作会议精神，全面落实州委七届七次全会“七个着力”和县十四届党代会第四次会议要求，以党的建设统领全局，以新发展理念为引领，以经济建设为中心，以实现基层治理现代化为目标，树牢“四个理念”[3]，建好“四大平台”[4]，打好“四大战役”[5]，抓好“四大引擎”[6]，全力克服新冠肺炎疫情影响，高质量推动“五个咸丰”建设，力争主要经济指标增速高于全州平均水平，促进经济社会全面进步，确保全面建成小康社会和“十三五”规划圆满收官。

主要预期目标是：地区生产总值增长7%，固定资产投资增长10%，地方公共预算收入增长1.5%，规模以上工业增加值增长6%，社会消费品零售总额增长10.5%，城镇、农村常住居民人均可支配收入分别增长8%、9%。安全生产、节能减排、环境质量全面完成州定目标。

围绕上述目标，我们将重点抓好以下七个方面工作：

（一）聚焦全面小康，坚决打赢四大战役

坚决打赢精准脱贫攻坚战。今年脱贫攻坚工作的重点是“补短板、防返贫、提质量”。严格按照“四个不摘”[7]要求，继续做好驻村帮扶工作，认真落实各项扶贫政策，确保留存贫困人口如期脱贫。围绕实现“两不愁三保障”，启动脱贫攻坚普查工作，加强动态监测，对因灾因病因疫和其他原因返贫、新发生的贫困人口及时落实帮扶措施。建立脱贫攻坚挂牌督战机制，认真梳理各级验收评估反馈问题，逐一整改落实、清零销号。加大统筹整合财政资金力度，实施好产业就业、基础设施、公共服务、人居环境、基层治理、基层党建“六大提升工程”，认真落实攻坚责任、动态监测、驻村帮扶、考核监督、财政投入保障“五个机制”，做好脱贫攻坚与乡村振兴战略有机衔接，努力提高脱贫攻坚质量。主动做好农业农村部定点帮扶、余杭东西部扶贫协作、省“616”工程、鄂州市对口帮扶等工作，引导社会力量积极帮扶，引领贫困群众走向富裕之路。

坚决打赢污染防治攻坚战。巩固国家生态文明建设示范县创建成果，全面完成中央、省环保督察反馈问题整改，全面完成长江大保护十大标志性战役、“四个三重大生态工程”的相关项目。全面落实河长制、山长制。认真治理县城的空气污染、乡村的秸秆露天焚烧；认真落实饮用水水源地保护、管护机制，完成28个饮用水水源地规范化建设；认真推进农业面源污染防治工作，畜禽粪污资源化利用率达到75%；认真开展国土整治和土壤酸化治理，大力推广测土配方施肥、秸秆还田和回收利用，加强林业有害生物防治。严格执行领导干部自然资源离任审计、生态补偿、生态环境损害赔偿、生态环境损害责任终身追究制度，强化环保执法日常监管，义不容辞地守护好咸丰人民世世代代生活的美丽家园。

坚决打赢防范化解重大风险攻坚战。坚持“管行业必须防风险”，认真防范化解金融风险、政府债务风险、工程建设领域风险、各种社会矛盾风险。加强房地产领域和类金融机构常态化监管，严厉打击恶意逃废债务行为。大力整治非法金融活动，多途径压降不良贷款，确保不发生系统性、区域性金融风险。加强政府债务风险管控，严格落实预算管理、绩效管理，严禁县乡村和县直各部门、各事业单位未经批准随意举债。坚持意识形态领域问题定期分析研判制度，加强网络问政和网络舆情监管。健全灾害监测预警应急体系和公共突发事件应急管理机制，提高防灾减灾和突发应急处置能力。

坚决打赢疫情防控阻击战。按照党中央和省、州统一部署，以“外防输入、内防反弹”为重点，保持对疫情的警惕性不降低、防控要求不降低，毫不放松持续抓好疫情防控工作。坚持早发现、早报告、早隔离、早治疗，严格落实集中患者、集中专家、集中资源、集中救治“四集中”措施，做到及时发现、快速处置、精准防控、有效救治。在复工复产复市复学的过程中，做到标准不降、管理规范、措施有力。

（二）聚焦高质量发展，努力夯实县域经济基础

全力以赴抓好招商引资。主动融入“成渝经济圈”“长株潭城市圈”，深度融合全省“一芯两带三区”[8]战略，积极参与鄂西绿色发展示范区建设，探索区域合作新路径，努力把咸丰建设成全州开放型经济增长极。贯彻落实《关于加强招商引资工作的实施意见》，实施招商引资“一把手”工程，抓好招商引资平台建设，坚持精准招商、以商招商、中介招商、基金招商、产业链招商，主动对接长三角、珠三角、环渤海湾、粤港澳大湾区等沿海发达地区产业转移。全年完成亿元以上新开工项目10个，实际到位资金50亿元以上，其中省外资金20亿元以上，新签及续建项目累计到资增长率高于全州平均水平，实现外贸进出口总额增长6%以上。

全力以赴抓好项目建设。始终把项目建设作为经济发展的主抓手，深化“比抓强争促”工作机制，严格落实项目服务专员制度，强化项目月调度、月通报、月公示机制，以大项目带动大投资、推动大发展。启动“十四五”规划编制，紧跟国家政策和资金投向，围绕重点基础设施、重大产业、重大生态环保和重大民生工程，加强项目谋划储备，争取更多项目进入国家、省、州“十四五”规划项目库。加大向上对接争取项目、资金和政策力度，力争中央、省预算投资项目资金增长15%以上，全年谋划实施重点项目174个。围绕“三库”建设，扎实抓好恩黔铁路、页岩气等重点项目前期工作，推动利咸高速动工建设。加快推进宣咸高速、351国道大沙坝至龙井段、242国道土地关隧道及接线工程、463省道尖山至大路坝段、朝阳大桥及接线工程、唐崖至朝阳旅游公路等项目建设。持续抓好龙洞湾水库、县城三水厂、青狮河治理等水利工程建设。加快推进110千伏叉马路输变电工程、35千伏泡木园配电站工程建设。

全力以赴抓好工业经济。全面落实《关于推动工业加快发展的十条意见》，把工业经济摆在更加突出的位置，树牢“工业第一”理念，按照“四量”原则，坚持绿色、税收、科技、就业“四个导向”，做强“4+N”产业集群[9]。抓实中小企业成长倍增工程，打造“一园多点”返乡创业园，扶持一批返乡创业项目，新培育规模以上工业企业10家，每个乡镇至少有1家规模以上工业企业和1个工业园区，规模以上工业总产值达到13亿元。完成忠堡工业园二期11万平方米标准化厂房、2.75万平方米综合服务区及配套基础设施建设。加快推进年产500万吨新型环保优质骨料加工、民生能源集团咸丰天然气利用、年产500万平方米合成砂岩等项目建设。加快推动合易新材料年产30万吨无机盐深度改性产品加工、博今电气10万套高低压电气设备生产项目投产。大力发展新兴产业，积极融入大数据、物联网、区块链、人工智能等现代信息技术潮流。

全力以赴抓好全域旅游。紧紧依托黔张常铁路东西贯通这个交通大动脉，创建国家级全域旅游示范区。加快坪坝营景区AAAAA级、唐崖土司城址AAAA级创建，加大游客换乘中心、旅游停车场、旅游公路等配套要素建设，加快东升未来国际酒店四星级创建、唐崖土司文化产业园建设，提升整体承载能力。以曲江至坪坝营沿线、小村蓝河两岸为重点，推进乡村旅游示范带建设。积极申报“荆楚文旅名镇”“荆楚文旅名村”。加快民宿产业发展，构建绿色食品、宜居养生、户外健体、康养休闲“四位一体”的现代服务体系。力争全年旅游投资达15亿元以上。

（三）聚焦乡村振兴，扎实推进城乡一体化发展

全力推进城乡融合发展。按照“高起点规划、高品位建设、高标准管理、高质量服务”的要求，围绕打造“产业之城、生态之城、文化之城、旅游之城”发展定位，加快推进高铁新城“五大核心功能区”建设，发挥推动经济社会发展第一引擎作用。加快推动站前广场、新城防洪排涝、新城路网、凉水井和塘铺安置区等功能性、标志性工程建设，加快综合客运站、综合物流园、汽贸城、文体中心、旅游港、曲江古镇、曲江生态景观等重点项目落地开工，加快推动新城宾馆、购物中心招商落地。按照“强化管理、完善功能、提升品位”的要求，加快老旧小区改造，支持社会资本打造示范街道、精品小区、高品质商业街区。启动创建国家森林城市、国家园林城市工作。支持乡镇开展集镇、中心村建设。坚持用市场化、法治化办法经营城市，加快推进政策性银行支持咸丰新型城镇化示范区建设。

全力推进乡村产业振兴。紧扣乡村振兴战略“二十字”方针，贯彻落实《湖北省乡村振兴促进条例》，大力发展以“三茶一药一猪”[10]为主导的乡村特色产业。按照全域绿色、有机的要求，高标准管护特色种植基地，推进茶叶深加工及衍生产品开发，提升农产品附加值。推进生猪全产业链建设，力争年出栏生猪60万头以上。培育壮大龙头企业、家庭农场、种养殖大户等新型农业经营主体，抓好农民专业合作社规范运作，提高农民组织化程度，带动周边农户共同发展产业致富。启动农产品加工园建设，适度集中农产品加工业，发挥聚集效应。大力推介培育唐崖公共品牌，使“唐崖”公共品牌成为安全、优质的金字招牌。认真开展食品、农产品检验检测，新认证的“三品一标”农产品在10个以上。加快一、二、三产业融合发展，大力发展休闲农业、乡村旅游、农村电商，推动农村新产业、新业态蓬勃发展。

全力推进乡村人才振兴。加大新型农业经营人才、技能服务人才、种养殖能手等新型职业农民培育力度，建立完善乡村人才队伍建设支持政策，健全乡村人才引进、培育、评价、激励机制，选拔培养一批懂技术、会经营、善管理的“土专家”“田秀才”。实施乡村教师支持计划，发展乡村学前教育。鼓励和支持乡村医疗卫生人才引进，启动新一轮乡村医生能力提升工程。鼓励支持在外务工人员、大中专毕业生、企业家返乡投资兴业、创新创业。

全力推进美丽乡村建设。坚持规划先行、分类推进、试点带动，全面开展“三拆三清三建”〔11〕人居环境整治行动，加快实现农村干净、整洁、有序，着力建设“五美乡村”〔12〕，全年打造美丽乡村示范村11个，整治提升美丽乡村46个。加快农村水、电、路、网、房等基础设施建设和管护力度，大力推进农村垃圾分类和生活污水无害化处理，严控“白色污染”。推动实施餐厨、畜禽粪污及农业有机废弃物综合利用，建改1.77万户农村无害化厕所、76座农村公厕，实施村庄、道路和房前屋后绿化、美化、亮化工程，让我们的山更青、水更绿、景色更优美、环境更宜居。

（四）聚焦优化营商环境，全力释放改革发展活力

深化“放管服”改革。大力放宽市场准入，全面梳理政务服务事项，更大力度减事项、减环节、减材料、减时限。企业开办时间要压缩到1个工作日以内，进一步压缩工程建设项目、工业项目、不动产登记等事项审批时间。加强市场主体后续管理和服务，加快诚信体系建设，营造良好信用环境。推行包容审慎监管，探索建立企业首次无意轻微违法行为容错机制。完成县、乡、村办事大厅标准化建设，加强湖北政务服务网推广及恩施州智慧政务服务平台应用。巩固“一网一门一次”改革成果，推进数字政府建设，让数据多跑路、群众少跑腿。全面落实减税降费政策，综合运用政府增信、资金过桥、固本降息等财政金融手段，最大力度支持企业发展。引导金融机构积极创新金融产品，加大“银税互动”、应收账款融资等金融产品创新力度。组建政府性融资担保公司，全力推进新型“政银担”合作，努力破解小微企业融资难题。

深化农村综合改革。深化农业供给侧结构性改革，有效保障重要农产品供给，进一步补齐“三农”短板。深化农村集体产权制度改革，以盘活农村集体“三资”为重点，探索农村资源市场化运作模式，扶持壮大村级集体经济。抓好农村土地制度改革，稳慎启动农村宅基地“三权分置”〔13〕。加快推进农村承包土地经营权抵押贷款试点工作，缓解农民、村集体及新型农业经营主体融资难问题。完成政府拨款及减免税费形成的资产向农村集体经济组织移交工作。加快县乡村三级产权交易服务平台建设，充分释放交易效能。

深化重点领域改革。优化财政资金配置，坚持保工资、保运转、保基本民生。坚持市场化运作，持续推进国投公司转型，探索发展混合所有制经济，力争自营项目达到5个以上，经营收益1亿元以上。完成国土空间规划编制，强化县域国土空间开发保护，建立规划数据库。抓实财源建设，多措并举巩固骨干财源，做强群体财源，壮大梯级财源，培育新型财源。加大土地收储出让及土地增减挂钩指标交易，力争实现政府性基金收入10亿元以上，全年增加国有资产收入2000万元以上，盘活财政存量资金3000万元以上。

（五）聚焦基层治理，着力推进县域治理现代化

推进法治咸丰建设。严格依法行政，健全政府依法决策机制，强化对行政权力的法治制约和监督，严格执行行政执法“三项制度”，全面落实行政机关负责人出庭应诉制度，着力提高人民群众对公正执法的满意度和司法公信力。深入推进“七五”普法，加快公共法律服务体系建设，严格落实“谁执法、谁普法”责任制，为群众提供法律咨询、法律援助、公证办理等精准普惠、便捷高效的法律服务。

推进社会治理创新。坚持系统治理、依法治理、综合治理、源头治理，巩固拓展“一统三治六联”治理成果，贯彻落实《关于进一步加强基层社会治理建设更高水平平安咸丰的决定》，构建政府治理、社会调节、居民自治和共建共治共享格局。健全完善村规民约，传承良好家风家训，着力创建“无上访、无邪教、无吸毒、无责任事故、无刑事案件”的“五无乡村”。深化运用现代科技治理手段，创新升级立体化、信息化社会治安防控体系。建立三级矛盾化解机制，完善人民调解、行政调解、司法调解联动机制。加强县乡综治中心建设，配齐配强乡镇综治中心、戒毒社区、派出所、司法所力量，加快推进“一村一警”全覆盖和行政村、重点区域、重点行业、重点领域、重点部位视频监控全覆盖。

推进平安咸丰建设。严格落实安全生产责任制，加强非煤矿山、危化品、烟花爆竹、建筑施工、道路交通、特种设备、学校、医院、景区、食品药品、森林防火、防汛抗旱等重点领域隐患排查，坚决防范较大以上生产安全事故。扎实做好应急管理和救灾物资储备，全面提升防灾减灾救灾能力。开展矛盾风险排查化解“百日攻坚”行动，持续推进扫黑除恶专项斗争，深入开展重点地区、重点行业、重点领域治乱扫黑除恶行动，严厉打击各类违法犯罪行为，坚决铲除黑恶势力滋生土壤。实施最严格的农产品、食品药品安全监管，严把从农田到餐桌、从药店到医院的每一道防线，切实保障人民群众舌尖上的安全。严厉打击非法野生动物交易，全面禁食野生动物，从源头上控制重大公共卫生风险。

（六）聚焦民生建设，有效提升社会保障水平

扎实做好教育惠民。持续推进教育振兴六年计划，促进城乡义务教育一体化优质均衡发展，有效解决进城务工人员子女上学难问题。加快发展普惠性学前教育，普惠性幼儿园覆盖率达到80%以上。实施义务教育薄弱环节改善与能力提升项目，有效化解大班额问题。加快春晖学校（二期）、曲江镇中小学整体搬迁等项目建设。实行中小学教师“县管校聘”，建立健全义务教育教师工资待遇保障机制。扎实推进教育减负，让校长潜心治校、教师静心教书、学生专心学习。更加重视家庭教育，帮助孩子扣好人生第一粒扣子。

扎实做好健康惠民。加快健康咸丰建设，深入推进医疗、医保、医药“三医”联动改革，完善“医共体”运行机制，强化分级诊疗制度建设，规范医疗服务行为。加快完善重大疫情防控体制机制，健全公共卫生应急管理体系、重大疫情防控救治体系，健全重大疫情应急响应机制，逐步提高应对突发公共卫生事件的能力水平。加快推进县中医院医技综合楼、县人民医院新城住院综合楼、隔离病区等重点项目建设，加强县乡发热门诊建设，完成基层医疗卫生机构标准化建设。健全完善公共卫生服务体系，做好职业病、慢性病、传染病和重大疾病防治，关心重视人民群众心理健康。强化中医药传承与创新，加强中医药设备配备、人才培养和新技术研究，推动中医药事业加快发展。深入开展爱国卫生运动、全民健身活动和全民公筷行动，倡导健康文明的生活方式。落实全面二孩政策，提高计生优质服务水平。

扎实做好文化惠民。加强文化遗产保护传承与利用，启动国家级文化生态保护试验区建设。持续推进复兴“中国干栏式建筑之乡”。深入挖掘传统民俗、乡土文化，加大古村落、古建筑、文物古迹、革命遗址保护力度，健全完善公共文化服务体系，大力开发乡村特色文化旅游产业。积极筹备唐崖土司文化旅游节、全国（坪坝营）户外森林运动会等赛事活动。

扎实做好政策惠民。严格落实就业创业扶持政策。加大城乡劳动力职业技能培训和公益岗位开发力度，新增城镇就业4200人，城镇登记失业率控制在州定目标以内。严格落实住房保障政策。建立农村危房改造长效机制，加大城乡困难群众住房保障。严格落实劳动者权益和居民生活保障政策。加强劳动监察和争议调处，坚决查处侵害劳动者权益案件，构建和谐劳动关系；深入实施全民参保计划，稳妥做好中小企业从业人员、灵活就业人员等重点人群参保工作；加强困难群众基本生活保障和救助。严格落实殡葬制度改革政策。加快推进县级公益性殡仪馆及附属设施建设，建成3—5个农村公益性公墓试点。

同时，要扎实做好国防教育、双拥共建等工作，要关心和支持妇女、儿童、老龄、残疾人、退役军人、外侨、民族宗教、慈善等事业发展，认真做好史志、档案、统计等工作。

（七）聚焦自身建设，全面提升政府治理效能

始终坚持党的领导。始终把政治建设摆在首位，自觉做到增强“四个意识”，坚定“四个自信”，做到“两个维护”，始终同以习近平同志为核心的党中央保持高度一致。坚定不移地贯彻党的路线方针政策，坚决贯彻落实党中央、国务院的决策部署和省委、省政府、州委、州政府和县委的工作要求，保持政令畅通、令行禁止。抓好中央、省委巡视反馈问题整改落实。巩固拓展“不忘初心、牢记使命”主题教育成果，深入推进“两学一做”学习教育常态化制度化。

始终坚持以人民为中心。始终坚持以人民为中心的发展思想，全力解决人民群众“急、愁、盼”的问题，不断满足人民群众对美好生活的向往。畅通民意表达渠道，高质量办理人大代表议案、建议和政协委员提案，广泛听取各民主党派、工商联、无党派人士和人民团体的意见建议，深化政务公开，让群众知晓政府在做什么、在怎么做。加强法治政府建设，坚持“法无授权不可为、法定职责必须为”，自觉接受人大法律监督、政协民主监督、社会和舆论监督，扎实推进依法行政，让政府的每一项权力都在阳光下运行。

始终坚持勤政廉政。严格落实党风廉政建设主体责任，始终把纪律规矩挺在前面，坚决贯彻落实从严治党、从严治政各项规定，树立“言必行、行必果”和“定了就干、干就干成、干就干好”的施政风气。严格落实政府工作责任制。坚持“一线工作法”，完善政府权责清单，全面提升政府执行力、落实力。持之以恒落实中央八项规定精神，突出整治形式主义、官僚主义顽疾，坚决整肃庸政、懒政、怠政，坚定不移地转作风、建机制、树新风。坚持厉行节约，树立过“紧日子”的思想，大力压减一般性支出，把有限的资金用到发展经济和改善民生上来。扎紧制度“笼子”，强化监察监督、审计监督、司法监督，紧盯重大工程、重大项目、重点领域、关键岗位，从源头上预防腐败。

使命与重托，鞭策我们负重前行；期待与梦想，激励我们奋力赶超。让我们更加紧密团结在以习近平同志为核心的党中央周围，以习近平新时代中国特色社会主义思想为引领，不忘初心、牢记使命，以永不懈怠的精神状态和一往无前的奋斗姿态，攻坚克难、砥砺奋进，为全面建成小康社会、高质量建设“五个咸丰”而努力奋斗。

注释：

〔1〕**“三品一标”：**无公害农产品、绿色食品、有机农产品和农产品地理标志。

〔2〕**“五个咸丰”：**小康咸丰、绿色咸丰、开放咸丰、法治咸丰、幸福咸丰。

〔3〕**“四个理念”：**工业第一、项目第一、开放第一、财税第一。

〔4〕**“四大平台”：**工业园区平台、投融资平台、招商引资平台、政务服务平台。

〔5〕**“四大战役”：**精准脱贫攻坚战、污染防治攻坚战、防范化解重大风险攻坚战、疫情防控阻击战。

〔6〕**“四大引擎”：**高铁新城、工业强县、全域旅游、乡村振兴。

〔7〕**“四个不摘”：**摘帽不摘责任、摘帽不摘帮扶、摘帽不摘政策、摘帽不摘监管。

〔8〕**“一芯两带三区”：**“一芯驱动”，大力发展以集成电路为代表的高新技术产业、战略性新兴产业和高端成长型产业，培育国之重器的“芯”产业集群。“两带支撑”，以长江经济带、汉江生态经济带为依托，以沿线重要城镇为节点，打造长江绿色经济和创新驱动发展带、汉随襄十制造业高质量发展带。“三区协同”，推动鄂西绿色发展示范区、江汉平原振兴发展示范区、鄂东转型发展示范区竞相发展，形成全省东、中、西三大片区高质量发展的战略纵深。

〔9〕**“4+N”产业集群：**生态文化旅游、硒食品精深加工、生物医药、清洁能源，电子信息、智能制造等。

〔10〕**“三茶一药一猪”：**茶叶、油茶、藤茶，中药材，恩施黑猪。

〔11〕**“三拆三清三建”：**拆破旧房、拆废弃猪牛圈、拆违建，清污水、清屋外垃圾、清室内杂物，建卫生厕所、建垃圾转运站、建花果庭院。

〔12〕**“五美乡村”：**富民产业美、人居环境美、农村生活美、乡风文明美、社会和谐美。

〔13〕**农村宅基地“三权分置”：**宅基地所有权、资格权、使用权。

专　记

余杭东风拂荆南

——杭州市余杭区对口帮扶咸丰纪实

神秘的北纬 30°，有着太多未解之谜，也有着千年难遇的奇缘。

同处北纬 30° 的余杭与咸丰，分属浙江和湖北两省，相距 1000 余千米，却有着共同的“世遗”情结：2015 年 7 月 4 日，距今 600 多年历史的咸丰唐崖土司城址成功入选世界文化遗产名录；2019 年，实证中华 5000 多年文明史的余杭良渚古城遗址将正式申报世界文化遗产项目……

2017 年，中央提出东西部对口帮扶、打赢精准脱贫攻坚战，确定由浙江省对口帮扶湖北省恩施州。因为“世遗”，杭州市明确余杭区对口帮扶咸丰县，余杭、咸丰，由此结缘。

结缘绘蓝图

2017 年 6 月 21—22 日，浙江省委常委、杭州市委书记赵一德率团到恩施州落实对口帮扶各项工作，出席杭州市・恩施州对口帮扶工作联席会议，杭州市委常委、余杭区委书记毛溪浩代表余杭区与咸丰县签订合作框架协议，两地携手同走致富路，真情协作奔小康。

合作框架协议的签订，让地处武陵山腹地的咸丰县与西子湖畔的余杭结缘。

亲戚需要走动。协议签订半个月后的 7 月 17 日，咸丰县委书记、县人大常委会主任郑东来率队到杭州市余杭区考察，深入对接东西部扶贫协作工作并作招商推介。毛溪浩在余杭主持召开对口帮扶座谈会，双方主要领导分别介绍余杭区与咸丰县的经济社会发展及结对帮扶情况，咸丰县 11 个乡（镇、区）与余杭区 11 个镇（街道）现场签订合作框架协议。

座谈会上，余杭区和咸丰县就发挥东部优势，充分拓宽帮扶领域，在教育、医疗卫生、经贸、旅游、人才交流、劳务等方面开展深度合作进行了深入协商，提出将逐步开展中小学结对工作，加强教育人才交流培训；派出医疗团队进行驻点帮扶，开展临床诊疗、教学培训、重点学科建设等援助活动；协助举办招商推介会、推动企业互访合作，加强两地经贸交流；努力拓展互为目的地的旅游市场开发与投资合作，切实提升各自在对方区域的知名度；借助余杭优势，帮助咸丰建设农业产业和电商产业园等。

同年 8 月 5 日，余杭区委副书记、区长陈如根率余杭区党政领导和相关部门负责同志专程来到咸丰，考察结对帮扶工作，并就具体帮扶项目提出指导性意见。针对咸丰县提出的帮扶建议方案，陈如根当即表态支持咸丰建好余杭产业园等项目，并积极动员余杭知名企业到咸丰考察投资，促进咸丰相关产业的深度开发与合作。同时认为咸丰县在申报世界文化遗产方面的许多经验值得借鉴，希望两地加强合作交流，将结对帮扶工作项目化、具体化。咸丰县表示，将把余杭区的结对帮扶化作内生动力，认真学习余杭区的先进经验和管理理念，加强互动交流，形成长效机制，切实打赢精准脱贫攻坚战。

随后，咸丰余杭高层互访频繁，各部门主动对接，社会企业积极参与，两地亲如一家。

合力拔穷根

咸丰素有“荆南雄镇”“楚蜀屏翰”之誉，拥有世界文化遗产唐崖土司城址，却属国家级贫困县，仍有66个重点贫困村、建档立卡贫困户3.78万人。该县大力发展以“三茶一药一猪”（白茶、油茶、藤茶，中药材，恩施黑猪）为主的主导产业，力拔穷根。

自从咸丰县成为余杭区东西部扶贫协作对象以来，咸丰县精准脱贫的事便成了余杭区的事。一年来，余杭区与咸丰县互派挂职干部17人，分别在扶贫、卫计、农业、电商等重点领域开展有针对性的协作帮扶。

村级造血、县域引领、企业参与，余杭区突出“产业”二字加大对口帮扶力度，协助咸丰谋划了“咸丰余杭高新产业园”“咸丰余杭现代农业园”和“咸丰余杭电商产业园”3个示范引领，以及咸丰所需的产业协作样板工程，一些援建项目已具雏形。

位于忠堡镇的咸丰余杭高新产业园建设现场，塔吊林立，一个55万平方米的标准化厂房即将建成。园区负责人介绍，由浙江聚邦科技有限公司专业运营、主要引进科技型加速类项目的咸丰余杭高新产业园，按照“咸丰企业总部基地+咸丰企业生产基地+余杭研发运营基地”的异地产业园建设模式，企业母公司注册在咸丰，企业研发中心和运营中心在余杭，生产基地在咸丰，叠加享受中西部产业发展政策和余杭咸丰对口帮扶红利，切实推动咸丰产业发展。目前已有7家公司计划入驻，其中3家已签订入驻协议。

与高新产业园相距不远的忠堡镇马倌屯村，咸丰余杭现代农业产业园建设项目如火如荼，一排排特色民居依山而建，一座座智能大棚整齐排列，工人们正忙着管理微型花卉盆景，一片热火朝天的景象。在咸丰挂职县扶贫办副主任的余杭区干部陈小忠告诉记者，余杭计划投入500万元，在园内建设在杭州已经发展比较成熟的智能温室大棚和农业“物联网”管理指挥中心，让农产品种植的过程管理、质量追溯和品牌营销都更加“信息化”。

“村级集体经济‘造血’和茶产业链提升完善是我们帮扶的重中之重。”据在咸丰挂职县委常委、副县长的余杭区干部郑颖介绍，余杭区在全面完成2017年4个对口帮扶项目的基础上，2018年又安排资金1460万元建设11个茶叶加工厂，着力解决咸丰县茶产业链提升完善和村级集体经济“造血”功能。“11个茶厂建成后，可为村级留下1.2万平方米标准厂房，解决近1.5万户农户约6万亩茶叶的就近收购加工，带动约5000户建档立卡贫困户脱贫，达到贫困村集体资产增

2018—2020年，余杭区对口帮扶咸丰县，累计投入帮扶资金2525万元建设20个约3万平方米茶叶加工厂，8万亩茶叶实现就近收购加工

咸丰县扶贫办　供图

加、造血功能增强和贫困户产业增收、就近务工增收的效果。”

咸丰所需，余杭所能。2018年以来，余杭区进一步加大对东西部扶贫协作工作的支持力度，选派得力干将到咸丰县挂职开展东西部扶贫协作工作，积极主动谋划对接项目，促成《咸丰县产业发展十条》等相关政策出台，推动两地协作交流快速发展。

两地坚持优势互补、合作共赢，落实“万企帮万村”活动，余杭区17批次90余家东部知名企业赴咸丰，就装备制造、茶叶产业、园区建设、城市综合体、民宿开发、旅游产业、农特产品销售等一大批项目进行考察、指导、对接，并在余杭主城区为咸丰免费提供100平方米左右展示销售点1个。“咸丰余杭电商产业园”项目，现已选定电商产业园建设地点，并协助引荐专业团队开展电商产业园规划设计，帮助招引电商企业入驻。为加强旅游帮扶，余杭区第一时间出台了工会疗休养政策，把咸丰县作为首选目的地。两地还达成劳务协作模式，完善咸丰县劳务需求和在余杭就业的贫困人员台账，帮助贫困户就业。

东西部扶贫协作咸丰县农旅产业融合发展培训班、咸丰县中青年暨“狮子型”干部培训班、全域旅游与地方经济发展专题培训班……从项目支持到人才交流培训，余杭与咸丰合力攻坚决战贫困。

爱心洒荆南

到浙江大学读书，是咸丰县唐崖镇苏麻溪村吴益乐梦寐以求的事。但拿到录取通知书的那一刻，吴益乐却泛起一片愁云：“父亲是地地道道的农民，靠着理发的手艺，每逢赶集为乡亲理一次发，收入5元钱，该要理多少个发呀……”大学费用，成为吴益发一家四口难以承受之重。

咸丰县忠堡镇庙梁子村周洪亮同学也有同样的烦恼。小周的父母曾遭遇车祸，为了一家的生计，父亲带病外出打工，母亲在家休养，全年家庭收入不足万元。2018年，小周以660分的成绩被上海同济大学医科院正式录取。

据统计，2018年咸丰县考取国家二本线（含）的建档立卡贫困户学生共有436人。

关键时刻，余杭人释出善意，无数爱心宛若阵阵春风，扫去孩子们心头的阴云。

余杭东西部对口帮扶咸丰工作组今年特别倡议发起“爱心助学·筑梦起航”活动，由余杭区“美丽洲”基金会与团县委联合策划实施，对2018年考上本科的100名咸丰县籍建档立卡贫困户大学生一次性资助5000元/人。

此次活动得到了伊芙丽董事长钱晓韵、天工装饰董事长封福良、余杭致公党主委陈国建、浙江省企业信息化促进会傅正会长等诸多企业家和爱心人士的支持。7月下旬，余杭区新生代企业家协会的年轻企业家一行9人到咸丰考察，当场认领了12名结对大学生名额。余杭区原科协主席洪英和余杭华数传媒有限公司原总经理张学俊夫妇第一时间与工作组联系，结对帮扶咸丰县黄金洞乡葫芦坝村2组的杨小鳕同学。小杨的家庭是因病致贫，父亲常年在外打工，母亲常年不离药，小鳕从小就懂得要珍惜学习的机会，小升初以学校第一名踏入初中，中考以全校第二名进入咸丰一中火箭班，今年高考以590分被中南民族大学录取。

8月24日，咸丰举行“爱心助学·筑梦起航”余杭—咸丰爱心助学捐赠仪式，将50万元助学金发到100名今年考上本科的建档立卡贫困户大学生手中。

良渚商会为清坪镇捐赠文体建设资金6万元；临平街道为高乐山民族小学捐赠帮扶资金5万元；装备协会向唐崖镇学校捐赠28万元，并向全县17所学校捐赠价值40万元的饮水机等；余杭区文广新局来咸联合举办了“手牵手、心相连”文艺联合演出活动并捐赠活动经费5万元……咸丰县扶贫办会同县财政局建立“东西部扶贫协作资金专账”，并理顺规范社会帮扶资金捐赠机制，深入推进余杭区各个层面的社会帮扶活动。

郑颖认为，只有知识才能真正帮助咸丰脱贫，咸丰发展需要培养更多本地人才，他们日后回家乡创业也好、在外地发展也好，都是咸丰的发展。他说：“三年挂职期间，我每年资助2名贫困大学生。我们还设想发起为咸丰贫困大学生每年提供实习岗位100个、提供就业岗位100个的活动。”

在咸丰，余杭各界的爱心汇聚成股股暖流，不仅滋润着众多寒门学子的心田，也抚慰着贫困患者的伤痛。

孙金栋，余杭区第一人民医院心内科二病区主任，在女儿出生才一百天的时候，毅然出征咸丰，开展为期一年半的深入援助，被余杭区卫计局党委授予“最美援助医生”称号。

作为医生，孙金栋最怕听到病人家属说“回家”。今年5月，余杭区第一人民医院与咸丰县人民医院牵手帮扶，孙金栋等余杭一院3名首批支援专家到咸丰县人民医院开展专科建设、医疗人才培养、信息化建设等方面的帮扶指导。

孙金栋发现，受医疗条件的限制，咸丰县很多冠心病、心梗等危重心血管疾病患者只能选择保守治疗，一些急危重症患者最终因为经济原因，选择放弃治疗而“回家”。

孙金栋立即将当地的情况和余杭一院进行沟通，5月21日，余杭一院袁红专家团队前往咸丰县人民医院，开展了具有里程碑意义的咸丰县首例冠状动脉造影术，免费为5名患者进行心脏介入手术。目前，由孙金栋主导开展的心血管导管室的布置已基本完成，等耗材到位就随时可以在咸丰县人民医院开展导管室的工作。

决战深度贫困，任重而道远，余杭区对咸丰县的倾情帮扶体现了余杭区各级党委政府和广大干部群众的政治定力、政治担当、政治作为。咸丰余杭两地正寻求一条既讲政治、又讲发展，既符合中央东西部协作要求，又符合经济规律，既坚持党委领导、政府主导，又坚持市场主体、企业主抓，以输血为辅、造血为主的东西部协作支持贫困地区发展的新路径，把新理念变成新模式，新思想变成新思路，新战略变成新实践，助推深度脱贫。

（恩施州扶贫办网站　2018年9月4日发布）

大事记

1月

2日　“荆楚楷模”2018年12月上榜人物名单揭晓，清坪镇申李坝村卫生室医生杨芳上榜，恩施州唯一。3月4日，省委宣传部通报表扬一批“新时代新气象新作为”百姓宣讲优秀宣讲作品，杨芳宣讲稿《乡村振兴正当时》获评全省“优秀宣讲作品”。5月17日，杨芳被省政府授予“湖北省劳动模范”荣誉称号。

3日　教育部、人力资源和社会保障部、财政部联合公布“国家中等职业教育改革发展示范学校建设计划”第三批项目学校验收结果，咸丰县中等职业技术学校确定为第三批“国家中等职业教育改革发展示范学校”，跻身1000所国家中等职业教育改革发展示范学校行列。

4日　共青团湖北省委、湖北省青年联合会下发《关于追授邹炜、李勇同志“湖北青年五四奖章”的决定》，追授邹炜、李勇“湖北青年五四奖章”，号召全省团员青年向他们学习。3月27日，第二届（2018）中国优秀扶贫案例报告会“优秀扶贫申报案例”在人民网展示，邹炜入选“最美人物”板块。

4日　省文化和旅游厅公布第五批省级非物质文化遗产项目代表性传承人名单，咸丰县易建明［吹打乐（坪坝营镇唢呐）］、曾志明（地盘子）、刘国鉴（绕棺）名列其中。

7日　咸丰县图书馆通过全国文化信息资源共享工程服务网络及公共电子阅览室建设，完成11个乡（镇、区）多媒体文化互动播出终端安装，文化共享工程服务覆盖263个行政村、5个社区、11个乡（镇、区），实现县级支中心与各基层服务点互联互通。

8日　省政府公布《第七批湖北省文物保护单位名单》，咸丰县“大寨坪遗址”入列。2月25日省政府办公厅公布“荆楚大遗址传承发展工程项目库”名单，大寨坪遗址作为湖北省文化遗址公园名列其中，全省共计40处，恩施土家族苗族自治州3处。

10日　小村乡羊蹄村村民委员会被评选为第二届全省“百佳村民委员会”。

11日　省化解办第二分片工作联系组到县验收煤矿关闭退出工作，共10家煤矿通过验收，剩余3家煤矿（狗耳山、五丘田、小场坡）已签订关闭退出协议，启动关闭程序。8月8日，恩施州财政局下达2018年关闭退出煤矿州级配套奖补资金，咸丰县获1050万元。

同日　湖北民族大学理学院统计学专业实习基地在咸丰县统计局挂牌成立，进一步搭建校地合作平台，拓展合作空间，推动双方在人才培养、科学研究、服务地方等领域发挥各自优势，实现互利共赢。

12日　第二届“武陵购”精准脱贫攻坚特色

产品展销会暨大学生创业集市在武汉市中南民族大学光谷美术馆开幕，咸丰县家乡宝商贸有限公司、堰塘食品有限责任公司、唐崖电商产业园有限公司、湖北仁和康源农业有限公司、湖北圣浩现代农业科技有限公司5家企业共计30余种产品参展。

15日　咸丰县县级河流“一河一策”实施方案通过评审。该方案围绕12条县级河流管理保护目标，针对河流现状、管理与保护中存在的主要问题，提出管理管控对策措施和行动计划，最终实现河道管理范围内污水无直排、水域无障碍、堤岸无损毁、河面无垃圾、绿化无破坏、岸线无违建“六无”目标。

16日　国家卫健委公布2018年度国家慢性病综合防控示范区复审结果，咸丰县被重新确认为国家慢性病综合防控示范区，恩施土家族苗族自治州唯一，全省仅4例。

18日　最高人民法院发布《关于表彰全国优秀法院、全国优秀法官、全国法院办案标兵的决定》，咸丰县人民法院被表彰为全国优秀法院。

21日　省环保委印发关于授予60个乡（镇）为“省级生态乡镇”和594个村为“省级生态村”称号的通报，咸丰县朝阳寺镇被评为省级生态乡镇，黄金洞乡泗坝渡村等10个村被评为省级生态村。

23日　省科协公布2019年湖北省特色产业科普基地和基层科普服务能力提升行动计划项目名单，咸丰县老鹰红茶特色产业基地入选湖北省特色产业科普基地项目名单，县第二实验小学入选湖北省科普教育学校项目名单。

24日　《关于湖北省2018年煤炭行业化解过剩产能关闭退出煤矿的公告》发布，全省2018年度煤炭行业化解过剩产能关闭退出煤矿96处，退出产能717万吨/年。其中，咸丰县关闭退出煤矿13处，退出产能105万吨/年。

25日　“荆楚楷模”1月榜单发布，咸丰县委原副书记邹炜当选。

28日　咸丰县2019年“就业援助月”暨“立讯精密”专场招聘会在县城民族宫广场举行，参与本次活动的县内外企业84家，提供招聘岗位7000余个，其中恩施立讯公司在县招聘岗位2000余个。本次招聘会达成就业意向378人。

2月

1日　恩施土家族苗族自治州政府批准《咸丰县中心城区山体保护专项规划（2017—2030年）》《咸丰县中心城区山体保护法定图则》，将咸丰县规划建设为“山在城中、山城一体、山城相融”，具有独特山地景观的生态园林城市。

14—18日　余杭区人力资源和社会保障局与咸丰县人力资源和社会保障局在县城皇城广场、清坪镇、唐崖镇和坪坝营镇杨洞村联合举办4场“春风行动”招聘会。

15日　中国石化集团组织1000多人，在黄金洞乡举行勘探大会战，标志恩施州步入页岩气大规模勘探阶段。据报道，恩施州是湖北省页岩气分布的重要板块，页岩气理论储量4.5万亿立方米，占全省一半，可开采储量约2万亿立方米。

18日　咸丰县第一批立讯务工人员前往江苏昆山、江西吉安开展就职前业务技能培训。立讯精密工业（恩施）有限公司为恩施州提供上万个工作岗位。咸丰县经过2个多月的宣传动员，共有1786人登记报名，其中627人参加入职前体检。此次前往就业前培训工人415人，分别由县直部门10名工作人员随行护送，培训期间包食宿并按规定领取工资，跟班培训半年后回恩施公司工作。

20日　由湖北银保监局联合湖北电视综合频道推出的大型系列报道《湖北银行业金融扶贫公益行》节目播出第十九集，报道清坪镇高峰村驻村“尖刀班”由“输血”变“造血”，通过发展订单农业、黑猪养殖和猕猴桃、辣椒种植等产业，2017—2018年创造140多万元经济效益，带动38户贫困户脱贫事迹。

22日　省政府办印发《关于公布文物保护单位保护范围和建设控制地带的通知》，公布唐崖土司城址的保护范围和建设控制地带。要求相关单位贯彻“保护为主、抢救第一、合理利用、加强管理”的文物工作方针，落实保护措施，承担文物保护职责，确保文物安全。

28日《湖北省2019年减贫计划》发布。2019年，全省计划减贫90万人、出列800个贫困村、摘帽17个贫困县，其中咸丰县位于摘帽贫困县之列。

3月

6日　省商务厅厅长秦军到县调研商务扶贫和“616”工程开展情况。秦军先后到咸丰工业园忠堡园区、咸丰余杭电商产业园、湖北三泰食品有限公司调研，对咸丰县商务扶贫工作给予充分肯定。恩施州商务局党组书记田首，县领导郑东来、郑颖、张志奇参加调研。

7日　咸丰县茂美葡萄专业合作社被农业农村部评为2018年“国家农民合作社示范社”。

7—8日　省委巡视办副主任王志刚到县调研巡察工作，并召开座谈会。王志刚充分肯定咸丰县巡察工作，强调要改善巡察工作作风，提高巡察发现问题精准度；重点关注巡察整改“后半篇文章”，进一步联系实际，制定科学合理的整改标准和问题评价销号机制，明确整改方向；要巩固村级巡察全覆盖工作成效，将表现突出的问题和群众反映强烈的问题纳入巡察内容；不断深化政治巡察，营造风清气正的政治生态。县领导郑东来、卢小志、宋爱军参加调研或座谈。

14日《半月谈》2019年第5期以《充实一线队伍！破解基层治理难，六大新支点之二》为题，推介咸丰县“一站六联”基层社会治理创新经验。

同日　咸丰县举办“中华好诗词 · 咸丰好声音”古诗词网络朗诵比赛，全县316名在读小学生通过微信参加，共3.2万人浏览关注或点赞。

18日　人民网、《中国扶贫》杂志社主办的第二届（2018）中国优秀扶贫案例报告会“产业扶贫”板块刊发文章《湖北咸丰：打好产业组合拳》，宣传咸丰县落实党中央及省州关于打赢脱贫攻坚战的决策部署，通过规划先行、打造“一村一园一走廊”，转型发展、推动“一农一商一旅游”，以“农民富、农业兴、农村强”为目标，抢抓政策机遇，打好组合拳，坚定不移走产业扶贫之路。

20日　农业农村部副部长张桃林到县调研农业产业园、美丽乡村建设、易地扶贫搬迁、电商助力扶贫等工作情况。张桃林指出，政府部门要搭建好平台与专业科院建立紧密的技术连接，解决基础农业缺乏专业技术的难题；要健全可溯源体系，打造好“唐崖”公共品牌，提高市场认可度和占有率；要健全物流体系，把握好农产品上行流量标准，打通物流到家的“最后一公里”。省农业农村厅党组成员、副厅长黄德斌，州委常委、副州长李岩，县领导郑东来、杨志高、连庆等参加调研。

同日　中宣部、财政部、文化和旅游部、国家文物局发出关于公布《革命文物保护利用片区分县名单（第一批）》通知，确定15个革命文物保护利用片区。第一批革命文物保护利用片区分县名单涉及20个省110个市、645个县。咸丰县位列湘鄂西片区、湘鄂川黔片区。

21日　省公安厅通报表扬全省公安机关践行“命案必破”成绩突出集体，咸丰县公安局列入连续10年以上命案全破县级公安机关（总发案数30起以上）；县看守所被通报表扬为2018年度全省监管工作成绩突出集体。

26日　县农业农村局组织开展农业信息化服

务平台技术培训，邀请中南民族大学专家为茶企讲解农业信息化可追溯平台的优势和使用方法。通过该平台，企业可以给每包茶叶制定一个二维码，相当于茶叶“身份证”。消费者扫描二维码，可详细了解茶叶产品信息、生产企业信息、产业基地信息等，并通过摄像头实时查看基地情况，从而放心购买。

27日 恩施土家族苗族自治州第24个“全国中小学安全教育日”主题教育活动启动仪式在县一中举行，州委常委、副州长杨胜才，州教育局局长、州校安委主任胡泽，副县长黄光英出席活动。活动围绕消防安全、交通安全、毒品预防、卫生健康及自救能力等方面知识，通过应急演练、现场模拟、实践体验和知识宣传等形式，开展以“强化安全教育，共建平安校园”为主题的中小学安全教育。

4月

3日 湖北省第八批“博士服务团基层服务计划”正式实施，经过前期争取，来自武汉大学人民医院、江汉大学和湖北民族大学的3名博士，将在县人民医院、县人民检察院、奇泉茶业有限公司进行为期一年的挂职锻炼。

10日 湖北省综合交通三年攻坚交账会召开，明确全省2019年交通建设目标，其中张家界至南充高速公路来凤至咸丰段将开工建设。

12日 由最高人民法院新闻局和人民法院新闻传媒总社联合发布2018年度全国法院百优新媒体作品榜单，县人民法院报送的《咸丰法院执行干警与嚣张“老赖”硬碰硬》在列，全省仅两例，全州唯一。

15日 中央电视台纪录片《中国影像方志》湖北卷咸丰篇摄制组到唐崖土司城遗址拍摄取景，拉开《中国影像方志》湖北卷咸丰篇拍摄序幕。摄制组从地名记、古城记、教育记、英烈记、地理记、曲艺记、当代记7个主题入手，以影像的方式讲述咸丰故事展现咸丰历史文化、社会发展、生态建设、文化艺术等方面的独特魅力。节目制作完成后，将在央视科教频道播出，时长约44分钟。

15—17日 省政协副主席马旭明带队到咸丰县调研精准扶贫工作，召开定点扶贫工作联席会议，强调要统一思想，提高认识，聚焦问题，真抓实干，拿出“绣花功夫”，抓住特色产业，把精准扶贫与长远发展、脱贫攻坚与乡村振兴结合起来，确保高质量如期完成脱贫攻坚任务。调研过程中，马旭明还代表省政协澳区委员向咸丰县曲江镇卫生院捐赠40万元，用于添置医疗设备，改善医疗条件。

18日 咸丰南剧《唐崖土司夫人》被列入由国家民委主办、中央民族歌舞团承办的“全国少数民族地区艺术院团晋京展演项目”并在北京民族剧院公开演出。该剧由县南剧传承保护中心精心打造，2015年9月、2017年11月《唐崖土司夫人》分别参加第二届湖北艺术节、第三届湖北地方戏曲艺术节演出。

19日 “2019杭州·恩施招商推介会”在杭州举行，会上签约7个项目，投资总额约11亿元，咸丰县坪坝营镇珍稀食药用菌生产加工项目在列。

25日 国家文物局公布2018年全国文物行政处罚案卷评查结果，由县文体新广局文化市场综合执法大队办理的“中国铁塔公司恩施分公司擅自在全国重点文物保护单位唐崖土司城址建设控制地带内进行建设工程案”确定为“2018年度全国文物行政处罚案卷评查优秀案卷”。

26日 县政府与浙江日昌升集团有限公司签订投资协议，拟在忠堡镇工业园区投资建设新型绿色建筑材料（机制骨料）生产基地。该项目以石材资源为原料，利用新材料制造工艺、水循环处理系统等技术手段，生产高品质机制骨料（精品砂），用于高铁、地铁、跨海大桥、机场、高速等重点工程建设。

29日 全省科学技术奖励暨科技创新推进大会在武汉召开，由中南民族大学、湖北省药品监督检验研究院、咸丰县中医医院共同研究完成的“湖北省实用民族药资源种类调查鉴定、质量控制与规范化应用”成果获得湖北省科学技术进步奖二等奖。

5月

6日 忠堡大捷遗址及烈士陵园完成烈士碑升级、文化长廊、聚义亭建设、烈士公墓整体规划建设以及烈士陵园步游道、绿化建设等工作。该项目分三期进行，控规面积300余亩，总投资3000万元。

8日 中央电视台中文国际频道《海峡两岸》节目报道余杭区联手台湾全人照顾协会展开“扶贫助残送光明 两岸携手共帮扶”义诊活动，为咸丰县百余名患者带来福音。

9—11日 第五届武汉国际电子商务暨互联网+产业博览会在武汉国际博览中心举行，国内外知名电子商务企业参展。咸丰县圣浩现代农业科技发展有限公司、自然好生态农业合作社、硒乡源鲜蔬农业发展有限公司参加展会。

14日 湖北省贫困地区经济作物绿色防控培训班在县开班，省植物保护总站、华中农业大学等专家学者围绕茶叶、蔬菜、中药材病虫害绿色防控等知识开展授课，培训旨在更好推进农业产业扶贫，充分发挥绿色防控在农药减量控害和绿色农产品生产中的重要作用，为贫困地区茶叶、蔬菜、中药材、柑橘等产业发展保驾护航，全省贫困地区植物保护站和新型经营主体负责人参加培训。

15日 中央电视台国防军事频道《每日农经》栏目专题播出《因茶而变的村庄》，报道咸丰县朝阳寺镇五龙坪村发展茶叶产业，助力百姓增收的故事。五龙坪村在县农业农村局的帮扶下，因地制宜发展特色产业，确立“三茶、一果、一花”产业布局。截至2019年底，已栽种白茶1200亩，油茶1500亩，脆红李500亩，玫瑰花100亩。

16日 “学习强国”平台推出题为《“灵秀湖北·荆楚山川”——湖北咸丰万米崖壁展奇观》图文报道，推介大路坝区崖壁风光。大路坝区喀斯特景观天造地设，万米崖壁逶迤延展，跌宕多姿，溶洞纵横，飞瀑高挂，极为震撼。

20日 县人社局社保卡窗口协助1名群众申领全县第一张电子社保卡，标志咸丰进入电子社保卡时代。电子社保卡全国统一、全国通用，具有身份凭证、信息记录、自助查询、医保结算、缴费及待遇领取、金融支付等功能，可在政府公共服务、金融等领域线上线下有机结合应用。8月30日，第一笔电子社保卡购药业务在咸丰县城普恩堂药店完成，标志咸丰县电子社保卡医保支付应用正式上线。

29—30日 湘鄂西、湘鄂川（渝）黔革命老区第五次联席会议在咸丰县召开。会议就争取国家发改委制定出台《湘鄂西、湘鄂川（渝）黔革命老区振兴发展规划》进行探讨，要求各地传承红色基因，发扬老区精神，共同开辟湘鄂西、湘鄂川（渝）黔革命老区协作发展新局面。省老促会副会长刘建新，州委常委、副州长李岩，县委书记郑东来分别致辞；湖南省政法委原常务副书记彭对喜，州老促会会长于德海，县领导李娟、黄光英等参加会议或活动。

6月

3日 中国马铃薯大会“恩施首届硒土豆美食评选”颁奖仪式在州文化中心大剧院举行，咸丰县奔吃楼农庄选送的“唐崖土豆全膀”获“恩施硒土豆十大特色美食”，新时代美食城选送的

"时代秘制土豆羹"、个体户蒋维选送的"抹茶花生土豆泥"、奔吃楼农庄选送的"土豆粉饼"、城乡百味餐馆选送的"金镶玉"获"恩施硒土豆十大创新美食"。

4日 咸丰县2019年非物质文化遗产公益宣传展示活动在县城皇城广场举行。现场展演草把龙、板凳龙、板凳拳等表演类"非遗"项目，展示展卖土家油茶汤、吊脚楼模型、咂酒、绣花鞋等"非遗"产品，进行南剧《唐崖土司夫人》公演。

6日 省住建厅公布湖北省美好环境与幸福生活共同缔造活动示范村名单，忠堡镇马倌屯村入选，恩施州仅4个。

11日 湖北省2019年U9–10、U16–18乒乓球积分赛第二站在咸丰县全民健身中心举行，来自全省各地10支代表队91名领队、教练、运动员参赛。竞赛共3个分站赛和1个总决赛，分阶段在汉川市、咸丰县、孝感市及十堰市举行。

同日 咸丰"市民之家"启用，全县32个具有行政审批和政务服务事项的部门、2家便民服务企业进驻，共设立56个窗口，可实现880个政务服务事项集中办理，县级政务服务事项进驻率达到100%。

12日 省政府公布全省一级保护古树名木目录。恩施州354棵银杏、红豆杉、水杉、樟树列为全省一级保护古树，其中咸丰县27棵。

13日 共青团咸丰县第一中学委员会被表彰为"全省五四红旗团委"。

14日 省文化和旅游厅"荆楚红色文艺轻骑兵"——湖北省豫剧团到县开展精准扶贫、文化惠民慰问演出活动，表演现代豫剧《婆媳冤家》。

17日 依照省委、省政府关于建立退役军人服务机构的部署，成立咸丰县退役军人服务中心、11个乡（镇、区）退役军人服务站、277个村（社区）退役军人服务站。退役军人服务中心（站）主要履行关系接转、信访接待、就业创业、优抚帮助、权益保障、信息采集、光荣牌悬挂、走访慰问等涉及退役军人方面的工作职责。

19日 第二届全国创业就业服务展示交流活动在湖北省武汉国际博览中心举行，咸丰县巴哥雕塑文化传播工作室残疾人雕刻师田李咸雕塑展示项目参展，获得优秀项目奖。

21日 湖北省委下发《2019"616"工程对口帮扶咸丰县专题会议纪要》，明确2019年"616"工程对口帮扶咸丰县项目清单，涉及项目63个，资金16.12亿元。咸丰县委、县政府积极争取省直部门重视和支持，专题研究"616"对口帮扶工作，每月汇报并调度一次对口帮扶项目推进情况。截至2019年底，完成项目57个，到位资金122177万元。

24日 住房和城乡建设部、文化和旅游部、国家文物局、财政部、自然资源部、农业农村部六部委共同下发通知，公布第五批中国传统村落名单，高乐山镇官坝村、龙家界村、牛栏界村入选。

同日 世界电压等级最高、输送容量最大柔性直流换流站在咸丰县启用，标志着重庆与湖北电网、西南与华中东四省电网通过该工程成功异步互联。工程地处咸丰县高乐山镇杉树园村，位于重庆与湖北500千伏联网线南通道上，安装2×125万千瓦柔性直流单元，额定直流电压±420千伏，电流1500安。该换流站13台超级变压器的运输总重量超过530吨，运输路程113.5千米，是迄今恩施州运输的单件设备最重、运输时间最长的"超重、超宽、超长"货物。

25—27日 2019年恩施土家族苗族自治州旅游推介会在香港、澳门两地举行。咸丰县唐崖土司城、坪坝营景区、唐崖河·黄金洞景区应邀参加。

26日 咸丰县首个毒品预防教育主题公园揭牌。公园位于高乐山镇民族中学校园内，利用现有的校园绿地设施，增设禁毒宣传橱窗，悬挂禁毒"警世钟"，矗立"禁烟英雄"林则徐雕像，石刻各类禁毒宣传标语。

同日 江苏沃得农业机械有限公司为黄金洞乡巴西坝村农机专业合作社捐赠1台价值约10万元的稻麦联合收割机。巴西坝农机专业合作社现有水稻面积500亩，配备联合收割机1台，小型收割机2台，深耕机2台，水稻插秧机1台，烘干机2台，微耕机5台，年营业收入约30万元左右。

27日 在恩施土家族苗族自治州首届儿童戏剧文化艺术节上，咸丰县选拔推荐参赛的27个节目全部获奖，其中幼儿组获金奖2个，银奖3个，铜奖5个；少年组获金奖3个，银奖4个，铜奖6个；青年组获金奖3个，铜奖1个。县教育局获最佳组织奖，88名教师获得优秀指导教师奖。

7月

8日 黔张常铁路咸丰站站前综合交通枢纽工程开工。项目总投资3.52亿元，主要包括广场工程28651.84平方米，四层地下工程42055.83平方米，道路工程5条，总长2494米，以及装饰装修、机电设施设备、景观绿化。

9日 国家艺术基金2019年度艺术人才培养资助项目“鄂西土家族吊脚楼传统工艺传承与创新设计人才培养”高级研修班第二站在县举办，来自湖北、湖南、四川、江西等地35名高校教师、企业设计师以及咸丰县吊脚楼技艺传承人参加。本班由中南民族大学与县文化馆主办，旨在对接吊脚楼营造技艺保护、传承与创新发展人才培养需求，助力传统工艺振兴。

11日 按照《湖北省道路客货运输企业质量信誉考核实施办法》规定，恩施州运管机构对135家道路客货运输企业开展2018年度质量信誉等级评定工作，咸丰县恒通运输有限公司、县汽车客运站等7家客运企业被评为AAA级。

15日 人民网刊文《湖北咸丰：“小茶叶”做出“大文章”贫困户收入多元化》，报道咸丰县立足生态优势，抢抓政策机遇，坚持产业扶贫根本之策，按照“基地做绿、加工做深、龙头做强、品牌做响、销售做畅、链条做长”思路，做好“小茶叶”这篇“大文章”。2019年，咸丰县茶叶总面积27.45万亩，加工干茶9951吨，其中绿茶4811吨、红茶3022吨、乌龙茶654吨、黑茶1464吨，总产值14.45亿元。

16日 省农业农村厅公布湖北省2019年第一批无公害农产品名单，咸丰县祥瑞畜禽产销专业合作社的生猪产品在列。

16—17日 第五届中国少数民族戏剧会演在呼和浩特市举办，咸丰南剧《唐崖土司夫人》作为全国5台剧目之一、全省唯一剧目参演。

18日 新华社、人民网、中新网、凤凰网等媒体报道，武汉协和医院和咸丰县人民医院开展全国首例5G混合现实云平台远程会诊手术。

19日 坪坝营镇梨树垭村被省司法厅、省普法办命名为三星级法治文化示范村。

23日 咸丰县借助“大数据+人工智能”监测优势，引进蚂蚁金服“普惠金融+智慧县域”项目。该项目已向7049名普通农民、小种养殖户和返乡创业的大学生提供免担保、无抵押的纯信用贷款2.81亿元。

26日 中央电视台新闻频道推出庆祝新中国成立70周年大型直播特别节目——《共和国发展成就巡礼》，报道坪坝营景区避暑游火爆、贫困村变身事迹。入夏以来，该景区接待游客83457人次，贫困人口吃上“旅游饭”，实现家门口就业创业，年均收入达6万元。

31日 咸丰余杭电商产业园供应链体系平台展销示范点在余杭区启动，杭州市余杭区小芳超市区政府店、市民之家店、华源中心店等8个销售门店设置“咸丰特产消费扶贫”特殊销售区。展销示范点的每一款咸丰县富硒农特产品，消费者均可在线上购买，并灵活选择提货方式。

8月

7日 省司法厅、省教育厅、省民政厅等九部门联合发文，咸丰县第二民族实验小学被评为“省级法治建设示范学校”。

13日 咸丰县南剧小戏《金竹背篓情悠悠》《活捉三郎》分别参演首届“黄河情”全国小戏小品交流演出季、中国·博兴非遗（稀有）小戏展演。2019年，全县南剧已参加国家级艺术展演5场次、演出剧目3项。

21日 黄金洞乡麻柳溪村、白岩村、龙家界村入选2019年湖北省休闲农业示范点名单。

同日 咸丰县被省委宣传部、省司法厅、省普法工作办公室通报表彰为全省“七五”普法中期先进县。

23日 在第十届残运会暨第七届特奥会上，咸丰县肢体一级残疾人袁伟译取得S5级50米自由泳决赛金牌，这是该项赛事举办以来湖北代表团获得的首块金牌。

27日 县供电公司刘彬工作室研发的“一种伸缩式绝缘人字梯”获国家知识产权局颁发的实用新型专利证书。

28日 咸丰县春晖学校正式开学。该校集幼儿园、小学、初中、高中教育于一体，是一所民办公助学校。本学期招生2460人，其中幼儿园10个班300人，小学部31个班1400人，初中部12个班600人，高中复读班3个班160人。

29日 “硒品入杭·消费扶贫”咸丰农特产品秋季产销推荐会在咸丰余杭电商产业园举行，余杭区工商联（总商会）副主席徐林娟带领16个基层商会组织参与洽谈对接，咸丰县农业生产加工龙头企业、农业专业合作社等50余位代表参与活动。次日，举办余杭基层商会帮扶咸丰县贫困村签约暨“名誉村长”聘任仪式，余杭区16家基层商会与县内16个贫困村结对签约，16个基层商会会长被聘任为16个村的“名誉村长”。

9月

2日 县林业局被国家林业和草原局表彰为“全国生态建设突出贡献先进集体”，全国共表彰先进集体231个。

5日 恩施文化旅游版《我和我的祖国》“快闪”音乐MV在咸丰县唐崖土司城遗址和忠堡大捷烈士陵园拍摄制作。该活动是州委、州政府庆祝中华人民共和国成立70周年系列活动之一，选取全州11个旅游景区、重要文保单位、知名民俗和重点全域旅游示范区，通过组织“快闪”活动并拍摄制作音乐MV，充分展示干部群众对党的感恩、对伟大祖国的热爱、对美好生活的向往。

6日 《湖北省“一芯两带三区”布局产业地图》显示，恩施土家族苗族自治州（咸丰、来凤）绿色食品产业集群被列入全省重点成长产业集群。

10日 唐崖镇民族初级中学秦有余获得“全国优秀教师”称号，全省共65人获此殊荣。

同日 省政府发布《关于第三届“楚天园丁奖”获奖者以及湖北省农村先进教师和先进教育工作者的通报》，县第一中学王正发被授予第三届“楚天园丁奖”荣誉称号。

12日 咸丰县“非遗”板凳拳传承基地在唐崖镇燕朝小学挂牌。板凳拳是流行于唐崖镇的一种传统武术，已申报为省级非物质文化遗产项目。燕朝小学已连续6年聘请板凳拳传承人进校园为青少年开展板凳拳教学活动。

5—16日 第十一届全国少数民族传统体育运动会在河南省郑州市召开。咸丰县节目《土家·吉么列》代表湖北在开幕式上驻停表演，并参加综合类表演项目比赛获银奖。

17日 湖北省浙江企业联合会（总商会）会长何明东带领山东、陕西、重庆、甘肃、青海、宁夏、内蒙古等湖北省籍异地商会联盟代表和具有投资意向的企业代表到县考察洽谈，与县人民政府签订相关项目投资框架协议。县领导郑东来、杨皓、欧阳开平、宋庆平、白斌参加活动。

17—19日 湖北“恩施硒茶”斗茶大赛暨茶业职业技能大赛在恩施市举行，咸丰县组织14家茶企参赛。其中，硒源山茶业（湖北）有限公司、湖北唐源食品有限公司的唐崖白茶，奇泉茶业（咸丰）有限责任公司、咸丰县家家健茶业有限公司的唐崖绿茶获金奖；咸丰昀和有机茶专业合作社、咸丰县瀑泉茶业有限公司的唐崖红茶获得银奖。

18日 湖北省第二次全国地名普查领导小组发布《关于表扬全省第二次全国地名普查工作突出集体和个人的通报》，县民政局被评为“湖北省第二次全国地名普查工作突出集体”。

19日 中共中央、国务院、中央军委颁发“庆祝中华人民共和国成立70周年”纪念章，主要对象为新中国成立前参加革命工作健在的老战士老同志、新中国成立后获得国家级表彰奖励及以上荣誉并健在的人员、新中国成立后因参战荣立一等功以上奖励并健在的军队人员（含退役军人）等。咸丰县新中国成立前参加革命工作并健在的老同志7人、新中国成立后获得国家级表彰奖励及以上荣誉并健在的人员2人获颁纪念章。

23日 根据国铁集团——铁客电〔2019〕29号文，武汉局、广州局、成都局集团公司管内新建车站命名和既有车站更名确定，新建黔张常铁路咸丰站命名为咸丰。

24日 湖北省委副书记、省长王晓东到恩施州调研脱贫攻坚、东西部扶贫协作和经济社会发展等情况，现场办公解决实际问题。王晓东先后到咸丰县马倌屯现代农业产业园、杨洞易地扶贫搬迁安置点，详细了解东西部扶贫协作、产业扶贫等情况，看望慰问浙江对口帮扶干部、驻村工作队员和贫困群众，要求发挥好浙江省对口支援的政策、资金、人才优势，坚持把发展产业作为根本，增强造血功能，确保长期稳定脱贫。

同日 《湖北日报》、“学习强国”湖北学习平台刊文《多地积极打造农村信用信息平台农户信用好贷款不再难》，报道咸丰县农村信用体系建设先进做法。咸丰县通过金融精准扶贫工作站、惠农金融服务工作站“两站”建设开展农村信用信息采集、监测，依托“智慧咸丰”政府大数据平台，开发全县农村社会信用体系服务平台，有效整合和完善“三农”信息。

25日 全国绿化委员会发布关于表彰全国绿化模范单位和颁发全国绿化奖章的决定，咸丰县新华油茶专业合作社农民何梅华（土家族）获颁全国绿化奖章。

26日 咸丰县土家吊脚楼建造工匠万桃元获第三届“荆楚工匠”称号。

同日 为庆祝中华人民共和国成立70周年，咸丰县“民族情”书法、绘画、摄影及民族手工艺作品展览在县民族博物馆大楼左侧展览大厅举行。展出反映本土人物、风情、山水、历史文化内容的优秀书法、美术、摄影、民族传统手工艺品共60余件。

27日 咸丰县联合人民调解委员会挂牌成立。该委员会是依法设立的调解民间纠纷的群众性组织，依法调处基层人民内部纠纷，全面贯彻人民调解法，为平安咸丰、法治咸丰建设做贡献。

29日 国务院印发《关于表彰全国民族团结进步模范集体和模范个人的决定》，表彰665个全国民族团结进步模范集体和812名全国民族团结进步模范个人，咸丰硒源巴特网络科技有限公司总经理吴辉（土家族）表彰为模范个人。

同日 省农业农村厅公示2019年湖北省休闲农业示范点认定名单，咸丰县黄金洞乡麻柳溪村，高乐山镇白岩村、龙家界村入选。

30日 农业农村部公布第九批“一村一品”示范村镇名单，小村乡（白茶、绿茶、红茶）上榜，全省共18个村（镇）上榜。

同日 咸丰大道通车仪式在曲江镇塘铺安置区举行，县委书记郑东来出席并宣布咸丰大道正式通车，杨皓、欧阳开平、邹玉萍等县领导参加通车仪式。咸丰大道起于县城麻柳坝，经小模、野猫河、咸丰火车站，止于曲江镇大坪，是“十三五”时期咸丰县最大的基础设施项目、狐白省首批PPP示范项目。咸丰大道路线全长约10.7千米，投资总额10.8亿元，路基宽度40米，全线按双向6车道城市主干道标准建设，路面结构为沥青砼路面，设计时速60千米/小时。

9月 农业农村部通过《农产品地理标志质量控制技术规范唐崖茶》评审。地理标志地域保护范围为咸丰县唐崖镇、高乐山镇、清坪镇、活龙坪乡、小村乡、黄金洞乡、曲江镇、坪坝营镇、朝阳寺镇，全域面积100平方千米。地理坐标为北纬29° 19′ 28″—30° 2′ 54″，东经108° 43′ 33.09″—109° 0′ 9.89″。

“唐崖”公共品牌是咸丰县依托世界文化遗产唐崖土司城址而打造的县域特色产业公共品牌，于2016年9月通过第三届硒博会正式对外发布。“唐崖”公共品牌商标授权县内22家企业使用，产品包括茶叶、花生、大米、响壳李等特色富硒农产品。“唐崖”茶多次荣获各类博览会金奖，被中央电视台农业频道和《农民日报》3次专题报道。

10月

1日 中华人民共和国成立70周年阅兵式在北京天安门举行，咸丰籍红军后代、西部战区陆军某部士官黄钲中参加特战装备方阵受阅；中央电视台新闻频道新闻直播间阅兵训练场的故事《传承红色基因担当强军重任》播出对他的采访。

同日 全县263个村开展“升国旗、观庆典、话变化、感党恩”活动。各村党支部全体党员、村民代表、小组长和部分群众代表、结对帮扶干部及“尖刀班”成员一起升国旗，观看阅兵式，围绕新中国成立以来特别是精准扶贫以来村容村貌变化进行交流，感恩党委、政府，并举办文艺活动，庆祝新中国成立70周年。

8日 活龙坪乡鄂咸页1井解析出页岩气并点火成功。该井是全国第一口由市州级政府出资部署的页岩气工业探井。初步估算咸丰地区埋藏深度位于500—3500米五峰—龙马溪组地层，页岩气地质资源量近2000亿立方米。恩施州发改委规划，咸丰地区预计在2021年进行试验性开采。

9日 中国农村电子商务大会组委会公示“2019中国农村电商致富带头人”名单（100人），咸丰县硒乡供销电子商务有限公司谭超入选，全省共5人入选。

11—12日 州委书记柯俊到咸丰县调研指导“不忘初心、牢记使命”主题教育。柯俊先后前往忠堡工业园区新农佳科技、白水坝工业园区施南春酒业，县三水厂、曲江镇派出所、十字路村，咸丰大道安置区、火车站站前广场和春晖学校等地调研。柯俊强调要以脱贫攻坚和经济发展实效检验主题教育成效，加压奋进抓好工业经济发展，不断提升基层党建质量，建立健全长效机制，常抓不懈平安稳定工作。州委常委、州纪委书记，州监委主任陈江龙，州委常委、州委秘书长郑开国，县委书记郑东来参加调研。

11日 中华全国供销合作社公布2018年度百强县级社名单，咸丰县供销合作社联合社被评为“全国百强县级社”。

同日 省农业农村厅公示拟认定农业产业化省级重点龙头企业名单（196家），奇泉茶业（咸丰）有限责任公司、湖北仁和康源农业有限公司、湖北水寨茶业有限公司入选。

12日 农业农村部第201号、第212号公告公布全国生猪屠宰企业名单，县内湖北三泰食品有限公司在列。

14日　咸丰县奇泉茶业大沙坝基地被全国妇联命名为2019年度“全国巾帼脱贫示范基地”。

同日　省自然资源厅公布2019年度省地质勘查基金入库项目名单，忠堡矿区食药级方解石矿预查项目、坪坝营矿区地热资源预可行性勘查项目入选。

同日　省农业农村厅公布2019年湖北省休闲农业示范点名单，高乐山镇龙家界村、白岩村，黄金洞乡大沙坝村上榜。恩施土家族苗族自治州共22个单位入选。

21日　第七届世界军人运动会在武汉开幕，全省的退役军人先进模范、双拥模范、军烈属代表观礼军运会开幕式；咸丰籍湖北省幼儿师范高等专科学校舞蹈系大二学生杨谕琦参加开幕式表演。

22日　第十五届中国茶业经济年会发布2019年中国茶叶行业调查最终结果，咸丰县入选2019年中国茶业百强县榜。

25日　农业农村部乡村产业发展司、省农业农村厅、州人民政府在来凤县联合举办贫困地区特色农产品宣介活动，咸丰县组织楚羲农业发展有限公司、湖北省仁和康源农业有限公司、硒源山（湖北）茶业有限公司参展，推介白茶、绿茶、红茶、小香薯等特色农产品，现场签约3份企业合作协议。

28日　“荆楚楷模”名单发布，咸丰县硒源巴特网络科技有限公司董事长吴辉上榜。

29日　2019年湖北省民间工艺技能大赛落幕，黄金洞乡庹先军根雕项目获银奖，高乐山镇肖传军、田咸军的石雕项目和泥塑项目获优秀奖。

11月

5日　中央第一巡回督导组到咸丰县检查督导“不忘初心、牢记使命”主题教育开展情况，在高乐山镇白岩村等地调研重点贫困村主题教育及东西部扶贫协作项目相关情况，并开展分组座谈。省委组织部副部长、省委编办主任，省委主题教育办公室副主任、综合组组长蔚盛斌，州委常委、州委组织部部长张建文，县领导郑东来、杨皓、宋爱军参加调研或座谈。

7日　县域医共体首例县、乡、村三级医疗远程会诊在县人民医院成功实施。该院通过远程会诊系统对清坪镇太平坝村中心卫生室刘银香老人进行会诊，确定治疗方案并对合理用药进行健康指导。

15日　生态环境部发布《关于命名第三批国家生态文明建设示范市县的公告》，授予全国84个市县第三批“国家生态文明建设示范市县”称号，咸丰县在列。近年来，深入开展“建设生态文明、爱我绿色咸丰”系列活动，实施一批生态修复和保护工程，整治关闭13家煤矿及小矿山、小养殖场、小作坊，168名河长全覆盖管护县域内大小河流，全县建成国家级生态乡镇1个、省级生态乡镇3个、生态村51个。

17日　《光明日报》头版头条刊文《发展密码自在山川》，以恩施大峡谷实景剧《龙船调》、宣恩县首条盘山彩色旅游公路、咸丰县唐崖土司城等为例，介绍恩施土家族苗族自治州文旅融合发展的实践与探索。

20日　农村新报头版头条刊文《咸丰巧借余杭之力脱贫3万余人》，报道自2017年以来，咸丰县抢抓东西部扶贫协作政策机遇，巧借杭州市余杭区帮扶之力，解民生痛点、抓产业重点、破思想堵点，直接带动31580人脱贫。

21日　《湖北日报》报道咸丰县以提升城区出入口“颜值”为抓手，积极推动全国文明县城提名城市创建工作。其中咸丰大道竣工通车，向西拉开城市骨架；通往来凤的楚蜀一桥至新桥一段及咸丰东海玉名城、东升未来城市片区的市政改造逐步完善；太平沟至青龙嘴路段电网及雨污管线已经优化，14米双向四车道的车行道完成沥青铺设，道路两边各4米的人行道及绿化接近尾声，城北“窗口”形象逐渐凸显。县城区4个进出口路畅、景美、人和，城市新格局正在形成。

同日 省财政厅下达咸丰县2019年国家重点生态功能区转移支付补助9128万元。国家重点生态功能区转移支付属政府财力性补助，资金重点用于生态保护以及涉及民生的基本公共服务领域。

22日 第六届湖北生态文化论坛在荆州市举行，活动现场公布全省2019年度“湖北省绿色乡村”名单，高乐山镇龙坪村在列。

27日 坪坝营镇联合电商平台天猫举办2019年天猫正宗原产地藤茶节发布会。天猫平台对藤茶的生产加工过程、产品种类等进行网络直播，在线点击量达500万人，1小时内在线成交藤茶3126单，销售额10万余元。阿里巴巴集团天猫大食品产业带项目负责人管慧丽授予咸丰县天猫藤茶直供基地（正宗原产地）牌匾。

27—29日 42集电视连续剧《血盟千年》在唐崖河·黄金洞景区取景开拍。该剧概算总投资1.5亿元，由刘晓庆、潘虹、黑子等主演，是第一部以土家族历史文化为题材的大型电视连续剧，以五代十国时期的“溪州大战”“溪州立柱盟约”等历史事件为背景，讲述了彭士愁成为溪州割据政权首领和湘西土司制度缔造者，奠定湘西八百年彭氏土司王朝基础的故事，体现了土家族人的政治家国情怀和人文主义。

11月 推进“绿满荆楚”行动，实施一批生态修复和保护工程，抓好石漠化治理、水土流失综合治理、强化二仙岩湿地修复和地质灾害防治。全县累计完成退耕还林40余万亩、人工造林20万亩，管护天然林249万亩，成为全省6个活立木蓄积量超千万的县市之一，成功创建3个省级生态示范区、5个国家级生态保护区。

11月 依托中小学音乐艺术教育，推动戏曲教学进课堂。一是开展“戏曲进校园”示范学校建设，由戏曲辅导小分队定期开展戏曲教学辅导。二是开发教学视频，将湖北省戏曲进校园推荐曲目资料和本地南剧经典唱段剧目，制作成视频资料在各中小学校播放。三是开展戏曲讲座，组织南剧传承人和南剧优秀演员进行现场教学。

12月

2日 省财政厅公布《2020年度美丽乡村建设试点村名单》，坪坝营镇墨池寺、甲马池、筒车坝等村在列。

3日 文化和旅游部公布国家级非物质文化遗产代表性项目保护单位名单，县南剧艺术传承保护中心（南剧）、县文化馆（土家族吊脚楼营造技艺）在列。

同日 中国武汉农业博览会组委会公布蔡甸莲藕等20个品牌为2019年湖北省二十强农产品区域公用品牌，县农业农村局申报的唐崖茶在列。

同日 中央电视台农业农村频道播出《攻坚日记——四方石村的变迁》第一集。10月24日至12月底，中央电视台《攻坚日记》摄制组到咸丰县唐崖镇四方石村进行连续拍摄，制作纪实宣传片四集。该片记录了唐崖镇四方石村村民吴奉德一家从大山深处搬迁到安置点的全过程，及四方石村驻村干部为贫困户早日脱贫致富所作出的一系列辛勤付出。《攻坚日记》以贫困家庭为单位、以时间为轴线，真实记录中国大地上的脱贫攻坚故事。

5日 县政务服务和大数据管理局联合县卫健局，在大路坝区便民服务大厅为当地28位老年人办理优待证，这是恩施州首批在乡镇级制出的“老年人优待证”。

7—8日 咸丰县上万名干部职工利用双休日，回到祖籍所在村或扶贫联系村，围绕“我和亲人话脱贫·我以我心报党恩”主题，组织座谈、宣讲党课、重温誓词、走访乡亲、整治环境、收集意见，成立乡贤理事会、规划乡村未来。全县各乡（镇）共成立乡贤理事会263个，募集乡贤助学基金和扶贫帮困基金310余万元。《湖北日报》和“学习强国”等媒体相继刊文予以报道。

8日　湖北广播电视台教育频道编导一行到黄金洞乡黄金洞村三层岩小组，就湖北省慈善总会创新发展纪实宣传片进行取景拍摄。该纪实宣传片主要对“幸福家园”村社互助项目建设情况进行纪实跟踪拍摄，深入群众采访“幸福家园”资金筹集使用情况，并以此引导村民进行乡村环境卫生整治、同时向群众宣传“自力更生、不等不靠、共建共享”思想，进一步激发群众内生动力。

10日　唐崖镇、县档案馆受邀参加第四届全国名镇志论坛暨第四批中国名镇志丛书出版座谈会。《唐崖镇志》于2019年9月纳入中国名镇志文化工程第四批发行丛书（全国共15部），该书由咸丰县档案馆和唐崖镇政府联合编纂，唐崖镇政府代表在大会上作经验交流发言。

16日　由国家体育总局社会体育指导中心、中国社会体育指导员协会、广东省体育总会主办的2019年香港赛马会助力全民健身公益系列活动全国社会体育指导员健身技能交流展示大会在广东省珠海市举行。咸丰县代表湖北省参赛，舞蹈《肉连响》获比赛项目“最具特色奖”“最佳创意奖”，舞蹈《土家·吉么列》获展示项目“全民健身项目创新奖”“最佳项目创新奖”。

17日　中央提前下达湖北省2020年中央专项彩票公益金，支持贫困革命老区实施脱贫攻坚项目（“中彩项目”），全省共21个指标县，每个县将安排资金1000万元，咸丰县为中彩项目实施县之一。

18日　《湖北日报》刊文《咸丰：大山深处开通“空中120”》，报道咸丰县小村乡空中救援通道直升机试飞成功，为全县各乡（镇、区）建立应急空中救援通道积累经验、奠定基础。空中救援主要提供自然灾害、紧急医疗、交通事故等危及生命的特殊救援服务，已在全县各乡（镇、区）建起十余个临时起降点。

同日　湖北省民族团结进步表彰大会在武汉召开，省领导分别为受国务院表彰但未进京受奖的模范集体和模范个人、省政府表彰的先进集体和先进个人颁奖。咸丰县硒源巴特网络科技有限公司总经理吴辉被授予“全国民族团结进步先进个人”，高乐山镇民族中学被授予“全省民族团结进步先进集体”，黄金洞乡麻柳溪村姜秀霓被授予“全省民族团结进步先进个人”。

19日　省粮食局发布《关于2019年“优质粮食工程”项目申报拟入选名单的公示》，咸丰县入选粮食产后服务体系建设项目名单和粮食质量安全检验监测体系建设项目名单。

22日　咸丰县十字岭隧道贯通。该隧道及接线工程施工总投资约为16786万元，建设资金来源为上级补助和地方自筹，计划工期30个月。该工程起于活龙坪乡水坝村，止于蛇盘溪，与活大线K12+700相交，全长约7千米，隧道长约1.2千米。

23日　中华全国工商业联合会办公厅发布《关于确认2018—2019年度全国“五好”县级工商联的通知》，县工商业联合会被表彰为“全国五好县级工商业联合会”。

25日　咸丰推出“喜迎黔张常高铁游咸丰”活动，实行“火车票兑门票”优惠政策，凡12月26日乘坐高铁动车且目的地是咸丰站的乘客，可凭本人纸质火车票和身份证领取该县坪坝营景区、唐崖土司城景区、黄金洞景区门票免费券。免费券发放500张，使用期限为2020年1月1日至12月31日。

26日　黔张常铁路开通运营，咸丰县结束不通火车历史。该线路是我国“八纵八横”高速铁路网重庆至长沙至厦门主通道的重要组成部分，补充完善了渝、鄂、湘三省市的铁路网布局。线路全长335千米，为国铁I级双线客货共线铁路，共设15个车站，其中客运站9个，包括黔江站、常德站2个既有车站和咸丰站、来凤站、龙山北站、桑植站、张家界西站、牛车河站、桃源站7个新建车站。

同日 恩施土家族苗族自治州全域旅游年卡咸丰县预发售仪式暨“喜迎黔张常高铁游咸丰”活动在咸丰火车站举办。现场预售恩施土家族苗族自治州全域旅游年卡，实施“火车票兑门票”“火车票抵扣门票”等旅游优惠政策，向游客赠送免费门票及咸丰旅游纪念礼包500份，坪坝营景区公司、唐崖土司城景区公司、唐崖河景区公司与客源地旅行社现场签订合作协议。

同日 第三届湖北省“人民满意的公务员”和“人民满意的公务员集体”表彰大会在武汉举行，咸丰县委原副书记邹炜被表彰为第三届湖北省“人民满意的公务员”。

30日 第二届湖北乡村振兴产业发展大会公布2019年度湖北“治理强村”名单，高乐山镇马河坝村在列。

12月 咸丰县代表湖北省承接国家对湖北省扶贫开发成效考核和东西部扶贫协作专项考核，先后接受中央脱贫攻坚专项巡视“回头看”和贫困县退出第三方评估专项检查，精准扶贫、精准脱贫成效得到各级肯定。经过县级自评申请、州级初审、省级审核和第三方机构专项评估检查，咸丰县符合贫困县退出的程序和标准，实现整县脱贫摘帽目标。

咸丰概览

【概　况】咸丰县位于湖北省恩施土家族苗族自治州西南部，云贵高原东延武陵山余脉与大巴山之间，北纬 29° 19′ 28″ —30° 2′ 54″ ，东经 108° 37′ 8″ —109° 20′ 8″。南北长 80.38 千米，东西宽 68.95 千米。东接宣恩，东南邻来凤，南与重庆酉阳接壤，西界重庆黔江，北连利川，东北接恩施市。全县区域面积 2550 平方千米，分别占省、州的 1.3%、9.4%。县治高乐山镇至州府公路里程 93 千米、至省府 655 千米。2019 年末耕地总资源 421 万公顷，林地面积 19.28 万公顷，森林覆盖率占 68.65%。

2019 年咸丰县城外景　　秦兴武　摄

建置区划

【历史沿革】咸丰春秋时为巴子国地，战国属楚巫郡地，秦属黔中郡，汉属武陵郡，三国、两晋、南朝属建平郡，北周与今来凤合为乌飞县属资田郡，隋与今来凤合为开夷县属清化郡，唐属清化郡清江县，五代为羁縻感化州，宋为羁縻怀远州。元至元三十年（1293）后，土司分治，先后设散毛、金峒、龙潭、唐崖诸土司。明洪武二十三年（1390），割散毛司地之半（今唐崖河以南地）设大田军民千户守御所，今高乐山镇。龙潭河以北仍然由金峒、龙潭、唐崖三土司分治。清雍正十三年（1735）改土归流，并大田、金峒、龙潭、唐崖诸地设咸丰县，县治大田军民千户官署地。至清宣统三年（1911）止，属施南府。民国元年（1912）废府存县，直属湖北省。民国 4 年（1915）属荆南道。民国 14 年（1925）属施鹤道。民国 16 年（1927）直属湖北省。民国 17 年（1928）属鄂西行政区。民国 21 年（1932）属第十行政督察区。民国 25 年（1936）属第七行政督察区，至 1949 年 11 月 11 日咸丰县城解放。1949 年 11 月 20 日咸丰县人民政府成立，隶属恩施专区。1970 年属恩施地区。1983 年 12 月 1 日起属鄂西土家族苗族自治州。1993 年 4 月 4 日起属恩施土家族苗族自治州。

【行政区划】2019 年，咸丰县辖 3 乡 7 镇 1 个区工委（高乐山镇、忠堡镇、曲江镇、朝阳寺镇、坪坝营镇、清坪镇、唐崖镇、黄金洞乡、小村乡、活龙坪乡、大路坝区工委），263 个村、16 个社区居委会，2420 个村（居）民小组。

2019年咸丰县行政区划情况表

表1

乡镇名称	村（居）委会	村（居）委会名称
全县合计	10个乡镇、1个区工委；263个村委会，15个居委会	
高乐山镇	35个村 6个居委会	团结、前胜、大坝、白地坪、小模、核桃园、太平沟、映山、猫耳岭、白岩、杉树园、梅坪、团坡、老里坝、头庄坝、白果坝、官坝、龙坪、牛栏界、泡桐坝、芭蕉溪、沙坝、官田坝、马河坝、老寨、麻谷溪、白水坝、青山坡、杨柳沟、新田沟、龙家界、晨光、东门沟、杨泗坝、大茅坡村；城东、城中、城南、城西、城北、白水坝工业园社区居委会
忠堡镇	12个村 1个居委会	明星、高笋塘、细皮沟、铜厂、马倌屯、石门坎、廖家堡、庙梁子、板桥、界坪、铁厂溪、黄木坨村；大捷社区居委会
坪坝营镇	41个村 2个居委会	甲马池、张家坪、梨树垭、筒车坝、墨池寺、方家坝、水车坪、旋坨、落耳岩、老岩孔、大溪、旋厂坝、燕子坝、锣鼓坪、坪坝营、白家河、荆竹泉、新场、大铧尖、走马岭、真假坑、三岔坝、苟家营、花台山、龙王庙、青岗坝、当门坝、中坝、马家沟、鹿子坨、青林湾、铧厂、板栗洼、土司坝、杨洞、石柱坝、官田堡、沙道湾、黄鳝坝、狮子岩、廖家田村；甲马池、杨洞社区居委会
朝阳寺镇（大路坝区）	14个村 2个居委会	水井槽、长岭、曾沟、鸡鸣坝、五龙坪、落马滩、凉桥、大路坝、谭家坪、茅坪、掌上界、蛇盘溪、汪大海、荆竹坪村；朝阳社区居委会；大路坝社区居委会
清坪镇	34个村 1个居委会	清水塘、排丰坝、高峰、艾蒿坪、柏杨坪、绵羊洞、比西坪、泗堤、灯笼寺、二台坪、溜沙坡、小河、堰塘坪、渔塘湾、大石坝、庄房坝、把界、申李坝、马家坪、兰家沟、桐木园、青冈岭、八斗箩、中寨坝、龙潭司、苏家坪、邱家沟、青冈坪、太坪坝、麻柳坝、团坝子、杨家庄、茅坝子、官昌坝村、清阳社区居委会
曲江镇	21个村 1个居委会	黄泥塘、桐子园、万家坝、曲江、魏家堡、高坡、沙子坝、杨家寨、渔塘坪、渔泉口、湾田、岩口、天上坪、土地坪、十字路、马家楼、春沟、高山羊、唐家沟、土落坪、高滩村；曲江社区居委会
唐崖镇	37个村 1个居委会	唐崖司、桂花、南河、杨家营、三角庄、大石沟、谢家坝、彭家沟、双河口、大椿树、邓家坪、横路、钟塘、荆竹界、沙包溪、卷洞门、袁家界、两河口、邀联溪、蛇湾溪、空山岭、龙潭坝、大水坪、邓家沟、乱石窑、何家沟、燕子嵌、升天界、官家堡、黄洋坪、铜厂坡、小水坪、苏麻溪、龙田湾、碓窝胎、破水坪、四方石村；唐崖社区居委会
活龙坪乡	37个村 1个居委会	活龙坪、茶林堡、花土、野茶、东厢溪、柒树坪、楼子庄、冲天坪、凤凰、朝阳寺、水坝、汤岩嵌、瘾疱树、晓溪、观音塘、盘海田、喻家界、龙井、长岭、马鞍山、望相田、河坎上、海龙坪、牡丹坪、八家台、板桥河、孙家沟、干桩坪、龙生塘、茅坝、大作落、蛮界、大坝、拱桥、二台坪、秧坪、二仙岩村；活龙坪社区居委会
黄金洞乡	20个村	黄金洞、向家寨、金洞寺、青冈园、石人坪、大沙坝、龙家院、尧坪、巴西坝、石家坝、冉家寨、风背岩、五谷坪、葫芦坝、泗渡坝、兴隆坳、麻柳溪、水杉坪、黄家村、白果树村
小村乡	12个村 1个居委会	李子溪、小村、羊蹄、荔木、中心场、田坝、大村、白果、喂龙、土地溪、水杉坪、兴隆沟村；小村社区居委会

【人口民族】 2019年末，全县户籍总人口385386人，其中男性203240人、女性182146人，年底共143698户，常住人口31.14万人，其中城镇常住人口13.64万人，占常住人口的比重（常住人口城镇化率）为43.8%，比上年提高1.0个百分点。全年出生人口3606人，死亡人口2466人。

咸丰县是少数民族地区。据2000年第五次人口普查，全县总人口363710人，有24个民族，少数民族占84.94%。其中：土家族276394人，占总人口的75.99%；汉族54767人，占15.06%；苗族27662人，占7.61%；侗族2739人，占0.75%；朝鲜族1043人；回族603人；羌族183人；蒙古族79人；满族47人；彝族39人；哈尼族33人；瑶族32人；维吾尔族26人；布依族19人；黎族8人；畲族8人；高山族5人；壮族3人；哈萨克族3人；白族、水族、撒拉族各2人；傣族和拉祜族各1人。唐崖河以北的黄金洞、清坪、唐崖、活龙坪、小村、大路坝6个乡（镇、区）土家族聚居比例大，唐崖河以南呈散居状态。苗族主要聚居于唐崖河以北的小村乡、唐崖河南的高乐山镇和甲马池镇（今属坪坝营镇）梨树坝。汉族在改土归流以前全部聚居于唐崖河以南各地，改土归流后逐步向北发展。侗族主要分布于高乐山镇马河坝，黄金洞乡五谷坪、石人坪，清坪镇四大坝，活龙坪乡水坝。回族主要聚居于清坪镇艾蒿坪、马家坪，唐崖镇毛浦坝，县城附近。其他民族人口很少，多散处杂居。

地理环境

【地　形】 咸丰境内山峦起伏，沟壑纵横，溶洞众多。受地质构造影响，全县呈南部高、中部低，东北向西南倾斜。按山地形态分为高山、二高山、低山三大类。其中：海拔1200米以上高山361.85平方千米，占总面积14.19%；海拔800—1200米二高山1602.16平方千米，占总面积62.83%；海拔800米以下低山585.99平方千米，占总面积22.98%。最高海拔1911.5米，位于坪坝营石灰窑；最低435米，位于活龙坪乡与利川、黔江三县（区）交界处的渔泉口。县城海拔720米。已发现溶洞574个，其中黄金洞乡黄金洞、坪坝营镇四洞峡、唐崖镇石膏洞、小村乡穿洞、曲江镇穿洞、高乐山镇龙泉洞较有名。

【河流 · 湖泊 · 湿地】 县内河流分属乌江、清江、沅江三大水系，其中流域面积50平方千米以上的12条。天然湖泊有小南海、汪大海，湿地主要有二仙岩。

唐崖河，属乌江水系乌江支流，县境第一大河。发源于利川市毛坝，经黄金洞乡金峒司，清坪镇龙潭司、中寨坝、田寨河、大河边，唐崖镇两河口，朝阳寺镇马家坝，入黔江境。境内长85.9千米，流域面积1964平方千米，多年平均流量75.2立方米/秒。海拔高度大部分800米以下，最低点（马家坝）440米。

曲江，属乌江水系唐崖河支流，发源于甲马池落耳岩大洞，经筒车坝、湾田，至丁寨天心孔伏流，由断明峡出口入唐崖河，长31.5千米，流域面积357平方千米，多年平均流量8.5立方米/秒。

南河，也称蓝河，属乌江水系唐崖河支流，发源于大村土槽溪，经小村、泗大坝、唐崖司，至两河口入唐崖河，长65千米，流域面积363平方千米，多年平均流量18.53立方米/秒。沿岸有田坝、泗大坝、香树坝、屯浦坝、谢家坝等河谷平地。

青狮河，属乌江水系南河支流，发源于活龙坪乡拱桥村蛮盖，经茅坝、钟塘、龙潭坝、唐崖司入南河，长35.5千米，流域面积296.7平方千米，多年平均流量8.7立方米/秒。沿岸有茅坝、龙潭坝等河谷平地。

龙嘴河，属乌江水系郁江支流，发源于活龙坪乡水坝村河坝，经晓溪入郁江，流域面积126平方千米，长21千米，多年平均流量3.23立方米/秒。

蛇盘溪，属乌江水系唐崖河支流，发源于蛇盘溪村猴子坝，经大路坝岩峰窝入黔江，境内长20千米，流域面积221平方千米。多年平均流量6.45立方米/秒。

冷水河，又称马鹿河、小河，属乌江水系唐崖河支流，发源于恩施市三县场，在清坪阮塘河汇入唐崖河，流域面积464平方千米，长53.21千米，多年平均流量13.43立方米/秒。

野猫河，属乌江水系曲江支流，发源于丁寨乡高滩的龙洞湾，在天星孔上游1千米处汇入曲江，流域面积85平方千米，长13千米。多年平均流量2.5立方米/秒。

土溪河，属乌江水系唐崖河支流，发源于燕朝乱石窖八斗梯，在朝阳寺凉桥小河坝汇入唐崖河，流域面积60平方千米，河长15千米。多年平均流量1.75立方米/秒。

白家河，属乌江水系唐崖河支流，发源于坪坝营，于鄂渝交界处的“小咸丰”流入重庆酉阳；县内流域面积123平方千米，长18千米，多年平均流量3.6立方米/秒。

忠建河，属清江水系清江支流，发源于龙家界柿子坪，经大坝、杨泗坝、老寨、马河坝，在官坝草坪入宣恩县境，境内长 39 千米，流域面积 239.4 平方千米，多年平均流量 7.24 立方米 / 秒。

龙洞河，属沅江水系酉水支流，发源于忠堡镇细皮沟，至余水洞入来凤县境，长 13 千米，流域面积 123.4 平方千米。多年平均流量 1.0 立方米 / 秒。

小南海，距咸丰县城西 75 千米，是全国保护最完好的地震遗址之一，建有国家地质公园。湖面最宽处 2 千米，长约 15 千米，面积 2740 公顷，最大水深 47 米，绝大部分水面属黔江，约 40 公顷属咸丰。

汪大海，与小南海紧邻且同时形成，长 15 千米，最宽处 300 米，最窄处 2 米。

二仙岩省级湿地自然保护区，距咸丰县城 87 公里，保护区总面积 5404 公顷。主要保护对象为中亚热带亚高山泥炭藓沼泽湿地，重点保护物种野生莼菜群落和鹅掌楸群落等及其生境，长江支流乌江水系水源地。

【水资源】 全县地表水资源 23.85 亿立方米，多年平均入境客水 7.56 亿立方米，多年平均每平方千米产水量 93.97 万立方米。出露较大的山泉有 91 处，其中常年流量在 0.1 立方米 / 秒以上的有 36 处，分别是唐崖河干流区 6 处，青狮河 3 处，南河 2 处，蛇盘溪 2 处，曲江 12 处，白家河 3 处，郁江龙咀河 1 处，清江忠建河 6 处，酉水龙洞河 1 处。2005 年《咸丰县“十一五”水电农村电气化建设规划》测算县水能蕴藏量为 24.68 万千瓦，可开发量 22.85 万千瓦。

【森林资源】 2019 年底，全县林地面积 289.27 万亩，其中森林 259.98 万亩，森林覆盖率 68.65%，同比增长 1.87%；活立木蓄积 1389.70 立方米，同比增长 5.05%，增长率均居恩施土家族苗族自治州第一。主要树种面积：马尾松是咸丰县的优势树种，面积约 100 万亩，占全县林地面积的 55.64%。杉木、柳杉约 50 万亩，阔叶类约 22 万亩，灌木类面积约 55 万亩。天然林约 232 万亩，占林地总面积 80%。

国家保护植物。一级保护植物有南方红豆杉、红豆杉、水杉、银杏、秃松（台湾杉）、伯乐树（钟萼木）、苏铁、珙桐、银杉 9 种。二级保护植物有黄杉、花榈木、华榛、云锦杜鹃、格木、银鹊树（瘿椒树）、七子花、香樟（樟树）、土沉香、香榧、粗榧、金钱槭、连香树、油樟、润楠、闽楠、桢楠（竹叶楠）、水曲柳、红豆树、鹅掌楸（马褂木）、厚朴、凹叶厚朴、水青树、红椿、毛红椿、喜树（旱莲木）、光叶珙桐、香果树、黄檗、川黄皮（黄皮树）、榉木（大叶榉）、巴东木莲、领春木、巴山榧树、连香树、黄山花楸、青檀（翼朴）、杜仲、紫茎、胡桃（核桃）、长瓣短柱茶等 45 种。

古树名木。全县共挂牌保护 637 株，其中板栗 71 株，杉木 60 株，银杏 45 株，枫香 32 株，柏木 28 株，桂花 26 株，栲 25 株，枫杨 20 株，油茶 18 株，朴树 17 株，榉树 15 株，刺楸、马尾松、南酸枣、铁坚油杉各 13 株，钩栲 11 株，红豆杉、木荷各 10 株，黄杉、细叶青冈、香果树各 9 株，枫香树、利川润楠、麻栎、青冈、润楠各 8 株，紫薇 7 株，楸树、川桂、黄连木、闽楠各 6 株，钩锥、皂荚、黑壳楠、阳木、甜槠各 5 株，小叶朴、榔榆、木樨（桂花）各 4 株，巴东木莲、檫木、楠木、泡桐、大叶冬青、大叶桂樱、黄心夜合、桢楠、光叶槭、贵州石楠、红椿、黧蒴锥各 2 株，枳椇、紫茎、紫荆、紫楠、刺柏、大叶榉树、大叶青冈、冬青、多花含笑、珙桐、旱柳、桑树、青钱柳、石栎、水青冈、四川杜鹃、花榈木、香椿、乌冈栎、乌柿、毛白杨、楝、阔瓣含笑、乐东拟单性木兰、樟树各 1 株。

【药材资源】 咸丰县境内已鉴定的中草药种类 178 科，650 属，1172 种。主要有：黄连、党参、天麻、白术、贝母（川母）、白芍、黄芪、川芎、广木香、玄参、独活、沙参、白及、滴陆、七叶一枝花、一枝黄花、白三七、穿心莲、朱砂莲、大黄、金银花、牛夕、柴胡、前胡、防风、苦参、刺五加、蜘蛛香、细辛、马儿铃、何首乌、半夏、一支箭、天南星、吴于、红花、扣子七、田七、鸡爪莲、车前草、十大功劳、射干、天麻、八角莲、灵芝、板蓝根、天冬、黄精、银净霍、绞股蓝、合欢、巴戟、夏枯球、鱼腥草、伸筋草、乌云伞、玉灵脂等。

历年来中药材收购品种250余种，年收购量5000千克以上的有厚朴、续断、大黄、白术、玄参等，大面积栽培的品种有党参、白术、白芍、牡丹、厚朴、杜仲、乌头大黄等。尤其是白术在咸丰的栽培面积大、产量高，1986年、1987年收购量均超过万担，在省内和全国都很有名气。三类小药材品种数和蕴藏量都很大，有很多品种资源十分丰富，如续断、前胡、大力子、淫羊藿、车前草等。

【野生动物】 咸丰县境内野生动物有52科、376种。其中：兽类210种，占55.85%；鸟类88种，占23.40%；两栖类18种，占4.79%；昆虫类60余种，占15.96%。国家一级重点保护野生动物有林麝（獐子）、白鹤、金钱豹、中华虎凤蝶等；国家二级重点保护野生动物有猕猴、大灵猫、大鲵（娃娃鱼）等18种。鱼类5目12科45种，其中鲤科最多，鳅科依次。大鲵分布广泛，种群资源丰富，建有忠建河国家级大鲵自然保护区，保护区面积1043公顷。

【矿产资源】 咸丰县境内已开发利用和发现的矿产有煤炭、石煤、铝土矿、高岭土、耐水性黏土、硅矿、磷矿、铁矿、铅锌矿、铜矿、汞矿、萤石矿、重晶石、白云石、大理石、石灰石等20余种。煤炭为高硫高发热量烟煤，主产在杨洞、甲马池、丁寨、尖山喇叭槽等地，累计资源量4962万吨，其中探明资源量3846万吨，其他空白区及煤矿区深部还有一定资源量，储量不明。大理石属石灰岩型，总储量3.8亿立方米，遍布全县，一般赋存于三叠系下统大治群组和二迭系吴家坪组。县城至梨树坝公路线上，大理石光泽度100.5，每平方厘米抗压强度1057.2千克，硬度3.5—3.7，平均荒料杂80%。方解石主要位于忠堡、丁寨等地，矿石含$CaCO_3 > 96\%$，白度95，杂质含量低，硬度3.6，密度2.8吨/立方米。仅忠堡矿区探明资源量525万吨，预测全县方解石资源量在1000万吨以上。

【气候特征】 咸丰属于中亚热带季风型山地润湿性气候，四季分明，气候温和，雨量充沛，日照适宜，湿度大，雾日较多，无霜期长（低山）；山地小气候特征明显。2019年平均气温为14.5℃，比历年平均值偏高0.4℃。冬季除2月平均气温偏低1.3℃外，1月、12月气温均偏高，以12月平均气温比历年同期偏高1.4℃明显，呈现明显暖冬特征；春季气温整体偏高，但冷暖变幅大，季内3—4月持续偏高，5月偏低；夏季气温偏高，出现35℃以上高温日，高温时段集中；秋季气温持续偏高，除11月中下旬出现较强冷空气活动外，其余时段冷空气偏弱。2019年总降水量1044.81毫米，比历年平均值偏少29.1%，位居历史倒数第二位，总雨日168天，比历年平均偏少7天。全年日照时数1018.4小时，比历年平均值偏少38.6小时，日照百分率为23%。

【城市环境】 城市环境质量控制范围为县城规划区，东至蚂蟥田，西至麻柳坝，南至土地关，北至太平沟，面积10平方千米。城区环境空气质量达到二级，2019年空气质量优良天数349天，轻度污染5天，无效天数8天。城市集中式饮用水源达到《地表水环境质量标准》（GB 3838-2002）Ⅲ类以上标准。

人文风情

咸丰是土家族、苗族、汉族等多民族聚居地，其衣食起居、嫁丧嫁娶、节庆禁忌等均有鲜明的地域和民族特色。

【吊脚楼】 咸丰传统民居，现存1828栋，被誉为“干栏之乡”。唐崖司村、蛇盘溪村、王母洞古民居、中寨坝村郑家坝、新场村蒋家花园、龙家界村、牛栏界村，因吊脚楼保存完好而入列中国传统村落。蒋家花园是鄂西最大的单体吊脚楼，系湖北省文物保护单位。

吊脚楼遵循“占天不占地”“天平地不平”理念，多倚山就势、跨沟临河而建，既解决用地矛盾，又突出形体美。一栋吊脚楼，由正屋和厢房组成。正屋立在平坝上，厢房（“吊脚”部分）一般位于坡地或坎下，一方与正屋相连，其余三方悬空。布局上，大体分有平吊式、单吊式、双吊式、四合院式4种形态。平吊式建在平坝上，按地形无需吊脚，却将房屋抬高，拦腰扩增长廊。长廊或吊在堂屋两侧，称“扁担挑”；或吊在二楼前面及左右，形成三面环廊；或在二楼前后左右建四面围廊、在堂屋内二楼左右及前面修建三面转角内廊。朝阳寺镇罾沟村李相军、清坪镇灯笼寺村姚学军吊脚楼，为四面通达兼有堂屋内廊的平吊式。单吊式又称“一头吊”，即在正屋一端修建厢房，厢房两面或三面设转角走廊。双吊式又称“双头吊”，即正屋两端均建厢房，左右对称，形似撮箕，又称“撮箕口”。四合院式以双吊式为基础，将两边厢房连成一体，与正屋构四合院。院前大门设“八”字形亭阁式“朝门”，保存较好的有坪坝营镇新场村蒋家大院、清坪镇泗坝村李家四合院、曲江镇十字路村游家大院，以及高乐山镇团坡村任、田二姓两个大院。

咸丰吊脚楼是本土与外来建筑工艺长期融合的结晶，誉称“巴楚文化活化石”。从选址、备料、立屋，一直到装饰完毕，都有完备的程序和技法。特别是“高杆”定位的发明，“穿斗式”构架，“冲天炮”立柱，“板凳挑”的设置，巧妙地解决线面、角度、承重等难题。优雅的“司

海坝吊脚楼 秦兴武 摄

檐”、宽绰的“走廊”，使吊脚楼独具一格。修建吊脚楼的工匠，不用图纸，整个建筑样式、结构及数百根柱、梁、枋的大小、长短和榫卯部位，均胸有成竹。2011年，咸丰县、湖南省永顺县、重庆石柱土家族自治县土家族吊脚楼营造技艺入选国家非物质文化遗产名录。2018年，咸丰县土家族吊脚楼营造技艺入选首批国家传统工艺振兴目录。2019年建有土家族吊脚楼营造技艺传习所3个、展示厅1个，代表性传承人30人，其中国家级、省级各1人。

【饮食习惯】 咸丰物产丰富，食物品种繁多，饮食文化有许多别致之处，诸如合渣、嫩豆腐、霉豆腐、水豆豉、干豇豆、长盐菜、榨海椒、魔芋豆腐、米豆腐、神豆腐、糯米糍粑、苞谷糍粑、小米糍粑、苞谷粑、高粱粑、苦荞粑、水荞粑、社饭、八宝饭、绿豆稀饭、豆浆稀饭、蕨粑、薇苔、干竹笋、嫩竹笋、野葱、野菌、刺苔、葛粉、燕麦粉、摘耳根、木姜子、油茶汤、咂酒、蹄髈、扣肉、粉蒸肉、喜沙肉、回锅肉等食物。

尤其咂酒、油茶汤特具民族风味。咂酒，其配制是以酒曲、麦芽拌和诸种杂粮（玉米、小米、高粱、杂豆等），密封于酒坛中，许久成酒，饮时开坛灌入开水，将咂草（中空的小竹管）穿过有孔的坛盖插入坛中。先由一位尊长吸咂开坛，然后彼此轮吸。初吸时味道浓厚，频添开水后，味则渐淡。龙潭安抚司曾有田氏文人著诗赞曰：“万颗明珠共一瓯，王侯到此也低头，五龙捧

制作油茶汤　　文 林 摄

起擎天柱，吸尽长江水倒流。”

【土家婚俗】 土家男女在相对象之后，双方较为满意就由男方请媒说亲，媒人第一次到女方家要由男方请喝“发脚杯”并带上礼品，媒人要经过“三回九转”，经过“讨八字”“插香”（定亲），再择日娶亲。姑娘出嫁前要哭嫁，出嫁前10天或3天就开始哭，临嫁前往往要哭一通宵，内容主要有哭十姊妹、哭爹妈、哭媒人、哭上轿等，以悲代喜，喜中见悲。姑娘上轿前由哥哥背出闺房，站在堂屋中间“踩斗”上，辞别祖宗后，再背上花轿。姑娘脚不沾泥，不踢门槛，意不能将娘家好运带走。迎亲时，男方要准备旗、锣鼓、伞、三眼铳、唢呐、花轿等，队伍庞大，场面壮观，迎亲路上，相帮弟兄还要向女方高亲索要“过桥礼”“过河礼”“过街礼”（香烟、红包）等。

土家姑娘出嫁——抬嫁妆　　县档案馆　供图

【岁时节令】 境内土家族、苗族、侗族与汉族等民族的传统节日大致相同，也有差异。节日活动往往和祭祀活动联系在一起，有些节日的起源本身就是因为祭祀。

清明扫墓，挂白色纸钱于竿头插在坟上，谓之挂清。本地民俗不于清明当日挂清，曰忌挂“对清”，而于清明前10天或后10天皆可，俗语谓：“前十天，后十天，懒人还有十天。”农事量气候之暖寒，于此节前后播种下秧，今新技术育秧，不受低温之限。旧时育秧一月即秧苗满月便可插秧，视栽秧为吉庆，定吉日整“栽秧酒”，换工搭伙，请栽秧客，男男女女十几二十人，一天插完全家稻田。家庭主妇动起炸，弄项圈肉，三餐美食，酒宴乐人，老人小娃都动手，提秧送水，奉烟奉茶到田头，歇气喝甜酒、油茶汤、吃汤圆、米粉。插秧竞技，竞唱山歌，欢乐的劳动场面，非同平常。

牛王节，县境与鄂渝湘黔土家族共有的节日。相传农历四月初八，土家先民在一次战斗中失败，撤退到一条河边时，遭遇洪水阻隔。危急时刻，一头水牛游来，大家抓住牛尾巴，登上彼岸。此后，土家族以这天为纪念日，让牛享受优厚待遇，不耕地，灌白酒，喂生鸡蛋。

五月初五日，谓之小端阳。清晨，家家户户采菖蒲、艾蒿拧成一束悬挂于大门枋。捣蒜泥和雄黄酒、遍洒门户及墙阴与猪牛栏四周，可避蛇虫。采摘（或从集市购买）箬叶包粽粑（内包糯米、肉、豆干、红枣等）。饮雄黄酒，以雄黄点小儿额及手足心。采菖蒲、艾蒿、三角枫、金银花的藤叶花、千里光等百草煎汤沐浴，可去晦气，避邪气，洁身悦情。定亲未婚之婿须备置衣物、猪肘子等和数提（一张棕叶所系为一提）粽粑，担挑至岳丈家，曰“打端阳节”，岳丈家回赠新婿以白衬衣、雨伞、草帽、折扇等物，或未婚妻做布鞋刺绣花袜底鞋垫相赠。

吃新节，是咸丰苗族、侗族的节日，时间为

农历六月初六。这天“携鸡酒祭田间，谓之‘团苗’”（民国3年《咸丰县志》）。苗族把两个玉米棒分别砍成三截，与三枝谷穗蒸在饭上面，熟后盛于三个碗内，上放鱼肉、猪肉等，敬奉祖先，谓之“阴人不吃，阳人不领”。有的人家到田边祭祀五谷神。侗族谓之“尝新节”，用玉米、瓜菜办宴席，在神龛上敬奉祖先。祭毕，长辈先尝，然后全家同桌尝新。部分侗族同族长辈聚会晒谱书，会餐庆贺，因此又称“晒谱节”。

七月过月半节，又叫中元节，也有叫“鬼节”的，是祭祀亡人的节日，一般是指七月十二日，某日为某家之节日不定，不超过七月十五日皆可。各家皆以纸钱封包，或以形似金银锭的印制装笼，书写祖先名讳，所谓清明祀坟，中元祀名，于自家过月半当日敬以酒菜，祭于中庭，晚上焚烧包封。各庙作盂兰会，赈济无主孤魂。有的人家且以香蘸油，燃插各条路径，谓之路烛。秋七月七日，当夜，看云色，以天河（银河）去来之久暂，占秋收丰歉。谚语“天河搭尾脊，家家有饭吃”。

过年，是一年当中最为隆重的节日，家家户户都要置办丰富的年货。置新衣、杀年猪、摊豆腐、打糍粑，门庭打扫一新，一派喜庆祥和。吃团年饭、守年（守三十夜）、祭祖、上坟、敬菩萨、烤年火、取银水（除夕夜24时取泉水），吃十大碗（菜），形式多样，内容丰富，风情别具。不同的姓氏，吃团年饭的时间、地点和禁忌习俗各有不同，有的提前一天过年，有的在草树下，有的在河沟边，有的在山坡上吃团年饭，都分别有不同的纪念和禁忌。正月初一，天未明即焚香烛祀祖。农家争先挑回第一担井水入缸，曰“金水银水”；继扛一回木柴从大门外甩进堂屋，曰“财喜进门”。自初一起，谓之春节，初一择吉行礼，方举家出行，谓之出天行，到各神庙焚香，亲族交相拜贺。城镇集贸店铺关场闭门3天，谓之关财门。亲戚间彼此拜贺新年，并招饮春酒。

2019年咸丰县经济社会发展概况

【概　况】 2019年，全县实现地区生产总值96.18亿元，比上年增长7.0%。其中，第一产业实现增加值19.67亿元，增长3.1%；第二产业实现增加值16.38亿元，增长6.4%，其中工业实现增加值9.55亿元，增长7.2%；第三产业实现增加值60.13亿元，增长8.6%。产业结构进一步优化，三次产业结构比由2018年19.8∶17.7∶62.6调整为20.5∶17.0∶62.5。按年均常住人口计算，2019年全县人均生产总值为30976元。全年居民消费价格比上年上涨3.1%。商品零售价格上涨1.9%。构成居民消费价格的八大类商品价格涨跌幅度为：食品烟酒价格上涨7.6%，衣着价格上涨2%，居住价格上涨3.2%，生活用品及服务价格上涨0.7%，交通和通信价格下跌2.2%，教育文化和娱乐价格上涨0.4%，医疗保健价格上涨1.1%，其他用品和服务价格上涨3%。年末全县实有市场主体24694户，比上年增长6.3%。其中内资企业3584户（私营企业3328户）、个体工商户20108户、农民专业合作社1002户。全年新登记各类市场主体2885户。

【农　业】 全年实现农林牧渔业总产值36.55亿元，按可比价格计算，比上年增长3.8%，其中农业产值19.12亿元，增长9.4%；林业产值2.95亿元，增长22.3%；牧业产值11.78亿元，增长23.9%；渔业产值0.12亿元，下降14.0%；农林牧渔服务业产值2.58亿元，增长20.5%。实现农林牧渔业增加值20.77亿元，按可比价格计算，比上年增长3.8%，其中农业增加值12亿元，增长9%；林业增加值1.49亿元，增长14.9%；牧业增加值6.1亿元，增长24.6%；渔业增加值0.07亿元，下降12.3%；农林牧渔服务业增加值1.1亿元，增长21.6%。主要农产品产量平稳增长。粮食播种面积45440公顷，比上年下降1.6%；粮食总产量20.14万吨，比上年增长0.4%。油料播种面积7150公顷，比上年增长3.17%；总产量19610吨，比上年增长2.46%。烟叶（未加工烟草）播种面积3670公顷，比上年减少2.13%；烟叶总产量5816吨，比上年下降1.42%。蔬菜播种面积18750公顷，比上年减少6.81%；蔬菜产量267424吨，减少6.54%。药材面积17070公顷，比上年减少7.18%。年末实有茶园面积18302公顷，其中可采摘面积12753公顷，全年茶叶产量10320吨，比上年增长13.16%。共有各类果园面积15562公顷，比上年减少2.13%；园林水果总产量22782吨，比上年减少2.99%。年内共出栏肥猪45.22万头，比上年下降5.42%，猪肉总产量36097吨。年末生猪存栏39.23万头，比上年增长4.45%。其中能繁母猪存栏3.61万头，比上年增长4.34%。年末牛存栏28943头，羊存栏15098只。农村生产生活条件进一步改善。全县通汽车的村263个，通电话的村263个，自来水受益的村261个。化肥施用量（折纯量）3.51万吨，比上年减少4.36%；大力实施精准扶贫。2019年建档立卡43990户149900人，累计脱贫43559户、148931人，脱贫66个村。大力加强农村基础设施建设。解决了34.1万农村人口饮水安全问题，农村饮水安全普及率达100%，农村生产生活条件进一步改善。

【工　业】 全年实现工业增加值9.55亿元，扣除价格因素比上年增长7.2%，在全县生产总值中的比重为9.9%。全县规模以上工业企业23家，实现规模以上工业总产值11.16亿元，增加值扣除价格因素比上年增长5.3%。全县规模以上工业企业全年实现主营业务收入97684.8万元，实现利润总额4826.6万元，工业品产销率98.9%。全县全社会用电量36272.26万千瓦时，比上年增长9%。第一产业用电量648.15万千瓦时；第二产业用电量12099.09万千瓦时；其中工业用电10559.25万千瓦时，比上年增长2.5%。第三产业用电量9364.64万千瓦时。全县2019年能源消费量47.33万吨标准煤，比上年增长3.23%。全县单位GDP能耗0.565吨标准煤/万元，比上年下降3.52%；单位GDP电耗433.31千瓦时/万元，比上年上升1.9%。

【建筑业】 全县具有资质等级以上建筑企业17家，实现建筑业总产值14.77亿元，比上年增长10%。房屋施工面积90.35万平方米，比上年下降25.9%；房屋销售面积21.07万平方米，比上年增长21.7%。

【固定资产投资】 全年实现固定资产投资比上年增长17.6%。其中，5000万元以上项目投资增长9.2%；5000万元以下项目投资增长16.9%；房地产开发投资增长77.4%。截至2019年底，全县具有资质等级以上房地产企业11家。商品房销售面积21.07万平方米，其中住宅类销售面积19.71万平方米；商品房销售额9.15亿元，其中住宅商品房销售额8.62亿元。

【贸易和招商引资】 全年实现社会消费品零售总额555327万元，比上年增长10.8%。按经营地统计，城镇消费品零售额446117万元，比上年增长10.9%；乡村消费品零售额109210万元，比上年增长10.4%。全年实现自营出口1322万美元，引进省外资金15.98亿元，比上年下降27.9%，实际利用外资为零。

【交通运输】 全县通车公路里程4023千米，其中国道98千米、省道125千米、市道372千米、乡道1241千米、村道2187千米。按等级分，一级公路15千米、二级公路208千米、三级公路322千米、四级公路1934千米、等外级公路1544千米。农村通公路行政村比重达到100%。全社会客运量288万人次，旅客周转量47172万人千米；货运量490万吨，货物周转量81265万吨千米。年末共有公交4路36辆，出租车200辆。

【邮政通信】 全年邮政业务总量5090万元，电信业务收入2.2亿元，下降6.4%。年末，全县固定电话用户2.43万户；移动电话用户32.42万户，其中4G移动电话用户25.32万户。宽带互联网接入用户11.65万户。全年旅游接待人数677万人次，比上年增长11%，实现旅游综合收入61.73亿元，比上年增长10.5%。

【财　政】 全年实现地方财政总收入81283万元，比上年增长3.4%。地方一般公共预算收入47295万元，比上年增长2.5%，其中实现税收收入35162万元，比上年下降3.6%，税收收入占地方一般公共预算收入的比重达到74.3%。实现政府性基金收入77954万元，比上年增长270.5%；实现社会保险基金收入58083万元，同比增长76.22%。全年一般预算支出419890万元，同比增长17.5%。全县金融机构年末各项存款余额1271035万元，比年初增加119349万元，其中住户储蓄存款余额939914万元，比年初增加121647万元。金融机构各项贷款余额803715万元，比年初增加108948万元，其中短期贷款余额122654万元，比年初减少9747万元，中长期贷款余额265179万元，比年初增加55343万元。

【教　育】 全县共有各类学校67所（不含幼儿园及教学点），其中中等职业学校1所，普通中学（含九年一贯制学校3所、高中1所）17所，完全小学48所，特殊教育学校1所。有普通高中专任教师243人，中等职业教育专任教师135人，普通初中专任教师971人（含九年一贯制学校专任教师数），小学专任教师1169人，特殊教育学校专任教师2人；全县在校学生53696人，其中高中在校学生4195人，中等职业学校在校生3804人，普通初中在校生23331人（含九年一贯制学校在校学生），小学在校生22334人，特殊教育在校生32人。全县初中适龄人员入学率达到100%，初中三年巩固率达到100%。全县幼儿园40所，专任教师357人，在校学生10661人。

【科　技】 全县高新技术企业3家，全年专利申请170件，其中专利发明16件；全年专利授权80件，其中发明专利3件。全县大力普及科技教育，全年举办少儿科技竞赛1次、297人次；举办少儿科技教育培训2次、1200人次；科技推广服务机构5家，农民技术协会12个，县直专业协会15个。

【医疗卫生】 全县拥有医疗卫生机构362个（含村卫生室），全县拥有职业医师（含助理医师）人员837人。卫生机构床位数2298张，每千人拥有床位数（含卫生室）7.38张，每千人拥有医生（含助理）数2.69人。

【人民生活】 全县城镇常住居民人均可支配收入29588元，比上年增长9.36%；人均生活消费性支出2179元，比上年增长11.1%。农村常住居民人均可支配收入11476元，比上年增长10.45%；人均生活消费性支出9758元，比上年增长12.3%。

【社会保障】 全县社会保障更加完善。各种社会福利收养性事业单位12个，各种社会福利收养性事业单位床位1026张。全年最低生活保障人数28792人、保障支出7022万元。其中城镇居民最低生活保障人数976人，支出810万元；农村居民最低生活保障人数27816人，支出6212万元。基本养老保险参保人数245071人，其中城镇基本养老保险参保人数46608人，城乡居民基本养老保险参保人数198463人；基本医疗保险参保人数366208人，其中城乡居民基本医疗保险人数

第一批贫困地区村级综合文化服务中心——大村文化服务中心　　杨　雪　摄

343352人；工伤保险参保人数14628人；失业保险参保人数14432人；生育保险参保人数22856人。

【就　业】 全县乡村从业人员合计17.28万人，其中农村外出从业人员7.63万人，比上年增加0.44万人，占乡村从业人员总数的44.2%。按外出地点分，县内乡外0.87万人，省内县外1.82万人，省外4.94万人；按外出人员从事行业分，第一产业0.08万内乡外0.87万人，省内县外1.82万人，省外4.94万人；按外出人员从事行业分，第一产业0.08万人，第二产业5.34万人，第三产业2.21万人；按外出从业目的分，务工6.57万人，经商0.62万人，其他0.44万人。参加过职业技能培训的3.34万人，持有职业技术资格证书的有1.14万人。

【环境保护】 城市建成区绿化覆盖率37.3%，城市人均公园绿地面积17.61平方米，城市生活垃圾无害化处理率100%。全县环境优良天数349天。

中国共产党咸丰县委员会

县委工作综述

【概　况】 2019年，中共咸丰县委高举习近平新时代中国特色社会主义思想伟大旗帜，全力推进“五位一体”总体布局和“四个全面”战略布局的咸丰实践，全县党的建设和经济社会发展各项事业取得新进步，全年固定资产投资完成额增长17.6%；规模以上工业增加值增长5.3%；社会消费品零售总额55.53亿元，增长10.8%；地方公共预算收入实现4.73亿元，增长2.5%，实现地区生产总值89.96亿元，增长6.6%，为决战决胜脱贫攻坚，与全国同步全面建成小康社会奠定了坚实基础。

坚持以党的建设统领发展全局，政治保证坚强有力。把政治建设作为根本性建设，树牢“四个意识”，坚定“四个自信”，做到“两个维护”，政治生态风清气正。强化思想理论武装，坚持以习近平新时代中国特色社会主义思想武装头脑、指导实践、推动工作，“不忘初心、牢记使命”主题教育取得实效；牢牢把握党对意识形态工作的领导权，县级媒体融合发展，网络舆情防控有力，咸丰故事积极向上。加强组织建设，“五强五提升”推动基层党建全面进步、全面过硬；落实“新三项制度”，激励干部担当作为。驰而不息正风肃纪，监督执纪问责精准发力，大力整治形式主义、官僚主义，基层负担切实减轻，巡视巡察形成震慑，反腐败斗争压倒性胜利得到巩固发展。

坚持新发展理念，加快转变发展方式，经济运行稳中有进、稳中提质。高铁新城、工业强县、全域旅游、乡村振兴“新四大引擎”竞相发力，“四大产业集群”发展壮大。工业园区忠堡扩园、重点企业技改升级等项目落地投产，楚焱工贸、炳太矿业等一批困难企业实现联合重组，培育新进规企业4家。以“三茶果药猪”为主导的农业产业格局不断优化，“唐崖茶”成为国家农产品地理标志登记保护产品，成功创建中国茶叶百强县，小村乡荣获全国“一村一品”示范村镇。全域旅游示范区创建稳步推进，唐崖河景区荣获全州十佳景区，乡村旅游蓬勃兴起。清洁能源产业取得突破，“咸页1井”点火成功。重大项目建设推进有力，黔张常铁路和咸丰大道通车运行，高铁新城初见雏形，渝鄂直流背靠背换流站投入运营，国道351、龙洞湾水库、十字岭隧道等重点工程进展迅速，项目建设的支撑作用明显增强。

坚持把改革开放作为兴县强县的根本动力，加速推进“一新城四强县五平台”建设。改革红利不断释放，党政机构改革顺利完成，农村集体产权制度改革全省领先，政策性银行支持咸丰新型城镇化示范区建设成效明显，县国投公司转型发展，供给侧结构性改革、“放管服”改革、生态文明体制改革、社会事业体制改革亮点纷呈，茶叶产业扶贫、基层社会治理等“咸丰经验”在全国全省分享交流。着力构建开放型经济格局，招商引资实际到资45亿元，咸丰对外开放的大门越开越大。

坚持走生态优先、绿色发展之路。持续筑牢生态保护屏障，污染防治攻坚战、长江大保护十大标志性战役、“四个三重大生态工程”一体推进，中央和省环保督察反馈问题整改有力有效，县城集中式饮用水源地保护和规范化建设全面推进，城乡垃圾污水处理设施逐步完善，矿山修复、裸土覆绿成效明显，垃圾分类成为新时尚。着力推进产业生态化、生态产业化，有机农业、新型工业、全域旅游、清洁能源等绿色经济体正在构建。持续打造生态宜居家园，省级园林城市创建通过复审，乡集镇绿色生态走廊不断延伸，村庄环境整治成效明显，生态文明意识深入人心，成功创建国家生态文明建设示范县。

坚持深化依法治国实践，深入推进严格执法、公正司法、全民守法，为全县改革发展稳定提供坚实法治保障。人大、政府、政协、监察委、法院、检察院依法履职尽责，爱国统一战线、民族宗教、国防武装和“双拥”工作进一步加强，群团组织作用积极发挥。法治政府、法治社会建设互促并进，咸丰获评全省“七五”普法中期先进县，县人民法院获评全国优秀法院。“一统三治六联”治理模式整体推进，县乡综治中心全部建立，“雪亮工程”实现乡集镇全覆盖，治安防控体系不断完善。“迎大庆、保军运”任务全面完成，防范化解重大风险攻坚战和扫黑除恶专项斗争向纵深推进，安全生产形势稳定好转，防灾应急工作效果明显，社会大局保持和谐稳定。

坚持以人民为中心的发展思想，85%的财力用于民生社会事业，14.89万名贫困群众全部走出贫困，全县综合贫困发生率由39.67%下降至0.27%，实现产业就业、安全饮水、农村公路、电网改造、通信覆盖、文化广场、住房保障、教育保障、医疗保障、社会兜底保障等18个100%。努力办好人民满意教育，高考成绩再创新高，春晖学校顺利开学。医疗卫生服务能力持续增强，医共体建设全面完成。社会主义核心价值观浸润人心，全国文明县城提名城市创建、新时代文明实践中心建设稳步推进，文化遗产传承保护有力，南剧《唐崖土司夫人》获得“屈原文艺奖”。

2019年，“十件大事”展现奋斗足迹，对咸丰影响深远。一是脱贫攻坚取得决定性成就，千百年来消除绝对贫困的愿望变成现实。二是“不忘初心、牢记使命”主题教育有效推进，激励广大干部担当作为，凝聚起守初心、担使命的强大正能量。三是黔张常铁路开通引领咸丰迈入高铁时代。四是咸丰大道建成通车拉开城市骨架，一座崭新的高铁新城渐行渐近。五是宣咸高速开工、利咸高速启动，标志着咸丰即将成为区域性交通中心。六是探索形成“比抓强争促”抓县域经济的新举措和“七大工作专班”领衔推进重点项目的新机制，形成了大抓发展的强大气场。七是成功创建国家生态文明建设示范县，生态环境持续改善，生态产业持续发展，生态优势持续彰显。八是农业农村部定点帮扶、省“616”对口帮扶和余杭东西部扶贫协作帮扶合力推进，形成推动咸丰加快发展的强大力量。九是致力打造余杭咸丰“三园三进三入三创”东西部扶贫协作模式，得到国务院扶贫办的充分肯定。十是探索出“五建五传五进”的新时代文明实践中心建设模式、“一统三治六联”基层社会治理模式、政策性银行支持咸丰新型城镇化建设模式等一批改革创新实践，形成了巨大生产力。

【中共咸丰县第十四届代表大会第四次会议召开】 受2020年初突如其来的新冠肺炎疫情的影响，中共咸丰县第十四届代表大会第四次会议延期至2020年3月31日至4月2日举行。大会应到党代表198名，实到182名。县委副书记李娟主持开幕式。县委书记郑东来代表十四届县委向大会作题为《推进县域治理，决胜全面小康，奋力开创“五个咸丰”建设新局面》的工作报告。

这次大会的主题是：坚持以习近平新时代中国特色社会主义思想为指导，深入学习贯彻党的十九大和十九届二中、三中、四中全会精神，认真贯彻落实党中央决策部署和省委、州委工作要求，回顾总结2019年主要工作，安排部署法治咸丰建设及2020年重点工作，团结动员全县各级党组织和广大干部群众，践行初心使命，勇于担当作为，克服新冠肺炎疫情影响，奋力开创“五个咸丰”建设新局面。

大会高度评价县委2019年的工作。一年来，县委坚持以习近平新时代中国特色社会主义思想为指导，坚决贯彻落实党中央决策部署和省委、州委工作要求，抓党建，强统领，全面从严治党有新气象；抓发展，强经济，小康咸丰建设有新成效；抓改革，强动力，开放咸丰建设有新突破；抓生态，强根基，绿色咸丰建设有新面貌；抓治理，强保障，法治咸丰建设有新作为；抓民生，强服务，幸福咸丰建设有新提升。脱贫攻坚取得决定性成就、“不忘初心、牢记使命”主题教育有效推进、黔张常铁路开通运行、咸丰大道建成通车、宣咸高速利咸高速开工启动、“比抓强争促”和“七大项目专班”新机制加快县域经济发展、国家生态文明建设示范县创建成功、对口帮扶形成强大合力、东西部扶贫协作创造新模式、一批改革创新实践形成巨大生产力等“十件大事”展现奋斗足迹，推动咸丰经济社会发展取得了极不平凡的成就。

大会强调，全县各级党组织要深入学习宣传贯彻党的十九届四中全会精神，始终坚定中国特色社会主义制度自信，坚持国家总体部署与地方治理创新相结合，把制度优势更好转化为治理效能，加快建设“法治咸丰”。要落实和完善党的领导制度，提升制度管党治党的能力；完善政府治理制度，提升依法行政的能力；完善社会治理机制，提升维护平安稳定的能力；加强文化制度建设，提升文化创新发展的能力；完善生态文明制度，提升生态文明建设的能力，加快推动县域治理体系和治理能力现代化。

2020年县委工作部署。着力打好“四大战役”：精准脱贫攻坚战、污染防治攻坚战、防范化解重大风险攻坚战、疫情防控阻击战；推动“四大引擎”：高铁新城、工业强县、全域旅游、乡村振兴；抓好“三项重点工作”：项目建设、财源建设、招商引资；深化改革，打造一流营商环境；推进民主政治建设、依法行政、公正司法、社会治理创新、平安建设；推进民生建设，抓好就业惠民、教育惠民、健康惠民、社会保障惠民、文化惠民；加强党的建设，旗帜鲜明讲政治，思想建设强武装，组织建设筑堡垒，驰而不息转作风，标本兼治惩腐败，为推动咸丰高质量发展提供坚强的政治保证。

大会审议并批准《关于进一步加强基层社会治理建设更高水平平安咸丰的决定》《关于推动工业加快发展的十条意见》《关于进一步加强招商引资工作的实施意见》3个规范性文件。大会强调，要以习近平新时代中国特色社会主义思想为指导，以强县富民为目标，以解放思想为先导，以改革创新为动力，以产业集聚为方向，以工业园区为平台，以做大做强企业为重点，以招商引资为支撑，以创优环境为保障，发展目标清晰、措施具体，加快“五个咸丰”建设步伐。全县上下要坚持稳中求进工作总基调，围绕“招商引资扩增量、联合重组活存量、技改扩规提质量、企业上市增变量”的整体思路，做好工业经济稳增长、促改革、调结构的各项工作，推动全县工业加快发展。坚定不移实施招商引资“一号工程”“一把手工程”，强化顶层设计，建实支撑平台，建强招商队伍，健全工作机制，全面夯实招商引资基础；强化目标引领，聚焦重点，大力开展产业链招商、以商招商、中介招商、资本招商，以效果为导向，靶向发力，精准招商；创新思路、强化服务、优化环境，聚力营造尊商、重商、亲商的浓厚氛围。

【研究部署旅游、工业、农业等重点工作一季度“开门红”实施方案】 1月7日，县委书记郑东来主持召开县委常委会会议，讨论旅游经济、重点项目、工业经济、招商引资、农村经济、高铁新城建设一季度“开门红”实施方案。会议讨论审议《咸丰县2019年一季度旅游经济“开门红”实施方案》《咸丰县2019年一季度重点项目“开门红”实施方案》《咸丰县2019年一季度工业经济“开门红”实施方案》《咸丰县2019年一季度招商引资“开门红”实施方案》《咸丰县2019年一季度农村经济“开门红”实施方案》《咸丰县2019年一季度高铁新城建设“开门红”实施方案》。会议强调，2019年是新中国成立70周年，是精准脱贫决胜年、开放咸丰深化年。全县各级各部门要紧盯全年目标任务，按照确保“一季度开门红、二季度双过半、三季度功九成、四季度大收官”的工作要求，树牢“一天也不能耽误、一个环节都不能松懈”的工作意识，以“开局即是决战、起步就是冲刺”的工作作风，务必将各项工作抓早、抓实、抓到位，确保全面完成和超额完成全年目标任务。会议还审议通过《咸丰县建设新时代文明实践中心试点工作方案》。

【研究部署全县机构改革工作】 2月25日，郑东来主持召开县委常委会会议，学习州委书记柯俊在全州机构改革动员会上的讲话精神，学习传达省、州关于《咸丰县机构改革方案》的批复意见，讨论审议《咸丰县县级机构改革实施意见》，原则同意《咸丰县党政机构编制及领导职数框架》《关于做好县级机构人员转隶工作的通知》《关于做好县级机构改革有关事项的通知》。

1. 加强组织领导。全县机构改革在县委统一领导下进行，负责牵头抓总，及时研究解决改革推进出现的各种问题；县级领导抓好对分管领域的机构改革工作落实，坚持靠前指挥、一线推动；所有涉改部门党委（党组）主要负责人是推动机构改革的第一责任人，要严格按照改革方案要求抓好改革任务落实。

2. 细化目标任务。严格对照全县机构改革方案，明确改革要求，聚焦关键环节，强化时间节点，倒排工作进度，推动各项任务向前推进。

3. 稳妥有序推进。全面贯彻“先立后破、不立不破”原则，有条不紊做好部门领导班子配备、人员转隶等工作，确保改革顺利完成。

4. 严控机构编制领导职数。强化机构编制纪律意识，坚持机构法定、编制法定的原则，严格控制机构编制，严格按规定职数配备领导干部，严格控制财政供养人员总量，坚决杜绝机构编制违规违纪行为的发生，推进机构编制管理科学化、规范化、法制化。

5. 严明工作纪律。严格执行机构改革政治纪律、组织纪律、机构编制纪律、干部人事纪律、财经纪律、保密纪律，各相关责任部门各司其职、各负其责；涉改部门要做好经费资产、文件发送、印章使用和档案交接管理等工作，保持相关工作和政策的连续性、稳定性，统筹做好改革和各项工作。

【讨论驻村工作队员和结对帮扶干部管理办法】 3月25日，郑东来主持召开县委常委会会议，讨论审议《咸丰县驻村工作队员和结对帮扶干部管理办法》，研究部署相关工作。会议强调，出台《咸丰县驻村工作队员和结对帮扶干部管理办法》，进一步加强驻村工作队和帮扶干部管理，对有效指导各驻村工作队和帮扶干部“干什么”“怎么干”，充分发挥脱贫攻坚生力军作用，切实提升帮扶成效具有十分重要的现实意义。要进一步按照简便易行的原则，优化完善管理办法，增强系统性、操作性和针对性，稳步推进相关工作。会议要求，要进一步明确工作职责。各驻村工作队、“尖刀班”要切实履行驻村帮扶的主体责任，紧紧围绕“十个不漏项”工作要求，逐项查漏补缺，确保不漏一项；各帮扶干部要准确掌握结对贫困户的基本信息，做好入户政策宣传，帮助发展产业、引导就业，开展人居环境整治等工作，切实提升群众认可度。进一步加强考核及结果运用。建立“正向激励+负面清单”机制，将驻村工作队、“尖刀班”和帮扶干部工作成效作为干部个人年度考核和选拔任用的重要依据，纳入派出单位年度综合目标责任制考核的重要内容。会议原则通过《咸丰县驻村工作队员和结对帮扶干部管理办法》，按照本次会议精神进一步修改完善后印发实施。

【研究部署中央生态环保督察组反馈问题整改工作】 5月9日，郑东来主持召开县委常委会会议，传达学习中央第四生态环境保护督察组对湖北省开展“回头看”情况反馈会精神，听取推进环保督察反馈问题整改工作汇报。会议指出，开展生态环境保护督察工作，是落实习近平生态文明思想的重要举措，是坚决打赢污染防治攻坚战、推动经济高质量发展的具体行动，各级各部门要进一步统一思想，坚持以生态文明建设为主抓手，统筹推进生态环境治理和中央、省环保督察反馈问题整改工作，以实实在在的工作成效开创咸丰生态文明建设新局面。

1. 提高政治站位。贯彻落实习近平生态文明思想，践行“绿水青山就是金山银山”理念，坚持把生态环境保护作为一项重要的政治责任和重大的政治任务，自觉把经济社会发展同生态文明建设统筹起来，牢固树立正确政绩观，决不以牺牲环境为代价换取一时的经济发展。

2. 强化责任担当。按照“谁主管、谁负责”和“管发展必须管环保、管生产必须管环保、管行业必须管环保”的要求，切实增强打好污染防治攻坚战的责任感、紧迫感，压紧压实各级党委政府生态环境保护主体责任、党政主要负责人的第一责任人责任和相关部门的问题整改责任，确保各项环保决策部署落实落地。

3. 把握工作重点。深入开展扬尘治理、餐饮油烟治理等八大专项行动，按照“一个行动，一名县领导包案，一个部门牵头，一个专班落实”的工作要求，分类制定工作方案，明确工作目标，精准施策，确保工作成效。加快补齐基础设施短板，重点推进老城污水处理及乡镇污水处理全覆盖PPP项目建设，确保项目按照既定的时间节点投入使用。全力推进“四个三重大生态工程”，按照既定的目标任务，圆满完成各项工作。

4. 抓好整改落实。坚持问题导向，对照中央和省环保督察反馈问题和州督办检查交办任务清单，认真梳理排查，建立问题台账，严格落实整改责任，逐项对账销号。强化跟踪问效，对已完成整改或达到序时整改的问题，加强检查督办，严防问题反弹，切实巩固整改成果。

【讨论创建国家全域旅游示范县三年行动方案】 5月9日，郑东来主持召开常委会会议，传达学习全州旅游大会精神，讨论审议《咸丰县创建国家全域旅游示范县三年行动方案（2019—2021）》，研究部署推进措施。会议强调，全力推进龙头景区建设，紧紧围绕坪坝营AAAAA级旅游景区创建和唐崖土司文化产业园AAAA级旅游景区创建，打造全县旅游核心品牌；全力推进旅游要素配套，围绕“吃住行游购娱”旅游要素，推出富有民族文化和本地特色的“土司宴”“富硒宴”和旅游工艺产品，大力发展精品民宿，加快旅游公路及沿线观景台建设，以城市景区的标准推进咸丰新城建设，不断提升旅游接待能力和接待水平；创新旅游宣传营销模式，引进市场主体和专业人才，举办唐崖旅游文化节等特色活动，提升旅游知名度和影响力；进一步明确工作目标，落实旅游产业重点项目清单，确保谋划一个、干成一个；强化政策支撑，出台相关政策文件，为旅游产业发展提供坚强制度保障。会议原则通过《咸丰县创建国家全域旅游示范县三年行动方案（2019—2021）》，进一步修改完善后印发实施。

【研究创建全国文明县城提名城市行动方案】 5月24日，郑东来主持召开县委常委会会议，传达学习州委书记柯俊在全州新时代文明实践中心暨农村精神文明现场会上的讲话精神，讨论审议《咸丰县创建全国文明县城提名城市重点工作行动方案》，研究部署相关工作。会议强调，要充分认识建设新时代文明实践中心的政治意义、现实意义和发展意义，采用群众喜闻乐见的形式宣传习近平新时代中国特色社会主义思想和社会主义先进文化，达到教育群众、引导群众、发动群众，提升农村社会整体文明的成效。坚持试点先行，以点带面。以咸来公路、利咸公路沿线新时代文明实践示范带，小村乡新时代文明实践示范乡，及其他乡（镇、区）选择一个行政村（社区）作为试点的“一带一乡一村”为重点，推进新时代文明实践中心建设试点工作，创建新时代文明实践中心的咸丰品牌。会议原则同意《咸丰县创建全国文明县城提名城市重点工作行动方案》，按照本次会议精神进一步修改完善后印发实施。

【整治形式主义推动全县干部作风持续好转】 7月22日，郑东来主持召开县委常委会会议，传达学习习近平总书记在中央政治局第十五次集体学习时的重要讲话精神，《中共中央关于李平同志搞形式主义、官僚主义案件查处情况及其教训警示的通报》《省委办公厅、省政府办公厅印发〈关于进一步完善县域经济工作考核的意见〉的通知》，州委书记柯俊在《中共中央关于李平同志搞形式主义、官僚主义案件查处情况及其教训警示的通报》上的批示和在《关于进一步完善县域经济工作考核的意见通知》上的批示，安排部署相关工作。会议强调：全县各级各部门要坚决贯彻落实党中央和省委、州委关于整治形式主义、官僚主义的决策部署，按照州委书记柯俊的批示要求，以强烈的斗争精神坚决整治形式主义、官僚主义，推动全县干部作风持续好转、全面好转、根本好转。一是坚定和坚持以人民为中心的发展思想。让咸丰所有的发展都能成为增强人民群众获得感的发展，都能成为改善民生福祉的发展，都能成为管长远、高质量的发展。二是树立正确的政绩观和科学的发展观。要有“功成不必在我，建功必须有我”的担当，坚持打基础、管长远、惠民生，尊重自然规律、发展规律和社会规律，决不允许以牺牲环境为代价换来发展，决不允许以牺牲人民群众的生命财产安全为代价换来发展，更不能搞形象工程、面子工程。三是把打赢脱贫攻坚战和“比抓强争促”作为推动咸丰经济发展的首要任务。脱贫攻坚到了最关键的时候，县“四大家”领导要按照《咸丰县脱贫摘帽“百日攻坚”作战方案》和全县脱贫攻坚工作视频会议安排部署，身先士卒、以上率下、一线落实，带头坚持下沉到乡镇、吃住在乡镇，按周上报到岗情况，逐村摸清问题短板，着力解决最贫困的村组、最贫困群体的实际困难。

会议还审议通过《咸丰县脱贫攻坚问责办法》《咸丰县非参公事业单位公务用车制度改革指导意见》《咸丰县县属国有企业公务用车制度改革实施意见》，依照本次会议精神修改完善后按程序印发实施。

【研究部署“不忘初心、牢记使命”主题教育】 9月11日，郑东来主持召开县委常委会会议，传达学习全州“不忘初心、牢记使命”主题教育工作会议精神，会议讨论通过《中共咸丰县委常委会关于“不忘初心、牢记使命”主题教育工作方案》《关于在全县开展“不忘初心、牢记使命”主题教育实施方案》。

会议强调，全县各级党组织要准确把握党中央和省委、州委“不忘初心、牢记使命”主题教育工作要求，结合各自实际，扎实推进，确保取得预期效果。一要对照总要求把准主题教育主方向。全面把握党中央提出的“守初心、担使命，找差距、抓落实”总要求，将其贯穿于主题教育全过程。二要对照目标任务确保主题教育出成效。围绕党中央对主题教育提出的理论学习有收获、思想政治受洗礼、干事创业敢担当、为民服务解难题、清正廉洁作表率5个方面的具体目标，凝聚起推动咸丰高质量脱贫和高质量发展的强大气场。三要对照各项安排将主题教育引向深入。坚持抓好学习教育、开展调查研究、深刻检视问题、强化整改落实四位一体整体推进，坚持边学习边调研，边检视问题边整改落实。四要强化分类指导保证主题教育全覆盖。以县级领导班子为重点，强化对县直机关、事业单位及其直属单位，国有企业，各乡（镇、区）党（工）委，各村（社区）的分类分级指导，确保主题教育全覆盖。

会议要求，全县各级党组织要把主题教育作为当前的一项重大政治任务抓紧抓实，确保主题教育落地生根。一是落实主体责任。全县各级党委（党组）切实担负起主体责任，党组织书记担负起第一责任人的责任，对主题教育亲自谋划、亲自部署、亲自推动，党委（党组）班子成员认真履行“一岗双责”，对分管领域加强督促指导，形成上行下效、整体联动的总体效应。二是加强督促指导。县委主题教育巡回指导组针对全县不同层级、不同领域、不同对象特点进行督促指导，对组织开展不力或搞形式、走过场的严肃问责并督促纠正，严防以新的形式主义反对形式主义，确保指导有方、能出实效。三是强化宣传引导。坚持以正面教育为主，充分利用新闻报道、言论评论、工作综述、专题专访等形式，深入宣传开展主题教育工作的重大意义、目标任务、重点措施。深入挖掘一批全县“践行新思想、建功新时代”的先进集体和个人，宣传总结主题教育中涌现出的好经验和好做法，努力营造开展主题教育的浓厚氛围。四是做到统筹兼顾。把开展主题教育与全县精准脱贫、“比抓强争促”、“迎大庆、保军运”、加快建设“五个咸丰”等中心工作紧密结合，对照党中央提出的8个重点整治的问题、省委列出的6个方面专项整治问题、州委列出的4个方面专项整治问题，明确全县脱贫攻坚突出问题专项整治，全县“比抓强争促”突出问题专项整治，机关单位干部作风不实、不担当不作为不落实突出问题专项整治，信访突出问题专项整治等4个方面的专项整治任务，明确责任分工、实行专班推进、落实销号管理，以推动工作、推动发展的实效检验主题教育的成效。

会议还听取关于高乐山镇前胜村等6个村（社区）党组织书记调整事项的情况汇报，同意调整高乐山镇前胜村、黄金洞乡兴隆坳村、坪坝营镇鹿子坨村、朝阳寺镇朝阳社区和活龙坪乡马鞍山村、二台坪村的党支部书记。

【研究部署扫黑除恶专项斗争及辅警招录工作】 10月30日，郑东来主持召开县委常委会会议，传达学习全省扫黑除恶专项斗争推进会议精神，听取加强基层社会治理暨平安稳定力量工作情况汇报，安排部署相关工作。会议指出，扫黑除恶专项斗争已进入深水区、攻坚期，全县各级各部门要切实增强责任感紧迫感，依照中央对下一阶段的部署和省委、州委、县委工作要求，紧紧围绕深挖根治目标，采取更加有力有效举措，全力掀起新一轮扫黑除恶强大攻势。强化线索摸排核查、加大包案攻坚力度、严格依法办案，集中攻坚突破大案要案；坚持有“伞”必打、有网必破，深挖彻查“保护伞”，深化以案促改；全面发力“打财断血”，彻底铲除黑恶势力的经济基础；突出抓好长效常治，加强基层基础建设，形成打击、整治、管理的长效机制；压实压紧政治责任，严格督导督办，严肃追责问责，推动扫黑除恶专项斗争不断取得新胜利。

会议还研究了辅警招录工作，原则同意以劳务派遣方式招录司法辅助人员14名、禁毒社工9名；同意以劳务派遣方式将各乡（镇、区）原招录辅警40人、专职消防员18人转为公安辅警，将原司法局辅助人员4人转为司法辅助人员，将原禁毒社工6人纳入统配统管。

【研究精准扶贫档案规范化管理工作】 11月26日，郑东来主持召开县委常委会会议，专题研究全县精准扶贫档案资料规范化管理工作。会议强调，档案资料是精准扶贫的重要组成部分，加强精准扶贫档案规范化管理，真实、完整、准确、全面地记录和保存全县精准扶贫工作的全过程，具有十分重要的意义。全县上下要进一步提高认识，高度重视并做好脱贫攻坚档案资料管理工作，全面真实记录全县广大干部群众消除贫困、改善民生、逐步实现共同富裕的光辉历程，进一步管好用好精准扶贫档案，充分发挥档案资料在推进精准扶贫工作中存凭留证、资政惠民的积极作用。会议要求，全县上下要从逻辑关系上理清可支配收入测算表是核心、扶贫手册是关键、扶贫信息系统是根本的关系。精准采集数据信息，做到扶贫系统信息、可支配收入测算表、扶贫手册信息“三一致”，确保精准扶贫档案的真实、完整、系统，充分发挥档案在脱贫摘帽中的作用。加强协调配合，做到帮扶责任人、村级资料员、驻村“尖刀班”人员“三合一”，打通信息壁垒，实现开放共享。进一步压实责任，坚持以主要领导集中把关、驻村“尖刀班”集中审核、数据集中录入的工作方法，推动“三一致”工作落实落地，为打赢脱贫攻坚战奠定坚实基础。

【信息工作】 2019年，围绕“上报省州信息”和“服务同级党委”两个重点，恪尽职守、自我加压、务实创新，各项工作扎实推进。一是切实为本级领导做好决策服务，共编发《每日要情》218期，通过信息平台将全县政治经济、安全生产、乡镇部门动态、中央省州要闻、重要接待、领导重要活动安排等情况发送给县领导及县直单位、乡（镇、区）主要负责人，为各级领导全面客观掌握情况、科学决策提供了有效依据和精准服务。二是高度重视对上信息报送工作，及时向省委、州委报送咸丰县全面贯彻落实中央、省委、州委战略决策部署情况，积极向上级报送全县各项工作的先进经验和突出成效，同时通过走精品路线，深度挖掘具有代表性、典型性的信息素材，注重收集报送领导关心、社会关注、群众关切的社会焦点、难点信息，切实提高信息报送质量。

【督查工作】 紧扣党中央决策部署和省、州、县工作安排部署、重要文件会议精神、领导批示件、信访件在全县的贯彻落实进展情况进行专项督办和跟踪问效。全年共开展专项督查6次，办理中央和省、州领导指示批示件32件，上级领导批示信访举报件6件，县委书记交办信访举报件20件。进一步统筹规范督查检查考核事项，明确“11+1”督查模式，减轻基层迎检负担；大力整治形式主义官僚主义，县委、县政府下行文总量同比减少38.2%，全县性会议下降30.2%；督查次数同比下降80%以上。

【外事工作】 2019年6月5日，咸丰县外事工作委员会第一次会议召开，会议审议通过《中共咸丰县委外事工作委员会工作规则》《中共咸丰县委外事工作委员会办公室工作细则》《中共咸丰县委外事工作委员会2019年工作要点》。全县外事工作进入由县委总揽全局、协调各方的新阶段。县委外事办围绕“五个咸丰”建设、服务地方经济发展的目标，承接全县对外工作规划、综合协调、初审管理等具体事务。认真学习践行习近平外交思想，提升风险防范意识，梳理外事工作中风险隐患5条，制定应对措施整改；坚持县委对外事工作的集中统一领导，在外事工作中严守党的政治纪律和政治规矩，要求各相关单位严格执行外事工作纪律，重大涉外活动和因公出国出境人员审批各单位必须履行好单位初审责任，并严格按程序进行报批。

【机关队伍建设】 以加强政治建设为统领，以打造“四个一机关”（机关党建一面旗、业务建设一所学校、效能建设一支军队、对外形象一个窗口）为目标，以提升“三服务”水平为重点，充分发挥综合协调、参谋助手、督查落实和后勤保障等职能作用，为“五个咸丰”建设发挥积极作用。

一是坚持政治引领。始终坚持以习近平新时代中国特色社会主义思想为指导，以党章党规党纪为标尺，教育引导党员干部强化政治意识、增强政治定力，将忠诚牢记于心、实践于行，不断厚植新时代机关党建工作的政治基础、思想基础、组织基础，确保执行县委部署安排不折不扣。

二是强化政治担当。始终把党的建设作为最大政治任务和最大政绩，切实履行从严治党主体责任。坚持用机关党建统领业务开展，用业务丰富机关党建内容，推动业务工作提质增效；层层传导压力，压紧压实责任，形成全面完整落实主体责任的责任体系。县委办主要负责人开展谈心谈话10余人次，班子成员开展谈心谈话30余人次；紧密结合办公室工作实际，深入开展“不忘初心、牢记使命”主题教育，确保主题教育取得实效。

三是突出政治功能。始终践行习近平总书记“五个坚持”重要指示精神，严格执行政治标准，大力开展政治忠诚教育，建立通报案例常态化学习机制，教育引导全体党员时刻保持清醒的政治头脑，进一步提高政治敏锐性和政治辨别力。认真贯彻《关于新形势下党内政治生活的若干准则》；积极推进支部标准化建设，打造机关党建品牌；全面落实意识形态工作责任制，引导党员干部明辨是非、澄清模糊认识；坚持正确用人导向，为县委储备一批讲政治、敢担当、善作为，有情怀、有眼光、有格局的优秀年轻后备干部。

（蔺怀民）

组织工作

【概　况】 中共咸丰县委组织部是县委管理全县组织工作、干部工作、公务员工作和人才工作的重要职能部门，承担着全县的党员教育管理，党费收缴和管理使用，党员组织关系接转，党的基层组织建设，科级干部的调整配备，干部培养和选拔任用，公务员管理，县乡党委换届的组织领导，人才的引进、培养和使用等工作。设办公室、党建综合股、组织股、干部股、公务员股、干部监督股（举报中心）和2个直属事业单位（党员电化教育管理办公室、老干部活动中心）。机构改革后，县委组织部统一管理县委机构编制委员会办公室；统一管理全县公务员、老干部工作。对外加挂县公务员局、县委老干部局、县委非公有制经济组织和社会组织工作委员会（以下简称“两新”工委）、县委直属机关工作委员会牌子。县委人才办挂靠县委组织部管理。2019年末，部机关在职在编职工31人。

【干部队伍建设及公务员管理】 聚焦机构改革，强化正向激励，促进干部担当作为。以高素质专业化为目标，高质量推进机构改革，创新出台激励干部“三项制度”，坚持调优与激活统一、严管与厚爱结合，统筹领导班子和干部队伍建设，为脱贫攻坚提供组织保障。

以机构改革为契机，优化班子结构和增强整体功能。按照“保持稳定、按图施工、身份不变、调整优化”的原则，对12个党政工作部门、直属事业单位的正职进行调整，对21个党政工作部门、直属事业单位的副职进行优化，将编制资源向二、三产业部门倾斜，45个党政机关和直属事业单位高质量完成机构改革工作，班子年龄、性别、学历等结构全面优化，部门工作职能进一步明确。组建五支综合执法队伍，行政综合执法改革稳妥有序推进。

创新“三项制度”，激励干部干事创业。注

重政治上关怀、精神上鼓励，制定《激励干部担当作为实施办法》，落实《失实信访举报澄清暂行办法》《领导干部“不担当不作为不落实”问责暂行办法》。开展“不担当不作为”专项整治，处理处分干部13人。将脱贫攻坚一线干部评先比例提高到20%，全面提高乡镇干部工作补贴，集中表扬“红旗扶贫干部”287名，“红旗扶贫标兵”20名，“红旗尖刀班”76个。组织开展“树长者风范、做风范长者”“讲好咸丰故事、初心故事”等弘扬社会正能量活动，出台老干部工作《十条措施》，落实离退休干部待遇保障，为老干部解决就医、养老等实际困难，用心用情开展老干部服务，充分调动干部干事创业的积极性、主动性、创造性。

突出一线导向，提升干部队伍专业能力建设。注重在一线发现培养、考察识别、选拔使用干部，在脱贫攻坚、重点项目建设等一线提拔重用109人。严格履行干部驻村帮扶“选、用、管”职责，确保50%的县直机关干部和80%的乡镇干部下沉到村工作。乡（镇、区）新招录公务员28人，占全县新招录总数一半以上，7名选调生全部到村工作，推动大学生村干部向乡镇事业单位有序流动，转聘16名。严格落实职务与职级并行制度县以下机关的相关政策，23人实现职级晋升，其中乡镇干部达17名。全县各级党委（党组）高度重视《中华人民共和国公务员法》的学习贯彻，把《中华人民共和国公务员法》纳入党委（党组）理论中心组学习和干部分级分类培训的重点内容。坚持“走出去”“请进来”相结合，分层分类举办各类培训班21期8658人次。推进新时代年轻干部成长工程，分类建立年轻干部成长档案，推行“实践学习法”，选派33人到一线挂职，98人赴杭州余杭参训，14人到杭州余杭挂职锻炼。

坚持问题导向，全面加强干部队伍监督管理。严格执行领导干部个人有关事项报告制度。通过任前集中谈话、“一对一”座谈等方式，开展任前教育。加强因私出国（境）管理，审批科级干部因私出国（境）35人次。完成1626卷干部人事档案的数字化工作。开展干部“凡提四必”224人次。优化“一票否决”征求意见事项，征求“一票否决”意见143人次。落实选拔干部任用公示制度，在县级媒体平台上发布任前公示8期19人次，在各单位发布任前公示122人次。

【基层组织建设】 聚焦各级各类问题整改，围绕“五强五提升”深化“整县推进”，全面推进抓党建促脱贫攻坚，在抓重点、破难点上求突破，基层组织体系进一步健全完善，组织力明显提升。

对标自查，推进各类问题整改工作。各级反馈涉及咸丰县组织系统各类问题68个。以中央巡视反馈问题整改为主线，举一反三，实行台账销号管理，整体推进问题整改“见底清仓”。落实市县抓落实工作机制和县、乡、村三级书记抓扶贫的责任体系，制定《关于进一步推进脱贫攻坚抓落实的工作措施》《县级领导包保乡（镇、区）和贫困村工作联系制度》《驻村工作队员和结对帮扶干部管理办法》，开展贫困户“大走访”“大回访”，压紧压脱贫攻坚责任。修订《定补干部管理办法》《村（社区）“两委”成员县级联审工作制度》《村（社区）党组织书记县级备案管理办法》，分层分类开展村“两委”班子全员轮训，开展换届工作“回头看”“派聘书记”综合考核，全面加强村干部的管理。采取县乡专题培训、乡镇跟班、结对帮带等措施精准培养村后备干部本土人才。大力发展农村党员，落实乡镇党委班子成员直接联系、村党支部书记结对培养入党积极分子制度，实行贫困村发展党员计划倾斜，着力解决农村党员年龄结构老化问题。围绕“三茶一猪一药”产业布局，指导各村按照“一村一模”或“一村多模”的方式发展壮大村集体经济，统筹财政资金和党费投入支持引导薄弱村发展。组织全县乡村党组织书记、驻村第一书记开展学习习近平新时代中国特色社会主义思想，弘扬社会主义核心价值观专题党课，开展信教党员、“两堂”清理“回头看”，全面推行无职党员设岗定责，加强流动党员教育管理，提升党支部政治引领能力。当年完成面上问题阶段性整改、点上问题已督促整改到位。

补齐短板，村党组织战斗力明显增强。实施结构优化、能力提升、人才储备、作风巩固“红色头雁”四大行动。推进村（社区）党组织书记县级备案管理，结合村“两委”换届“回头看”、党组织书记能力评估工作，动态调整村党组织书记。从农村致富能手、外出务工经商人员、致富带头人、复员退伍军人等人员中储备村级后备干部909名，建档立卡贫困村储备乡土人才，新增定补干部104名，增强村级工作力量。县乡全员轮训村“两委”成员及村级后备干部。注重学历、年龄结构，加大从青年农民和有帮带能力的人员中发展党员力度，2019年发展青年农民党员133名。规范组织生活，排查无故不参加组织生活党员，围绕脱贫攻坚等重点工作提升组织生活质效，党内组织生活全面规范。

分类推进，各领域党建工作水平不断提升。全面落实《中国共产党支部工作条例（试行）》《中国共产党农村基层组织工作条例》《中国共产党党和国家机关基层组织工作条例》等党内法规制度，按照提档升级一批、规范建设一批、整顿提升一批分类推进党支部规范化标准化建设。开展“扫黑除恶”专项斗争“净土”行动，落实县领导联村、乡镇领导包村、第一书记驻村、机关单位结对、“一村一策”整顿提升软弱涣散党组织23个。开展“摘虚牌”专项行动，规范党员群众服务中心管理。实施集体经济增收“红色富村”行动，开展“空壳社”“空壳村”“三资”规范化管理，制定《咸丰县新型村级集体经济指导意见》，推进16个村新型村级集体经济发展项目，263个行政村全面破零。实施城乡基层治理提升“红色引擎”行动，健全“大党委”工作机制，启动1个示范社区试点工作，机关党员干部到社区领任务、认岗位、履职责。规范机关党组织设置、理顺隶属关系，结合机构改革，共撤销机关党组织33个，更名11个，新设立35个。提升“两新”党建“两个覆盖”质效，非公和社会组织实行党的组织和党的工作全覆盖。

【人才队伍建设】 坚持以服务“五个咸丰”建设和脱贫攻坚为重点，以加强政治引领和政治吸纳为着力点，打造唐崖人才“五百工程”品牌，创新人才工作机制，搭建人才发展平台，不断集聚各类优秀人才。

聚焦唐崖人才“五百工程”，打造人才品牌。围绕急需紧缺人才需要，举办浙江余杭等地省外招才引智活动，引进高层次企业人才8名；统筹机关事业单位招录、企事业单位招聘，按需引进全日制硕士研究生及“双一流”大学本科高素质人才14名，培育高素质专业技术人才26名、企业创新研发人才12名，重点培育“唐崖工匠”后备人才20名。积极对接州“硒谷英才计划”，研究柔性引才“100名专家”计划，建立完善柔性引才专家导师库、本土人才库。

搭建创新创业平台，持续招才聚才。举办人才创新创业大赛，20个县级优秀项目选推12个入围全州大赛，一批优秀人才、创业项目脱颖而出。与杭州市余杭区结对共建咸丰·余杭电商产业园，吸引6家企业入驻44家企业产品入园参展。实施“凤凰归巢”计划，全面启动返乡创业园建设，支持县外返乡人员创业，引导注册经济组织470个。推荐申报州级重点人才项目2个，获批登记备案的高新技术产品6项，入选州优秀“重点创新团队”1家，州级认定人才技能培训机构4家。

建设优质人才新载体，全力育才用才。全面落实党委（党组）联系专家制度，开展优秀人才健康体检、走访慰问等，做强做实“一超市一公寓”。推动东西部智力扶贫协作，选派15名优秀人才赴省外参加金融、科技、扶贫等能力提升培训，28名专技人才赴余杭挂职交流学习。实施“我选湖北·绿色恩施梦”计划，吸收50名优秀大学生来咸实习实训。通过“请进来、走出去”培育旅游文化人才125人次，新型职业农民190名，培训农村电商人才658人次，“一村多名大学生计划”28名优秀村级后备人才录取就读，聘用定向委培医学生、小学全科教师和幼儿园教师毕业生29名，选派55名科技特派员培训农村实用技术人员630人，推进精准扶贫智力支撑。推荐16名县级优秀人才参加州级评选，5人获得“恩施州优秀人才”称号。

创优人才特色活动，激发人才活力。开展“弘扬爱国奋斗精神、建功立业新时代”活动，受众达14000余人次，开展庆祝新中国成立70周年征文、“讲好咸丰故事”、“文化进万家”和“我和我的祖国”、“快闪”等活动，爱国主义南剧《唐崖土司夫人》作为全国少数民族地区优秀剧目在北京民族剧院演出。结合“不忘初心、牢记使命”主题教育，组织“万名人才下基层，决战脱贫奔小康”主题活动，近15000名党政人才、卫生人才、文化人才、科技人才、农村实用人才、社会工作人才深入贫困村聚力脱贫攻坚。

【精准扶贫及机关建设】 坚持问题导向，部领导班子成员带头深入机关企事业单位和乡村一线基层调研，破解组织工作“短板”，为县委政府当好参谋助手。狠抓部机关管理，突出政治过硬、业务过硬、作风过硬打造高素质、专业化组工干部队伍，围绕脱贫攻坚政策法规、组工业务知识开展分享学习“周讲月考”活动30次。大力整治“形式主义、官僚主义”，减轻基层负担，各类报表、会议较上年度同期均减少50%以上。围绕全县中心工作，2名部班子成员带头分别包村负责，主动协调相关单位干部结对帮扶工作；选派4名干部驻村参与精准扶贫，督促落实机关干部结对帮扶责任，2个扶贫联系点总体工作成效良好。

【老干部工作】 2019年，全县有离退休干部18267人。离休干部16人（其中抗日老战士2人）：从安置地分布上，省外易地安置2人、省内州外易地安置2人、州内县外居住1人、县内居住10人、乡镇居住1人；从供养渠道上，财政供养9人、劳动保险事业统筹6人、直属部门或直属企业1人。退休干部18251人：按单位类型分，机关1470人、事业单位2771人、企业14010人；按干部级别分，实职县处级36人、享受县处级待遇70人、乡科级1023人、其他17122人。

（徐美轩）

“不忘初心、牢记使命”主题教育

【概　况】 第二批“不忘初心、牢记使命”主题教育开展以来，按照中央和省委、州委关于“不忘初心、牢记使命”主题教育的部署安排，成立由县委书记郑东来任组长，县委副书记、县长任第一副组长，县委副书记李娟任常务副组长，其他常委任副组长，相关成员单位为成员的县委“不忘初心、牢记使命”主题教育领导小组。领导小组下设办公室，办公室内设综合组、宣传组、专项整治组、建章立制组等4个工作组，负责统筹协调主题教育各项日常具体工作。

在州委第三指导组的精心指导下，以县级领导干部为重点，围绕“不忘初心、牢记使命”这个主题，紧扣学习贯彻习近平新时代中国特色社会主义思想这条主线，深入贯彻落实习近平总书记“四个注重”“四个到位”等指示精神，严格落实各项规定动作，组织开展系列实践活动，在“理论学习有收获、思想政治受洗礼、干事创业敢担当、为民服务解难题、清正廉洁作表率”目标任务上取得明显成效，有效激发干部担当作为、干事创业的热情，进一步筑牢信仰之基，凝聚奋斗之力，践行为民之心，改进工作之风，推动主题教育在咸丰落地生根。9月12日全面启动主题教育以来，先后10次召开县委常委会专题会议，全面加强统筹协调、指导督办，县委及各县级党组严格履行主体责任，县委书记履行第一责任人责任，县级领导认真履行分管领域全程指导责任，11个乡（镇、区）党（工）委、47个机关党组、568个党支部全面落实主体责任，确保以主题教育统揽各项工作，一体部署、一体推进、一体落实。

2019年9月12日，全县“不忘初心、牢记使命”主题教育动员大会　　县档案馆　提供

坚持学深悟透，在学习教育中锤炼党性、汲取力量。聚焦解决党员干部思想根子问题，自始至终保持勤勉、专注、务实的好学风，切实提高运用党的创新理论武装头脑、指导实践、推动工作的能力和水平。一是领导带头“导学”。县级领导干部带头通读“一章三书”，及时跟进学习习近平总书记最新重要讲话和重要批示指示精神，示范带动全县开展学习教育。组织576名基层党组织书记集中轮训，县委书记带头授课，8名授课老师分类培训指导。二是深化载体“促学”。全县各级党组织集中5天时间举办“读书班”85个，分别集中研讨3次、集中自学2次、观看警示教育片2次、开展革命传统教育1次，并以支部主题党日、“周一”夜学、专家专题辅导、“尖刀班”碰头会、群众会等形式开展常态化学习700余次。主题教育期间每月开展2次支部主题党日，创新开展特色实践活动，把党的创新理论纳入“周一”夜学内容；立足咸丰县红色资源，组织党员干部分批就近开展革命传统教育，传承革命精神；通过现场提问、抽查测试等方式，促进党员干部在业余时间加强学习，“学习强国”平台日均分高居全州第一。同时，开展县级领导干部集中测试2次、随机抽考县直单位78次、现场提问抽检280次，有效推动学习内容入脑入心、见真见效。三是对标榜样“跟学”。对标共和国勋章获得者张富清奉献精神、党的十九大代表王光国愚公精神、全省优秀共产党员邹炜敬业精神，通过学习咸丰发布、咸丰党员之家等微信公众号刊发转载的身边典型先进事迹，引导党员干部见贤思齐、崇德向善，以正能量激发干事创业担当精神，推动各项工作落实落细。

深入基层求实，在调查研究中选准课题、摸清实情。按照习近平总书记“注重开门抓教育”的要求，各级党员领导干部深入基层听民意、聚民情，出实招、破难题。一是调研选题准。围绕涉及全局性、综合性、改革性的问题和群众关心的热点难点堵点问题，结合党的建设、脱贫攻坚、营商环境、平安稳定等重点工作，全县党员领导干部结合自身工作实际，精心选定调研课题323个，在调查研究中寻求解决工作短板和具体问题的思路和办法。二是调研方式真。各级党员领导干部放下架子、扑下身子，在基层实地走访、座谈交流，开展调研3900人次。聚焦“两不愁三保障”突出问题，集中开展脱贫攻坚“百村”“万户”普查行动，33名县级领导带领普查工作组分赴66个重点贫困村、33个偏远村和贫困率发生高的村调研289人次，发现解决问题2411个；全县9009名党员干部逐村逐户帮助群众办好产业就业、政策宣讲、环境整治等实事。三是调研成果实。做好调查研究、检视反思“后半篇文章”，各级党委（党组）召开调研成果交流会79次，在党的建设、脱贫攻坚、营商环境、产业转型升级、基层社会治理等方面形成292篇调研报告，推动成果转化为抓实工作的具体举措，针对性建立健全制度机制20余项，推动党员干部把更多精力用于服务群众、推动发展。同时，在学习和调研基础上，370余名党员领导干部分别在工作单位、精准扶贫帮扶村等讲授专题党课556次，568名党支部书记分别在支部讲党课或报告学习体会。

对标初心使命，在检视问题中找准症结、自我革命。严格按照党中央“四个对照”“四个找一找”要求，坚持对标对照、反思剖析，为整改落实提供精准靶向。一是广泛征求意见。制定《咸丰县“不忘初心、牢记使命”主题教育“开门抓教育”工作清单》，通过基层调研“找”意见、线上线下“征”意见、交心谈心“提”意见、巡视巡察“点”意见等“四个渠道”，广泛征求基层单位、“两代表一委员”、服务对象以及社会各界的意见建议，各级党组织征求到意见建议5100条。二是找准差距短板。召开对照党章党规找差距专题会议，紧扣“18个是否”对照检视，县级领导干部带头查摆问题282个，79个党委（党组）共计查摆问题2240个。568个基层党支部均在支部主题党日上组织普通党员查找个人差距和不足。三是形成问题清单。在充分学习和调研基础上，结合工作思想实际，县委及县级党组领导班子检视问题34个，县级领导干部检视问题100个、领办民生实事62件；各乡（镇、区）和县直单位检视问题1302个、领办民生实事822件。严格落实上级关于专题民主生活会和组织生活会的部署要求，县委带头召开专题民主生活会，围绕“四个对照”及对标党的十九届四中全会精神，常委班子查找突出问题17条，县委常委查找突出问题138条，提出相互批评意见120条；5个县级党组及79个参学单位于12月16日前均已召开完毕，做到见人见事见思想，达到会议预期效果，形成问题整改方案。568个基层党支部于12月17日前召开专题组织生活会，支部党员之间严肃认真开展了批评与自我批评。

坚持求真务实，在整改落实中精准施策、破解难题。按照习近平总书记“注重解决群众最急最忧最盼的紧迫问题”的要求，坚持“改”字贯穿始终，杜绝虚假整改、表面整改、纸上整改，推动问题整改见底清零。一是专项整治抓落实。认真抓好22个方面问题专项整治，落实专班推进，按照上下联动要求推进一体化整改工作，76个自查自纠具体问题全部完成整改。二是立行立改破难题。县级领导班子检视的34个问题全部完成整改。县级党员领导干部查找的47个“即知即改、立行立改”问题完成整改47个；领办的60个民生实事项目完成整改58个，其余2个取得重大进展；牵头6个“上级点”信访事项完成5个，1个按信访程序积极推动。各乡（镇、区）和县直单位查找的问题全部完成整改。三是补齐短板惠民生。聚焦“为民服务解难题”，开展“坚守初心担使命、我为群众办件事”活动，8102人次党员为群众办实事好事6396件。四是注重开门抓整改。在咸丰新闻网公开县级领导干部牵头领办的各类整改项目情况，在本单位会议向党员群众公开整改进展，听取“两代表一委员”评价903人次，征求党员群众意见建议2940人次，普遍对整改效果表示满意。

【加强分类指导确保活动实效】 认真落实习近平总书记关于主题教育“注重分类指导，力戒形式主义、官僚主义”的重要指示，结合不同层级、不同领域、不同对象特点开展分级分类指导，在分类指导中严督实导、提升质效。

一是精准精细开展指导。针对全县主题教育涉及的单位和人员范围广、类型多、数量大的实际，分别制定六大类党组织重点任务清单，防止“上下左右一个样”。6个指导组全程指导79个单位，确保“规定动作”全面到位，问题整改全部解决，共计听取党委（党组）汇报264次，与

“一把手”面对面交流243次，直接交办工作任务725次，审阅相关材料2118篇。

二是坚决落实减负要求。坚持把主题教育同落实中央“基层减负年”的各项要求有机结合，研究制定《咸丰县解决形式主义官僚主义突出问题任务清单》，让基层干部有更多的时间抓学习、抓整改、抓落实。

三是提升主题教育实效。建立县领导主题教育联系点，31名县领导分别联系1个村，县委常委及党员副县长分别联系1个“两新”组织，全程指导开展主题教育。组建县委巡回宣讲团，组建278个巡回宣讲小分队，开展3轮巡回宣讲共计1427次，宣讲对象达50524人次，并对2773名流动党员、1112名年老体弱党员、304名长期异地居住的离退休干部职工党员采取邮寄资料、送学上门、微信互动等方式组织学习。

实践证明，党的十九大作出在全党开展“不忘初心、牢记使命”主题教育的重大决策是完全正确的，党中央关于主题教育的系列部署是完全正确的。全县开展的这次主题教育，主要有四点启示。

必须贯彻主题主线，这是推进主题教育的根本。这次主题教育以“不忘初心、牢记使命”为主题，以习近平新时代中国特色社会主义思想为主线。主题主线是武装头脑、指导实践、推动工作的重要前提，只有牢牢把握主题主线，全面学深悟透党的创新理论，思想、能力和行动才能跟上党中央的要求，才能跟上时代前进的步伐，才能跟上事业发展的需要。

必须坚持以上率下，这是推进主题教育的关键。这次主题教育，县委常委班子带头学习、带头调研、带头检视、带头整改，以“关键少数”带动“绝大多数”，以“一把手”带动“一班人”，层层传导压力、狠抓落实，确保主题教育高质量开展。“喊破嗓子不如甩开膀子”，不论是开展党内教育、加强党的建设，还是推动改革、发展、稳定各项工作，都必须抓住关键少数，只有一级带着一级干，才能同频共振，推动整体工作上水平。

必须紧紧依靠群众，这是推进主题教育的基础。这次主题教育坚持“开门办教育”，通过多种渠道听取民意、收集民情，着力解决人民群众急难愁盼的紧迫问题，及时回应群众关切，得到了群众理解和支持。

必须注重问题导向，这是推进主题教育的目标。参学人员坚持带着问题学，盯着问题查，奔着问题改，把“改”字贯穿始终，聚焦22个方面问题专项整治，聚焦群众最急最忧最盼的紧迫问题，做到了即知即改、立行立改，有效破解一批影响咸丰高质量发展的重点难点问题。

【“我和亲人话脱贫、我以我心报党恩”活动受媒体关注】 创新活动载体，聚焦“为民服务解难题”，以四大特色实践活动抓实主题教育。

一是开展“我与亲人过中秋”活动，全县7013名党员干部在中秋节开展“七个一”活动，走访慰问贫困户25907户、非贫困户1150户，进一步融洽党群干群关系。

二是开展贫困儿童募捐活动，县委主要负责人带头捐款，州委第三指导组领导带头响应，5490名党员干部共计捐款66.14万元。

三是开展庆祝新中国成立70周年活动，13972名农村党员、村民代表与结对帮扶干部分别在263个村集中开展“升国旗、观庆典、话变化、感党恩”活动，激发贫困群众脱贫致富内生动力。

四是以“守初心、访乡亲、促脱贫、感党恩”为主题，开展“我和亲人话脱贫、我以我心报党恩”主题实践活动，11000余名党员干部回到祖籍村和帮扶村，走访亲友4880户，整治院落、房舍、卫生死角2200余处，成立乡贤理事会263个，募集乡贤助学基金和扶贫帮困基金310余万元，凝聚起不忘初心永跟党走的强大合力。《湖北日报》和“学习强国”等媒体报道咸丰县“升国旗、观庆典、话变化、感党恩”主题实践活动，引起较好社会反响。《恩施日报》、云上恩施、湖北卫视直通恩施等媒体分别报道咸丰县主题教育开展情况，省委主题教育简报选登咸丰县乡镇和村级党组织以主题教育统领发展的典型案例。组织部分“两代表一委员”和部分单位开展集中测评332人次，评价为“好”的超过99%。

（袁　焯）

宣传思想文化工作

【概　况】 县委宣传部内设办公室、理论股、新闻股、文艺股、文明创建指导股，加挂县委精神文明建设指导委员会办公室、县人民政府新闻办公室、县新闻出版局（县版权局）牌子，承担县文联工作职能。定编13名，其中行政编制12名，工勤编制1名。下辖咸丰县融媒体中心、咸丰县委理论信息中心、咸丰县网络安全和信息化委员会办公室（咸丰县互联网信息办公室）。

根据鄂咸县发〔2019〕2号《中共咸丰县委咸丰县人民政府关于咸丰县县级机构改革的实施意见》，县委宣传部的主要任务为，对应省委、州委决策议事机构设置，原网络安全和信息化领导小组现为县委网络安全和信息化委员会；县委宣传部统一管理新闻出版工作；不再保留县精神文明建设委员会办公室牌子；将县委宣传部所属的县传媒中心（县广播电视台、县新闻中心、《恩施日报》驻咸丰记者站）更名为县融媒体中心（县广播电视台），作为县委直属事业单位，归口县委宣传部领导。

2019年，全县宣传思想文化工作围绕学习宣传贯彻习近平新时代中国特色社会主义思想和党的十九大，十九届三中、四中全会精神，落实意识形态工作责任制，着力抓理论武装、舆论引导、文化体制改革和文化事业发展，指导全县精神文明建设和精神文化产品的创作生产，为“五个咸丰”建设、决战决胜脱贫攻坚提供舆论支持和精神支撑。

【意识形态工作】 硬化意识形态工作责任制，细化工作任务清单，完善各项工作制度，督办各单位严格落实意识形态“五纳入三报告”制度，坚持检查考评，严格追责问责。

【理论武装】 理论学习。落实各级党委（党组）中心组学习、周一夜学制度，围绕习近平新时代中国特色社会主义思想，党的十九大，十九届三中、四中全会精神以及新中国成立70周年、脱贫攻坚、扫黑除恶、巡视巡察整改、“不忘初心、牢记使命”主题教育等内容，2019年共开展县委中心组学习20次，“四大家”集中夜学9次，“学习强国”学习平台日平均分居县市前列。

理论宣讲。组建党的十九届四中全会县委宣讲团、理论政策宣传志愿服务队，组织开展扫黑除恶宣讲17场，组织各乡（镇、区）、街道社区、村组、“两新”组织（新经济组织、新社会组织）开展“不忘初心、牢记使命”主题教育宣讲792场；组织新时代文明实践宣讲60场，受众5万人次。

理论成果。开展理论调研，申报调研成果。全县总结提升出社科课题7个，涉及农业、旅游、基层党建、集体经济、中医药等多个领域。咸丰县委党校钱春华撰写的论文《农村基层党组织战斗堡垒作用发挥的探析》被评为恩施土家族苗族自治州2019年度社会科学优秀成果优秀课题。

【加强宣传提升影响力】 2019年，聚焦县委政府重大部署和中心工作，不断增强内外宣传传播力影响力。

咸丰电视台全年编辑播出230多组《咸丰新闻》，完成《走遍恩施》16期，在县级媒体发布新闻稿件8954篇，其中咸丰新闻网、云上咸丰各发布新闻1768条，咸丰发布微信公众号912篇，咸丰电视台2144条，咸丰人民广播电台2362条。

专题专栏节目继续保留原有栏目的基础上，新开辟《推进高质量发展》《壮丽 70 年奋斗新时代》等栏目。全新推出全新民生栏目《荆南视点》，其中《新城天街垃圾成堆，丢了谁的面子？》《不等不靠，贫困户祝大姐变身“孔雀公主”》等一批新闻作品受到观众一致好评。

在国家级媒体上稿 118 篇（件），其中《半月谈》1 篇，“学习强国”平台 8 篇、人民网 5 篇，中央电视台中文国际频道、中央电视台国防军事频道、中央电视台农业农村频道各 1 件，其他国家级媒体、部门内刊子网等 101 篇；在省级媒体上稿 256 篇，其中《湖北日报》发布“咸庆丰年有余杭”等 12 篇、《湖北日报》客服端 107 篇、《农村新报》8 篇，其他省级媒体、部门内刊子网等 129 篇；州级 510 篇，其中《恩施日报》135 篇、其他州级媒体、部门内刊子网等 375 篇。

【精神文明建设】 建成新时代文明实践站所。启动“一带一乡一村”建设，构建县、乡、村三级组织体系，三级党组织书记分别担任负责人，落实编制 6 名、经费 500 万元，建成新时代文明实践中心 1 个、新时代文明实践所 11 个、新时代文明实践站 263 个、文艺团队 65 支、群众健身队伍 120 余支。4 个乡镇召开新时代文明实践现场推进会。招募志愿者 1.2 万余名，组织开展医疗义诊活动 185 场次、文体活动 316 场，集中宣讲 60 场，技术培训 2.8 万人次。5 月 21 日，全州新时代文明实践中心暨农村精神文明建设现场会在咸丰顺利召开。

推进全国文明县城提名城市创建。召开咸丰县创建文明县城提名城市重点部门工作推进会 10 余次。召开“车让行人”专题新闻发布会 1 期，城乡重点路段实现交通监控覆盖，不文明行车大幅降低，“车让人”行车意识全面养成。组建综合整治专班定期复查菜场、沿街商铺，经营秩序日渐规范。实行网格区域管理，责任单位负责区域内文明劝导、卫生保洁、社会主义核心价值观宣传，为文明城市创建提供组织保障。

培育社会主义核心价值观。发挥模范效应，用榜样力量吸引人、感染人、教育人。推出“中国好人”邹炜、李勇，“荆楚楷模”1 人、恩施楷模 2 人、咸丰县“最美金融人”13 名、“最美志愿者”15 名、第五届“百佳美德少年”100 名。全县表彰“十星级文明户”和“十星级文明示范户”1709 户。全县教育系统开展“明礼诚信”道德讲堂 31 场，县直单位开展 63 场。举办“文明交通行”大型户外道德讲堂 1 场。常态化开展社会主义核心价值观“六进”活动，文明交通、文明餐桌、文明旅游、文明网络活动，开展“朝读经典”“戏曲进校园”等活动。组织申报、换届州级文明单位、村镇、社区，考核县级换届文明单位 125 个。

【文体事业和文化体制改革】 文体阵地建设。建设农村文化阵地，建成乡（镇、区）综合文化站 11 个、村（社区）综合文化服务中心 267 个，实现全覆盖。建成村级文体广场 434 个，实现行政村全覆盖。推进新全民健身工程，建成并启用坪坝营镇（街道）运动健身中心，启动 16 个村的新全民健身工程。安装农村智能广播“村村响”终端 2711 只，完成工程建设任务的 103%。直播卫星电视“户户通”工程安装任务 51977 套，录入 52305 套，录入率 100.63%，开通 51980 套，开通率 100%，完成总任务的 100%

群众文化生活。开展“送戏曲、送图书、送

2019 年 8 月 16 日，“庆祝新中国成立 70 周年，讲好咸丰故事”演讲比赛　　满益均　提供

电影、送春联、送培训”文化惠民活动，送戏下乡165场，图书“六进”12次以上，放映农村公益电影和城市广场电影3256场，义写义送春联万余副，文体培训1000人次以上。大力推进全民健身运动。开展县级体育赛事（活动）9项，村级全民健身活动及各单位职工运动会180余场次，扶持指导单项体育协会开展全民健身活动和单项体育赛事40场次，组建体育运动协会（含俱乐部）19家。

文化传承保护。“大寨坪遗址”成功申报为省级文物保护单位名录；落实全县所有文保单位看护员；维护修缮文物点4个；建成严家祠堂中国家风家训基地、忠堡大捷红色文化教育基地；建设国家级文化生态保护试验区，建成“非遗”传习所14个、土家族吊脚楼营造技艺传习所3个、“戏曲进校园”活动示范学校6所，完成戏曲演出（讲座、辅导）113场；开展“2019文化和自然遗产日”“咸丰县国家级文化生态保护试验区建设成果活动展览”等大型“非遗”宣传展示展演4场，开展吊脚楼传统工艺、地盘子等“非遗”培训285人次；国家级“非遗”南剧精品剧目《唐崖土司夫人》参加全国少数民族地区艺术院团晋京展演、第五届中国少数民族戏剧会演，南剧小戏《金竹背篓情悠悠》参加首届“黄河情”全国小戏、小品交流演出季演出活动，南剧传统小戏《活捉三郎》参加中国滨州、博兴“非遗（稀有）剧种小戏展演”活动。

媒体融合。进行融媒体中心架构重组，流程再造，构建“两台一网一端一号”融媒宣传矩阵，基本实现“一次采集、多种生成、多平台发布”；完成融媒体平台招投标，启动新广电大楼装修；咸丰新闻网、“云上咸丰”成功迁移“云上恩施”平台，构建省（长江云）、州（云上恩施）、县（云上咸丰）三级信息网络平台；注册成立国有文化传媒企业。

（满益均）

统战工作

【概　况】 县委统战部内设办公室、统战股、台侨事务办公室。定编12人，2019年在职在编人员11人。

2019年，按照中央、省委和州委关于统一战线工作决策部署，凝心聚力，共促发展，不断提升统战工作的能力和水平。一是强化组织领导。按照习近平总书记“坚持党委统一领导，统战部牵头协调，有关方面各负其责的大统战工作格局”要求，调整充实统一战线工作领导小组、宗教工作领导小组和对台工作领导小组，构建县委、乡镇党（工）委、县直党委（党组）、村（社区）党组织“四位一体”统战工作网络体系，形成一把手亲自抓、统战部牵头协调、各部门分工协作、社会各界广泛参与统战工作的新格局。二是高位推进部署。始终把统战工作摆在县委工作重要位置，县委书记亲自抓统战工作，多次参加统一战线重要会议和重要活动。2019年3月，县委书记郑东来出席全县统战工作会议，要求统战系统要全面筑牢统战工作思想基础、推进统战工作开创新局面、增强统战工作能力水平，并多次对宗教、民营经济发展等工作进行专题指导和研究。8月底，县委常委会专题听取统战及宗教工作的汇报，对中央宗教工作督查组赴部分省份暗访反馈问题进行专题研究，确保问题整改落地见效。把统战工作纳入党委（党组）重要议事日程、纳入全县党建工作考核体系，切实压紧压实各单位抓统战工作的责任，确保统一战线各领域工作落到实处。三是深化理论学习。2019年，县委常委会和中心组召开4次会议学习传达各级关于统战工作的会议精神，研究贯彻落实措施。10月初，县委组织召开全县统战及宗教工作会议研究部署统战及宗教工作，传达学习习近平总书记关于统战及宗教工作的重要论述、全省基层统战工作会议及基层商会改革相关会议精神。11月3

日，县委中心组专题学习党的十九届四中全会精神，要求领导干部带头示范学，确保全会精神入脑入心，不断提高抓实统战工作的政治站位。四是助推经济发展。积极争取“616”工程及省直部门对口支援，全年共争取“616”帮扶项目63个，资金总额超16亿元。

【助力脱贫攻坚和乡村振兴战略】 坚持用“具体化、项目化”的方式，将州委、县委的决策部署落细落小、落地落实。一是助力脱贫攻坚。狠抓“千企帮千村”精准扶贫工作，组织100余家企业对全县66个重点贫困村实行帮扶全覆盖，实施帮扶项目180个，产业扶贫投入8000余万元，受帮扶贫困人口2万余人；加强东西部协作扶贫，强化与杭州市余杭区各商（协）会、企业家对接，开展农特产品促销、创业培训、教育扶贫、社会各界爱心捐赠、就业帮扶、村企对接等活动，累计到资2000余万元，余杭总商会16个基层商会与咸丰16个贫困村结对开展帮扶活动。二是助力招商引资。以商会为平台开展“以会招商、以商招商”，成功引进浙江日昌升集团有限公司在咸丰投资。三是助力“三乡工程”。回乡能人近300人，200余家企业进村发展产业，100余名能人贤达进入村“两委”班子或担任村级治理“网格员”，11个乡（镇、区）成立了乡贤联谊会、乡风文明理事会，切实助力乡村振兴。

【助力民营经济发展】 实施三项举措，助力民营经济发展。一是提供制度政策支持。深入贯彻落实习近平总书记在民营企业家座谈会上的讲话精神，研究出台支持民营经济的3个“十条措施”，民营企业降低各类税费及成本8000余万元，积极改善营商环境。二是构建亲清政商关系。35名县领导定点联系重点企业；积极缓解企业融资难题，为小微企业协调争取贷款2700余万元；组织开展“走一线”大调研活动，深入民营企业集中调研70余次，协助解决有关困难；及时向非公企业传达县委、县政府相关部署，按要求落实“一企一策”问题和难题解决方案。三是激发商会企业活力。开展总商会会员队伍建设和管理，建立总商会会员抱团互助交流平台，通过《咸丰县异地商会管理办法》加强对4个异地咸丰商会建设和管理；建立非公经济投诉中心，畅通民营企业投诉渠道。

【民族宗教工作提档升级】 民族团结进步创建工作。通过典型引领，推进民族团结进步示范县创建工作，组织开展“‘民族情’书法、绘画、摄影及民族手工艺作品展览”、地盘子培训、鄂西土家族吊脚楼传统工艺传承与创新设计人才培养高级研修班等系列活动；《唐崖土司夫人》进京演出，《土家吉么列》代表湖北省在第十一届全国少数民族传统体育运动会开幕式上参演，大力弘扬民族团结进步创建活动的“咸丰模式”。宗教工作成效明显。在全县网格系统基础上搭建民族宗教系统，通过实现县、乡（镇）、村（社区）三级平台连通和信息共享；对农村“两堂”清理专项行动工作开展回头看，加强信教群众排查摸底工作；按照“四个一”（制定一个整改方案、开展一次“回头看”、开展一次大排查、开展一次专项治理）方式对督查发现的宗教工作问题进行全面整改，保障整改工作落地落实。

【加强党外队伍建设】 多措并举推进党外人士队伍建设，队伍力量稳步壮大。一是深入落实“联系交友制度”，14名县领导与党外代表人士联谊交友。二是加强党外干部的培训培养。建立“百名党外干部”人才库，召开非党干部座谈会，强化全县133名党外干部的培养使用工作，2019年新推荐提拔使用非党干部3名。三是开展联谊交友活动。县党外知识分子联谊会与州党外知识分子联谊会、新的社会阶层人士联谊会共同开展“不忘初心、牢记使命”主题教育。四是成立新的阶层社会人士联谊会。吸引以私营企业和外资企业的管理人员和技术人员、社会组织从业人员、自由职业人员、新媒体从业人员为代表的新的社会阶层代表人士52人，落实办公场所和活动阵地，为广泛联系和团结新的社会阶层人士搭建了新的平台。

【工商联和对台工作】 工商联工作务实有效。调研服务企业50余次，对21个重点贫困村“千企帮千村”工作开展情况进行督办；乡镇“四好”基层商会建设务实推进，咸丰工商联自连续三年获得全省“五好”县级工商联称号，在2017年、2018—2019年度获得全国“五好”县级工商联荣誉。对台工作扎实推进。完成台胞台属信息更新，完成台胞“百岁楼”修复工程，与余杭区、台湾全人照顾协会对接开展“扶贫助残送光明、两岸携手共帮扶”义诊活动，累计接待到咸丰台胞40余人次。

（陆玉霞）

机构编制

【概　况】 县委机构编制委员会办公室是县委机构编制委员会的办事机构，承担县委机构编制委员会日常工作，归口县委组织部管理。2019年3月机构改革，将县委机构编制委员会办公室（县行政审批制度改革工作领导小组办公室）的行政审批制度改革职责，划入县政务服务和大数据管理局。县委机构编制委员会办公室不再保留县行政审批制度改革工作领导小组办公室牌子。机构编制股加挂县事业单位登记管理局牌子，承担县事业单位登记管理相关职责，不再加挂监督检查股、行政审批制度改革股牌子。2019年，县委编办扎实开展全县党政机构改革工作，认真做好全县机构编制管理，获得省机构编制工作考评奖励二等奖。

【机构情况】 截至2019年底，全县共有行政机构56个，其中党委机构10个（含纪检监察机关1个、工作机关9个）；政府组成部门28个，其中政府工作部门27个，政府派出机构1个（湖北咸丰工业园区管理委员会）；群团组织6个；人大常委会机关1个，政协机关1个，乡镇机关10个。

设在相关部门的10个县委议事协调机构的办事机构、县纪委监委派出纪检监察组（7个）、县市场监督管理局派出乡镇市场监督管理所（11个）不计机构个数。

全县事业机构共计340个（68个乡镇教学点不计机构个数），其中财政预算事业单位331个、经费自理事业单位9个。县委县政府直属事业单位8个、部门所属事业单位330个、其他事业单位2个（县人工影响天气办公室，县防雷中心）。

【编制和人员情况】 截至2019年底，全县行政编制1586名，工勤编制74名。其中县直党政群机关行政编制673名（党委197名、人大16名、政府426名、政协13名、群团21名），政法专项编制303名（公安229名、森林公安25名、司法局49名），乡镇机关行政编制610名（含乡镇选调生编制3名，乡镇综合配套改革行政待分配编制71名，乡镇食药所编制47名）。

与2018年底相比，县直党政群机关行政编制增加4名，工勤编制减少1名，原因是：检察院置换行政编制14名、法院置换行政编制1名、公安系统置换行政编制2名、司法系统置换行政编制1名；党政群机关行政编制置换司法系统政法专项编制4名；生态系统改革上划至州直行政编制10名，工勤编制1名。政法专项编制增加1名。原因是：党政群机关行政编制置换司法系统政法专项编制4名；公安系统置换行政编制2名、司法系统置换行政编制1名。乡镇机关行政编制没有增减变化。

全县事业编制5704名（含行政机关中市场监督管理局参公编制8名，文体新广局参公编制4名），其中县级事业编制5684名，乡镇事业编制20名（乡镇退役军人服务站）。与2018年底相比，全县事业编制减少22名。原因是：生态系统改革上划至州直事业编制22名。

截至2019年底，全县行政机关实有1510人（含工勤人员34人）。县直党政群机关实有701人（含行政机关中质监局参公人员8名，文体新广局参公编制4名，乡镇市场监督管理所85人）；机关工勤人员实有34人。政法机关实有281人。其中：公安215人（含工勤人员1人），森林公安22人，司法44人（含工勤人员2人）。乡镇机关实有494人（含乡镇落岗分流36人）。

全县事业单位人员共计5031人，其中：财政全额拨款事业人员4037人，差额拨款事业人员809人（含乡镇综合配套改革调整在职不在编人员137人），经费自理事业单位人员185人。

【深化党政机构改革】 按照党中央和省委、州委关于机构改革的决策部署，咸丰县在规定时间内完成党政机构改革工作。机构改革后咸丰县设置党政机构37个，直属事业单位8个，没有临时机构设置情况，派出机构的设置按上级要求逐步调整规范。涉改部门机构挂牌、班子配备、人员转隶、资产清理、档案交接、“三定”规定制定等工作圆满完成。

因地制宜合理设置机构，为推动全域旅游发展，成立县旅游事业发展中心。编制资源进一步调整优化，明确在不突破现有编制总数的前提下，将编制资源向二、三产业部门倾斜。为合理使用编制资源，化解部分涉改行政单位超编和新设立行政单位缺人问题，优化公务员队伍结构，根据空编单位设置的岗位和岗位履职要求，组织用人单位和富余人员实行双向选择，采用柔性分流方式，即解决单位缺人矛盾，又调动分流人员积极性。进一步理顺部门职责关系，把“项目建设、招商引资、安全生产”等职责写入相关部门“三定”规定，加大内设机构和职责整合力度，推进大科室制，实现行政审批职能向一个股室集中。本次改革，35个党政机构领导职数精简21.97%，内设机构精简22.95%，每个股室人员编制在2人以上。

深化县纪委监委机构改革和派驻（出）机构改革，设立7个县纪委监委派出纪检监察组，共增核24名行政编制，选调26名工作人员充实纪检监察力量。加强县退役军人服务保障体系建设，成立县乡退役军人服务中心（站），并及时配强配齐中心（站）人员。完善医疗保障经办服务体系，成立县医疗保障服务中心，同步划转15名事业编制及人员，招聘公益性岗位7人派驻乡镇，确保每个乡镇有2名人员承担医疗保障服务工作。以乡（镇、区）食药监所为基础，设置乡（镇、区）市场监管所，并加挂乡镇综合执法中队牌子，确保乡镇食品药品安全监管到位。推进乡镇社会治理体制机制建设，设立县、乡社会治安综合治理中心，加强公安、司法等力量，从现有行政编制总量中为司法局置换4名政法专项编制，按1：1比例配备公安警力，50%的在职在编及司法辅助人员下层基层司法所，核定15名禁毒社工，确保公安、司法力量下沉，实现“一村一警”全覆盖，夯实社会治安综合治理基层基础。县政协对照州政协专门委员会设置情况更名调整专门委员会。增设“农业农村委员会、民族宗教委员会”，共设置8个专门委员会。加强应急能力建设，及时设立减灾备灾中心。

【统筹推进其他各项改革】 2019年，统筹推进、分步实施，做好综合行政执法改革、事业单位改革和乡镇基层管理体制改革工作。

深化综合行政执法改革。一是制定五大领域关于深化综合行政执法改革的实施方案并组织实施，配强行政执法队伍，县交通运输综合执法队伍核定事业编制50名，县农业综合执法队伍核定事业编制50名，县城市管理综合执法队伍核定事业编制80名，县文化旅游市场综合执法队伍核定事业编制21名，县市场综合执法队伍核定事业编制37名，原则上县级只设一支21名编制的综合执法队伍，其余编制力量全部下层乡镇。

稳步推进事业单位改革。积极主动与各部门

沟通联系，指导事业单位改革工作，压实部门主体责任，了解各部门事业单位改革思路，22 个部门拟定部门所属事业单位优化调整方案初稿，根据省、州统一部署，稳步推进改革工作。

探索乡镇基层管理体制改革工作。适应乡镇工作特点和便民服务需要，创新管理服务方式，构建简约高效的基层管理体制，提升社会管理和公共服务效能，推动乡镇治理体系和治理能力提升。

【机构编制管理】 制定《中共咸丰县委机构编制委员会工作规则》《中共咸丰县委机构编制委员会办公室工作细则》，坚持机构编制事项集体审议，促进机构编制管理工作程序化、规范化、制度化运行，提高议事水平和工作效率。

加强编制总量管理，严格核定各部门领导职数；做好编制实名制管理，定编定岗到人，及时更新实名制系统数据并完成机构编制年报统计工作；对人员调动凭编办开具的上、下编通知书办理相关手续，严格实行用编核准制度，做好机构编制基础性管理工作。2019 年，办理上下编等人员调整手续共计有 1230 余人次。其中机构改革转隶涉及 420 余人次，县内干部调动 180 余人次，公务员考录（含选调生考录）31 人，事业单位公开招录（含大学生村干部）213 人，退役士官安置 18 人，楚天视讯安置人员 20 人，县外调入 4 人，调出县外 43 人，辞去公职 41 人，开除公职 6 人，退休 161 人，在职死亡 11 人，退休死亡 91 人。

做好机关、群众团体统一社会信用代码赋码工作和事业单位登记工作。按照上级统一要求，做好 56 个机关、群众团体统一社会信用代码赋码相关工作，完成 304 个事业单位 2019 年度年检工作，参检率 100%。同时开展“双随机、一公开”督查，增强事业单位依法履职意识，加强事业单位监管。

【党建工作与脱贫攻坚】 以全面加强党的建设为统领，统筹推进机关建设、脱贫攻坚等各项工作重点工作。利用“支部主题党日活动”、周一夜学等方式开展政治理论和机构编制业务学习；完善机关保密、档案、考勤等各项制度，强化制度保障，狠抓制度执行，及时反馈和纠正发现的苗头性经常性问题，确保机关各项工作正常有序高效运转。

开展脱贫攻坚，着力改善民生。全年争取项目资金 200 余万元，修建村组文化广场 3 个，硬化组级公路 20 余千米；开展政策宣讲、选树典型表彰先进等活动 5 次，集中开展环境卫生整治 12 次，村庄环境明显改善，为实现整村脱贫打下了坚实基础。

（唐晓玲）

信访工作

【概　况】 县信访局内设办公室、综合业务股，定编 7 人，在编在岗实有 5 人。2011 年健全联合接访机制，成立县委群众工作部，下设群众信访接待服务中心，副科级行政机构，核定行政编制 2 名，领导职数 2 名，其中主任 1 名（由信访局副局长兼任），副主任 1 名，县委群众工作部和信访局合署办公，实行“一套班子、两块牌子”。2015 年 10 月成立咸丰县信访网络问政投诉受理中心，为隶属于中共咸丰县委群众工作部（县信访局）管理的财政全额拨款事业单位，核定全额拨款事业编制 2 名，其中主任 1 名。2019 年全县机构改革，将信访局由县委办公室、县人民政府办公室管理的机构调整为县委工作机关，不再保留与县信访局合署办公的县委群众工作部。

2019 年，积极推进“阳光信访”“责任信访”“法治信访”建设，全县信访总量大幅下降，信访总体形势平稳。

全年信访总量情况：全年信访件总量 411 件，较 2018 年的 621 件下降 33.81%。

领导干部“四访活动”情况：县级领导接访

212 批 258 人次，下访 64 批 86 人次，约访 31 批 40 人次；县直部门负责人陪访 44 批 56 人次；乡科级领导接访 632 批 840 人次，下访约访 204 批 255 人次。

“律师三进”情况：法律顾问参与接访、陪访153批176人次，参与各类文书起草审核56件，参与矛盾纠纷调解 32 起，为信访群众解答法律咨询 200 余次，2019 年咸丰县“律师三进”工作得到省、州信访局的高度认可，《湖北日报》对咸丰县“律师三进”工作进行专题报道。

诉访分离、依法分类处理情况：通过普遍建立法律顾问，各级信访部门通过引入司法、调解、行政处理等渠道处理信访事项 200 余起，诉访分离，依法分类处理工作成效明显。

信访复查情况：全年受理信访复查事项24件，其中撤销纠正责任单位信访答复意见 5 起，未出现信访复查意见被上级复核机关撤销的案例。

积案化解情况：一是根据县人民政府出台的《咸丰县化解不动产历史遗留问题实施方案》，化解房地产企业遗留问题 7 个，其他信访积案 20 件；二是按照“三到位一处理”原则，启用信访解难资金 40 余万元，化解疑难信访事项 9 起，解决 20 余人生活困难。

信访领域专项治理情况：全年治安处罚 1 人，教育训诫 10 人。信访乱象得到有效治理，信访秩序进一步规范。

各级交办转办件完成情况：国家局交办、省领导包案，省级、州级、县级信访矛盾攻坚等 30 件重点信访事项均已化解。

双签双交办化解情况：州级“双签双交办”及州县领导包案信访事项 28 件（含双重交办件），化解 27 件。

各级巡视巡察案件办理情况：省委第九巡视组交办件 21 件全部办结；州委第五巡察组转交县信访局信访件 38 件（其中扶贫领域 23 件），全部办结。

扶贫领域信访件办理情况：全年阳光信访平台涉及扶贫领域信访件 67 件（含重复信访件），连续 4 年低于 100 件，为全州最低，按照“事心双结”的要求，全部办结。

“三无”乡镇的创建情况：根据《咸丰县推进信访“三无”乡镇工作实施方案》及考核办法，黄金洞、大路坝区工委 2 个乡（镇、区）实现创建目标。

【信访工作机制与队伍建设】 抓源头，建机制。建立限时快速办结机制，首访责任制、风险研判和考核督办机制，充分发挥信访部门在“一统三治六联”基层社会治理中的重要作用，抓实律师“三进”工作，压实主体单位责任。推行“让群众最多访一次”工作办法，从源头上控制增量，减少到县级以上的走访和重复访。

抓信访秩序规范。严格按照《恩施州接待群众来访工作规则》要求，坚持常态化开展领导“四访”活动，严格执行县、乡领导干部坐班接访来访群众制度，畅通信访渠道，规范群众来访行为。坚持依法分类处理，严格诉访分离，按照法定途径分类，对应当通过法律途径解决的依法引导进入法定程序解决。

抓信访积案攻坚。开展信访积案化解专项行动，推进重点领域专项治理；推进重点群体完善和落实政策；推进重点问题合力攻坚，切实控增减存。继续落实“双签双交办”、领导包案化解工作机制，积极化解久拖未决疑难信访问题，努力实现积案清仓见底。

加强信访队伍建设。采取专题培训、跟班学习，挂职锻炼等方式，不断提升信访干部业务办理、办事能力，信访复查的行政处理能力。强化干部纪律教育，增强纪律意识，始终把纪律挺在前面，营造风清气正的良好政治生态。按照适应信访工作法治化、信息化、专业化要求，选拔一批优秀年轻干部进入信访队伍，采取多种形式加强信访干部教育培训，建成一支对党忠诚可靠、恪守为民职责、善做群众工作的高素质信访工作队伍。

（范　霄）

政策研究工作

【概　况】 2019年3月，依照省州机构改革方案，组建中共咸丰县委政策研究室（简称县委政研室），明确为县委工作机关，正科级单位。县委全面深化改革委员会办公室、县委财经委员会办公室设在县委政研室，接受县委全面深化改革委员会和县委财经委员会的直接领导，承担县委全面深化改革委员会和县委财经委员会的具体工作。主要工作职责是：承担县委重要材料和报告的起草、修改工作；负责县委主要领导人部分重要讲话、有关综合文稿起草、修改工作；围绕县委中心工作，就全县经济、社会发展等领域中带全局性、战略性、综合性、长期性问题以及县委关注的其他重点、热点、难点问题进行调查研究，提出意见和建议；对各乡（镇、区）和县直各部门的调研力量进行组织、联络协调和指导；负责处理县委全面深化改革委员会和县委财经委员会的日常事务等工作。单位共核定行政编制8名，设主任1名，副主任1名，内设办公室（党办）、综合股、改革规划督办股3个机构领导职数正职各1名，年末实有人员5名。

2019年共起草各类文稿140余篇，圆满完成大型会议领导讲话、重点工作领导汇报、重要活动领导发言等各类文稿起草任务。其中，起草县委主要领导在全县脱贫摘帽动员大会、县委十四届八次全会、县纪委十四届四次全会、湘鄂川黔革命老区第五次联席会议、全州新时代文明实践中心建设现场会、在忠堡开展革命传统教育活动上的讲话、村（社区）党支部书记培训班讲话等讲话材料60余篇；起草向国务院扶贫办副主任洪天云、农业农村部副部长张桃林、省长王晓东、省政协副主席马旭明和州委书记柯俊等上级领导的汇报材料30余篇；起草中央脱贫攻坚专项巡视反馈意见整改情况报告、向中央第一巡回督导组汇报、向省委第七巡回指导组汇报、向省委第九巡视组汇报、向省委办公厅“616”工作汇报、东西部扶贫协作汇报等各类汇报总结文稿40余篇。

【调查研究与深化改革】 聚焦县委中心工作、重点改革事项和制约经济社会发展的堵点难点痛点问题深入开展调查研究，完成专题调研报告10余篇，其中《咸丰县培育壮大茶叶产业、不断提升产业扶贫质量和效益》在农业农村部网站发表，《学习践行习近平扶贫工作重要论述、坚决打赢精准脱贫攻坚战》在《湖北日报》发表，《贫困不坠青云志金山银山应有时——咸丰县乡村振兴探索》在《农村新报》发表，《咸丰县马倌屯村“三强三变”探索乡村垃圾分类新模式》《咸丰县联合重组“三个模式”激发工业企业新活力》《抓实“五基一动力”，全面脱贫奔小康》《探索文明实践新风拂动荆南》在《今日恩施》发表。

认真履行县委改革办职责，制定《2019年咸丰县全面深化改革要点》，组织筹备改革会议3次，开展全面督察2次、专项督察3次，108个改革项目统筹推进，党和国家机构改革圆满完成，“放管服”改革、农村集体产权制度改革、政策性银行支持咸丰新型城镇化示范区建设等重点改革成效明显。指导各单位加大对改革亮点、典型经验的挖掘和宣传，在《今日恩施》《恩施日报》《湖北日报》《政策》等媒体杂志刊播全县改革宣传报道30余篇，向中央和省级主流媒体以及官方平台推介推广咸丰改革经验和典型10余次。其中：“一统三治六联”基层社会治理模式在2019年第5期《半月谈》特刊发表，咸丰县茶叶产业扶贫经验在2019年扶贫日“产业扶贫论坛”上分享交流，创建全国生态文明示范县经验在“中国生态文明论坛”十堰年会上推介交流。

（余　杰）

档案史志

【概　况】咸丰县档案馆是中共咸丰县委直属正科级事业单位，加挂县史志研究中心牌子。内设办公室（党办）、档案管理股（电子信息股）、党史档案编研股、地方志股；定编16人。2019年12月底，在编13人，在职14人，退休人员10人。

咸丰县档案馆2019年馆藏全宗138个，馆藏档案123141卷40288件、照片1417张、录音录像10盘、实物742件，图书资料11208册，其中当年接收档案629卷19369件。馆藏档案数字化已完成19340卷24052件858185幅，占馆藏量的15%。全年接收寄存档案1件，征集资料5册。馆藏档案珍品有历代县志（家谱）、民国档案、名人题字等。

2019年，咸丰县档案馆紧紧围绕县委政府工作大局，切实履行“为党管档，为国守史，为民服务”工作职责，强化党建主责与脱贫攻坚主业，扎实做好档案、史志工作，积极争取项目和投入，数字档案馆建设纳入省“616”工程重点建设项目。

【机构改革及职能划转】2019年3月，依照省州机构改革方案，将档案局（档案馆）的行政职能划入县委办公室，县委办公室对外加挂县档案局牌子。县档案馆作为县委直属事业单位，仍为正科级，加挂县史志研究中心牌子，承担党史和地方志编纂职能。4月，县档案馆三定方案核定审批，设为一室三股，机关事业编制16人，领导职数一正二副，中层干部5人。3—6月，省、州档案局下发办理事项由县委办转县档案馆办理，县域内档案业务指导仍由县档案馆履行。

【档案业务及目标管理考评】配合县改革办、县委办完成档案改革工作。2月26日全县启动机构改革，全力以赴开展咸丰县档案改革工作和档案处置工作。一是制定本县《机构改革档案处置工作指南》《全县机构改革中档案管理工作实施方案》等；二是分阶段、分层次，用不同形式对全县改革单位档案处置工作进行检查、督办，确保档案安全和有序开展，增强各单位责任意识；三是检查、接收各改革单位的档案移交。

协助县委办完成档案行政职能工作情况。因机构改革档案行政职能划转县委办，工作处于过渡阶段。协助县委办完成全县档案工作的业务指导和对各乡镇及档案服务公司进行业务培训；全年共受理办结档案登记单位8家，审定修改“三合一”制度20余个单位；全县125个单位档案年报审核报送工作；参与档案工作目标管理考评33家。其中机关27个，省特级复查1个、省一级10个（复查9个、新晋升1个）、省二级16个（复查14个、新晋2个）；企业、科技事业单位共6个，省一级1个、省二级5个（复查4个、新晋升1个）。全县档案工作目标管理合格单位共166个，机关单位105个，其中省特级14个、省一级37个、省二级54个；企业、科技事业单位61个，其中省特级2个、省一级3个、省二级56个。

强化档案消防安全责任意识，通过“6·9”国际档案日，档案馆组织全县100多个立档单位档案员开展理论和实践培训，强化消防安全意识，提高应对突发事件的处置能力。

【馆库建设及编研工作】档案资源有效拓展。全年接收10个单位档案，新增全宗2个，档案629卷19369件，数字化副本165059幅，电子目录案卷级629条、文件级19369条。接收寄存档案1件。征集资料5册，主要为家谱、解放战争历史资料、本县新出版的行政区划图、乡土文化等资料。全年共接待查阅人员955人次，利用档案1482卷32件，复印约3000张，群众满意度达100%。加强馆藏民国档案保护开发，2019年5月完成《咸丰县民国重点档案介绍》初稿，并通过专家评审；12月修改定稿，全书共设6章，25万字，插图596幅。

推进档案信息化建设。数字档案馆项目纳入

省“616”工程，由湖北省档案馆立项，第一期资金150万元于4月到位。6月，《数字档案馆建设项目方案》在恩施州公共资源交易中心接受专家评审，按评审意见，6—10月多方接洽沟通、修改完善，整个建设方案分两期完成，一期为馆内档案数字化加工，二期为平台、硬件建设。11月，本级17万元财政资金公开招投标程序全面启动，完成招投标并实施。

【咸丰年鉴与部门志编纂工作】 继续做好《咸丰年鉴》2018年卷校对、修订工作，9月定稿，10月印刷。同年，组织工作专班，抓紧《咸丰年鉴》2019年卷组稿和编辑工作，10月上旬完成送审稿上报中国地方志指导小组办公室，申报国家民族地区与贫困地区年鉴资助工程。加强对部门志编纂工作指导，积极协助小村乡启动编纂《小村乡志》，指导县供销联社完成《咸丰县供销志》续修工作。

【《唐崖镇志》纳入第四批中国名镇志丛书出版发行】 2019年12月10—11日，第四届全国名镇志论坛暨第四批中国名镇志丛书出版座谈会在湖南省吉首市召开，咸丰县档案馆和唐崖镇政府应邀参会。会议由中国地方志指导小组办公室主办，湖南省地方志编纂委员会、湘西土家族苗族自治州人民政府承办，会议向第四批15部中国名镇志丛书编纂单位授牌和颁发证书。县档案馆和唐崖镇政府联合编纂的《唐崖镇志》入选第四批中国名镇志丛书，唐崖镇政府代表在大会上作经验交流发言。

《唐崖镇志》编纂工作于2018年启动，同时申报中国名镇志文化工程。2019年4月，《唐崖镇志》稿全面完成，提交湖北省地方志工作评审小组审阅，同时按照省专家组意见修订完善，增加可读性。5月中旬，《唐崖镇志》修订稿报送中国地方志指导小组办公室初审。7—9月，依照中指组专家“评审意见”，再次修改。同时压缩篇幅、凸显特色，使结构更加优化，语言更加精炼。全书设12篇，共20余万字，同年12月出版发行。

2019年12月10日，《唐崖镇志》出版发行
县档案馆　提供

（陈江陵）

党校工作

【概　况】 中共咸丰县委党校位于高乐山镇营屏寨路33号，占地面积8989平方米，校舍面积3998平方米。县委党校与县行政学校实行“两块牌子、一套班子”的管理体制。内设办公室、教学股、教研股、信息网络管理股4个科室。核定全额拨款事业编制27名（其中参管人员8名）。领导职数4名，其中常务副校长1名（正科），副校长3名（含行政学校副校长1名）；科室领导职数10名，其中，正职4名，副职6名。2019年年底实有在编在岗人数17人，退休30人。

2019年，党校工作坚持以习近平新时代中国特色社会主义思想为指导，认真贯彻落实《中国共产党党校（行政学院）工作条例》，围绕县委、县政府中心工作，以加强理论教育和党性教育为首要任务，充分发挥党校理论阵地作用，干部教育培训、理论政策宣讲和科研工作卓有成效。坚持党校姓党、从严治校，完成巡察问题整改20个、建立制度成果12项。健全完善学员自我管理体系、全程跟踪管理体系和学业考核评价体系，建立《学员日志》台账和《学员考核登记表》，完善《学员负面清单》《学员请假制度》《学员培训纪律规定》等，进一步严明学员培训期间的政治纪律、课堂纪律、廉洁纪律、考勤纪律及生活纪律。

【干部教育培训】 深化校地联合办学模式，抢抓咸丰、余杭两地东西部扶贫协作、咸丰县与中南民族大学校地战略合作等宝贵机遇，先后举办培训班次8期，培训干部1257人，其中咸丰与余杭“两校联办”主体班2期，人数100人。认真落实县委下达的《2019年干部教育培训计划》，制定落实《中青班暨“狮子型”干部培训方案》和“中青班暨‘狮子型’干部培训课程表”，在主体班次开设“党的理论教育单元”和“党性教育单元”，将习近平新时代中国特色社会主义思想、党章党规党纪、理论信念教育、党的宗旨教育、党史国史教育、革命传统教育、道德品行教育、法治思维教育、反腐倡廉教育作为主业主课贯穿于教学活动全过程，确保课时占比不低于70%。围绕县委县政府的中心工作开展调研与互动交流的授课方式，在中青班推行“四段式”（赴余杭学习交流一周、回咸丰集中培训一周、到现场参与征迁一周、下基层调查研究一周）培训新模式和“2+0.5”（每个专题2小时教师讲授+0.5小时学员“微论坛”）授课新模式。建立落实《咸丰县委党校2019年教学专题设置》，设计专题29个，完成专题教学11个。

【科研资政】 制订落实《2019年科研资政工作计划》《主体班学员参与科研资政的实施方案》，向恩施州党校系统第30届理论研讨会和渝东南片区党校行政院校系统第10届理论研讨会报送文稿15篇，其中获一等奖3篇、二等奖3篇、三等奖7篇。按照州委党校、州社科联下达的年度课题，结合县委、县政府关心关注的热点、难点、焦点问题，积极开展课题筛选、申报及论文撰写工作。2019年申报“借鉴‘安吉模式’，加快推进咸丰县乡村振兴高质量发展的思考”“乡村振兴战略下咸丰乡村旅游发展思考”“关于咸丰县食品安全问题的调查与思考”“加强乡风文明建设促进乡村高质量发展”“农村基层党组织战斗堡垒作用发挥的探析”5个科研课题。

【理论宣讲】 开展“智志双扶”送课进村活动，以“周一夜学”“流动课堂”等形式将党的理论知识课和党性教育课送到基层一线。黄赟荣获“全州党校系统青年教师学讲《习近平新时代中国特色社会主义思想》精品课竞赛”县市一等奖。在15个县直部门、7个乡镇、15个行政村开展宣讲40余场次，听众约3000人次。

【人才强校】 建立落实《领导干部上讲台制度》，明确县级领导、县直部门主要负责人及乡镇党政正职到党校、联系点及本单位本部门的上课任务，每年领导干部上讲台总课时占主体班次总课时的比例逐步达到40%。选派教师到中央党校、省委党校和州委党校师资班培训学习，建立《咸丰县委党校教学专题清单》，在校内挖掘培养一批能授课、有潜力的专职教师。从党政领导干部、省内高等院校、“两代表一委员”、优秀专家学者、先进模范代表中优选聘请一批兼职教师，颁发聘书34份，巩固优化“100名兼职教师师资库”，形成一支相对稳定、结构合理的兼职教师队伍。

（彭爱华）

机关事务管理

【概　况】 咸丰县机关事务服务中心为县委直属的正科级事业单位。2019年4月，根据县机构改革方案，县机关事务管理局剥离行政职能后与县接待办的职能整合，设立县机关事务服务中心。内设办公室（党办）、政务联络股、办公用房管理股、服务保障股4个股室，核定全额拨款事业编制14名，设主任1名，副主任2名，总工程师1名，内设机构领导职数正职4名。下设事业单位县后勤服务中心，核定全额拨款事业编制8名。2019年12月在职在编19人。

2019年，县机关事务服务中心按照“细致、规范、安全、优质、高效”的工作要求，切实履行服务保障工作职责，为党政机关高效运转提供坚强的后勤保障。全年共完成接待任务286批次，3578人次。成功接待省长王晓东等省部级领导到咸丰调研9批次；协助完成全国易地扶贫搬迁工作现场会、全国老区宣传工作会等国家、省、州级会议8次；接待国家定点帮扶单位农业农村部领导到咸调研20余批次；接待东西部扶贫协作地区领导到咸调研30余批次。

【公务用车保障】 为全县公务出行提供车辆保障1684单次，安全行车30万余千米。成功保障中央扫黑除恶巡视组、省政协、省商务厅等领导到咸丰调研；圆满完成州县重点项目开工、省州综合考核等大型保障任务。

2019年4月，公开招录13名驾驶员，扩充司勤队伍。在全州技能比武中，获得团体二等奖1次、单项一等奖2次。

【公车改革与办公用房管理】 协助拟订《咸丰县非参公事业单位公务用车制度改革指导意见》及《咸丰县国有企业公务用车制度改革实施意见》。协助指导全县340个非参公事业单位实施车改。协助完成17个涉改单位办公用房调配、搬迁工作。

（何　丹）

人民代表大会

【概　况】 2019年，咸丰县人大常委会组成人员29人，其中主任1人、副主任6人、委员22人。县人大常委会设立民族法制、财政经济两个专门委员会，配备主任委员、副主任委员、委员和组成人员。人大常委会内设机构调整为农业农村、城乡建设和环境资源保护、教育科学文化卫生、内务司法、预算（与财政经济委员会一套班子、两块牌子）5个工作委员会和办公室、代表和人事任免工作委员会、规范性文件备案审查室（与办公室“一套班子、两块牌子”）、人大代表信息服务中心等办事机构。年末在编干部职工41人，其中行政编制人员35人，工勤人员3人，事业编制3人。离退休人员33人。

2019年，县人大常委会共召开主任会议8次、常委会会议6次，听取和审议专项工作报告20项，开展视察调研及执法检查20次，作出决议决定9项。推进精准脱贫工作，组织人大代表参与“聚力脱贫攻坚、人大代表在行动”活动，五级代表联系选民50176人次，走访已脱贫户33106户，走访覆盖率达97%。

【县第十八届人民代表大会第四次会议召开】 2020年4月9—11日，咸丰县第十八届人民代表大会第四次会议在县会展中心召开。会议应到代表202名，实到代表188名。会议听取和审查县人民政府工作报告、县人大常委会工作报告、县人民法院工作报告、县人民检察院工作报告、县人民政府关于县十八届人民代表大会第三次会议议案及代表建议办理情况的报告；审查和批准咸丰县2019年国民经济和社会发展计划执行情况与2020年国民经济和社会发展计划草案的报告、2020年国民经济和社会发展计划、咸丰县2019年财政预算执行情况与2020年财政预算草案的报告、2020年财政预算；补选县人大常委会副主任1名，通过各项报告相关决议。

会议期间，共收到代表10人以上联名提出的议案10件。经大会主席团审查，决定将姚勇等10名代表提出的《关于以“三拆、三清、三建”为抓手，助推“五美乡村”建设的议案》、秦明举等10名代表提出的《关于强化部门联动，切实推进“三拆三清三建”的议案》、蒋祥名等13名代表提出的《关于加快推进美丽乡村建设的议案》、冀丹等10名代表提出的《关于整治乡村乱葬坟的议案》共4件议案合并为《关于以“三拆三清三建”为抓手，助推“五美乡村”建设的议案》，温一庠等12名代表提出的《关于注重建章立制、加强设施建设、强化教育培训，努力提升基层应对公共卫生突发事件能力的议案》，胡开源等10名代表提出的《关于全面禁止燃放烟花爆竹的议案》作为议案立案，共立议案3件。将王刚等10名代表提出的《关于打造县城后花园康养基地的议案》、田新光等10名代表提出的《关于进一步夯实社区基层党建、打造共建共治共享社会治理格局的议案》、唐红亮等10名代表提出的《关于硬化凉水井至高滩道路的议案》、娄茂生等10名代表提出的《关于将村干部纳入企业职工养老保险的议案》不作议案立案，转为建议办理。

【人大常委会会议】 2019年，县十八届人大常委会共召开常委会会议6次。

县十八届人大常委会第21次会议。3月21日召开，县人大常委会常委会主任欧阳开平主持。会议听取和审议《县人民政府关于县十八届人大三次会议议案及代表建议办理方案的报告》《县人民政府关于2018年财政预算第四次调整情况的报告》，听取咸丰县第十八届人大财政经济委员会关于《县人民政府关于2018年财政预算第四次调整情况的报告》的审查报告，审议通过《咸丰县人大常委会2019年工作要点（草案）》；通过有关人事任免。按照深化人大工作改革要求，建成人大常委会会议电子表决系统，本次会议首次启用，所有表决事项均用电子表决器表决。

县十八届人大常委会第22次会议。5月29日召开，欧阳开平主持。会议听取《县人民政府关于人大代表视察全县重点工作的建议办理情况的报告》《县人民政府关于易地扶贫搬迁情况的报告》《县人民政府关于扫黑除恶专项斗争工作情况的报告》，审议《县人民政府关于2017年度本级预算执行和其他财政收支审计查出问题整改情况的报告》和县人民政府关于全县路网建设情况、义务教育均衡发展工作审议意见办理情况的报告。通过有关人事任免。

县十八届人大常委会第23次会议。7月26日召开，欧阳开平主持。会议听取和审议《县人民政府关于2019年上半年国民经济和社会发展计划执行情况的报告》《县人民政府关于2019年上半年财政预算执行情况的报告》《县人民政府关于行政事业性国有资产管理情况的报告》《县人民政府关于2019年财政预算第一次调整情况的报告》《县人民检察院关于公益诉讼工作的报告》《县人民政府贯彻实施〈中华人民共和国水污染防治法〉情况的报告》《咸丰县人大常委会关于县人民政府贯彻实施〈中华人民共和国水污染防治法〉的执法检查报告》，听取咸丰县第十八届人大财政经济委员会关于《县人民政府关于2019年财政预算第一次调整情况的报告》的审查报告，审议县人民政府关于全县茶产业发展、贯彻执行《农药管理条例》情况的审议意见办理情况的报告。补选丁辉为恩施州第八届人民代表大会代表，报请州人大常委会审查确认。

县十八届人大常委会第24次会议。9月27日召开，欧阳开平主持。会议听取和审议《县人民政府关于民营经济发展情况的报告》《县人民政府关于2018年财政决算情况的报告》《县人民政府关于2019年财政预算第二次调整情况的报告》《县人民政府关于2018年度本级预算执行和其他财政收支的审计工作报告》《县人民法院执行工作的报告》，听取县十八届人大财政经济委员会关于《县人民政府关于2018年财政决算情况的报告的审查报告》《县人民政府关于2019年财政预算第二次调整情况的报告的审查报告》。通过有关人事任免。

县十八届人大常委会第25次会议。10月31日召开，欧阳开平主持。会议审议通过《县人大常委会关于接受王兵同志辞去咸丰县人民政府副县长职务的请求的决定》《咸丰县人大常委会关于接受何万友等同志辞去咸丰县第十八届人大代表职务请求的决定》《咸丰县人大常委会关于补选县十八届人大代表的决定》，听取《关于县第十八届人民代表大会代表变动情况的报告》。通过有关人事任免。

县十八届人大常委会第26次会议。11月29日召开，欧阳开平主持。会议听取和审议《咸丰县人民政府关于县十八届人大三次会议议案及代表建议办理情况的报告》《咸丰县人民政府关于群众性文化体育工作的情况报告》《咸丰县人大常委会代表资格审查委员会关于补选代表的代表资格审查报告》，审议《县人民政府关于全县扫黑除恶专项斗争工作情况审议意见办理情况的报告》，审议通过《咸丰县人大常委会加强人大国有资产监督工作实施办法》。县人大常委会代表资格审查委员会副主任委员廖建成在会上报告：根据县人大常委会2019年10月31日作出的《关于补选县十八届人大代表的决定》，高乐山镇老寨选区，清坪镇八选区，坪坝营镇甲马池选区、杨洞选区、筒车坝选区、新场选区，忠堡镇一选区，唐崖镇唐崖司选区，曲江镇镇直选区，活龙坪乡一选区，小村乡中心场选区、李子溪选区，大路坝区一选区、二选区分别于11月中下旬补选李娟、田毅、田守兵等14人为县十八届人大代表。选举符合法定程序，代表资格有效。补选前，县十八届人民代表大会代表实有188名，补选后实有代表202名，缺额1名。会议还通过有关人事任免。

【人大监督】 县人大常委会坚定不移地贯彻落实县委重大决策部署，围绕经济社会发展大局和人民群众普遍关注的热点、难点问题，依法开展监督工作。

一是加强经济运行监督。开展2019年上半年国民经济和社会发展计划执行情况调研，听取和审议专题报告，促进经济社会发展主要指标顺利实现。听取和审议行政事业单位国有资产管理使用情况的报告，制定下发《咸丰县人大常委会加强人大国有资产监督工作实施办法》，强化对国有资产使用情况的监督，推动构建国有资产监管长效机制，确保国有资产保值增值。听取和审议民营经济发展情况的报告，提出抓好企业转型升级、营造良好氛围、破解融资难题、拓宽融资渠道、优化营商环境、深化“放管服”改革等意见建议，切实为企业排忧解难。

二是加强财政预决算监督。听取和审议2018年财政决算、2019年财政预算执行情况报告，进一步完善财政预算决算管理体制机制，强化预算刚性约束，强化预决算信息公开，强化预算绩效评价应用，促进财政管理科学化、精细化。听取和审议县人民政府预算执行和其他财政收支的审计工作以及审计查出问题整改情况报告，持续跟踪监督整改情况，推进审计问题整改落实。积极推进全省人大预算联网监督平台建设，对全县预算执行情况实现全过程动态监督，促进财政收支更加公开透明。

三是加强法治工作监督。听取和审议县人民政府贯彻实施“扫黑除恶”专项斗争情况报告、县人民法院执行工作报告、县人民检察院公益诉讼制度实施情况报告，切实推进职能部门依法行政、公正司法。对《中华人民共和国禁毒法》《中华人民共和国水污染防治法》《农药管理条例》等法律法规实施情况进行视察调研。开展《湖北省乡镇人民代表大会工作条例》执法检查，进一步规范乡镇人民代表大会职能。依法任命100名人民陪审员，保障公民依法参加审判活动。依法备案审查规范性文件2件，提升司法公信力。

四是加强社会民生监督。聚焦人民群众住房安全，开展全县易地扶贫搬迁情况视察调研，听取和审议全县易地扶贫搬迁情况的报告，提出加强工程质量监督、强化后续管理等意见建议，得到县人民政府及相关部门高度重视。聚焦义务教育均衡发展，跟踪督促义务教育均衡发展审议意见的落实，确保义务教育阶段学生享受平等教育教学资源。聚焦群众性文化体育事业，听取和审议全县群众性文化体育工作情况的报告，促进公共文化服务体系建设不断完善。聚焦人民群众出行安全，开展全县路网建设审议意见办理落实情况视察调研，促进了全县道路交通建设发展。

【重大事项及人事任免工作】 县人大常委会紧紧围绕全县发展大局，严格程序，审议通过《咸丰县人大常委会加强人大国有资产监督工作实施办法》，听取和审议县人民政府关于行政事业国有资产管理情况的报告，提出建立完善国有资产管理机制，压紧压实管理职责，健全完善监管机构，盘点、盘活国有资产，确保国有资产保值增值的审议意见。

召开人大常委会会议，依法作出人事任免。3月21日，县十八届人大常委会第21次会议，任命：朱学敏为县人民政府副县长、易能干为县农业农村局局长、凌勇为县科学技术和经济信息化局局长、李高峰为县市场监督管理局局长、谈文才为县文化和旅游局局长、张影为县医疗保障局局长、程华为县政务服务和大数据管理局局长、杨纯耀为县水利局局长、刘爱民为县应急管理局局长、罗明午为县人民政府扶贫开发办公室主任、杨习武为县城市管理执法局局长、陈学军为县卫生健康局局长、田新民为县退役军人事务局局长、瞿红光为县人民法院审判委员会委员、熊建华为县人民法院审判委员会委员、胡磊为县人民法院审判委员会委员、谭锋为县人民法院审判委员会委员；免去李彩英的县财政局局长职务、尹寿远的县人民法院审判委员会委员职务、向开国的县人民法院审判委员会委员职务、陈桥森的县人民法院审判委员会委员职务。

5月29日，县十八届人大常委会第22次会议，任命：王辉为县自然资源和规划局局长、贺桂生为县人大常委会城乡建设和环境资源保护工作委员会主任，刘恩波、林安平、向志群等100人为县人民法院人民陪审员；免去张远生县人大常委会城乡建设和环境资源保护工作委员会主任职务。

7月26日，县十八届人大常委会第23次会议，免去金玉英县人大常委会办公室副主任职务。

9月27日，县十八届人大常委会第24次会议，任命：谭应和为县科学技术和经济信息化局局长、周宁为县卫生健康局局长、尹艳平为清坪人民法庭庭长、牟绍军为唐崖人民法庭庭长、谈华斌为活龙坪人民法庭庭长、谭锋为坪坝营人民法庭庭长；免去凌勇县科学技术和经济信息化局局长职务、陈学军县卫生健康局局长职务、李美照清坪人民法庭庭长职务、邓江陵唐崖人民法庭庭长职务、熊建华活龙坪人民法庭庭长职务、朱登武坪坝营人民法庭庭长职务。

10月31日，县十八届人大常委会第25次会议，免去瞿青松县人民检察院检察委员会委员、检察员职务，谭长亮县人民检察院检察委员会委员、检察员职务，朱学文县人民检察院检察委员会委员、检察员职务，免去夏海、张必超、杨勇、田青钦、艾峰县人民检察院检察员；任命：陈学军为县人大常委会办公室副主任、李伟为县人民法院副院长，陈军、滕明伟、周春婷为县人民检察院检察员。

11月29日，县十八届人大常委会第26次会议，免去王兵咸丰县人民政府副县长职务、朱学敏咸丰县人民政府副县长职务、谭长亮咸丰县监察委员会委员职务；任命宋庆平为咸丰县人民政府副县长、向雪莉为咸丰县监察委员会委员。

【代表工作】 县人大常委会始终坚持服务导向，突出代表主体地位，搭建代表履职平台，提高代表履职水平，努力发挥人大代表作用。一是夯实代表履职平台。进一步规范和完善“代表之家”和“代表活动室”建设，搭建代表学习培训、联系选民的平台。组建农业、交通、水利、城建等代表专业活动小组，引导代表在精准扶贫、乡村振兴、生态保护、项目建设等方面充分发挥作用。依法将代表履职工作经费足额纳入县、乡两级财政预算，确保人大代表活动有阵地、履职有平台、经费有保障。二是增强代表履职能力。开展人大代表学习习近平关于坚持和完善人民代表大会制度的重要思想专题培训，提升人大代表理论水平，增强履职能力。组织人大代表积极参与“聚力脱贫攻坚、人大代表在行动”活动，五级代表联系选民50176人次，走访已脱贫户33106

户，走访覆盖率达97%。收集梳理反馈个案问题565件，转办意见建议69条，涉及安全饮水、道路交通、基础设施、人居环境、住房安全等一批事关人民群众切身利益的突出问题得到有效解决。三是提高建议办理质量。坚持把提高代表满意率作为激发代表履职的重要抓手，组织代表视察调研议案和重点建议办理情况，听取和审议代表议案及建议办理情况专题报告，督促县人民政府及相关单位按照“三沟通一跟踪”的工作机制，认真办好议案和代表建议。县十八届人大三次会议期间确定代表议案1件，县人民政府高度重视、强力推进，办理工作取得阶段性成效；收到代表建议33件，承办部门加大力度、积极办理，实现代表见面率和满意度两个100%的目标。

（潘　凤）

人民政府

综　述

【概　况】2019年，全年实现地区生产总值96.18亿元，增长7%；规模以上工业增加值增长5.3%；固定资产投资完成额增长17.6%；社会消费品零售总额增长10.8%；地方财政总收入8.13亿元，增长3.4%，其中地方一般预算收入4.73亿元，增长2.5%；旅游综合收入61.73亿元，增长10.5%；金融机构存款余额127.1亿元、贷款余额80.37亿元，分别增长10.4%、15.7%；城镇、农村常住居民人均可支配收入分别达29588元、11476元，增长9.36%、10.45%。

三大攻坚战成效明显。全面落实产业扶贫、易地搬迁、生态扶贫、教育扶贫、健康扶贫、兜底保障等扶贫政策，硬化农村公路626千米，改造农村危旧房4290户，改善和提高8.3万农村居民饮水条件，6715户易地扶贫搬迁对象全部入住，农村危房改造、通村硬化路、通组砂石路、安全饮水、稳定生产生活用电、4G信号覆盖均实现100%。深入推进“四个三重大生态工程”，建改农村卫生厕所2.6万户、各类公厕142座，完成裸土复绿317.2亩，乡镇垃圾、生活污水无害化处理全面实施。政府债务风险总体可控。

经济发展稳中有升。民生能源集团咸丰天然气利用、龙家界退伍军人疗养基地等24个项目顺利签约。火车站站前广场、龙洞湾水库、县人民医院新城住院综合楼等项目有序推进。渝鄂直流背靠背换流站建成运行，十字岭隧道贯通，春晖学校（一期）、忠堡工业园区标准化厂房等项目竣工投入使用。全县特色产业种植面积稳定在110万亩，新增“三品一标”认证产品15个，“唐崖茶”成功入选国家农产品地理标志登记保护名录。成功创建咸丰·余杭省级现代化农业产业园。成功入选中国茶叶百强县。“咸页1井”点火成功。

人居环境持续改善。县城三水厂、凉水井和塘铺安置区等重点项目进展顺利，新城防洪排涝工程、新城路网等基础设施建设有序推进，综合物流园、汽贸城等项目落地。实施老城区市政道路、城市管网、公共服务设施等市政项目19个，卢家沟主题公园（一期）建成开放。成功创建省级园林城市。城镇化率提升1.6个百分点。强化土地资源要素保障，实现土地综合收益10.1亿元。建成美丽乡村示范村11个，麻柳溪、白岩、龙家界成为2019年湖北省休闲农业示范点，马馆屯成为湖北省美好环境与幸福生活共同缔造活动示范村。县城区空气质量优良天数保持在350天以上。全面落实河长制、山长制，启动县城垃圾分类，开展农村垃圾分类试点。完成土壤酸化治理6万亩，畜禽粪污资源化利用率达73.9%。划定生态红线1535.9平方千米，落实县城规划区保护山体4.09万亩。成功创建“国家生态文明建设示范县”。

开放活力陆续释放。承接上级改革重点项目81项，谋划自主改革27项。深化投融资体制、财税金融、医药卫生体制改革，启动政府性融资担保公司组建，“医共体”全面铺开。农村产权制度改革稳步推进，农村土地确权登记颁证基本完成。建成全州首个燃气计量检定标准。新增规模以上工业企业4家、自营出口企业1家，新培育外贸市场主体4个。持续推进“放管服”改革，企业开办时间压缩至3个工作日内，工程建设项目审批时限压缩至90个工作日内，不动产一般登记压缩至4个工作日内，企业和居民用水、用电、用气实现网上报装、网上缴费。严格落实减税降费政策，为市场主体释放减税红利1.47亿元，为25家企业提供过桥资金1.78亿元。金融机构各项贷款较年初净增10.89亿元。

人民生活更加幸福。持续保障民生，民生支出占比达到89.5%。城乡居民基本养老保险参保率达98%，城镇登记失业率0.61%。县公益性公墓（一期）建成投入使用。累计发放社会救助资金1.18亿元。群众反映强烈的大班额问题有效化解，普通高考本科上线率78%。城乡居民参加基本医疗保险实现全覆盖。县中医院门诊综合楼投入使用，全国首例5G云平台远程会诊骨科手术在咸丰成功实施。南剧《唐崖土司夫人》晋京成功展演，土家吊脚楼营造技艺入选国家传统工艺振兴目录，咸丰县荣获“湖北省民间文化艺术之乡”称号。“一统三治六联”基层社会治理模式有效提升，荣获全省“七五”普法中期先进县。“雪亮工程”实现乡镇全覆盖，扫黑除恶专项斗争纵深推进，“迎大庆、保军运”工作扎实有效，防灾减灾应急工作效果明显。社会大局平稳，全社会和谐稳定。

【政府常务会议】 2019年，县人民政府共召开16次政府常务会议、1次政府全会，重点研究讨论精准扶贫、优化营商环境、咸丰大道建设、垃圾分类试点等重点工作，并作出有关会议决定。

第32次政府常务会议。1月7日，县委副书记、县长杨皓主持召开，讨论通过《〈政府工作报告〉重点工作任务分解（讨论稿）》《2019年咸丰县人民政府工作要点（讨论稿）》《咸丰县2019年决战决胜脱贫攻坚作战方案（讨论稿）》《关于2018年财政预算第四次调整情况的报告（讨论稿）》。研究全县普通公路“建养一体化”项目工作。会议决定，成立咸丰县普通公路“建养一体化”工作领导小组，负责组织领导、统筹协调全县普通公路“建养一体化”工作，领导小组各成员单位要按照职责分工，严格履职尽责，确保全县普通公路“建养一体化”项目顺利推进。

第33次政府常务会议。2月14日杨皓主持召开，讨论通过《咸丰县国有资本运营投资有限公司机构设置和员工工资管理办法（讨论稿）》《峡口塘电站水库工程咸丰县境内征地移民安置实施方案（讨论稿）》《咸丰县2019年度城乡基本医疗保险基金分配方案（讨论稿）》《咸丰县2019年易地扶贫搬迁工作方案》《咸丰县易地扶贫搬迁项目资产管理指导意见》。研究旅游资源特许经营权价值评估工作。会议同意由县旅游委和县国投公司将43项150个景点进一步梳理甄别后，将旅游资源特许经营权按评估价格无偿划转给县国投公司，记入资本公积。研究新城防洪排涝工程。会议决定，明确县水利水产局为新城防洪排涝工程项目法人；明确项目建设资金由县级财政和水利部门向上争取项目资金组成，县财政先行据实安排征地拆迁等前期工作相关经费；县水利水产局与项目中标企业磋商付款方式，合理约定付款周期等相关事宜。研究高乐山镇龙坪、马河、沙坝美丽乡村建设项目，同意在2019年精准扶贫整合统筹资金中安排2000万元用于高乐山镇龙坪、马河、沙坝美丽乡村建设项目。研究城区2019年环卫作业购买市场化服务工作。会议决定，严格按照招投标管理办法相关要求购买城区

2019年环卫作业市场化服务，项目合同期限为1年，资金控制在2019年财政预算资金总额内。

第34次政府常务会议。3月15日杨皓主持召开，讨论通过《加快复兴"中国干栏式建筑之乡"工作方案（讨论稿）》《2019年咸丰县招商引资工作实施方案（讨论稿）》《恩施州普通公路"建养一体化"咸丰县01项目包总体合同协议书（送审稿）》《咸丰县老城区污水处理及乡镇污水处理全覆盖PPP项目实施方案》《咸丰县人民政府办公室关于进一步规范政府采购行为的通知》。研究解决县监委留置专区建设等项目资金工作。会议同意将县监察委留置专区建设所需经费纳入2019年度预算调整，资金额控制在150万元以内；同意启动县便民服务中心扩建装修，资金额控制在309万元以内。

第35次政府常务会议。4月4日，县委常委、常务副县长王兵主持召开，讨论通过《咸丰县2019年县级集中式饮用水水源地环境问题专项整治实施方案（讨论稿）》《咸丰县创建国家生态文明建设示范县推进方案（讨论稿）》。研究脱贫攻坚"五基一动力"工作。研究安全生产、森林防火、防汛备汛、"非洲猪瘟"防控工作。会议决定，迅速拟定2019年全县安全生产工作要点和安全生产专业委员会组成单位、职能职责等调整方案；同意将县应急管理局聘请安全生产专家、维护安全生产监控中心运行等工作经费和"三防"工作经费纳入县财政予以保障。研究第四次全国经济普查工作，会议决定普查工作经费缺口由统计局与财政局对接核实后，按照厉行节约、确保必需的原则，据实保障，按程序纳入调整预算。

第36次政府常务会议。4月23日杨皓主持召开，讨论通过《咸丰县财政投资评审管理（试行）办法（讨论稿）》《咸丰县财政投资评审社会中介机构管理（试行）办法（讨论稿）》《咸丰县城重污染天气应急预案（2019年修订）（讨论稿）》。会议听取县医疗保障局、住建局、残联、民政局、水利水产局等相关行业扶贫情况汇报，并对脱贫攻坚医疗保障、农村危房改造、残疾人鉴定、兜底保障、农村安全饮水等相关工作进行安排部署。研究盘活原广播电视中心大楼主楼及原广播电视局办公楼资产工作。会议决定，由县政府办公室牵头拟定原广播电视中心大楼和原广播电视局办公楼资产处置方案，报县政府批准后组织实施。

第37次政府常务会议。5月9日杨皓主持召开，讨论通过《咸丰县创建全国文明县城提名城市重点工作行动方案（讨论稿）》《湖北省楚天视讯网络有限公司咸丰县支公司转企改制人员安置方案（讨论稿）》《咸丰县创建国家全域旅游示范县三年行动方案（讨论稿）》《咸丰县畜禽粪污资源化利用整县推进项目建设方案》，传达学习中央第四生态环境保护督察组对湖北开展"回头看"情况反馈会议和会后州委、州政府主要领导讲话精神，听取州生态环境局咸丰县分局关于中央环保督察反馈问题整改、污染防治攻坚战等工作的情况汇报。会议决定，同意《恩施州对咸丰县督办检查反馈问题任务清单》，按时限要求完成整改销号，并报送整改情况；同意《关于实施〈扬尘治理专项行动〉等八大专项行动的通知》，报县委常委会审定后，按程序印发实施。

第38次政府常务会议。5月23日杨皓主持召开，讨论通过《关于开展质量提升行动加快建设质量强县的实施意见（讨论稿）》。研究优化营商环境工作，讨论《咸丰县优化营商环境重要指标"百日攻坚"行动方案》《咸丰县提升政务服务环境承诺书》和《咸丰县政务服务中心窗口工作人员管理办法》；原则同意县政务服务和大数据管理局按程序招聘3名劳务派遣人员，从事大厅导服及工程建设项目综合专窗工作；同意咸丰县政务服务中心二楼大厅于6月10日启用，相关常驻窗口和综合窗口单位必须按期进驻大厅。听取智能停车招商引资工作情况汇报。会议同意授权县城市管理执法局作为智能停车系统招商引资工作的实施机构，进一步细化工作方案，按经营期限、收益分享、投资强度、技术要求等核心指标要求开展智能停车系统招商引资相关工作，按程序公开招标市场主体。听取县城东南片区新增保洁服务项目购买市场化服务和规范使用劳务派遣人员相关工作汇报。会议同意由县公共资源交易中心对县城东南片区新增市政道路、公厕等保洁服务项目实行公开招投标购买市场化服务；同意县城市管理执法局按照核定城管系统的临时聘用人员，从劳务派遣公司采用购买劳务服务的方式对离职的临时聘用人员进行补充。

第 39 次政府常务会议。6 月 14 日杨皓主持召开，讨论通过《咸丰县银行业金融机构支持地方发展考核办法（修订稿）》。研究精准扶贫“住房安全有保障”工作。会议决定，各乡（镇、区）要迅速开展农村住房安全有保障认定工作，少数确实难以评定的通过购买服务的方式请专业机构鉴定。研究全县交通重点项目建设工作。同意启动国道 351 咸丰县大沙坝至龙井段、咸丰县唐崖至朝阳旅游公路、朝阳大桥及接线工程 3 个条件已成熟项目的征地拆迁及建设工作；同意将“建养一体化”项目建设管理所需经费纳入县财政予以保障。研究咸丰大道建设相关工作。会议决定，同意将楚蜀大道路口和国道 353 交叉路口两处 5 组红绿灯取消，由县公安网安大队根据城市智能交通建设需要统一设置全智能电子监控系统；将国道 353 丁寨火车站—沙坝恩黔高速出口段路灯及周边区域广告经营权授权县国投公司经营 20 年。

第 40 次政府常务会议。7 月 8 日杨皓主持召开，讨论通过《咸丰县推进工业企业“进规”和外资企业发展的意见（讨论稿）》《国有建设用地使用权出让起始价分类指导意见》。研究精准扶贫东西部协作茶厂建设项目专变工程建设工作。会议决定，精准扶贫东西部协作茶厂建设项目专变工程所需资金，从十八届人民政府第 32 次常务会议研究的精准扶贫产业发展资金中据实予以解决。研究水利相关工作。对河长制工作、水库管理工作、重点水利项目建设工作、朝阳寺水库移民工作作出具体部署。

第 41 次政府常务会议。7 月 16 日杨皓主持召开，专题听取精准扶贫“行业扶贫”工作情况汇报，并对社会兜底保障、教育扶贫、健康扶贫、农村饮水安全、住房安全有保障、易地扶贫搬迁、产业扶贫、就业扶贫、残疾人精准扶贫、农村公路、扶贫小额信贷逾期处置等工作作出具体部署。研究咸丰大道融资相关工作。会议原则同意县人民政府就湖北省工行对恩施分行咸丰支行关于咸丰大道增加投资审计确认书所列事项予以函复，支持豫鄂建设投资有限公司按程序增加融资贷款。

第 42 次政府常务会议。8 月 10 日杨皓主持召开，讨论通过《县财政局、县人社局关于机关事业单位养老保险制度改革实施准备期、原有试点及上线后资金结算工作方案（讨论稿）》。研究“放管服”改革优化营商环境工作。同意采用购买服务的方式建设“12345”热线平台；同意县政务服务和大数据管理局按程序招聘劳务派遣人员 4 人，用于县“市民之家”大厅日常管理与维护。研究“四个三”重大生态工程项目建设相关工作。会议决定，将三峡库区水污染防治项目增加管网工程及提标升级纳入咸丰县老城区污水处理及乡镇污水处理全覆盖 PPP 项目建设内容，按程序加快推进；老城区垃圾填埋场厂区整治工作，由县城管局进一步研究论证，科学拟订方案后实施；坪坝营镇、清坪镇、朝阳寺镇 3 个污水处理厂和 6 个乡镇垃圾填埋场超项目概算问题由县审计局、县财政局组建专班进行审计。研究夏秋季肠道病毒感染防控工作。会议决定，由县财政安排 200 万元专项用于疫情处置设备购置。研究医疗保障扶贫资金。会议决定，贫困人口资助参保资金、贫困人口门诊特殊慢性疾病保障资金、贫困人口兜底保障资金、村卫生室医保刷卡网络费等健康扶贫资金共4641.8万元不再通过统筹资金解决，纳入县级财政预算，据实保障，分期拨付。

第43次政府常务会议。9月6日杨皓主持召开，对农业产业扶贫项目建设、农村危房改造、扶贫项目资金使用计划调整等工作进行部署。会议决定，原则通过《咸丰县农村危房“清零”实施方案》，由县脱贫攻坚指挥部办公室印发到各乡镇前线指挥部，迅速组织实施；同意2018年“四类对象”危房改造缺口资金487.31万元及各乡（镇、区）2019年上报700户“四类对象”补助资金由县财政统筹资金予以保障；同意将“一般对象”危房改造补助资金下拨到乡镇前线指挥部实施，具体金额由各乡镇核实后下拨；同意唐崖、朝阳寺、忠堡、清坪、活龙坪扶贫项目资金使用调整计划；同意坪坝营镇按照汇报额度实施廖家田村中药材基地建设和坪坝营镇梨树垭中药材基地建设项目。研究平安校园建设工作。会议决定，县财政将校园安全必需的补短板资金纳入财政预算，报县人大通过后实施；按照轻重缓急，将学校视频监控系统接入全县“雪亮工程”；由县委政法委牵头，县教育局、公安局、市场监管局等单位配合，加强对校园周边环境治理，对九类重点对象进行排查；县交通运输局、县公安局要加强校车和农村接送学生上下学车辆的管理，全面消除校园安全隐患。

第44次政府常务会议。9月28日杨皓主持召开，讨论通过《2019年咸丰县产业扶贫暨秋冬季农业综合开发实施方案（讨论稿）》《关于2018年财政决算情况的报告（讨论稿）》《关于2019年财政预算第二次调整情况的报告（讨论稿）》。研究安全生产和应急管理工作。会议决定，按照咸县机编发〔2019〕22号文件要求，加快完成县救灾备灾中心编制人员转隶工作，确保相关应急管理工作正常开展；同意将应急管理工作经费纳入县财政预算，由县财政予以保障到位。

第45次政府常务会议。10月21日杨皓主持召开，讨论通过《咸丰县2009—2016年批而未供存量建设用地消化处置实施方案（讨论稿）》《咸丰县化解不动产历史遗留问题实施方案（讨论稿）》《咸丰县教育资助在省外就读义务教育阶段建档立卡贫困学生方案（讨论稿）》。研究咸丰大道重大交通安全隐患整改工作。会议同意由县公安局牵头，新城建设指挥部办公室、县城市管理执法局、住建局、交通运输局、国投公司、曲江镇等单位配合，按照“轻重缓急、确保必须”的原则，在细致调查论证、科学规划设计的基础上，分批实施咸丰大道交通安全设施建设，全面整改安全隐患；原则同意所需资金纳入县财政予以保障，据实按程序申报。

第46次政府常务会议。11月16日杨皓主持召开，讨论通过《咸丰县2020年预算编制方案（讨论稿）》和《咸丰县2020年乡（镇、区）财政预算编制指导意见（讨论稿）》。听取2019年国民经济计划执行情况和2020年国民经济计划。会议决定，原则同意2020年经济与社会发展主要指标建议，进一步修改完善后报县委常委会审定。研究计划生育奖扶工作。会议决定，按政策落实2019年因乡镇漏报未及时进入国家扶助系统的78名奖特扶对象和存在事实收养关系的41名对象的奖励扶助资金共16.03万元。对《中华人民共和国收养法》颁布之后存在事实收养关系但未依法办理手续，其他条件符合奖特扶政策的对象，自2020年起按照国家奖特扶标准兑现资金并纳入财政预算。

第47次政府常务会议。12月17日杨皓主持召开，讨论通过《咸丰县美丽乡村建设五年推进规划（讨论稿）》《咸丰县美丽乡村建设2019年度实施计划（讨论稿）》《咸丰县乡村振兴战略规划（2018—2022年）（讨论稿）》《2019年度推进乡村振兴战略实施方案（讨论稿）》《咸丰县普惠性民办幼儿园认定标准与管理办法（讨论稿）》《咸丰县脱贫监测户监测管理办法》。研究垃圾分类试点工作，要求认真贯彻习近平总书记对垃圾分类工作作出的重要指示精神，以及省、州关于垃圾分类相关文件和政策，结合县情实际，按照城区全覆盖、忠堡全镇推进、其他乡镇选取一个试点村要求，加强宣传造势，干部带头落实，培育全社会垃圾分类良好生活习惯；探索建立奖惩长效机制，推动垃圾分类试点工作不断向纵深推进。

【政务服务】 2019年，县政府办公室积极发挥“服务、协调、督办、参谋”作用，出色完成各项目标任务。全年共审核印发县政府和办公室文件370份，完成各项汇报材料145篇，编发各类会议纪要28期，接收运转公文3216份。全年完成28场县级大型会议、51场上级视频会议及所有日常工作会议的会务服务工作。召开县政府党组会议8次、政府全体会议1次、常务会议15次、县长办公会23次。牢固树立“办事零差错”理念，在高效、严谨、规范上下功夫，力争把事情考虑得更周全、安排得更细致、处理得更完善，做到忙而不乱、杂而不散。

规范机关管理。对办公室管理制度进行修订和完善，出台《关于进一步强化县政府办公室副主任职能作用的若干措施》，对政府办公室副主任职责进行细化。出台跟踪督办相关管理制度，强化跟踪督办实效。严格遵守财经纪律，进一步规范办公室财务、资产管理，从严控制和压缩“三公”等费用支出，提高资金使用效率。严格公车规范管理，加强安全管理和车辆调度，保证县政府领导用车安全，满足县政府及办公室运转需求。落实应急值守工作，全年共计接报各类突发应急信息事件98件，其中向州政府办上报较大突发应急信息事件13件。全年共接收登记处理各级各单位来文来函280余件，接收分发邮件报刊等360余件，接收处理各级各单位电话、“钉钉”等通信渠道信息通知380余件。

加强政务督查。紧紧围绕县委、县政府各项目标任务，采取实地督查、电话催办、文件通报等方式，编发督查通报16期，重点围绕2019年《政府工作报告》明确的110项重点工作、县政府常务会66项议定事项开展督查。

履行参谋职责。积极主动开展调查研究，形成优化营商环境、当前脱贫攻坚存在的问题、落实基层减负清理“文山会海”等高质量调研报告11篇。围绕全县中心工作和群众关注的热点问题，搜集素材，捕捉信息，综合分析，及时反映工作思路、措施和进展情况，促进领导及时了解到各方面的情况和问题，充分发挥信息工作的参谋服务功能。狠抓政务信息报送工作，全年向州报送政务信息31篇。加强电子政务服务，运用县政府门户网站，在政府信息公开平台刊发各类信息1688条，完成县政府门户网站的改版工作。

精简办文办会。出台《县人民政府办公室关于力戒形式主义精简文件减轻基层负担的若干措施》，重申三大类发文纳入精简范围，对规章、决议、意见、通知等规范性文件，议事协调机构类文件、领导讲话通报和工作通报类文件，严格按照精简比例，严控数量，对可发可不发的坚决不发。凡是部门提请以县政府或县政府办名义出台文件的，不符合发文要求的一律按程序退回，纯属政府部门职责范围的日常业务工作事项，由部门行文。2019年县政府办公室发文185件，同比下降34.63%；重点精简文件同比下降44.83%；召开各类大型会议28次，同比减少33.33%；各类督查同比减少50%以上。

党建统领全局。全年召开党组会17次，定期组织学习33次。严格落实“三会一课”制度，组织全体党员干部进行支部主题党日学习教育14次，周一夜学33次。开展“不忘初心、牢记使命”主题教育，举办读书班活动，召开“四查四看四落实”专题研讨1次、召开专题民主生活会

1次，专题组织生活会1次。严格落实脱贫攻坚相关要求，推动清坪镇马家坪村和茅坝子村精准脱贫工作。按照干部力量下沉到村到户要求，配齐驻村工作队，完善“尖刀班”人员配备。重点“聚焦两不愁三保障”、产业发展、基础设施短板和民生事业等重点工作，顺利通过国检、省第三方评估和东西部协作成效验收。

驻汉办事处工作。县人民政府派驻武汉办事处共计5人，积极做好信访接待、重大活动和项目争取工作。2019年全县到省上访人数在全州最少，办事处工作人员积极工作，维护了全县稳定大局。协助落实“616”对口帮扶项目63个，总资金16.11亿元。接待县内到武汉办事人员共88批次、167人次。协助武汉商会完成“扶贫助学”项目，指导商会开展党建工作。

（谈　俊）

退役军人事务管理

【概　况】 2018年11月，组建县退役军人事务局，是政府主管退役军人事务的职能部门，为县政府组成部门、正科级单位。同年12月，原县民政局管理的县光荣院、军队离退休干部休养所、烈士公园管理处和县人力资源和社会保障局管理的自主择业军队转业干部安置管理办公室调整为县退役军人事务局管理，按照“编随事走、人随编走”的原则，调整后的事业单位其编制及个人编制性质维持不变。县退役军人事务局核定行政编制7名，设局长1名，副局长1名；内设机构领导职数正职2名。根据咸县机编发〔2019〕19号文件精神，成立咸丰县退役军人服务中心，隶属县退役军人事务局管理，核定事业编制8名，设主任、副主任各1名。县退役军人事务局共核定编制36名，其中行政编制7名，全额拨款事业编制24名，自收自支事业编制5名。县退役军人事务局内设办公室、综合股；成立县委退役军人事务工作领导小组、县“双拥”工作领导小组、县退役军人安置工作领导小组3个非常设机构。隶属全额拨款事业单位5个：光荣院、军队离退休干部休养所、烈士公园管理处、自主择业军队转业干部安置管理办公室、县退役军人服务中心。2019年底在岗29人。

县退役军人事务局主要职责：褒扬彰显退役军人为党、国家和人民牺牲奉献的精神风范和价值导向；负责全县军队转业干部、复员干部、离休退休干部、退役士兵和无军籍退休退职职工的接收安置工作和自主择业、就业退役军人服务管理、待遇保障工作，负责随军随调家属安置工作；组织开展全县退役军人教育培训、协调扶持退役军人和随军随调家属就业创业等工作；指导全县拥军优属工作，落实国民党抗战老兵等有关人员优待政策；负责烈士及退役军人荣誉奖励、军人公墓管理维护、纪念活动等工作；军休服务工作；指导全县退役军人服务管理工作；协调处理退役军人信访问题等工作；承担县委退役军人事务工作领导小组办公室职责；转变职能，完成上级交办的其他任务等。

2019年，三级服务体系迅速建立。县退役军人服务中心和10个乡镇、277个村（社区）退役军人服务站均挂牌成立，28名招录人员全部到岗。8月9日，召开县委退役军人事务工作领导小组第一次会议，审议通过《县委退役军人事务工作领导小组各成员单位主要职责任务》《县委退役军人事务工作领导小组议事规则》《县委退役军人事务工作领导小组办公室工作细则》《县委退役军人事务工作领导小组2019年工作要点》等重要文件。全年工作坚持以退役军人为中心，多管齐下，狠抓信息采集、待遇落实等重点工作，受到省、州业务主管部门和服务对象的肯定。局长田新民被授予“全国模范退役军人”称号。

【落实退役军人政策】 落实优抚待遇。加强优抚对象动态管理，严格执行国家优抚政策，对伤残公务员、带病回乡退役军人、“两参”人员、“三属”人员、60周岁农村籍退役士兵等各类优抚对象按月按标准发放优抚待遇，同时全面落实优抚对象物价补贴。落实“解四难”政策。对生活、医疗、住房、就业等方面特别困难的退役军人给予适当补助；为符合政府代缴医疗保险条件的退役军人缴纳医疗保险，为优抚对象发放医疗门诊补助。落实退役士兵政策。联合县恒安驾校对退役士兵开展驾驶技能培训，并发放培训费。

【退役军人信息采集和社保工作】 按时完成退役军人信息采集任务。率先在全州举办为烈属、军属和退役军人家庭悬挂光荣牌启动仪式，光荣牌悬挂率达100%。召开部分退役士兵社保接续工作动员会及业务培训会，成立工作专班，稳步推进退役士兵保险接续工作。

【县烈士陵园提档升级】 推进“县烈士陵园提档升级工程”。多方筹措资金，加大县烈士陵园文化长廊、教育基地牌、观光道路、陈列馆及公厕等基础设施建设和陵园环境绿化，提升陵园规模和档次。2019年5月，全国老区宣传工作会议代表600余人，湘鄂西、湘鄂川（渝）黔革命老区第五次联席会人员150余人先后到县烈士陵园举行纪念活动。县烈士陵园全年共接待纪念参观人员6000余人次。

【领导调研】 2019年4月25日，湖北省退役军人事务厅党组书记、厅长周振武带领省厅机关相关处室工作人员，到咸丰县调研指导驻村扶贫工作，到县烈士陵园调研建设情况。省厅党组成员杨昌斌、彭志新、陈新祥、周绪铎、刘德胜等相继到省厅驻咸丰县龙家界村扶贫点调研扶贫工作，并到县局机关指导退役军人事务工作。同年，恩施州退役军人事务局党组书记、局长任伦杰，党组成员阳明也相继到咸丰县调研指导退役军人事务工作。11月13日，咸丰县委书记郑东来率队赴省退役军人事务厅汇报全县脱贫攻坚工作和退役军人事务工作，争取政策、项目及资金等方面支持。

（刘金鑫）

应急管理

【概　况】 2019年3月，根据《咸丰县机构改革方案》和《咸丰县县级机构改革的实施意见》精神，在原咸丰县安全生产监督管理局的基础上，整合县民政、林业、国土、水利、消防等多个部门的相关职能职责，正式挂牌成立咸丰县应急管理局，属县人民政府工作部门，承担辖区内安全生产、防汛抗旱、森林防火、应急救援、防灾减灾救灾等职能职责，内设办公室、综合安全监督管理股、政策法规宣传教育股、应急指挥中心4个股室。局属事业单位2个：咸丰县安全生产行政执法大队、咸丰县减灾备灾中心。2019年在职在编工作人员27人，其中：行政编制12人工勤编制2人，财政全额拨款事业编制13人。

2019年全县共发生各类生产安全事故8起，其中：非煤矿山领域1起，建筑施工领域1起，网络通信设施维修1起，农田土地整治项目施工1起，道路交通领域4起，共死亡8人，直接经济损失473.26万元；遭受比较集中的自然灾害2次，其中：1次为洪涝灾害、1次为干旱灾害，直接经济损失6059万元。

全年无较大及以上生产安全事故发生，烟花爆竹、危化品、城（乡）燃气、民爆物品、特种设备、校园、旅游、电力等行业和领域零事故。

【强化安全生产责任网络】 完善领导机制。适时调整县安全生产委员会成员单位，充实全县16个安全生产专业委员会力量。各乡（镇、区）及县直各职能部门也相应调整充实安全生产领导小组力量，为安全生产工作的扎实开展提供坚强的组织保障。完善督办落实机制。县人民政府把安全生产工作与其他工作同部署、同落实，县政府常务会议每年至少2次听取安全生产工作汇报，县安委会每年召开4次工作例会专题研究解决安全生产工作中存在的问题和困难，并检查阶段性工作目标完成情况，为全县安全生产工作扎实开展明确方向，提供抓手。完善工作责任目标和考评奖惩制度，严格落实“两个主体责任”。2019年，制定《安全生产约谈制度》《安全生产工作定期通报制度》《生产安全隐患挂牌督办制度》《安全生产暗访督察工作制度》，为切实抓好安全监管提供坚强的制度保障。

【安全生产监督管理】 切实履行安全生产监管职责，强化部门协作，形成“大安全”工作格局，遏制各类事故的发生。综合安全领域共检查企业105家次，排查整治各类事故隐患286条，已整改255条，限期整改31条。烟花爆竹、危化品行业共检查企业130家次，排查整治各类事故隐患389条，责令暂停整改企业3家，实施行政处罚2起。非煤矿山领域检查企业86矿次，排查隐患253条，当场整改226条，责令限期整改27条，责令暂停整改企业2家，实施行政处罚6起。校园安全领域共检查学校300家次，排查各类隐患1501条，整改1501条。消防领域共检查企业1524家次，排查各类隐患2001处，已整改1420处，下发责令整改通知书980份，行政处罚34家，其中临时查封15家，“三停”9家，罚款25.621万元，挂牌督办2家。建筑施工领域共检查企业356家次，排查各类隐患724处，整改724处，下发责令整改通知书60份，下达停工指令书18份。交通安全领域共检查生产营运单位78家次，检查在建交通项目工地32处，排查发现安全隐患52处，整改52处，责令停运整改车辆6辆，下达隐患整改通知书7份，抄告4份，约谈企业3次，整改隐患道路295.7千米。水上交通领域整改安全隐患25起，开展各种安全培训5次，培训人员450人次。水利领域对重点水库、在建水利工程、主要河流险工险段进行拉网式排查，检查企业55家次，排查各类隐患67处，已整改67处，下达隐患整改通知书2份，下达安全隐患现场交办确认单15份。森林防火领域共开展巡山巡护161670人次，排查森林火灾隐患989处，其中已整改985处，限期整改4处。

咸丰县应急管理局执法人员深入企业开展安全生产监察执法工作　　刘　畅　摄

【防灾减灾救灾工作】 完善抢险救灾应急体系，加强防灾救灾基础工作。加强灾害救助应急预案体系建设，完善灾害救助应急联动和快速反应机制，2019年完成乡、村级应急预案修订，完善《汛期防汛救灾工作方案》，落实资金100万元用于防汛基础建设，其中11万元用于全县雨量站、水位站的维修；39万元用于坪坝营集镇河堤修建；50万元用于采购砂石料等防汛物资，共建设防汛应急物资储备点5个，储备砂石料7150立方米。同时咸丰县建有专用救灾物资储备库，保证库存帐篷30顶、棉衣300件、棉被2000床。

推进综合防灾减灾工作，提高综合防灾减灾能力。开展综合防灾减灾示范社区建设，积极争取上级项目资金190万元，创建国家级综合防灾减灾示范社区2个、省级综合防灾减灾示范社区8个，建设社区应急避难场所1个。筹措资金44万元，购买“两属两户”财产保险和“一元人身保险”；落实资金30万元，购买全县农房保险，完善应对灾害的金融支持体系。

加强核灾救灾工作，保障受灾群众基本生活。2019年咸丰县因灾房屋倒塌4户14间、严重损坏45户113间（其中严重损坏需重建的有8户32间）、一般损坏48户64间，共落实资金46.65万元用于倒房重建和应急生活救助，下拨冬春生活救助物资（棉被、衣服等）2150件（套），帮助受灾群众开展灾后重建，妥善安排他们的生活。另外，咸丰县接收中央及省级自然灾害生活救助资金380万元，全部按照精细化管理的要求拨付到户，共救助8650户21117人。

【应急管理工作机制】 严格值班值守，确保应急反应迅速有效。针对不同季节的时段特点及我县防灾备灾的薄弱环节，重点开展防汛抗旱、森林防火、防灾救灾等方面的应急准备，严格落实全年365天每天24小时值班值守、领导干部到岗带班和事故信息报告制度，确保信息畅通，确保应急反应迅速。

加强应急救援演练，提高应急处置能力。为建立“组织健全、责任落实、预案实用、预警及时、响应迅速、全民参与、救援有效、保障有力”的突发事件应急救援体系，切实提高抵御洪水灾害和应对紧急突发事件的能力，2019年6月5日启动防汛抢险三级应急预案，在忠堡镇龙洞河冒雨开展实战化防汛应急综合演练活动，圆满完成防汛会商调度、疏散转移群众、救援被困人员、河道巡查抢险、临时安置救助、现场消毒防疫等演练科目。

整合各类应急救援力量，加强应急救援队伍建设。在消防救援队伍作为应急救援的主力军和国家队的基础上，县应急管理局将县内矿山救护队、蓝天救援队、民兵应急分队和部分企业建立的救援队伍进行整合，初步建立统一指挥平台，努力建设一支专常兼备、反应灵敏、作风过硬、本领高强的应急救援队伍。

【安全宣传教育培训】 推动安全宣传进机关、进企业、进农村、进社区、进学校、进家庭，普及安全知识。2019年以“安全生产月”、“5·12”防灾减灾日等活动为平台，大力开展安全生产宣教活动，提升全民安全意识和应急处置能力。共制作宣传展板200余块，宣传横幅350余条，发放各类宣传资料6万余份，受教育的群众达2万余人次。在全县110个校点和54家幼儿园开展“全国中小学生安全教育日”“童言话消防童眼看隐患”作文等宣传活动中，印发宣传资料10万余份。开展防灾减灾专题讲座20场次，发放防灾减灾宣传资料5万份，张贴防灾减灾宣传标语30条，通过移动通信等平台向公众发送防灾减灾安全信息15万条。

【提升政务服务水平】 2019年，编制《咸丰县应急管理局信息公开指南》，方便公众快速、准确地查找依法公开的信息。对“双随机、一公开”14个抽查事项进行修改，修改意见上报县市场监督管理局备案。对本单位的监管事项进行梳理，并录入全年监管数据，完成“互联网+监管”第一批数据对接任务。对政务服务事项清单进行梳理，完成县级政务服务事项与国家一体化政务平台对接工作。在“湖北省行政职权和服务事项管理系统”新系统中填报完善“基本要素（地方特色分类）”标签，保证政务服务工作能正常运行。推进“一网、一门、一次”改革，做到行政审批事项“三集中、三到位”，启动政务服务好差评工作，提高政务服务水平，优化营商环境。全年共办理各类行政许可143件，其中烟花爆竹经营（零售）许可证138件（新办证5件、延期换证133件），危险化学品经营（零售）许可证5件（新办证1件、延期换证4件）。

【安全生产事故查处】 严格落实政府监管主体责任、企业生产主体责任，坚持“四不放过”原则，严肃追究事故责任，查处责任单位和先关人员，建立规范的安全生产法治秩序。2019年，对咸丰县元利实业有限公司“3·12”一般机械伤害事故、忠堡工业园基础设施建设和标准化厂房（F地块）项目部“6・4”一般高处坠落事故、咸丰胜浩网络有限公司“8・12”一般高处坠落事故、咸丰县黄金洞等乡（镇）2016年度高标准基本农田土地整治项目“8・26”一般车辆伤害事故进行立案查处，结案率100%。

（谷向辉）

消　防

【县消防救援大队挂牌成立】 咸丰县消防大队始建于1989年，前身隶属中国人民武装警察部队序列，正营级编制单位，下辖1个中队，1个执勤点。2018年10月9日，公安消防部队移交应急管理部，公安消防部队正式退出现役编制，隶属应急管理部。同年12月9日，咸丰县消防救援大队举行授衔和换装仪式。2019年12月31日，咸丰县消防救援大队举行挂牌仪式。

2019年，咸丰大队党委在支队党委、县委、县政府的领导下，坚持以习近平总书记训词精神为引领，以应急救援主力军国家队为目标，忠诚履职、锐意进取，攻坚克难，圆满完成各项重点工作。全年共接处警157起，出动157次，出动消防车190辆次，消防指战员1140人次，抢救被困人员36人，疏散人员85人，抢救财产价值363.3万元。

【火灾防控】 坚持以“群防群治”为切点，不断提升社会治理能力。一是抓实防控基础建设。积极协调县委、县政府领导带队调研消防工作6次，县委书记郑东来批示肯定大队国庆军运安保工作。政府组织召开专题会议6次，部门联合检查13次，组织约谈单位350余家，新增市政消火栓50具。咸丰县第二消防站县自然资源局已向省厅申请用地指标。督促国网恩施土家族苗族自治州换流站组建企业专职消防队，拟购买水罐泡沫消防车和高喷消防车各1辆，督促鄂旅游投坪坝营公司投入40万元组织专职消防队。22名消防文员转隶公安辅警，充实基层执勤力量。二是抓实隐患排查整治。县政法委将消防工作纳入网格化管理平台常态化运行。提请检察机关介入消防责任制落实和隐患整改督办，下发5份检查建议书。发动扶贫办开展消防隐患排查进村入户。督办海玉名城、清坪福利院累计投入400万元整改重大火灾隐患2处，全年检查单位1524家/次，督促整改火灾隐患1537处，临时查封15起，责令“三停”9家，罚款25.62万元，罚款执行率达到100%。推广安装集中智能充电装置23个，独立式火灾感烟探测器150余个，排查易燃易爆（危化品）场所29家，仓储物流场所41家，各乡（镇、区）政府和派出所排查居民住宅小区59个，十小场所2655家。三是抓消防宣传培训。建成警示教育室，面向社会播放火灾警示教育片。设立消防宣传广告牌5处，成立21个宣传小分队，印发消防挂历、消防宣传通告6万余份。联合教育部门在全县110个校点、54家幼儿园开展消防安全第一课。联合社区开展消防宣传进小区、广场26场/次，开展“流动课堂”培训50余次，受训人数达4.7万余人。央视报告大队交通事故救援事迹，策划抖音点击量100万余次，咸丰县官网平台咸丰发布推送大队工作5次，支队宣传年度排名第三。

【消防队伍建设】 坚持以“两严两准”为标尺，不断提升队伍管教能力。一是固化管教模式。大队严格落实“两严两准”工作要求严格管理教育队伍，全年共组织条令知识学习40余次、队列训练20余次，积极开展条令条例知识竞赛和队列会操活动10余次，队伍整体精神面貌呈现良好态势。二是强化管教融合。大队组织全体指战员学习研讨《基层正规化管理暂行规定》，细化766措施，建立工作日汇报制度，加强交心谈心工作。全年召开队伍管理暨安全形势分析会14次，在涉赌涉贷等重点事项上提前介入，开展指战员征信查询，约谈征信有问题的指战员3人，组织开展酒精测试常态化检查，全年开展检查20余次。三是细化管教措施。大队积极探索一体化建设工作，初步形成“管教、训战、防消”深度融合的大中队一体化管理体系，制定一体化工作清单，将管教、训战、防消3大项工作细化为9小项27类合并开展。2019年7月12日，咸丰大队承办全州消防救援队伍一体化建设交流会，为全州基层大中队实行一体化管理提供咸丰经验。

2019年6月，县档案局、县档案馆联合举办全县档案工作人员消防安全演练培训　　县档案馆　供图

【战训工作】 坚持以“制胜打赢”为目标，不断提升队伍攻坚实力。一是强化实战训练演练。大队牢固树立核心战斗力标准，坚持党委议训、科学施训、按岗施训，全年共开展基础理论学习96课时，基础体能训练480课时，基础技能训练192课时，先后开展重点单位“六熟悉”160家次和实战演练140家次，共修订数字化预案120家，以实战实训促进能力提升。通过实战化练兵，大队3人被总支队抽调参加比武竞赛、国庆军运安保和防火练兵工作。二是强化技术战术研讨。升级多功能战术研究室，开展灭火救援战例战评12次，组织学习国内外火灾典型案例，加强指战员处置各类灾害事故的方法、战术，利用多功能训练塔和地震救援基地开展固定消防设施、带电设备断电、模拟烟热设施操作等科目学习研讨30余次，提升整体技战术水平，创新地震救援操法3个。三是强化灭火救援能力。规范消防队伍执勤备战秩序，落实每周二视频抽查、监督干部每月下乡指导，开展业务技能大比武活动，促进业务技能素质稳步提升。2019年10月举办全县多种形式消防队伍业务技能大比武活动，11支专职队，25支微型消防站参加比武活动。

【后勤保障工作】 坚持以“三项建设”为基础，不断提升经费保障能力。一是后勤保障提质增效。2019年大队共争取经费819.8万元，较2017年（502.34万元）增长163%，2018年（591万元）增长138%，为历年经费之最，连续3年实现较大幅度增长。大队立足现有执勤装备实际，投入330万元购置1台高喷车消防车和高精尖消防救援器材；坚持经费向基层倾斜，投入近30万元用于图书室、网络学习室、样板食堂建设，改善队员学习生活环境。二是正规化建设全面升级。当年斥资20万元用于正规化建设，完成体能训练室改造升级，对档案室硬件进行补充，新建物证库，宣传警示教育室；更新门牌标牌、荣誉室、文化长廊、楼层文化展板标语。投入10万元对营区进行修缮更新，对营房漏水进行维修。三是历史债务全面化解，调整205万元业务经费用于化解营房工程欠款，营房总欠款668.14万元全部偿还完毕。

（占望华）

政务服务和大数据管理

【概　况】 咸丰县政务服务和大数据管理局于2019年3月成立，为正科级政府工作部门，加挂公共资源交易监督管理局牌子。核定行政编制11名，设局长1名，副局长2名，内设机构领导职数正职4名。内设4个职能股室：办公室（党办）、政务服务管理股、大数据管理股、公共资源交易监督管理股。下设咸丰县企业服务中心为，全额拨款事业单位，定编3人。

2019年，不断优化营商环境，扩建咸丰县政务服务大厅，更名咸丰县市民之家，进驻单位33家，便民服务企业10家，除公安交警车检事项入驻条件限制、退役军人事务局、住房公积金全州统一不进驻外，其余部门政务服务事项均实现“应进必进”，实行“一窗受理、并联审批、限时办结”。在州对县营商环境评价10项指标考核中，咸丰县4项指标位列全州第一，分别是开办企业、获得用水、获得信贷、政府采购，总体评价居全州第3位。

【优化营商环境】 深入贯彻落实《省人民政府关于进一步优化营商环境的若干意见》《州人民政府关于进一步优化营商环境的工作方案（试行）》，成立由县长任组长，常务副县长和县政府办公室主任任副组长，县直相关部门主要负责人为成员的咸丰县优化营商环境工作领导小组，成立4个工作专班，打造四大环境，构建优化营商环境新模式。

打造高效便捷的政务环境。一是推进“放管服”改革，整合行政审批资源，落实“三集中三到位”，努力实现大厅之外无审批。2019年全县取消行政许可事项3项，承接上级下放许可事项2项。二是推进政务服务“一网一门一次”改革。围绕政务服务线上“一网通办”，线下“只进一扇门”、现场办理“最多跑一次”的目标，2019年底，县、乡、村三级网办率分别达到95.43%、100%、100%，“一张网”建设延伸到村级，农民办事不出村格局基本形成。建成“24小时不打烊”自助办事大厅，“只进一扇门”基本实现；坚持在减材料、减时限、减环节上下功夫，严格执行“首问负责制、一次性告知制、限时办结制”。三是推进企业开办及工程建设项目审批制度改革。实行企业开办“一窗通办、全程代办”，开办时间压缩至3个工作日内；设立工程项目综合审批服务专窗，实行“一家牵头、一窗受理、并联审批、限时办结”，建立“前台受理、后台审核、综合出件”机制，审批时限压缩至90个工作日内。四是优化不动产登记服务。不动产登记、房屋交易、税款征收业务并联办理，实现“一窗受理、集成服务、一套资料、一次办好”，办理时限压缩至4个工作日内。五是优化用能报装服务。县供电公司、水务投资公司及天然气公司入驻县市民之家，可在大厅办理用水用电用气报装及水电气费缴纳业务。10千伏高压报装压缩至38个工作日，低压报装压减至16个工作日内，用水报装接入压缩至5个工作日内。

打造公平公正的法治环境。县公安局严格按照法律法规受理、调查隔离涉企涉商案件，严格执行相关程序规定；司法局积极为企业提供便民服务，化解商事纠纷；法院严格遵守法律规定，强力推进执行工作。3家单位互相配合，依法打击经济犯罪，稳妥处理涉企案件，妥善化解商事矛盾纠纷，保护市场主体合法权益，营造了风清气正的法治环境。

打造重信践诺的诚信环境。加强湖北信用信息公共服务平台、咸丰县社会信用信息汇集系统数据归集共享，2019年底，共梳理行政权力事项4104项，填报并共享数据157465条，居全州第二位。在履职工作中，把查询信用信息、使用信用报告作为必经环节。2019年，应用信用查询项目备案、审批283个；178名新进国家公职人员在资格审查环节应用信用征信报告。强化政务、社会、司法、商务等领域诚信建设，建立行业“红黑名单”，对典型的个人不诚信行为予以曝光，积极营造重信守诺的良好氛围。推进权责清单制度工作，对权责清单中行政事项、服务质量承诺、期限承诺、保障承诺、政策承诺等内容进行审查，按要求在咸丰县人民政府网站上公布，并严格按照承诺履行。加强信用信息数据的归集与披露，充分发挥“信用湖北”（咸丰）网站群及“咸丰发布”等对失信行为进行曝光。

打造优质生态的金融环境。企业向法人机构（农商行、村镇银行）申贷，银行审查审批时限压缩到10个工作日以内；企业向非法人机构申贷，在审批权限内的，银行审查审批时限压缩到15个工作日以内；扩大“线上银税互动”使用率，推广纳税信用贷、出口退税贷等。截至12月16日，县农行、工行、建行、农商行、村镇银行5家银行为民营小微企业发放108笔共计3395.33万元“银税贷”业务，湖北银行、邮储银行已上线“银税贷”金融产品。

【“放管服”改革与政务服务管理】 落实政务服务“一网一门一次”改革。线下实现“只进一扇门”，县市民之家进驻单位和企业共计43家，政务服务事项实现“应进必进”；线上实现“一网通办”，全县政务服务实现与全国一体化平台的对接，共计领取发布1387项事项，县、乡、村三级网办率均达到91%以上，“一张网”实现“五级联通”。1—12月，全县网办件达13500件；通过减材料、减环节及免费代办、寄递、复印等方式，实现县级事项“最多跑一次”率达60%以上，“零跑腿”率达30%以上，率先在全州实现事项办理时限压缩在法定时限的30%以内，共为群众和企业免费寄递办事结果3273件；推进“一窗通办、一事联办”格局，将企业开办、项目审批、不动产登记等进行流程再优化，梳理完成整件事项办理所需材料、时间及流程图等，实现“一个窗口受理、一张表单申请、一套材料流转、后台分类审批”。出台《咸丰县乡村两级便民服务标准化建设与管理实施方案》，推进乡村两级便民服务标准化。

做好大厅管理工作。出台《咸丰县政务服务大厅窗口及窗口人员管理办法》，实行常态化巡查及“好差评”评价制度，将窗口党员纳入局机关支部统一管理，发挥党员在窗口的先锋模范作用；调整工作时间，推行“朝九晚五”工作制，建成“24小时不打烊”办事大厅，提供一系列免费服务，摆放自助办事电脑，提高群众办事效率和体验感。

【大数据管理工作】 完成“12345”政务服务热线平台建设。咸丰县“12345”政务服务热线平台于11月28日正式试运行，形成“统一接听、按责转办、限时办结，统一督办，统一考核”运行机制，24小时受理群众的咨询、投诉、建议、举报。截至12月30日，受理总工单256件，共办结工单247件，直接答复工单186件，交办办结率96.88%，总办结率96.48%。

开展政务信息“三清单一目录”编制工作，加快推进政务信息系统整合、数据集中和共享，解决平台不联通、数据不共享、业务不协同等问题，实现跨地区、跨部门、跨层级的信息共享和业务协同，提升政务服务“一网通办”水平。截至12月底，有30家单位完成“三清单一目录”的编制工作，26家单位在共享网站上传135个目录、挂接129个资源。

采集各单位已经办理的纸质证照数据，在不改变纸质证照现有审批发证机制的基础上，通过相关安全和技术规范生成相应电子证照，为政府、企业和个人提供跨部门、跨区域、跨层级的证照调用、共享、核验等应用服务。截至12月底，已采集28家单位116类共33120个证照信息。

深度对接省、州系统，确保能在省“一张网”统一接件，设计电子表单，向省“一张网”和州政务服务平台实时、全量推送办件数据，实现数据通、业务通，并通过州电子证照库服务接口，实现业务办理中核验、查阅、下载相关电子证照。

推进政务公开。编撰《2019年县政府部门政务公开责任清单》，对县直各单位创办的政务新媒体进行网络备案，要求所有未在湖北省政务新媒体管理平台上备案的政务新媒体于12月底前关停并注销。加强政务信息化项目管理。对全县各单位的自建信息化项目进行统计，2019年建成政务信息化项目7个，在建7个。

【公共资源交易监督管理】 全面梳理中央巡视、

国家对省脱贫攻坚考核巡视反馈问题，建立台账，举一反三，完成整改工作。全年排查出问题91个，其中交通领域问题40个，易迁拆分项目规避招标51个，全部问题已完成行政处罚和人员处理。出台《关于进一步加强和规范建设工程招投标管理工作的通知》，为建设工程招投标工作提供规范化管理举措。

制定《咸丰县公共资源交易中心服务规范》《咸丰县公共资源交易中心开标评标现场服务与管理办法》《咸丰县代理机构场内执业考评办法》等文件，确保公共资源交易及管理工作有章可循，指导全县工程建设项目和政府采购项目依法实施。

查处交易过程中的违法违规行为，遏制招投标中的违法现象。2019年，公共资源交易领域共立案28件，结案28件；受理投诉件23件，其中进行复审2件，改变中标候选结果3件，立案3件；对全县10个公开招标项目开展“双随机、一公开”检查，根据随机抽查事项清单逐条检查，并对检查结果予以公示。

多方位保障项目实施。一是工程建设方面，凡使用各级财政预算安排的专项扶贫资金、易地扶贫搬迁资金以及统筹整合用于脱贫攻坚的其他财政资金的工程建设项目一律进场交易，数额原则上定为100万元以上，鼓励有条件的乡镇村打包实施，对依法不进行招标的政府采购工程，建议项目实施单位采用竞争性谈判方式进行，缩短采购周期，有效保障扶贫项目的实施进度。二是政府采购方面，取消没有法律法规依据的投标报名环节，不收取没有法律法规依据的政府采购项目招标费用，不售卖采购文件，代理机构应当向供应商免费提供电子采购文件。三是电子招投标方面，完成电子招投标设备设施采购建设，硬件软件已经具备。当年进行电子化招标的项目为3个。

抓好监督人员、交易中心工作人员、全县招投标代理机构人员及专家的业务培训；抓好招投标法律法规及廉政风险培训，共计230人次。

（陈　肖）

公共资源交易监管

【概　况】 县公共资源交易中心于2019年3月完成机构改革，剥离此前的公共资源交易监督管理职责，县政府直属正科级事业单位，加挂县政府采购中心牌子。中心内设综合股（党办）、招标投标股、政府采购股，核定编制13名。设主任1名，副主任2名；内设机构领导职数正职3名，副职2名。

主要职责：（一）负责进场交易项目登记。（二）负责为公共资源交易信息发布提供平台。（三）为进场交易项目提供设施配套的场所，管理交易现场秩序；收集整理进场交易项目档案资料；协助招标人抽取专家。（四）负责建立、运营、维护全县统一的电子交易平台。（五）根据采购人委托，负责组织实施全县各单位列入政府集中采购目录内的货物、工程、服务类项目的采购活动。（六）负责向综合监督管理机构、有关行政监督部门报告交易活动中发现的违法违纪行为并协助调查。（七）负责为招标人专户托管投标保证金。（八）完成上级交办的其他任务。

2019年，交易进场项目481个，累计交易额8.67亿元，累计节约财政资金0.35亿元，节约率6.64%。其中公开招标51个，预算2.7亿元，成交2.5亿元，节约率7.41%；磋商273个，预算4.7亿元，成交4.6亿元，节约率2.13%；政府采购类项目148个，交易额1.05亿元；国有门面招租项目8个，国有资产拍卖项目1个，成交额436.85万元。为确保投标活动正常开展和投标单位正确履约，当年收取投标保证金8359.44万元，累计退还10183.75万元；收取履约保证金360.32万元；收取信息服务费20.01万元。全年共有171

个精准扶贫项目顺利进场交易。

【营商环境及电子招投标建设】 优化营商环境。一是采用“银政合作”、学习考察、设备调试、培训护航四步走战略，稳步推进建设工程招投标全流程电子化。二是规范保证金收取行为，推行银行保函的缴纳方式，投标保证金及银行存款利息必须在中标通知书发出之日起两个工作日内退还未中标的投标人。三是完善技术保障，改进办公区、开标区、评标区及相应配套设施条件，对各区域实行全覆盖监控。

推进全流程电子招投标建设，最大程度利用现有办公场所，从区域功能设计、弱电安装到设备购置，共计投入240余万元。其中开标室2间，专用电子评标室1间，远程异地综合评标室1间，普通评标室1间。配备管理用计算机2台，评标专用计算机16台，实现与州公共资源交易中心无缝对接，评标现场全程录音录像，评标系统痕迹可溯，违法行为远程监督。全年完成全流程电子招投标项目7个。

（杨　齐）

人民政协

【概　况】 政协咸丰县第九届委员会由6个参加单位、16个界别和特别邀请人士共17个方面组成。截至三次会议期间，共有委员173人。机构改革调整后，九届县政协设置办公室和提案委员会、经济人口资源环境委员会、农业农村委员会、教科卫体委员会、文化文史和学习委员会、民族宗教委员会、社会法制外事联谊委员会、政协委员工作委员会共8个专门委员会。办公室下设秘书科、信息科和行政科。核定编制14人（公务员13人、工勤1人）。2019年12月在职人员41人，在编人员39人。

2019年，县政协高举习近平新时代中国特色社会主义思想伟大旗帜，紧紧围绕县十四届三次党代会确定的目标任务，全面加强政协党的建设，坚持团结和民主两大主题，坚持建言资政和凝聚共识双向发力，充分发挥专门协商机构作用，开拓进取，勤勉履职；开展“协商在一线”试点工作，打造“建真言·聚合力”党建品牌，推动政协协商进一步向基层延伸，为打赢脱贫攻坚大决战、打造开放咸丰升级版做出新的贡献。

【县政协九届四次会议召开】 受新冠肺炎疫情影响，中国人民政治协商会议湖北省咸丰县第九届委员会第四次会议于4月8日在县会展中心举行。本次会议应到委员188人，因事因病请假10人，实到178人，符合规定人数。县委书记郑东来到会致辞，县政协主席邹玉萍向大会作《县政协九届常委会工作报告》；县政协副主席李方胜向大会报告县政协九届三次会议以来的提案工作。

会议主要议程：听取和审议政协咸丰县第九届委员会常务委员会工作报告；听取和审议政协咸丰县第九届委员会常务委员会关于九届三次会议以来提案工作情况的报告；委员大会发言；列席咸丰县第十八届人民代表大会第四次会议，听取并讨论政府工作报告和其他报告；选举增补政协咸丰县第九届委员会副主席；审议通过政协咸丰县第九届委员会提案委员会关于九届四次会议提案审查情况的报告；审议通过政协咸丰县第九届委员会第四次会议有关决议；其他事项。

会议的主题是：高举习近平新时代中国特色社会主义思想伟大旗帜，在中共咸丰县委的坚强领导下，深入贯彻落实党的十九大，十九届二中、三中、四中全会和中央，省委政协工作会议精神，紧紧围绕县十四届四次党代会确定的目标任务，坚持发扬民主与增进团结相互贯通、建言资政和凝聚共识双向发力，牢牢把握团结和民主两大主题，认真履行政治协商、民主监督、参政议政职能，为全面建成小康社会、加快“五个咸丰”建设做出新的贡献。

在政协九届三次会议期间，共收到委员提案36件，按照规定，对2件“关于干栏式建筑”方面的提案合并为1件后，共形成提案35件，参与提案委员292人次。其中，涉及经济发展方面4

件，社会事业方面4件，交通建设方面4件，城乡建设与管理方面13件，综合管理方面10件。经县政协主席会议确定重点提案10件。按照“分级负责，归口办理”的原则，将35件提案分别落实到15个县直部门牵头主办，相关部门和乡（镇、区）协办；10件重点提案分别由县委、县政府、县政协领导督办。截至2019年12月，所立提案得到解决或正在解决的31件，占立案总数的88.6%；因条件限制暂时不能解决的4件，占立案总数的11.4%，提案办复率100%。在政协九届三次会议闭会后，收到《关于加强县城公交车司机服务质量和素质教育》的建议1件，作建议意见送县政府批转县交通运输局处理。

4月10日上午，选举严克远为政协咸丰县第九届委员会副主席，会议完成所有议程后闭幕。

【政协常委会、党组会及主席会议】 2019年，政协咸丰县第九届委员会召开常务委员会议4次。

第14次会议。2月22日，县政协党组书记、主席邹玉萍主持召开，县政协副主席黎生华、李方胜、徐子轩、刘玉学，秘书长严兴权参加会议。会议学习传达省委书记蒋超良在全省地厅级主要领导干部“坚持底线思维、着力防范化解重大风险”专题研讨班上的讲话精神，学习传达十九届中央纪委三次全会、省纪委十一届三次全会、州纪委七届四次全会、县纪委十四届四次全会精神，审议通过有关人事问题。

第15次会议。3月29日，邹玉萍主持召开，县政协副主席黎生华、李方胜、徐子轩、刘玉学，秘书长严兴权参加会议，部分县直活动组组长列席会议。会议学习传达全国政协十三届二次会议精神，审议通过《政协咸丰县委员会2019工作要点》和相关人事任免。县政协党组书记、主席邹玉萍就加强新时代政协党的建设工作，开展题为“以习近平新时代中国特色社会主义思想为指引，努力取得全面从严治党更大战略性成果”的专题辅导培训。

第16次会议。6月28日，邹玉萍主持召开，县政协副主席黎生华、李方胜、徐子轩、刘玉学，秘书长严兴权、部分政协委员、部分部门负责人参加会议。县政府调研员曾庆国列席会议并讲话。会议传达学习省政协“协商在一线”试点工作精神，审议通过《关于我县特色产业基地建管情况的调研报告》。县政协副主席黎生华就“认真学习经济高质量发展思想、努力助推我县经济高质量发展”进行专题辅导培训。

第17次会议。9月27日，邹玉萍主持召开，县政协副主席黎生华、李方胜、徐子轩、刘玉学，秘书长严兴权参加会议。会议传达学习中央政协工作会议暨庆祝中国人民政治协商会议成立70周年大会精神，审议通过《关于我县民营企业扶持政策落实情况的调研报告》，协商通过《关于调整专门（工作）委员会设置的决定》。县政协副主席李方胜就“不忘初心、牢记使命”主题教育开展专题辅导。

党组会议。全年共召开12次党组会议，学习传达习近平总书记关于加强和改进人民政协工作的重要思想、系列重要讲话精神以及中央、省委、州委和县委重要会议、文件精神，贯彻落实党中央、省委、州委和县委各项决策部署。研究加强县政协党的建设、思想建设、组织建设、作风建设、党风廉政建设和干部队伍建设中的重大问题。就县政协重大协商议政和民主监督课题、重大活动、重点工作、改革项目进行安排部署，对“三重一大”事项进行决策。组织开展专题学习，研究和加强政协系统意识形态工作，全面贯彻落实意识形态工作责任制部署和要求。发挥好党组把方向、管大局、保落实的领导作用，强化思想政治引领，夯实共同思想政治基础。

主席会议。全年共召开16次主席会议，学习传达各级会议、文件精神，贯彻落实党中央、省委、州委和县委决策部署。讨论处理常委会议、党组会议安排的重要事务，协商讨论相关调研视察报告、专题建议案。安排部署县政协调研视察、重点提案办理、“协商在一线”试点工作、社情民意、文史资料编纂、精准扶贫、委员学习培训、委员履职评价、制度修订等相关工作，形成《关于全县食品安全监管工作的调研报告》等主席会议建议案报送县委、县政府。审议本届政协委员名额和决定人选的增加或变更，提请常务委员会协商决定。召集并主持常务委员会会议，决定常务委员会会议的日期和会议议程，审议提交常务委员会会议审议的文件。安排部署加强和改进县政协机关制度建设、作风建设、效能建设等各项工作，提高机关服务的质量和水平。

【围绕中心服务大局】 强化党建引领，用新要求推动政协工作。牢固树立做好政协工作必须首先抓好党建的理念，全面加强政协党的建设，组织推动政协各参加单位、全体政协委员和政协工作者深入学习贯彻中央和省委、州委、县委关于加强新时代人民政协党的建设的若干意见及实施意见精神，把党的领导体现到政协履职的全过程各方面，形成以党建带队伍、促履职的良好格局。充分发挥县政协党组的领导核心作用，压实县政协各级党组织全面从严治党主体责任，严肃党内政治生活，全面落实“三会一课”、民主评议党员、谈心谈话等制度，开展好支部主题党日活动，加强党员干部管理，切实抓好意识形态领域工作，坚守人民政协的初心，领悟人民民主的真谛，努力推动政协工作提质增效。

围绕高质量建言，着力拓展协商民主格局。坚持把助推咸丰高质量发展作为工作主线，将政协工作放到全县改革发展稳定大局中去思考、谋划和推进，做到议政建言围绕中心不偏离，服务大局不缺位，积极探索发挥协商民主重要渠道和专门协商机构作用的有效形式，充分体现协商于民协商为民。开展“协商在一线”试点工作，紧扣县委重大决策部署，先后围绕易迁安置点后续发展、特色产业基地建管、重点项目建设等八大课题开展调研视察，举办系列一线协商议政活动，形成一批较高质量的协商议政成果并报送县委、县政府，助推党委政府政策措施落地生效。《关于我县民营企业扶持政策落实情况》等 3 篇调研报告，得到州政协主席刘建平等领导的高度评价和肯定。

聚焦高质量发展，全力决战决胜脱贫攻坚。坚决落实脱贫攻坚政治责任，县政协领导班子成员积极履行指挥长、副指挥长职责，以身示范，攻坚克难，常年带头沉在基层，督办政策落实，集中解决事关人民群众切身利益的问题。县政协机关组建两个“尖刀班”分别进驻忠堡镇庙梁子村、黄木坨村，8 名干部常年吃住在村、工作在村，用心用情开展帮扶工作。持续推进州、县两级政协委员参与精准扶贫“三大工程”，共结对帮扶贫困户 1343 户、贫困学生 357 名，带动专业合作社 98 个，帮助解决困难和问题 1200 余件，帮助落实项目 380 个，协调落实资金 900 余万元，捐赠资金和物资 30 多万元。在推进“比抓强争促”工作中，县政协领导班子成员牵头负责或参与社会事业发展等项目专班工作，积极谋划、协调推进一批牵动全局、事关长远的重点项目建设。

突出高质量履职，全面提升民主监督实效。严格落实上级关于加强和改进人民政协民主监督工作的实施意见精神，把民主监督贯穿到视察调研、大会发言、提案建议、社情民意信息等工作中。充分发挥提案监督主渠道作用，坚持和完善提案交办、督办、公开、评议制度，强化“带案视察”、专题督办和重点提案跟踪督办，提案办理由答复型向落实型转变，促使提案办理过程逐步成为政协委员关注民生、反映民意的过程，成为社会各界围绕发展集思广益、凝聚共识的过程。组织委员深入了解民情，倾听民声，汇聚民智，全年向省州报送各类社情民意信息 20 余篇。其中《关于易地扶贫搬迁后续发展的建议》等 6 篇信息由省政协上报全国政协，《关于争取国家制定出台〈湘鄂西、湘鄂川黔革命老区振兴发展规划〉的建议》等4篇信息由省政协转报转送省委、省政府。支持政协委员担任监督员、陪审员、调查员，积极组织选派委员、机关干部参加巡视巡察、督导督查、听证评审、陪审旁听等活动，监督视野不断扩大。

【提案工作】 2019年，全体政协委员紧紧围绕咸丰县委、县政府重大决策部署，紧扣全县改革发展稳定大局，高度关注经济社会发展和人民群众普遍关心的热点难点问题，积极运用提案形式建言献策，提出很多宝贵而有价值的提案。

在政协九届三次会议期间，共收到委员提案36件，按照规定，对2件"关于干栏式建筑"方面的提案合并为1件后，共形成提案35件，参与提案委员292人次。经提案委员会审查并提交县政协第九届委员会第十二次常委会审议通过，决定立案35件，立案率为100%。其中，涉及经济发展方面4件，社会事业方面4件，交通建设方面4件，城乡建设与管理方面13件，综合管理方面10件。经县政协主席会议确定重点提案10件。在政协九届三次会议闭会后，收到《关于加强县城公交车司机服务质量和素质教育》的建议1件，作平时建议意见及时送县政府批转县交通运输局处理。

县委、县政府高度重视政协提案工作，按照"分级负责，归口办理"的原则，将35件提案分别落实到15个县直部门牵头主办，相关部门和乡（镇、区）协办。10件重点提案分别由县委、县政府、县政协领导领衔督办，各办理单位积极履职，认真办理。通过一年的共同努力，所立提案得到解决或正在解决的31件，占立案总数的88.6%；因条件限制暂时不能解决的4件，占立案总数的11.4%，提案办复率100%。

【联谊交流与文史宣传】 深化联谊交流，不断扩大"朋友圈"。加强与省、州政协的联系，协同开展调研视察活动，积极争取各级对咸丰经济社会发展的关注和支持。省政协副主席马旭明、彭军，州政协主席刘建平等省、州政协领导先后多次来咸调研指导工作，深入一线参与协商议政活动。密切与省外及邻近县（市）政协的联络联谊，注重互鉴交流，开阔工作视野。积极利用鄂渝湘黔边区联席会议、武陵山片区政协主席联席会等平台，广泛呼吁国家政策支持，推动打造武陵山片区发展共同体。加强同党外知识分子、非公有制经济人士、新社会阶层人士的沟通联络，及时反映意见诉求，主动帮助排忧解难，把他们紧密团结在党的周围。

充分发挥政协文史资料存史资政、团结育人功能，完成咸丰文史资料第十四辑《警事择记》编纂工作，加快编纂《咸丰传统村落丛书》，为传统村落的文化传承、建设、发展建档存史。围绕庆祝新中国和人民政协成立70周年主题，通过组织"展示委员风采、召开座谈会议、举办书画展览、革命传统教育、征集文史资料"等"五个一"活动，展现政协委员精神风貌。密切与新闻媒体、期刊的联系与协作，《人民政协报》《湖北日报》《恩施日报》等国家、省、州各级主流媒体共采用县政协报送的宣传稿件60余篇，对咸丰县"协商在一线"试点工作、政协委员参与精准扶贫"三大工程"、提案办理等工作给予广泛宣传，透过政协"窗口"，讲好咸丰故事，树好咸丰形象，扩大咸丰影响。

【"协商在一线"改革试点工作】 根据全国政协相关要求和省政协《关于在部分县（市、区）政协开展"协商在一线"试点工作的通知》（鄂协发〔2019〕9号）文件精神，省政协决定2019年在全省部分县市政协开展"协商在一线"试点工作，推动政协协商进一步向基层延伸。咸丰县政协列为全省18个试点县（市）之一，是恩施土家族苗族自治州唯一纳入试点的县级政协组织。

试点中，突出抓好规定动作和特色工作。一是进一步深化和完善主席联系常委、常委联系委

县政协在忠堡镇召开关于加强环境整治、助推乡村振兴"院坝协商"座谈会 朱玉婷 提供

县政协举办重点项目"协商在一线"座谈会 县政协办 提供

员制度，建立健全委员联系界别群众的机制。二是探索政协服务界别群众和基层群众"条块"结合的活动方式。以各县直政协活动组和乡镇联络组为单位，依照工作性质和生活区域，推行"委员联村（社区）"工作制度，实现173名政协委员全覆盖；结合本届委员"五个一"履职要求，组织委员深入乡镇街道、村庄社区、工矿企业，收集民意，反映诉求，服务群众；开展公益慈善、科技医疗法律文化下乡、精准扶贫"三大工程"等活动。三是打造"协商在一线"工作平台，组织政协委员、政府相关部门深入田间地头、项目现场和社区院落，与村（社区）居民就近就地开展各类协商活动，让群众感受到"政协在身边"。县政协党组书记、主席邹玉萍等县政协领导，先后在8个乡镇18个村2个社区，以"院坝协商"为阵地，组织委员、基层各方面代表人士600多人参加，开展专题协商20余场（次），形成"协商在一线"《专题建议案》5期，一批意见建议转化为乡镇、部门的务实行动。

"协商在一线"改革试点工作得到省州政协和县委的高度重视和大力支持，省政协党组成员、副主席马旭明，州政协党组书记、主席刘建平等省州政协领导多次到咸丰进行专题调研，县委书记郑东来、县长杨皓深入基层一线参加"院坝协商"活动，听取各方意见，凝聚广泛共识。钟祥市政协、来凤县政协等县（市）政协人员专程到咸丰开展交流学习互鉴，湖北民族大学专家团队到咸丰观摩考察。全年在省州以上各级媒体发布反映县政协"协商在一线"工作的稿件20余篇，进一步扩大咸丰政协影响，树立协商议政品牌。

（朱玉婷）

纪检监察

综　述

【概　况】2017年12月，咸丰县监察委员会挂牌成立，与咸丰县纪委合署办公，履行纪检监察两项职能。2019年，根据上级文件要求，撤销原3个派出纪工委、监察分局，成立7个派出纪检监察组。机关内设12个职能部室、1个专属机构和7个派出纪检监察组，分别为办公室（政策法规研究室）、组织部、宣传部、信访室、案件监督管理室、党风政风监督室、纪检监察干部监督室、案件审理室、第一纪检监察室（审查调查协调指挥室）、第二至第四纪检监察室、县纪委监委信息中心、派出第一至第七纪检监察组。现有行政编制80名、事业编制5名。2019年底，在职干部职工70名，其中领导职数9名，工勤人员1名。

2019年2月21日，召开中共咸丰县第十四届纪律检查委员会第四次全会。县委书记郑东来出席会议并讲话，县委副书记、县长杨皓主持，县委常委、县纪委书记、县监委主任卢小志代表县纪委常委会作题为《严字当头、一严到底，巩固发展反腐败压倒性胜利》的工作报告。会议传达学习党的十九大，十九届二中、三中全会和习近平总书记视察湖北重要讲话精神，研究部署全县2019年党风廉政建设和反腐败工作，听取5个单位党组织书记述责述廉，并接受纪委委员现场提问和测评。

加强理论武装。坚持把深入学习贯彻习近平新时代中国特色社会主义思想作为县纪委常委会、理论中心组学习、周一集中夜学、支部主题党日活动和各类培训首学必学内容。严格落实全员培训要求，建立完善纪检监察干部培训档案，参加省、州纪委监委调训29期94人次，自办培训5期457人次，举办村级纪检委员培训班，11个乡镇277个村（社区）纪检委员全员参训。开展“不忘初心、牢记使命”主题教育，组织集中学习、交流、研讨26次，在系统内开展“话变化、找差距、抓整改”活动，县乡村纪检干部提交问题清单360份，逐项整改销号。

加强政治监督。组织全县党委（党组）和纪检监察机关开展“两个责任”落实情况评议活动，协助县委对2018年度党风廉政建设考核排名靠后的5名党组织书记进行约谈。查处履行“两个责任”不力问题166个，问责267人。严把党风廉政意见回复关，审核8040人次，否决5人次。开展机构改革监督检查，对45个涉改部门全过程监督，对机构改革所涉的121名干部开展集体任前廉政谈话。对2018年以来下发的8份纪律检查建议书和43份监察建议书落实情况进行再监督，下发督办函1份。查处违反政治纪律案件2件，处分2人。

加强巡察工作。2019年先后对12个县直单位开展常规巡察，发现问题154个，向被巡察单位党组织提出巡察建议49条；对全县11个乡（镇、区）党委及所属村（社区）党组织开展精准扶贫脱贫攻坚及基层党组织建设专项巡察“回头看”工作，发现问题509个，移交线索3条，交办立行立改问题1663个，相关问题已整改完成。将省委巡视组、州委巡察组反馈问题整改纳入巡察监督的重要内容，所有问题均已整改完成。将县委第一至五轮巡察未整改完毕的28个问题和州委第一巡察组专项巡察反馈尚未整改完毕的3个问题纳入“不忘初心、牢记使命”主题教育进行专项整治，年内整改落实。

【惩治“四风”与执纪问责】 协助和督促党委担负起整治形式主义、官僚主义的政治责任，督促统筹精简文件、会议、督查考核事项。全县性会议、下行文、督查检查、基层报表同比下降30.2%、38.2%、80%、69.5%；村（社区）行政挂牌由21块减少到6块，整合、解散重复设置的微信、QQ工作群超过20%。紧盯时间节点，向全县领导干部编发廉政短信6000余条，组织交叉检查5轮。开展领导干部利用名贵特产和特殊资源谋取私利问题专项整治，梳理名贵土特产资源5类31种。查处形式主义、官僚主义问题62个，处理111人，处分34人；查处违反中央八项规定精神问题14个，处理20人，处分14人。

开展信访举报办理“两走四见”活动，县、乡纪检监察干部走访党员干部群众187人，村（社区）纪检委员走访12000余人次，解决问题653个，化解信访矛盾27个。开展信访举报办理“清零行动”，40件实名举报件全部反馈，10件11人失实举报得到公开澄清。全年共受理信访举报285件，处置问题线索503条，立案189件，结案189件，处分180人，采取留置措施5人，扣押、暂扣涉案款421.7万元。运用“四种形态”处理党员干部494人次，第一、二种形态占比91.9%。对上年度47名受处分干部进行回访教育，本级公开宣布处分决定78场。

【党风廉政建设宣传教育】 举办“清风荆南·正气涤荡”廉政文化征文活动，组织“廉洁教育宣传新春行”，宣传解读党纪法规，举办“清风塑我廉洁前行”主题演讲比赛，讲述身边的勤政廉政典型人物和先进事迹。推出廉政沙画《人生的礼物》、廉政快板《反腐倡廉清风颂》，选取近年查处的典型案例，编印《漫画说纪》小人书。组织全县50名领导干部家属走进家风家训教育基地，开展家风教育体验活动。持续推进“大篷车”普纪宣传进乡村、普纪普法志愿者入农户等活动，全年开展廉政宣教活动58场次，累计受众超过13万人次，发放廉政宣传资料4万余份。开展“十进十建”活动督导2次，下发通报3期，对连续两次排名靠后的4个单位负责人进行约谈。在州级以上新闻媒体发布相关稿件451篇。

2019年5月27日，咸丰县“树清廉家风，立崇廉家规”家风教育体验活动在严家祠堂家风家训教育基地举办　　宋海燕　摄

【惩治群众身边腐败和作风问题】 全年组织召开全县扶贫领域腐败和作风问题专项治理工作联席会4次，督促职能部门移送问题线索25条，查处扶贫领域腐败和作风问题129个，追责问责256人，处分34人，通报典型案例8期23起42人。举办扫黑除恶惩腐打“伞”接访活动，发放“扫黑除恶”宣传单5000余份，接待群众135人次，

受理问题线索2条，解答群众提问86个。查处涉黑涉恶腐败和“保护伞”问题线索13个，处理26人，其中给予党纪政务处分17人，组织处理9人，留置3人，移送司法机关4人，冻结涉黑涉恶案件资金809万元。对党的十八大以来人防系统问题线索进行大起底，追缴资金91.98万元，发现问题线索2条，留置1人。开展民生领域漠视侵害群众利益问题专项整治，处理69人，其中处分2人，退赔金额66.66万元。

【机关队伍建设】 加强纪检监察工作信息化科技化建设，投入62.5万元完成专网100%国产装备替代，投入10万余元建立远程信访接访平台，投入150万元新建留置专区，同步配备信息化设备。建立乡镇纪委副书记与县纪委内设机构、派出机构副职交流调任机制。组织考察组赴杭州市余杭区考察学习廉政村居建设，选派30名县、乡纪检监察干部参加杭州纪检监察培训中心审查调查业务培训班，2名干部赴杭州市余杭区纪委监委挂职学习，18人次到省、州纪委挂职学习，下派8人到乡镇纪委蹲点锻炼。开展“岗位练兵在行动”活动，组织乡镇纪检监察干部跟班学习39人次。邀请24名社会各界人士开展“走进监察委”开放日活动。严格落实“鄂纪干监25条”“十五不准”“十一不得”等相关要求，查办纪检监察干部问题线索2条，诫勉谈话1人。向全县纪检监察干部家属寄送感谢信106封，组织开展“凝心聚力、提升士气五个一”活动，提拔重用纪检监察干部14人。

（李　鲲）

2019年5月30日，由咸丰县纪委监委、县委宣传部、县总工会、团县委联合举办的“清风塑我·廉洁前行”主题演讲比赛决赛　　宋海燕　摄

巡察工作

【概　况】 根据《中国共产党巡视工作条例》《中共湖北省委关于市县党委开展巡察工作的意见》（鄂发〔2016〕12号）精神及州委有关巡察工作要求，2016年2月15日，经县委常委会讨论，决定成立县委巡察工作领导小组和办公室，组建县委巡察组。6月29日，成立以县纪委书记为组长、县委组织部部长为副组长，纪委、组织部、巡察办相关领导为成员的巡察工作领导小组。7月21日，经县编委审定，成立县委巡察工作领导小组办公室，明确为正科级机构。组建巡察工作人才库，将从事过党务、纪检监察、组织人事、财务等工作的人才纳入人才库，建立组长库22人、其他人才库83人。2017年3月31日，县委办公室印发《中共咸丰县委巡察工作领导小组办公室、中共咸丰县委巡察组主要职责、内设机构和人员编制规定》，核定县委巡察办（巡察组）行政编制11名。县委巡察办和巡察组统称为县委巡察机构。

巡察办的主要职责：1.向州委巡察办和县委巡察工作领导小组报告工作情况，传达贯彻州委巡察工作领导小组、县委和县委巡察工作领导小组的决策和部署；2.统筹、协调、指导县委巡察组开展工作；3.承担县委巡察政策研究、制度建设、服务保障等工作，健全完善与其他执纪执法监督机关的信息沟通机制；4.对县委、县委巡察工作领导小组决定的事项及巡察移交事项进行督办；5.配合有关部门对县委巡察工作人员进行培训、考核、监督和管理；6.协调配合省委和州委巡视巡察组在县开展巡视巡察工作；7.对巡察成果运用履行组织协调、服务指导、督办检查等职责；8. 在巡察中发现的县委管理的党政主要负责人和后备干部违纪违法问题线索，每半年报州委巡察办备案；9. 办理州委巡察办和县委巡察工作领导小组交办的其他事项。

【县委第五轮、第六轮巡察】 2019年完成县委第五轮、第六轮常规巡察。巡察对象为县商务局、贸促会、县委党校、残联、司法局、总工会、财政局、县妇联、信访局、团县委、审计局、科协等十二个单位。以被巡察单位是否做到“两个维护”为根本，以“发现问题、形成震慑”为主要任务，聚焦“从严治党”核心，紧扣“六个围绕、一个加强”和“五个持续”的巡察总要求，对标聚焦、精准发力，充分发挥政治巡察震慑、遏制功能。两轮常规巡察，共发现问题154个，对被巡察单位党组织提出巡察建议49条，涉及个人问题线索1条。

开展精准扶贫、基层党组织建设专项巡察“回头看”。2019年8月11日至9月13日，县委组织4个巡察组，由州委巡察组统一领导和指导，采取州统筹、县市联动、交叉巡察，分级负责，分类实施的方式，对全县274个村（社区）开展精准扶贫、基层党组织建设专项巡察“回头看”，共发现问题509个、移交线索3条、交办立行立改问题1663个。

（熊国君）

群众团体

县总工会

【概　况】 咸丰县总工会机关有在职干部职工12名，其中副处级1名，正科级2名，副科级3名，全额拨款事业编制1名，工会协理员2名，工资集体协商员1名，工勤人员2名。

2019年7月，咸丰县委办公室转发《咸丰县总工会关于推进全县乡（镇、区）、工业园区工会改革创新实施方案的通知》，全面推进基层工会改革创新，全县11个乡（镇、区）成立工会工作委员会，16家二级单位较多的县直单位开展工会改革试点工作。全年新建基层工会12个，新增会员700余名，包括快递、家政、货运等“八大员”新型组织，全县基层工会总数达到347个，会员总数达到9495人，工会覆盖面进一步扩大。加快“电子会员卡”推广使用，县总工会与家家健茶叶、煌盛购物广场、力嘉恒温游泳池等8户商家签订特惠服务，实现服务全覆盖、服务时间不间断。

2019年9月4日，在皇城广场举办咸丰县·余杭区劳务招聘会　　李　华　摄

【劳模评选】 2019年，县总工会新推荐邓辉、赵心得、黄澄、杨理理、邓耀辉、粟胜武、周国恩、杨磊、张继文9人评选州劳模。同年9月25日，湖北省第三届“荆楚工匠”授称大会在武汉举行，咸丰县土家吊脚楼营造技术传承人万桃元被新授予“荆楚工匠”称号。

【“四送”服务与维权活动】 2019年，县总工会与县人社局联合举办“共抓扶贫劳务协作、力促精准转移就业暨余杭区·咸丰县东西部扶贫劳务协作”专场招聘会2场，585家企业提供13880个岗位，发放宣传单1万余份。利用“夏送清凉”慰问全县11个乡（镇、区）66个“尖刀班”和9个项目单位一线职工（农民工）共1800人，送慰问物资折价约9万元。依托杭州“春风行动”资助农村建档立卡贫困家庭大学新生110人，发放资金33000元，通过“金秋助学”资助城镇困难职工学生5人，发放资金16000元。开展“冬送温暖”慰问活动，帮扶慰问城市困难职工175名，包括127名一线职工、10名劳模及8名技术工匠，支出帮扶和慰问资金29.75万元。

维权活动。依托劳动争议仲裁委员会，加强重大劳动关系问题的统筹协调，参与安全事故调查5起；受理劳动人事争议案件256件，当年结案221件，其中裁决20件，调解和撤诉201件，涉案金额464.5万元，按期结案率100%。

（郭钰婷）

共青团

【概　况】共青团咸丰县委（简称团县委）是县委领导下的先进青年的群团组织，2019 年全县共有基层团组织 681 个，其中基层团委 17 个，教育团工委 1 个，团总支 19 个，团支部 432 个。团县委机关定编 3 人，实有 2 人。

2019 年，共青团咸丰县委团结带领全县各级团组织和广大团员青年深入学习宣传贯彻习近平新时代中国特色社会主义思想，学习贯彻共青团十八大和十八届二中、三中全会精神，推进共青团改革攻坚，实施“青春五大行动”，为决战决胜脱贫攻坚、建设“五个咸丰”贡献青春和智慧。

【“青春五大行动”凝聚发展力量】咸丰各级团组织不忘初心跟党走、牢记使命勇担当，实施“青春五大行动”，为决战脱贫攻坚、建设“五个咸丰”凝聚发展力量。

2019 年 12 月，组织开展青年讲师团进乡村活动
团县委　供图

青春领航行动彰显组织力量。一是坚持“党建带团建”。县委常委会听取团县委工作汇报，专题研究团建工作，把团组织建设目标任务纳入党建目标任务，纳入党建工作考核，不断扩大团的组织覆盖，以党建带团建，抓团建促党建，党团共建。二是突出思想政治引领。组建“咸丰县青年讲师团”进乡村、进学校展开宣讲，覆盖 4300 余人。发动全县青年积极参与团中央“青年大学习”活动，平均参学人数达 490 人。三是规范开展主题团（队）日活动。每月下发学校团（队）日学习主题，全年开展主题团（队）日活动 300 余次，开展“小手牵大手、文明伴我行”道德讲堂 40 余场。四是加强意识形态工作。2019 年，“青春咸丰”微信公众号发布信息 136 条，“青春咸丰”微博发布信息 1064 条，引导青年向上向善，传递青春正能量。

青春建功行动服务发展大局。一是服务中心工作。认真落实县委“五大一新”工作部署，号召青年在脱贫攻坚、征地拆迁、项目建设、招商引资一线建功立业，全县投入各基层一线团员青年 2000 余人，其中团干部 500 余人。举办“咸丰县纪念五四运动 100 周年暨投身脱贫主战场、建功立业新时代”青春事迹分享会，选树吴辉、王敦才、谭超、罗曲等一批青年典型。二是带动就业创业。发起成立“咸丰县农村致富带头人协会”，落实青年创业孵化基地，完成青创“10 万 +”会员注册 151 人，筹集资金 1 万余元。联合县人社局、商务局开展青年创新创业培训，组织发动创业青年申报“2019 年湖北大学生创业扶持”“田园小康”“精准扶贫青年创业”等各类扶持项目。三是推进争先创优。全县各级共青团、少先队组织立足本职岗位争当先进、争创优秀，全县荣获中央、省、州、县等各级“优秀共青团员”“优秀共青团干部”“青年岗位能手”“青年五四奖章”等 43 人，荣获“五四红旗团委（支部、总支）”“青年文明号”等 27 个。

青春关爱行动紧贴基层民生。开展关爱留守儿童“双结双促”活动。全县留守儿童志愿者参与“四个一”帮扶活动 14931 人次，其中通话关爱 8996 人次，完成微心愿 3111 个，提供物资帮扶 1449 次；在黄金洞乡龙家院村、曲江镇湾田村等地建立“希望家园”，招募高校大学生志愿者 20 余人为约 200 名留守儿童提供为期半个月的志愿服务。举办“为乡村子弟筑梦，关爱贫困留守儿童”公益夏令营，关爱贫困留守儿童 30 人。

"双结双促""点亮微心愿"活动和"童享阳光"助养计划，为全县系统内505名儿童和78名困境儿童发放微心愿礼包。11月，整合武汉东湖高新区资助工作经费等资金5万元，开展"冬日送暖、团团递语"关爱留守儿童活动，送出礼包700多份。落实各项资助政策：全年落实共青团余杭区委帮扶咸丰县助学63人，资金6.3万元；落实浙江省青基资助中小学助学金25人，资金2.5万元；落实共青团咸丰县委残疾儿童助学金20人，资金2万元；落实困难学生专项资助5人，资金2.2万元；落实团县委希望工程资助53人，资金3.7万元；落实湖北省希望工程助学金121人，资金33.8万元。

青春志愿行动引领社会新风。强化志愿者协会规范化建设，新增会员100余人，开展"志愿服务乡村行"活动，累计开展志愿服务23次，出动志愿者700余人次，服务"三留守"人员共计3000余人次。指导成立"咸丰县蓝天救援队"，吸收队员76人，开展活动23次。联合县慈善总会开展"童享阳光"关爱困境儿童的志愿服务项目，走访56个村的78名儿童，并长期结对帮扶。完善志愿服务机制，开展"最美志愿者"评选表彰活动，全年共表彰志愿者50余人次，推荐表彰协会及会员获青年五四奖章、道德模范、最美咸丰人等荣誉称号30余人次。

青春活力行动紧跟时代步伐。一是加强干部队伍建设。11个乡（镇、区）配备专职团干部，不断提高团干部工作能力，着力培养一支思想过硬、作风扎实、自律严格的团干部队伍。二是深化团教协作机制。将团（队）改革工作纳入教育局重点工作，强化团建带队建，严格规范入团程序和数量，新发展团员1050名，初中阶段团学比和高中阶段（含中职）毕业班团学比控制在18.8%、57.4%以内。三是强化基层组织建设。断巩固团组织堡垒建设、扩大团组织覆盖率，新建非公团组织15个，派驻团建指导员。完善"智慧团建"系统建设，录入组织360个，完整度100%，着力解决"团队衔接""党团衔接"等突出问题。

【共青团恩施州七届三次会议在咸丰召开】 2019年3月12—13日，共青团恩施土家族苗族自治州第七届委员会第三次会议在咸丰召开。州委副书记、政法委书记柯东海出席会议。与会人员到忠堡镇、电商产业园、咸丰一中参观团组织建设，共青团咸丰县委"青春五大行动"在会上做交流汇报。

中共咸丰县委高度重视共青团工作，把团建纳入基层党建总体格局，把团组织建设目标任务纳入党建目标任务，把对团工作检查考核纳入党建工作检查考核，形成"以党建带团建，抓团建促党建，党团共建"的工作格局。团县委始终把加强理想信念教育和推进青少年思想道德建设作为根本任务，积极发动青年积极参与团中央"青年大学习"活动，组织青年宣讲团深入机关、学校、乡镇、农村等基层团组织开展宣讲活动。致力服务青年发展，举办咸丰县第二届青年联谊活动，配合团州委开展"走出大山看大海"公益活动；联合恩施华图教育举办4期公考免费辅导培训，累计参与青年370人次。出台《咸丰县青年工作联席会议制度》，切实保障青年事业发展。全县各级团（队）组织常态化开展主题团（队）日活动，2018年相继开展"小手牵大手、文明伴我行"道德讲堂，"清明祭英烈、共铸中华魂"祭扫和"厉害了，我的国"红色观影活动。咸丰县第一中学团委工作受到团中央学校部表扬，朝阳寺镇中学向金秀、咸丰一中申聪2人获湖北省"最美中学生"称号。

（龙杭锐）

妇女联合会

【概　况】 咸丰县妇联是中共咸丰县委领导下的

全县各族各界妇女的群众团体。下设咸丰县妇女儿童活动中心事业单位1个。2019年，县妇联机关定编3人，年末实有4人。妇女儿童活动中心全额拨款事业编定编1人，县、乡、村、社区各级妇联组织健全。

2019年，县妇联坚持以习近平新时代中国特色社会主义思想为指导，认真学习贯彻落实党的十九大精神，以及中国妇女十二大、省妇女十二大，州第七次妇代会等会议精神，增强妇女工作政治责任感和使命感。坚持围绕中心、服务大局、服务妇女，助力脱贫攻坚，深化妇联改革，推动妇女发展，改进服务妇女群众工作方法，打造“建功立业，巾帼芳华”机关党建品牌，圆满完成全年各项工作任务。

【深化妇联改革强化组织建设】 高度重视妇联改革工作。州妇联、县委高度重视妇联改革工作，州妇联多次到咸丰县督导调研妇联改革、妇女儿童之家建设、妇女议事会等方面工作，听取妇联工作汇报，指导解决妇女工作面临的实际问题。县财政将妇女工作经费按照妇女人数人均1元的标准纳入年初部门预算（共计18万元），落实了经费保障。探索强化组织建设。按照“1+N”基层妇联组织体系建设模式，全县各乡镇、村（社区）、县工业园区、县旗袍协会等均设立妇女组织，完成3个妇女微家建设，按照哪里有妇女哪里就有妇女组织的目标任务，探索在教育、卫生等行业战线和商务楼宇、精准扶贫易地搬迁安置点、社区广场舞团队等新领域新业态新阶层新群体中灵活多样建立妇联组织；推进“三亮”工作品牌，发挥“妇女之家”“妇女微家”的作用，推动创业就业、家庭教育、权益维护、婚姻家庭纠纷调解等搬进家中。创新工作体制机制，强化联系服务功能。探索推行《咸丰县妇联第十届执委履职工作制度（试行）》，积极发挥29位县妇联执委的作用。运用QQ、微信等新媒体，推动妇联工作上网、活动上网、服务上网，及时回复咨询等，提高妇女干部及妇女群众对妇联组织的归属感和认同感。

【创新妇联载体打造巾帼品牌】 拓展“巾帼创业、脱贫行动”。2019年通过妇联创业就业孵化基地（烜翔职业技术学校）开展美容、育婴师、计算机等技能培训共16期，共有799名妇女受益（其中建档立卡贫困户168人，留守妇女68人），实现就业360人（其中建档立卡贫困户47人，留守妇女24人），创业62人。联合人社、就业等部门开展“春风行动”招聘会，帮助妇女就业。申报巾帼创业扶持计划项目17个，涉及种植业、养殖业、餐饮等。成功申报国家级“巾帼脱贫示范基地”1个（奇泉茶叶基地），带动近100人贫困妇女增收，成功申报1个州级“巾帼草根创业计划”。

推进“巾帼文明行动”。李贤付家庭入选全州十佳最美家庭，推荐省级家庭教育先进集体1个、先进个人1名，向上推介1名最美芳华、1名最美妇联人，1个百佳妇儿之家；以家风建设为着力点，开展以“树清廉家风·立崇廉家规”为主题的家庭助廉“四个一”活动（发出一份“家庭助廉”倡议，在县家风家训教育基地（唐崖镇严家祠堂）开展一次家风体验活动；观看一部廉政警示教育片《重振行装利剑反腐》；开展一期“家庭助廉”小故事征集活动）。宣传、引导广大妇女及其家庭积极投身乡村振兴战略和美丽乡村建设，举办“凝聚巾帼力量·改善环境卫生·助力脱贫坚攻”活动，在单位扶贫联系村把界村开展“清洁家园，巾帼志愿服务乡村行”活动，倡导社会主义家庭文明新风尚。

抓好“巾帼维权行动”。利用“3·8”维权周、“11·25”反家暴日、“12·4”宪法日等活动，开展“心系妇儿·送法到家”“建设法治咸丰·巾帼在行动”等活动；深化婚姻家庭纠纷人民调解工作，联合县法院、县司法局7部门加强婚姻家庭调解工作，各乡（镇、区）成立婚姻家庭调解委员会，村（社区）家事纠纷调解站正逐步规范建立；开通“12338”维权热线。2019 年，全县协调解决妇女儿童家庭矛盾纠纷 315 件，其中法院 201 件、司法 100 件、家庭护航中心 14 件，县法院家事审判庭发放人身安全保护令 1 份。积极开展防性侵、女童保护、防火防盗、应急处置等相关知识活动，联合省儿童活动中心来我县 9 个乡镇 20 所学校开展儿童安全自护教育公益活动，惠及中小学生 4344 人。

开展“巾帼关爱行动”。建立县乡村留守妇女工作台账，实行动态管理，加大对留守、困境妇女儿童的关爱力度，10 名符合条件的贫困女大学生成功申报“金凤工程”，每人获资助 2000 元，共计 2 万元。9300 名农村贫困妇女享受“两癌”免费检查（其中留守妇女 3886 人），20 名符合条件的农村贫困妇女获得“两癌”救助，每人获得 1 万元，共计 20 万元。2019 年为县妇幼保健院向全国妇联成功申报价值 10 万多元的“母亲健康快车”项目，以母亲健康快车为载体，开展妇女病免费检查活动。开展“周末爱陪伴”爱心妈妈关爱留守儿童、贫困单亲家庭困境儿童大型公益活动，来自社会各界的爱心妈妈和留守儿童进行一对一的结对关爱；成立县家庭教育指导中心，在 11 个乡（镇、区）举办 12 场家庭教育骨干培训会，近 1000 名妇女代表参加，完成 10 个贫困村的“家庭教育楚天行——恩施州家庭教育巡讲”活动，开展第二届“最美家庭”评选活动，开展“阅成长，悦成长”亲子教育公益活动，中国儿基会联合飞鹤乳业为全县 500 名 0—3 岁的孩子捐赠亲子绘本 500 套、书包 500 个。

（杨建伟）

科学技术协会

【概　况】 咸丰县科学技术协会于 1984 年成立，是县委直接领导下的人民团体。咸丰县科协领导班子成员 5 人，设主席 1 人、副主席 4 人，其中专职 2 人、挂职 1 人、兼职 2 人。机关内设办公室、普及部、学会部、宣教部 4 个部室，下辖咸丰县科技馆，系公益一类事业单位，核定事业编制 3 名，其中全额拨款事业编制 2 名，自筹事业编制 1 名。2019 年末在职人员 7 人，退休人员 5 人。

2019 年认真落实《全民科学素质行动计划纲要（2006—2010—2020）》，成功申报特色产业科普示范基地 1 个，咸丰县老鹰红茶特色产业科普示范基地，奖补资金 20 万元，其中中央资金 11 万元，省级资金 9 万元。成功申报科普示范学校 1 个，奖补资金 10 万元，其中中央资金 4 万元、省级资金 6 万元。

结合“不忘初心、牢记使命”主题教育，两节期间开展“我与亲人过中秋”“我与亲人庆国庆”帮扶活动，进一步提升士气，激发群众内生动力。全年开展扶贫政策和农业实用技术培训 10 次，培训贫困户 600 余人；组织单位职工到曲江镇开展科普知识宣传服务，发放科普知识读本 300 余份，科普知识宣传单 500 余份，提供科普咨询 120 人次。筹集资金 14 万元为帮扶村修桥及维修公路，改善村民出行难问题。

【举办“全国科普日·咸丰科普月”启动式】 2019 年 9 月 21 日，由县科协主办的“全国科普日·咸丰科普月”启动仪式暨葡萄采摘节在高乐山镇猫儿岭上开幕。活动当天展出展板 40 余块，发放各类科普书籍及科普宣传单 500 余份，并邀请烟台的国家二级酿酒师、品酒师辛振禄给县内葡萄酒酿制爱好者进行培训，受益 200 余人。同时加强科普阵地建设，在黄金洞增设科普 E 站 1 套、科普电子显示屏 1 套、科普宣传栏 3 个、科普展柜 10 套。

【开展流动科技馆巡展活动】 为深入贯彻落实《全民科学素质行动计划纲要》，改善中西部科普资源短缺、科普阵地薄弱的现状，由中国科学技术协会主办并投资的“中国流动流动科技馆”，

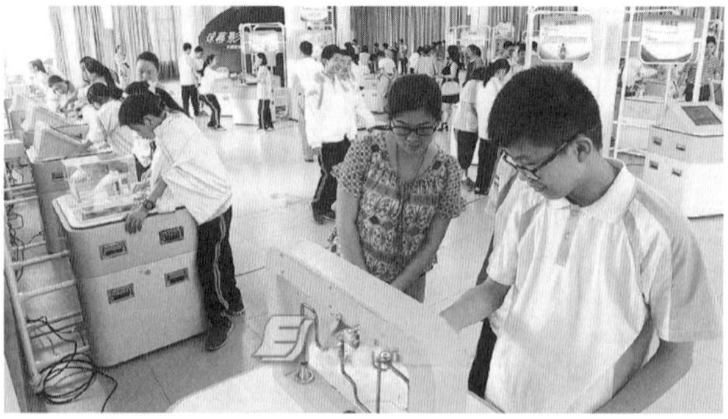

中国流动科技馆咸丰巡展在咸丰一中举办
县档案馆　提供

2019年12月24日至2020年3月中旬在咸丰县图书馆五楼巡展。每座流动科技馆投资300多万元，分声光体验、电磁探秘、运动旋律、数字魅力、健康生活等种类，数十件互动展品与科学表演、科学实验、科普影视相结合，为公众特别是青少年提供免费的科学教育服务，培养广大青少年用科学思维去思考问题，倡导科学方法，弘扬科学精神，增强动手能力。活动启动当天县直各单位干部职工、学校师生和市民约2000余人参加科技体验互动活动。

（吴雨虹）

工商联

【概　况】 2019年，咸丰县工商业联合会（总商会）核定行政编制4人，实有在职人数6人。年末共有执委51名，会员330个。全年工作以参政议政、商会建设和扶贫济困为重点，团结和带领广大非公有制经济人士投身精准扶贫和“五个咸丰”建设，各项工作取得较好成绩。

理想信念教育成效明显。组织党员干部及民营企业家参加政治理论学习培训3次，召开非公经济人士理想信念专题教育3次，召开意识形态工作专题会4次，开展“不忘初心、牢记使命”主题教育，深入民营企业集中调研31次。

商会平台建设亮点突出。巩固北京、广东、武汉、温州4个异地商会建设成效，引导开展“不忘初心、牢记使命”主题教育，咸丰县唐崖镇商会、咸丰县活龙坪乡商会在民政部门登记注册。

精准扶贫有力推进。2019年，共103家企业积极参与到“千企帮千村”行动中，对全县66个重点贫困村实现产业帮扶全覆盖，实施帮扶项目140余个，民营企业产业扶贫投入达1亿元以上，受帮扶贫困人口2.7万人。

【服务全县发展大局】 2019年，成功引进日昌升集团到县投资建设，并与县政府签订总投资年产500万吨新型绿色建材及多产联运项目投资协议；成功引进博今电气在县忠堡工业园区落户，签约资金达5000万元。

（胡　姝）

残疾人联合会

【概　况】 咸丰县残疾人联合会是残疾人事业发展和从事管理服务的人民团体，2019年末干部职工7人，内设职能部门1个，隶属管理的事业单位1个。全县11个乡（镇）区设残疾人联合会、村民委员会和城（镇）社区分别成立残疾人协会。负责联系、监督6个专门协会：肢残协会、盲人协会、聋哑协会、智力亲友协会、精神病亲友协会、志愿者协会。2019年，县残联紧紧围绕加快推进残疾人小康进程主线，加强民生保障，促进就业创业，提升康复服务水平，增强残疾人的生活能力。推进残疾人托养中心和乡（镇、区）残疾人托养站项目建设，县残疾人康复中心开工建设，项目总投资1207万元。

落实残疾人社会保障政策。打通服务残疾人“最后一公里”让残疾人少跑路，将集中下乡办证和上门服务办证作为重要工作来落实，2019年共计办理残疾证1998例，其中下乡集中办理残疾证1169例。强化残疾人基本服务状况和需求信息数据动态更新，通过购买服务的方式对全县11个乡（镇、区）、263个村、7个社区进行入户核查，共核查残疾人13558人，入户调查率达90%。实施特殊残疾人家庭城乡居民资助计划。全县2107名重度残疾人缴纳城乡居民医保，缴纳资金46.35万元。2074名重度残疾人享受养老保险扶持资金20.74万元；10934名残疾人享受“两项补贴”741.95万元。实施贫困残疾人临时救助、春节走访慰问，调研走访一户多残、因病、因灾贫困残疾人家庭，实施救助12万元。改善残疾人居住环境。协调发改、住建、民政、卫健、农业等部门实施人居环境改造。92户残疾人家庭享受无障碍设施改造，147户残疾人家庭享受危房改造政策，52户残疾人家庭享受易地搬迁政策，81户残疾人家庭享受“厕所革命”改造政策，136名“五保”残疾人集中供养入住乡镇福利院。

促进残疾人就业创业。与就业局协作配合，开展残疾人实用技术培训和电子商务培训3次，开展就业援助月活动2次，累计培训贫困残疾人100余人次。全县30个单位60名残疾人合理安排就业岗位。争取省级“双百工程”项目12个、残疾人技术能手10个、州级“自强创业”项目6个；实施本级“创业扶持”项目1个，激发贫困残疾人身残志坚、脱贫致富的内生动力。建成东西部协作“咸丰县助残就业扶贫车间”助推精准脱贫，29名残疾人创业典型享受东西部协作助残帮扶资金37万元，助残扶贫车间带动38名贫困残疾人就业。

推动残疾教育工作。建立完善适龄未入学残疾儿童少年动态调查统计制度，完善特殊教育保障机制，采用随班就读、特殊残疾儿童“送教上门”等灵活多样方式助学支持贫困残疾学生。全县残疾儿童少年义务教育阶段在校残疾儿童344人，其中199名残疾儿童随班就读，45名在咸丰县特校就读，25名因身体等特殊原因不能上学的采取“送教上门”，72名采取“送关爱”方式实施教育。加大贫困残疾学生助学支持力度，7名残疾学生和23名困难残疾人家庭子女享受助学资助。

提升康复服务水平，增强残疾人的生活和参与能力。实施残疾儿童抢救性康复工程，扩大合作医疗报销比例。2019年35名享受贫困残疾儿童抢救性康复工程救助资金53.6万元（其中0—6岁31名、7—10岁4名），县残疾人日间照料中心照料各类残疾人30名，在乡镇托养机构就近托养残疾人200人，居家托养300人。2019年免费为225名贫困残疾人适配辅具254件，为9名贫困残疾人适配假肢，为9名贫困残疾适配助听器，为7名贫困残疾人提供人工耳蜗检查服务，为283名贫困精神残疾人提供医疗救助和服药资金244.54万元，为279名住院精神病人提供医疗救助资金233.62万元。配合卫健部门将残疾人康复服务纳入家庭医生签约服务内容，签约服务率达到90%。

【文体事业与典型培树】 加强残疾人事业宣传，2019年累计印发残疾预防和残疾康复知识宣传资料2万余份，组织开展“爱耳日”“助残日”“精准扶贫日”“残疾人趣味性运动会”“腾讯99公益”等活动，丰富贫困残疾人精神文化生活。与县电视台合作推出《百味人生》栏目，宣传吴辉、田远红、向思江、邓兴顺等残疾人创业就业先进典型。吴辉当选为中国残疾人联合会第七次全国代表大会代表、“全国民族团结进步模范”、10月“荆楚楷模”；田远红、吴辉作为湖北省残疾人创业先进代表当选“宣讲正能量、文化扶志”宣讲团成员，赴全省各县市参加宣讲活动。推进残疾人文体事业发展，袁伟译于8月25日至9月1日在天津举行的第十届残运会暨第七届特奥会上取得1金3银。

（刘娅琼）

法 治

政法委及综治

【概　况】 2019年3月，实施县级机构改革，不再设立县社会治安综合治理委员会及其办公室、县维护社会稳定工作领导小组及其办公室，有关职责交由县委政法委员会承担。不再设立县委防范和处理邪教问题领导小组及其办公室，有关职责交由县委政法委员会、县公安局承担。不再保留县委法治咸丰建设领导小组及其办公室，职责交由县委全面依法治县委员会办公室承担。改革后原与县委政法委员会合署办公的县社会管理综合治理委员会办公室、县维护社会稳定工作领导小组办公室、县委法治咸丰建设领导小组办公室撤销。

根据《中共咸丰县委办公室关于〈中共咸丰县委政法委员会职能配置、内设机构和人员编制规定〉的通知》（鄂咸县办发〔2019〕57号）文件精神，县委政法委员会内设办公室、政治处、维稳工作股、社会治理工作股。定编11人，2019年末在职在编11人。下辖事业单位县网格管理中心更名为咸丰县社会治安综合治理中心，定编8人，年末在职在编3人。

主要职责任务：对全县政法工作研究提出全局性部署，加强对政法工作的督查，统筹推进平安建设、法治建设，加强过硬政法队伍建设，深化政法智能化建设，维护国家政治安全，确保社会大局稳定，促进社会公平正义，保障人民安居乐业。指导协调全县维护稳定工作，分析研判社会稳定形势。负责全县平安建设和社会治安综合治理工作。监督和支持政法部门依法行使职权。组织研究政法改革中带有方向性、倾向性和普遍性的重大问题，深化政法改革。指导协调全县政法部门媒体网络宣传工作。指导推动全县政法系统党的建设和政法队伍建设。协调指导全县反邪教工作。统筹规划和组织推荐全县政法智能化建设。指导乡（镇、区）、县直单位开展政法工作。代管县法学会。

2019年，咸丰县政法机关围绕县委、县政府中心工作，以新中国成立70周年纪念活动和第七届世界军人运动会期间安全稳定为主线，扎实推进防范化解社会风险、扫黑除恶专项斗争、基层社会治理、信息化建设和政法队伍建设工作，持续深化平安咸丰、法治咸丰建设，人民群众的安全感、满意度不断提升。2019年下半年全县“一感一度一率一评价”指标全部进入全省前30位，群众安全感、扫黑除恶评价分别排名全州第一、第二位次。咸丰县代表恩施土家族苗族自治州接受省平安建设考核，在2019年全州综治工作考评中排名第二。扎实开展“不忘初心、牢记使命”主题教育，全县政法干警政治、业务素质不断提高。2019年，全县政法系统中记个人二等功1人、三等功10人，获个人嘉奖24人，获州级表彰3

人，获省级表彰3人，县公安局获集体嘉奖4个，集体三等功2个。

【维护社会大局稳定】 加强全国两会、新中国成立70周年等节点安保维稳工作，排查调处矛盾纠纷1118件，成功化解初信初访525件、信访积案20余件，排查稳控一般涉稳风险317件，成功销号州级交办政治和社会风险66件，有效管控“九类”重点人员347人，依法解矫社区矫正人员153人，有效管控邪教人员171名，对7起重大事项开展社会稳定风险评估，妥善处置非正常死亡案件18起，依法及时处理建始“3·14”专案、夏季新生儿肠道疫情、县城“车让行人”网炒热议事件，全县政治社会大局持续稳定。

【创新基层社会治理】 县、乡综治中心建成并投入使用，基层平安稳定力量全面加强，“一村一警”、村综治委员全面落实。推进“一统三治六联”基层社会治理创新，263个村全部建立社会治理工作站，整合人员5200余人，建成综治网格化平台237个，更新录入信息41.6万条，整合电商平台164个，为群众代办事务19.4万件、代销代购金额上亿元，在11个乡（镇、区）、30个村建成视联网系统，采取PPP模式投资1.09亿元建成“雪亮工程”，实现视频监控网络“全域覆盖、全网共享、全时可用、全程可控”的立体化防控。储备培养村级后备干部933名，县级培训村级后备干部197人，清查集体土地1.5万亩，清出“空壳社”498家。咸丰县被推荐入围“2019社会治理创新典范县”，网格化平台工作经验获载省委政法委内部专刊，两次在《半月谈》发表，并获载于《长安》《人民法治》《楚天法治》等杂志。

【深化平安咸丰建设】 全面开展平安乡（镇、区）、平安单位、平安村（社区）、平安家庭等申报评选和最美系列评选工作；将重点考核指标与村脱产干部工资绩效挂钩，激励村级干部主动作为；强化平安建设宣传，全年发放平安建设宣传资料30万册；强力打击违法犯罪，刑事案件破获创历史新高，连续20年保持命案全破纪录，成功侦破中华人民共和国成立以来咸丰县首例省督毒品目标案件；持续开展重点行业专项治理，查处各类交通违法行为32470余起，整改重点领域、重点行业隐患2907处，排查整改校园及周边安全隐患1366处；禁毒工作有效开展，新建禁毒教育主题公园3处，社戒社康人员管理到位，禁种铲毒成效明显；招商引资建成民营非营利性精神病康复医院1所，填补了县内无精神病专科医院的空白；铁路护路联防及“平安铁路”创建持续开展，寄递物流“三个100%”全面落实；12个重点行业领域扫黑除恶斗争行动强力推进，黑恶案件清零工作完成率100%，“百日追逃”任务全面完成，抓获网上逃犯60名。

【推进法治咸丰建设】 认真落实行政执法“三项制度”（执法信息公示、执法全过程记录、重大执法决定法制审核）、行政机关负责人出庭应诉制度，出庭率达100%；推进“七五”普法工作，2个行政村、3个单位被评为全省法治建设示范点，咸丰县被评为全省“七五”普法先进县；实现县、乡、村三级公共法律服务中心（实体平台）全覆盖，办理公证610件，指派法律援助案件187件，挽回经济损失1340万元；推进“律师三进”活动，全县375个单位实现法律顾问全覆盖，包括272村（居）委会、11个乡（镇、区）、63个县直部门、29个企业。县人民法院全年审结案件5062件，结案率排名全州第三，诉前调解撤诉率居全州第一，案例《咸丰法院执行干警与嚣张“老赖”硬碰硬》上榜“全国百优新媒体作品”，2019年获评“全国优秀法院”称号。县人民检察院办理的一起案件获评2016—2018年度全省十大虚假诉讼监督优秀案例，组织撰写的《认罪认罚从宽制度中检察机关的主导作用及其实现》获法学会刑法研究会“壮丽七十年·刑法新作为”高端论坛一等奖，适用认罪认罚从宽案件率居全省检察机关前列。

【服务经济社会发展】 依法保障重点工程建设，调解审结排除妨害纠纷5件；调解审结县公路局与潘某、县文旅局与张某房屋租赁合同纠纷，分别为余杭工业园区和“咸丰县市民之家”建设腾出场地；先予执行拆迁补偿纠纷8件，确保咸丰火车站站前广场建设顺利进行；调解曲江镇政府与朱某、咸丰县一中与肖某房屋拆迁纠纷各1件，审理执行咸丰县自然资源和规划局诉李某远等8户农民腾退房屋案；审结首例环境公益行政诉讼案件，解决国有闲置土地乱堆垃圾问题；审结劳动报酬纠纷500余件，为农民工追回欠薪800余万元；动真碰硬，执行到位标的额1.72亿元；人民法庭巡回开庭35件，缓减免诉讼费50余万元。

（刘　洵）

公　安

【概　况】 咸丰县公安局内设16个执法勤务机构：刑侦、交警、治安、经侦、国保、内保、网监、出入境、禁毒、特警、法制、督察、指挥中心、看守所、拘留所、信访；3个综合管理机构：办公室、政治处、警务保障室；11个乡（镇、区）公安派出所。2019年12月共有民警219人，领导职数为局长、政委各1名，纪检组组长1名，副局长5名，副政委1名，政治处主任1名。

2019年，县公安局在县委县政府的领导下，认真贯彻落实全国全省全州公安工作会议精神，围绕“对党忠诚、服务人民、执法公正、纪律严明”总要求，以“六大行动”为抓手，扫黑恶、打硬仗、保平安、推改革、促发展、强队伍，全县刑事案件、治安案件发案数同比分别下降9.4%、16.6%。在2019年底全省平安建设测评中，群众安全感居全省第十一、全州第一；扫黑除恶成效评价居全省第九、全州第二；矛盾纠纷化解率居全省第三十、全州第三；执法公平满意度居全省第十六、全州第四。

维护稳定大局服务发展。坚持“政治安全、首责必担”，打赢新中国成立70周年大庆、第七届世界军运会咸丰战场安保硬仗，确保“两会”系列重大活动期间平稳平安，省主要领导考察咸丰重大安保任务万无一失，县公安局副局长辛强因表现突出被省公安厅荣记个人二等功。

着力保障重点项目建设。抽调4名素质能力较强、群众工作经验丰富的民警常驻铁路建设、新城建设、棚改拆迁等政府工作专班；打击处理精准扶贫领域违法犯罪人员9名，治安环境进一步净化；建立“路地公安联勤联防”，黔张常铁路顺利开通。

着力优化营商环境。服务全域旅游建设，动员全体民辅警积极办理出入境证件，全局民辅警办证率95.6%，发动带动亲人、朋友办证7800余本。除交管业务外（受场地限制）所有行政审批办公全部入驻“市民之家”，实现435项公安政务服务上线运行、232项全程网上办理、119项事项只需跑一次。

【平安县城建设】 严厉打击犯罪。纵深推进扫黑除恶专项斗争，及时侦破“4·11”涉黑案、张某某等人涉黑案、唐某某等人涉恶犯罪集团案，自主摸排涉黑线索、协助鹤峰县局侦办雷某某等涉黑案。“云剑”追逃行动全州排名第二。全县共破获刑事案件280起、抓获各类犯罪嫌疑人863人，破案率达38.55%，其中八类案件全破，保持连续20年命案全破的佳绩，成功侦破新中国成立以来县内首例省督毒品目标案件。

严密治安防控。开展治安突出问题专项整治，做实做细“五隐一显”重点人动态摸排、立体管控工作，对重点人矛盾纠纷大排查大化解，消陈量、控增量、减总量，成功化解重点人矛盾纠纷98例，调解各类纠纷1000余起，调解成功率达98%以上，全县未发生影响恶劣的个人极端暴力案事件，人民群众安全感、满意度持续上升。积极推进枫桥式公安派出所建设，黄金洞派出所所长袁通俊被评为全省创建枫桥式公安派出所成绩突出个人。

严管公共安全。坚持把隐患当事故，常态化排查整治交通、治安、校园等安全隐患。及时整改咸丰大道试运行期间交通安全隐患，新增城区交通信号灯2处、逆行电警抓拍6处、违停电警抓拍20处，建设防撞软墙1万米，安装“挡车器”100个，查处各类交通违法行为78000余起；深化“缉枪治爆”，发放张贴宣传通告2000余份，收缴流散社会的火铳1支、雷管20发、气枪2支、各类子弹300余发，收缴易制爆化学品100余千克，有效防范因危爆物品流失而引发的重大案事件；开展校园安全隐患专项整治行动，配齐配强284名校园保安，其中新增保安91名，更换超龄保安60名，全县113所校园全部安装一键式报警装置并联入公安报警电话、全部安装视频监控并接入公安视频专网，校园安全进一步加强。

【公安核心战斗力建设】 坚持向科技要警力、要战斗力，推动咸丰公安事业长远发展。“平安咸丰全域立体化视频监控系统”（雪亮工程）通过整体验收，新增探头3000余个，263个行政村“雪亮工程”建设完毕，实现城、乡（镇、区）、村全覆盖，在全州率先构建起全时化、智能化、可视化监控体系，全县治安防控体系更加健全完善；整合视侦、网侦力量，选拔12名专业人才，引进先进科技装备，建强“合成作战室”，全年协破刑事案件67起，协助抓获14名逃犯。直接抓获7名逃犯，占抓获总数的33%。4G实时图传、扁平化、可视化指挥等公安信息化成果，在重大安保警卫任务中展现了强大功能，省委政法委、省委统战部等领导调研咸丰综治工作时给予充分肯定。

【深化改革夯实公安事业发展根基】 推进警务机制改革。按照公安部、省公安厅和州公安局有关警务辅助人员管理的指导意见，结合咸丰实际，研究制定《咸丰县公安局警务辅助人员管理办法》，初步完成辅警招录管理体制改革，实现辅警队伍层级化、差异化、职业化管理，254名辅警满编运行，辅警队伍职业荣誉感、工作积极性、队伍稳定性得到大幅提升。夯实基层基础工作。推动警力下沉，“一村一警”落实率达100%。基层派出所警力占比全局总警力51.6%。加强基础硬件建设，分期分批装备“一村一警”和城区巡逻快反的警用摩托16辆，建成武警咸丰中队营房和拘留所、唐崖派出所业务用房，修缮3个派出所，公安一线办公运转条件持续改善。加强执法规范化建设。出台《加强执法规范化建设意见》，推动道路交通事故处理改革，城区和坪坝营镇道路交通事故“警保联动”快处快赔服务中心投入运转，工作效能进一步提升。

【公安队伍建设】 坚持政治建警。开展“不忘初心、牢记使命”主题教育，在全警开展政治轮训，锻造过硬公安队伍，永葆队伍活力、战斗力。开展实战大练兵。组建教官队伍，制定练兵教程，开展送教下基层活动，举办“警营文化活动周”，提升民辅警队伍综合素质能力。严明纪律规矩。持续整训纪律作风、强化政治建设，制定《关于加强所队一级主体责任的意见》和《督察通报结果运用办法》，推进对黄赌毒听之任之甚至充当“保护伞”问题专项整治行动，营造风清气正的警营政治生态。落实从优待警。完成两个职务序列首次晋升，全额保障“两项津补贴”。成立维护民警执法权威工作委员会，提拔重用年轻民警20名，深化立功创模，落实战时表彰，其中民警个人二等功1人，集体三等功2个，民警个人三等功9人，集体嘉奖4个，民警个人嘉奖24人，辅警表彰奖励8人。

（李永富）

检 察

【概　况】 2019年以强化法律监督、服务检察工作为中心，调优检察业务机构职能配置，将原来的公诉科、侦查监督科、监所检察科、控告申诉检察科、民事行政检察科、人民监督员办公室、办公室、行政装备科、技术科、政治处、司法警察大队、监察科12个部门整合为第一检察部、第二检察部、第三检察部、司法行政事务管理局（办公室）、政治部、司法警察大队6个部门。年末人员编制40人，在职干警39人，检察官13人，检察官助理12人，书记员2人，司法警察4人。

2019年，县人民检察院坚决贯彻县委决策部署，认真落实县十八届人大三次会议决议，按照“讲政治、顾大局、谋发展、重自强”的新时代检察工作总要求，狠抓司法办案、诉讼监督、队伍建设，以转型发展磨砺实力韧劲，锤炼检察自信。制定出台《中共咸丰县人民检察院党组关于落实高检院党组第二巡视组反馈意见的整改方案》，以112条整改措施推进全面从严治党、全面从严治检纵深发展。认真落实“三个规定”和《关于加强司法权力运行监督管理的意见》，全体干部职工包括离退休和聘用人员在内的88人无一受到纪律、行政、刑事责任追究。坚持公开赢公信，依托重要案件信息公开网、“两微一端”平台，依法公开案件程序性信息440条、重要案件信息4条、法律文书202份，在各级媒体发稿304篇，其中国家级媒体17篇，坚持把检察权置于人民监督下。

全年获得各级表彰及通报表扬21人次，组织撰写的《认罪认罚从宽制度中检察机关的主导作用及其实现》获法学会刑法研究会“壮丽七十年·刑法新作为”高端论坛一等奖。

2019年4月26日，开展以“‘我将无我’奋斗，不负人民重托”为主题的公众开放日活动

向泸宝　提供

【打击刑事犯罪】 坚持打击、挽救、预防并重。全年共受理提请批准逮捕案件132件189人，经审查批准逮捕130件192人；受理移送审查起诉案件312件444人，经审查提起公诉268件409人，高压打击“黄赌毒”犯罪，共办理相关案件29件71人，依法不捕2件5人，不诉22件28人。始终保持对黑恶势力犯罪的高压严打态势，对构成黑恶势力犯罪的依法追捕3人，追诉14人。高效稳妥办理“一号钱庄”案，共审查案卷材料300余万字，提出补充侦查提纲62条，形成约17万字的案件审查报告。

【严惩职务犯罪】 持续保持惩治腐败犯罪高压态势，全力推进反腐倡廉建设。全年共受理职务犯罪案件10件10人，经审查，决定批准逮捕10件10人，提起公诉5件5人，办理的一起案件为国家挽回经济损失120余万元，严惩“小官巨贪”。受邀对4起案件提前介入，就影响定罪量刑的事实证据问题提出侦查引导建议10条，实现案件质量、办案效率双提升。

【公益诉讼与防范重大风险】 有效开展公益诉讼工作，全年共办理行政公益诉讼诉前案件52件，行政公益诉讼案件1件，通过公益诉讼服务乡村环境整治。围绕“美丽咸丰”，突出抓好城市生活垃圾及污水问题监督处理；解决龙坪小学、龙坪村卫生室蚊虫、恶臭困扰问题。围绕“健康咸丰”建设，加大食品药品安全监督，开展整治“泔水猪”专项活动，切断餐厨剩余物饲喂生猪带来的食品安全隐患；针对美团、饿了么、宅急购等入网餐饮服务者违法违规经营问题，推动市场监督部门开展网络外卖平台专项整治工作。

突出惩治破坏社会主义市场经济秩序、金融管理秩序犯罪行为。全年共办理相关案件12件17人，稳妥办理涉案金额达7900万元的罗某某等5人非法吸收公众存款案。落实平等保护原则，依法对个体经营者、民营企业法人不诉2人，变更强制措施1人，让上百名职工工作岗位不受影响。

【刑事诉讼监督】 担当刑事诉讼主导责任，在立案、侦查、审判、执行各环节严格把关，确保无罪者不受追究，有罪者公正受罚，有力维护司法公正权威。全年监督立案2件3人，监督撤案2件2人，追捕漏犯4人，追诉漏犯31人、漏罪13件，对侦查活动中存在的问题制发纠正违法通知书5件，提前介入引导侦查32件次，提出引导性意见56条。加强裁判结果合法性审查和审判程序监督，对判决提出抗诉1件。加强刑事执行和监管活动监督，办理羁押必要性审查案件9件9人，依法监督审判机关将2名“判而未执”罪犯交付看守所执行刑罚。针对财产刑执行和刑事执行职务违法行为发出纠正违法通知书20份，审查新中国成立七十周年特赦案件7件。监督审判机关纠正1起刑期计算错误案件；监督社区矫正机构收监1名社区矫正人员。

【民事行政检察监督】 坚持以办案为核心，构建多元化民事行政检察工作格局。全年共办理民事裁判监督案件4件、民事行政审判程序违法监督案件6件，发出检察建议4件；办理民事行政执行活动监督案件12件，发出检察建议7件。常态化开展民事虚假诉讼监督，针对1起案件发出再审检察建议，审判机关裁定再审并纠正，《关于常某与谭某、李某民间借贷纠纷》一案获评2016—2018年度全省十大虚假诉讼监督优秀案件。加强检察文书释法说理，引导当事人息诉服判5件，实现案结事了人和。

【社会矛盾化解】 落实认罪认罚从宽制度，构建捕诉全环节告知、律师全程参与的自愿性保障机制，共适用认罪认罚从宽案件217件292人。探索“一统三治六联”基层治理模式检察实践，对群众来信来访100%做到7日内程序性回复、3个月内办理过程或结果答复。加大对公职人员执行公务的保护力度，依法打击暴力抗法、袭警辱警等妨害公务犯罪案件3件3人。跟踪问效“一号检察建议”，就非营运车辆超员搭载学生问题向2部门发出检察建议，依法纠正1例违法开具犯罪记录证明行为，保障未成年人合法权益。到忠堡、清坪等中心学校开展法治宣教，运用视频课堂拓宽普法教育覆盖面，受教育人数逾5000人次。

【保障脱贫攻坚】 压紧压实脱贫攻坚政治责任，12名干警职工常年坚守精准扶贫第一线。2019年，瘾疤树村完成村级安全饮水工程，18个小组实现同组道路全硬化。完成冲天坪村公路建设、电网改造、4G网络全覆盖，成立冲天坪村集体经济股份合作社，带动贫困户增收致富。精准救助因案致贫困难人员，向1例案件被害人提供5000元司法救助。主动下沉农村送法1500余人次，教育引导群众自立自强、依法维权。加大对拒不履行赡养义务行为的打击，监督对涉嫌遗弃被赡养人的卢某炯、卢某凯立案侦查并提起公诉。

（向泸宝）

法 院

【概 况】 咸丰县人民法院设办公室、政治处、司法行政科、立案庭、民事审判庭、刑事审判庭、行政审判庭、审判管理办公室、执行警务局9个内设机构。派出坪坝营、唐崖、清坪、活龙坪4个人民法庭。2019年末，全院在职干警103人，其中在编干警81人（含入额法官31人），聘用制书记员22。退休干警54人。

2019年，共受理各类案件5208件，结案5062件，收案数、结案数同比分别上升11.1%、11.3%，法定期限内结案率为100%。受理刑事案件271件，结案261件。审结危害公共安全犯罪87案，侵犯公民人身权利民主权利犯罪31案，妨害社会管理秩序犯罪88案，受贿、挪用公款等贪污贿赂犯罪 3 件，玩忽职守渎职犯罪 1 件，其他案件 51 件。对醉驾肇事后逃逸过程中再次肇事的罗某以危险方法危害公共安全罪判处有期徒刑 11 年；对编造、故意传播虚假恐怖信息的庞某判处有期徒刑 3 年。张某等 14 人涉黑犯罪，首犯被判处有期徒刑 20 年；受理民商事案件 3001 件，结案 2937 件，调解撤诉率为 69.04%，排名全州法院第一。受理行政案件 130 件，结案 130 件，行政机关负责人出庭应诉率达 100%。受理执行案件 1806 件，结案 1734 件，执行到位标的额 1.72 亿，同比上升 27.4%。执行完毕率为 45.5%，高于全州均值 19.8 个百分点。多措并举严惩“老赖”，罚款 15 人，拘传 195 人，拘留 25 人，纳入失信黑名单 367 人。2019 年，县人民法院综合考核在全州法院排名第一，同年被最高人民法院表彰为“全国优秀法院”。

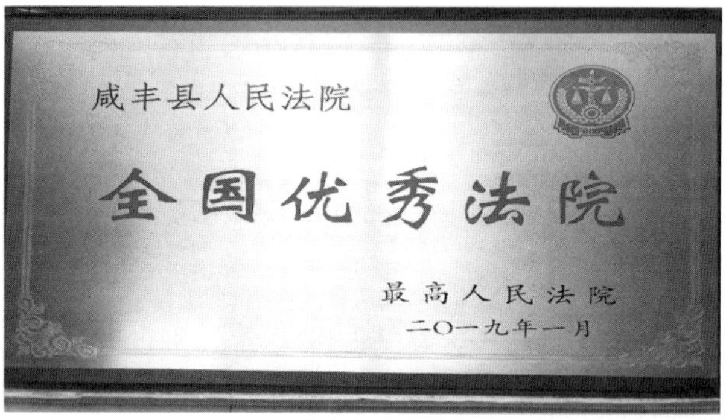

2019 年 1 月，最高人民法院授予咸丰县人民法院“全国优秀法院”称号　　县人民法院　供图

【司法为民】 2019 年，累计审执结劳动争议、劳务合同纠纷等民生案件 415 案，执行到位率达 81%，高于全州同类案件平均值 30.6 个百分点。对 58 名确有困难的当事人减、免、缓交诉讼费 68.4 万元，为 28 名特困申请执行人申报司法救助资金 42.1 万元。开展财产保全保险 74 件，保全金额 3.04 亿元。落实便民措施，开通支付宝，当事人缴纳案款更便捷。开展跨域立案工作，为当事人提供诉讼便利，当年跨域立案 23 件，跨域立案范围由覆盖全州升级为覆盖全国。人民法庭就地巡回办案 27 件。

【服务经济社会发展大局】 依法支持重点工程建设。指派法官全程参与火车站广场拆迁工作，合力拆迁房屋 53 栋 98 户，其中 89 户经做工作主动拆迁，其余 9 件引入诉讼程序后调解 4 件、先予执行 5 件。调解审结排除妨害纠纷 5 件，维护“咸丰大道”的施工秩序；调解审结县公路局与潘某、县文旅局与张某房屋租赁合同纠纷，为余杭工业园区和“咸丰县市民之家”建设腾出场地。

依法保护生态环境，39 名破坏环境资源的罪犯受到刑事处罚；审结全县首例环境污染行政公益诉讼案件，被告在宣判前主动履行了环境监管职责。依法防控社会风险，开展涉金融案件专项执行活动，为金融机构收回贷款 8000 余万元；审结财政资金借贷案件 44 件，保证了财政资金安全。受理蓝河农特开发有限公司、永发国际大酒店有限公司破产案件，依法作出破产裁定。

【精准扶贫】 县法院结对帮扶曲江镇天上坪村和湾田村。协助天上坪新建 2 个水池，解决群众饮水困难；协调修建 3 座通信铁塔，实现 4G 网络全覆盖。争取镇政府支持，实施二台坪组 2.4 公里道路硬化工程，实现全村组组通硬化路；对五条农户自建路进行砂石路改造；对卢子坪约 400 米沟渠进行整治。鼓励烟叶大户流转土地种植烟叶 402 亩，带动 25 户农户就业创收约 12 万元。鼓励农户养殖中蜂 180 箱。湾田村发展白茶 650 亩、枇杷 88 亩、大棚蔬菜 103 亩（羊肚菌）、露地蔬菜 262 亩、白茶茶苗基地 161 亩、花卉苗木 126 亩。培养 5 户生猪养殖大户，全村生猪存出栏 2000 余头。完成 249 省道丁甲线湾田段旅游路的黑色化、美丽乡村建设旅游接待工程、来福坝至湾田道路改扩建项目。湾田村党员群众服务中心、卫生室、群众文化广场、体育广场相继投入使用。

（鲁　平）

司法行政

【概 况】 2019年3月机构改革后，县司法局内设办公室、法治调研督察股（县委全面依法治县委员会办公室秘书股）、普法与依法治理股、政策法规股、行政执法协调监督股、人民参与和促进法治股、公共法律服务管理股、咸丰县社区矫正工作管理局、政治（警务）处9个职能股室，派出11个乡镇司法所，2019年末在职公务员41人。领导职数上一正三副，政治处主任为副科实职。下辖公益二类事业单位湖北省咸丰县公证处、荆南律师事务所（自收自支事业单位），监管闵辩、楚屏、刘咸生3个律师事务所，开元、楚蜀、尖山3个法律服务所和县人民医院法医司法鉴定中心等法律服务机构。

2019年，县司法行政部门坚持抓党建，带队伍，促工作。落实党组主体责任，强化党对司法行政工作的绝对领导，增强干部宗旨意识，规范服务秩序，提高服务效率。开展特色实践教育，5月赴清坪镇龙潭司村大坪红色革命基地参观，缅怀革命先烈；开展先进事迹教育，组织观看张富清、王光国、邹伟等先进事迹电视栏目和视频；开展警示教育，组织观看《蜕变之鉴》《反腐利剑》等警示片；开展“不忘初心、牢记使命”主题教育，切实提高干警素质。推进干部力量下沉，安排7名干部到司法所工作，解决“一人所”问题，新招录司法辅助人员14人。

深化法治政府建设。成立中共咸丰县委全面依法治县委员会，在县司法局设立办公室及其秘书股，专职全面依法治县委员会办公室日常事务。推进政府行政决策及规范性文件的合法性审查，县司法局领导参加县政府常务会15次，办理规范性文件合法性审查122件。推进行政执法体制改革，完成“两证”换发工作，全县共1056名行政执法人员通过执法考试，持证上岗。深化“放管服”改革，清理涉及产权保护在内的规范性文件367件；清理取消行政许可5项，承接上级下放许可事项2项，清理咸丰县保留行政许可事项507项；梳理出权责清单中的依申请事项1009项，并在湖北政务服务网予以公布；清理证明事项202项，建议取消34项。当年办理行政复议案件6件，行政处理案件1件。

加强公共法律服务。2019年1月建成县公共法律服务中心。县公证处、县法律援助中心于2月正式进驻咸丰县公共法律服务中心。县公证处全年受理公证690件，办结683件，为困难群众减免公证费100余件，为偏远地区、行动不便群众提供上门服务21次，为全县重点大事项办理公证5件。法援中心坚持“应援则援，援则结果”的原则实施法律援助。共指派各类法律援助案件424件，为当事人挽回经济损失1960万元，其中，集中办理农民工讨薪案件49件，援助精准扶贫对象69人；办理其他法律援助事项3910件。

2019年4月16日，司法局到清坪镇集镇开展“三学三知”宣传教育活动 县司法局 供图

加强人民调解工作。全县各级民调组织共291个，人民调解员1102人。印发《关于加强全县人民调解工作的实施意见》《关于县人民调解案件补助实施办法》，建立县级人民调解专家库，在各律师事务所、法律服务所建立律师调解室。落实“小事不出村，大事不出镇，纠纷不上交，矛盾不上行”的人民调解“枫桥经验”。全年共排查不稳定因素和各类矛盾纠纷1558件（交调委

调解 588 件、联调委调解 7 件），调解成功 1499 件，疑难复杂案件 122 件，调解成功率 96%，无民转刑、治安案件发生。各乡镇组织人民调解员培训 12 次 790 人。

【咸丰县获全省“七五”普法先进县称号】 2019 年，创新法治宣传方式，深入推进“七五”普法工作。以“三学三知”宣讲、新时代文明实践、建设法治文化阵地为载体，开展法律“六进”、宪法“六行”、扫黑除恶、禁毒教育等法律宣传和法律咨询。向社会发放《中华人民共和国宪法》读本 3000 余本，发放普法宣传资料万余份，制作普法宣传展板及横幅标语 30 余幅。全县建成村级法治文化广场 2 个、法治长廊 1 条、法治院落 2 个、法治宣传栏 750 个。2019 年 3 月，坪坝营镇梨树垭村被评为“三星级法治文化建设示范点”。5 月，咸丰县被评为全省“七五”普法中期先进县；5 个单位被评为全省法治建设示范点，分别是：坪坝营镇梨树垭村、县人民医院、供电公司、第二民族实验小学、忠堡镇马倌屯村。同年 8 月，忠堡镇板桥村经复核审查，再度命名为“全国民主法治示范村”。

【社区矫正与刑释人员安置帮教】 2019 年，全县共接收矫正人员 163 人，解矫 153 人。坚持“教育、感化、挽救”的工作方针，充分利用多方面资源，增强管理实效。一是利用现代信息技术，建立社区矫正监管信息平台，加强档案痕迹管理，解决社区矫正监管难问题。二是采取“集中派车走访制”，解决走访范围广、交通不便、工作人员缺乏等问题。三是制定《咸丰县社区矫正“7+1”结对帮教工作实施方案》，整合多方面资源实施社会化帮教。开展社区服刑人员“特赦”工作，确定 8 名社区服刑人员特赦名单；参加“中华魂”演讲比赛提高社矫对象思想认识，矫正对象甘令荣获优秀奖。

加强安置帮教工作领导，制定《咸丰县刑满释放人员安置帮教管理办法》，完善排查摸底、建档立卡、分级管理、结对包保、定期走访、人文关怀、就业扶持等机制，明确司法所、综治中心、派出所、民政办等部门职责，协同配合，齐抓共管。全县摸排刑满释放人员 1020 名，其中 5 年内监所释放 558 人，3 年内社区矫正期满解矫 462 人。上门走访 1225 人次，电话联系 1876 人次。落实刑释人员易地搬迁 32 户、危房改造 6 户；解决临时救助金 51620 元，落实低保、“五保”、教育补助、残疾人补贴共 62 人；落实就业帮扶政策 207 人次。

2019 年 9 月 25 日，县联合人民调解委员会挂牌成立
县司法局　供图

【加强律师行业管理】 加强行业培训，提升全县律师、法律服务工作者的职业素养和技能。7 月中旬召开法律服务行业专题培训会，特邀湖北瀛楚律师事务所权益高级合伙人、总顾问徐绪柏授课。加强对律师执业行为的监督和管理，6 月完成全县律师事务所、律师 2018 年度年检考核工作。对律师队伍涉黑涉恶情况进行专项排查，并建立台账。加强法律顾问业绩考核管理，印发《关于进一步规范全县法律服务市场秩序的意见》，制定《咸丰县法律顾问工作业绩考核管理办法》，进一步规范党政机关、企事业单位法律顾问管理和服务工作。全县有 4 个律师事务所，25 名律师。全县 375 个单位（其中包括 272 个村居、11 个乡镇、63 个县直部门、29 个企业）实

现法律顾问全覆盖。县“四大家”法律顾问参与办理行政复议案件 2 件，行政诉讼案件 4 件、民事诉讼案件 2 件，合法性审查 36 件，提供法律咨询 20 余次，开展法治讲座 1 次。

加强对律师党建工作的指导，坚持把党的领导贯彻到律师工作的全过程。指派指导员、联络员指导和督查，督促律师当好“五大员”，自觉践行社会主义法治理念。举办律师座谈培训会 3 次，强化律师职业道德和执业操守；组织律师参加“喜迎新中国成立 70 周年，不忘初心、牢记使命、强健体魄、追逐梦想”主题教育户外拓展等活动，聚人心，增活力，做好中国特色社会主义法治工作者。

（颜　雷）

军 事

人民武装

【概　况】 中国人民解放军咸丰县人武部，由恩施军分区和咸丰县委县政府双重领导，内设军事、政工、保障等科室。全县辖11个乡（镇、区）武装部。2019年，县人武部在军分区党委和县委、县政府的领导下，深入贯彻习近平强军思想，围绕党在新时代的强军目标，着眼“平时服务、急时应急、战时应战”，积极适应新体制、履行新职能、担当新使命，圆满完成各项工作任务，全县国防动员和后备力量建设持续向上向好发展。

加强思想政治建设。坚持每季度党委中心组理论学习制度，严格执行民主集中制原则，党委核心领导作用发挥明显。坚持全面从严治党、从严治军要求，加强党风廉政建设，抓好钱财物管理使用；抓大事谋发展，注重精诚团结、分工合作，深入调查研究，破解制约建设发展的重难点问题，科学决策、民主决策、依法决策的能力水平不断提升。

深入开展“不忘初心、牢记使命”和“传承红色基因、担当强军重任”主题教育，坚持规定动作不走样、自选动作作补充。坚持每天交班领学领读，组织观看《铁纪强军》《浴火强军》等专题教育片，开展向张富清老英雄学习宣讲活动，结合主题党日活动，组织干部职工瞻仰忠堡大捷烈士纪念碑，到扶贫点开展“访贫问苦献爱心”等活动，干部职工“四个意识”不断增强，“四个自信”更加坚定。

加强安全维稳工作。一是加大硬件投入。以上级通知文件为抓手，在前期建设的基础上，为各科室配备专用密码柜，对集中文印室、机要室、作战执勤室进行升级改造，为各科室配备专用密码柜，硬件设施和办公保密条件进一步改善。二是严格正规管理。严格落实早操、交接班、作战值班、查岗查哨等制度，机关秩序更加正规。强化重要节日、重要目标、重大时段和大项活动的安全管理，加大“人车枪弹密、水火电钱网、酒油黄赌毒、涉外涉地方”的管控力度，确保安全稳定。三是狠抓安全整治。结合人武部实际制定《安全大检查活动方案》《“百日安全”活动方案》，严密组织实施，确保逐人见面见思想，逐人交好“明白账”。开展保密工作专项检查，按照《省军区保密量化考评细则》分解任务、区分责任、逐项逐条进行自查整改，搞好查漏补缺，确保整改到位。

【战备训练】 狠抓日常战备。修订完善战备方案计划，完成作战数据采集、军事实力会审等工作，建立单位数据库和险工险段资料库。9月下旬至10月，县、乡两级出动民兵参与协助维护社会治安秩序行动。

狠抓民兵整组。按照军委国防动员部《民

兵组织整顿工作实施办法》开展工作。2月，组织全县专武干部进行为期一周的封闭式集训。4月，选派唐崖镇专武干部吴编参加全省专武干部集训，取得个人总分第九名，被评为“优秀学员”。

狠抓军事训练。坚持军事训练地位不动摇中心，坚持主官主抓、分工合作、群策群力抓训练落实，完成机关训练、民兵分队训练和学生军训等任务。民兵分队完成县民兵应急连、铁路护路分队和坪坝营镇应急排3支分队的训练。机关参加省军区军事训练考核，总评优秀。2019年底被省军区表彰为“军事训练先进单位”。

【国防动员建设】 聚力抓好年度征兵工作。以“五率”量化考评为抓手，突出抓好兵役登记、征兵宣传，体检政审、廉洁征兵及役前训练等关键环节工作落实。完成全年征兵任务。6月，到辖区两所高中进行征兵政策宣传暨国防教育活动，组织11个乡（镇、区）到现场设立预征登记报名点，激发应征青年参军报国的热情。8月下旬，按照“模拟化组织、正规化训练、封闭式管理、全程化淘汰”的原则，组织预定新兵开展为期8天的役前适应性教育训练，端正预定新兵入伍动机，打牢身体素质基础，提高入伍适应能力，确保了征集兵员质量。2019年，咸丰县在“五率”量化考评排名中取得全省第九，全州第一的成绩。

开展全民国防教育活动，坚持把学校作为青少年学生国防教育主阵地，协调落实全县中小学校国防教育专项经费。8月，结合县一中、县职校高一新生学生军训，开展国防教育进校园活动，对师生进行国防知识宣讲。充分挖掘全县红色教育资源，利用重大节日、纪念日等时机，开展经常性、普及性教育，组织党员干部、企业员工、群众学生开展祭奠英烈活动，进一步增强全民国防观念。

（谭建伟）

武警中队

【概　况】 中国人民武装警察部队咸丰中队组建于1983年，实行党中央和中央军委统一领导指挥体制。中队主要担负咸丰县看守所外围的警戒，同时担负处置突发事件，维护社会稳定，抢险救援，保护人民生命和财产安全任务。

2019年，贯彻落实“全面建设、体系防控、科技强勤、确保安全”的16字方针，以正规化执勤等级评定，《战备规定》为基本准则，始终保持勤务的中心地位，抓好战备演练，保持常态落实，确保官兵随时能拉得出、联得上、打得赢；同时加强两警协作，搞好互相监督，提升执勤质量。

【军事训练】 重点抓好干部士官“四会”教练员训练，提高单兵体能技能训练，落实“以训强勤”要求，抓好情况处置、方案演练训练，提高官兵遂行任务能力。抓好训练制度落实。落实训练讲评和达标考核登记制度，抓好基础体能、周会操、定期考核、实施奖惩等制度，做好训练中政治工作和保障工作，激发官兵训练热情，叫响“训练有功、训练有奖、训练有为”口号，每月组织“三手”评比和军事训练会操，为班级颁发流动红旗，为个人颁发奖状并发放奖品；建立中队“纪录墙”，发挥训练尖子的榜样效能，鼓励官兵踊跃参加训练。抓好训练安全保障，坚持每月进行训练安全风险评估，落实干部跟班作业制度，强化以管促训理念，以规范求安全。

【警民共建】 地方党委政府积极为中队排忧解难。2019年，武警中队与县公安局、县人民医院、县中医医院、民政局、文化和旅游局、电力公司、民族中学等单位开展共建活动，通过“请进来，走出去”，警营生活体验、捐资助学等活动，展示武警部队风采，丰富军民文化生活，进一步密切军政民关系。

【后勤保障】 2019年，咸丰县地方政府以财政预算保障官兵生活水平。投入资金建设新营房，年底竣工验收。财务管理上，中队坚持党支部集体理财、双主官联审联签、财务公开等制度；营房物资管理上，落实计价挂账，“三分四定”和谁使用谁负责制度。

（李松涛）

人民防空

【概　况】 人民防空办公室是政府和国防动员委员会负责人民防空事务的专门办事机构。人防办的职责是利用各种方式教育、训练居民，使居民学会在平时事故、灾害中保护自己生命财产安全的知识与防护技能；建设人防设施并进行防空准备；指导居民在战时能从掩蔽、疏散和其他途径获得安全保护的职责。

【加强人防工程建设管理】 一是规范人防行政审批。根据《中华人民共和国人民防空法》及其他法律法规和上级有关文件精神，规范行政审批流程，加快推进“一网覆盖、一次办好”工作机制，按照省、市、县“三级八同”建立人防部门一网办理，有效规范人防行政审批工作。二是坚持“应建必建、应收尽收”的原则，严格“结建”管理。

【保障人防信息系统建设】 人防指挥是战时防空、平时防灾的关键，在人防建设中处于重要地位。一是不断加强警报设施建设和管理工作，建立健全警报设施管理制度，落实警报设施管理责任，加强警报设施检查维护，使警报设施随时保持良好状态，确保完好率、鸣响率、音响覆盖率，全县部署人防警报器10台。二是对接人防警报器生产厂家，积极推进人防警报器改频工作。

【开展人防系统腐败问题专项治理】 按照《湖北省纪委关于全省开展人防系统腐败问题专项治理工作方案》以及《2019年全州人防工作要点》文件要求，咸丰县人防办公室围绕专项治理工作重点，积极向县纪委监委专项治理工作领导小组报告工作，完成问题整改18项。规范财务管理工作，根据《湖北省防空地下室易地建设费收缴使用和监督管理办法》文件要求，建立易地建设费收取台账，定期与财政部门核对入库情况，对新建民用建筑在审批易地建设费时，严格执行法定标准，杜绝违反国家规定的减、免政策。

【强化宣传教育，增强人防意识】 2019年大力宣传《中华人民共和国人民防空法》等法律法规和防空应急避险知识。一是订阅《中国人民防空》杂志，时刻了解人防工作动态；二是推进人防知识进学校进社区，加强与教育部门联系，征订《人民防空知识》教材1828本，实现规划区内八年级学生教育全覆盖，着力提高学生的人防意识。

（李　论）

经济管理

发展和改革工作

【概　况】2019年3月，实施机构改革，县粮食局行政职能划入县发展和改革局，加挂县粮食局牌子；价格监督检查与反垄断执法职责划入县市场监督管理局；组织编制主体功能区规划职责划入县自然资源和规划局；农业投资项目管理职责划入县农业农村局；重大项目稽查职责划入县审计局；药品和医疗服务价格管理职责划入县医疗保障局；应对气候变化和减排职责划入县生态环境分局。机构改革后，核定发改局机关行政编制21名。设局长1名（兼县推动长江经济带发展领导小组办公室主任），副局长3名，县推动长江经济带发展领导小组办公室副主任1名；8个内设股室，股室领导职数正职8名。2019年末，机关实有行政编制人员22人，工勤编制人员1人。

2019年，全力以赴抓实经济运行调度，主要经济指标保持在合理区间。全县实现地区生产总值96.18亿元，增长7%；规模以上工业增加值增长5.3%；固定资产投资增长17.6%；社会消费品零售总额增长10.8%；招商引资引进省外资金15.98亿元；地方公共预算收入增长2.5%；金融机构存贷款余额207.48亿元，增长12.4%；金融机构存款余额127.1亿元，增长10.4%；金融机构贷款余额80.37亿元，增长15.7%；城镇常住居民人均可支配收入29588元，增长9.36%；农村常住居民人均可支配收入11476元，增长10.45%。

坚持以改革为动力，2019年牵头推进22项经济体制改革，有序推进供给侧结构性改革、投融资体制改革、城乡规划建设管理体制改革，复兴“中国干栏式建筑之乡”，创建政策性银行支持咸丰新型城镇化示范区，深化城市经营管理、破解城市发展瓶颈，推进农业综合水价改革等重点改革任务，释放改革活力。

重点项目有力推进。县“四大家”领导领衔“七大项目专班”，全年开复工重点项目149个，争取到位各类项目资金35.85亿元，省级重点项目完成年度投资计划的188%，州级重点项目完成年度投资计划的194%。咸丰大道建成通车，春晖学校一期建成开学，创造了“咸丰速度”，高铁站前广场、棚户区改造、三水厂、351国道等一大批重点项目加快建设。

全力以赴推进易地扶贫搬迁，担当落实精准扶贫政治责任。2019年，易地扶贫搬迁6715户22706人全部搬入新居，咸丰“易迁”工作经验在《湖北扶贫信息》刊发，杨洞、白水坝2个安置点成为全国易地扶贫搬迁现场会参观点，省委副书记、省长王晓东用“五个好”（选择一处好位置、交付一套好房子、规划一条好路径、配套一个好环境、营造一种好风尚）充分肯定咸丰县易地扶贫搬迁工作。

咸丰县白水坝安置区　　　　县发改局　供图

杨洞安置区居民公约、管理制度展板
县发改局　供图

【优化营商环境】 优化项目审批服务，2019年共办理审批事项444个，其中审批类项目335个，备案类项目109个。建立完善全县社会信用体系建设工作机制，制定《咸丰县社会信用体系建设规划（2016—2020年）》，印发《咸丰县2019年社会信用体系建设工作要点》《咸丰县社会信用体系建设工作责任分工清单》，加强湖北信用信息公共服务平台、咸丰县社会信用信息汇集系统数据归集共享，梳理行政权力事项4104项，填报并共享数据727348条，居全州第一位。

【加快绿色发展】 加快发展绿色产业，页岩气勘探开发取得重大突破，"咸页1井""鄂丰地1井"点火成功，民生能源集团投资14亿元的天然气液化罐装项目正式签约，天然气输气管道工程正在建设，"新农佳"10万台套节能灶具、6个光伏扶贫项目有序推进。"厕所革命"超额完成省定目标任务。

【编制乡村振兴战略规划】 2019年，完成乡村振兴战略规划（2018—2022年）编制工作。完成"十四五"规划编制基本思路研究，开展长江经济带绿色发展、乡村振兴战略、工业重点产业发展、生态文化旅游产业发展、硒食品精深加工产业发展、康养和生物医药产业发展、清洁能源产业发展、综合立体交通运输体系建设、水利发展、住房和城乡建设、教育现代化等专项规划前期研究，按照"战略化""政策化""项目化""清单化"的思路提前谋篇布局，加强政策梳理和项目谋划储备。

【物价管理】 当好政府价格工作的参谋者、执行者、服务者。加强收费管理、价格认证、成本调查、定调价等工作，及时动态调整涉企收费清单，稳步推进农产品调查，扎实开展3个国有景区定价、政府投资建设停车场定价、出租车调价、城区自来水调价等工作，加强公立学校、中介机构、地下车库收费监督检查等工作，物价工作质效不断提升。

【粮食流通】 坚持以落实粮食安全行政首长责任制为统揽，以确保区域粮食安全为核心，着力粮食流通监管、富硒粮油产业发展、完善粮食市场体系、基础设施建设四大重点，圆满完成政策性粮食库存数量和质量大清查工作，促进国有粮食企业持续健康发展，稳步推进粮油储备轮换，加强粮食安全，粮油"四无"达到100%，军粮供应满意度达到100%。2019年度粮食流通统计工作咸丰县获评优秀。

（杨玉蓉）

国有资本投资管理

【概　况】 2017年3月30日，经县人民政府第二次常务会议研究同意，决定设立咸丰县国有资本运营投资有限公司（简称国投公司）。公司内设综合行政部（办公室）、资产运营部、计划财务审计部、项目管理部、工程建设部、法务部。核定公司本部人员岗位20名。其中公司领导职数5名，内设机构领导职数12名，其中正职6名、副职6名。治理结构由董事会、监事会、经理层构成。董事会由5人组成，其中董事长1名，董事4名（包括职工董事1名）；监事会由5人组成，其中监事会主席1名，监事4名（包括职工监事2名）；经营班子由5人组成，其中总经理1名，副总经理（或相应级别其他职务）3名，总会计师1名。2019年底在职人员17人。

主要职责：经营管理县国有资产（资本）；国有土地开发、经营；重大基础设施、公益设施、基础产业等项目建设投融资服务；建设和管理重点基础设施、公益设施、配套服务设施和重要产业项目；代表县人民政府持有对外投资国有股权等。

2019年，国投公司多渠道筹集发展资金，获得农发行等金融机构融资批复84000万元。其中：农发行批复县水务公司三水厂建设项目融资1亿元、县交投公司综合客运枢纽工程融资5亿元、县园投公司工业园区建设二期工程融资1.7亿元；中国银行批复国投公司唐崖镇棚户区改造融资7000万元。加强资产规范管理，委托经营的454宗资产管理有序，组织3次公开招租会，全年实现资产经营收入903.92万元。完成富华广场、原驻京办事处等20宗资产的产权划转过户工作，县国投公司资产规模达到46亿元。

【重点项目建设】 重点项目建设进展顺利。咸丰大道和国道353路灯工程基本完成，安装大型路灯798盏，实现全线亮灯。高铁站前广场工程保通方案顺利完成，主体工程进展顺利，土石方开挖基本完成，桩基开始浇注，建筑结构工程一层基本完成。县国投公司业务用房建设进展顺利，主体工程建至6层。县国投大厦（原广电大楼）装修工程外立面装修、地下室工程、给排水工程、消防工程基本完成，内部装修完成工程量80%。县城三水厂项目制水厂基础工程完工，进水管网开始施工。

保障重点项目建设资金。及时保障曲江棚户区改造房屋拆迁、塘铺安置区、凉水井安置区、县城区棚户区改造房屋拆迁、唐崖片区棚户区改造、县工业园区标准化厂房建设、青灵山公园、卢家沟公园、龙洞湾水库、贫困村路网建设等工程建设费用，年内支付项目资金10.22亿元。

实体转型有序推进。一是完成县城20个停车场的移交，启动智慧停车场项目建设，卢家沟停车场正式运营；二是完成建材公司的前期准备工作，完成砂石料场商砼站的选址及勘察；三是启动咸丰大道3个加油站建设的前期工作，取得建设用地后开工建设；四是利用棚改安置区实施房地产开发，2019年完成招标工作，启动工程建设；五是启动县公交公司、四通公司的移交工作。

（王　冬）

财　政

【概　况】 咸丰县财政局为县政府工作部门，加挂县人民政府国有资产监督管理局牌子。2019年3月机构改革后，内设机构14个：办公室（统计股）、人事监察股、法规税政综合股（行政审批股）、金融股（县道路交通事故社会救助基金管理中心）、行政事业单位资产管理股（国有资产监督管理股、国有企业监事会管理办公室）、企业股（商贸股）、预算股、国库股、社会保障股、经济建设股、行政政法股、教科文股、农业股、政府采购管理股；派出11个乡（镇、区）财政所。隶属管理事业单位8个：县农村财政管理局、县非税收入管理局、县政府采购办公室、县会计事务管理局、县财政监督局、县国库集中收付管理局、县行政事业单位国有资产管理办公室、咸丰县政府和社会资本合作（PPP）中心。原县农业综合开发办公室调整为隶属县农业农村局管理。年末在职职工83名，其中财政局领导5名、公务员11名、参照公务员管理事业编制人员43名、事业编制人员24人。乡镇财政所在职职工

137名，全县财政系统在职职工220名。

2019年财政收支概况。全年完成地方财政总收入81283万元，为年初预算82470万元的98.56%，比上年同期增收2702万元，增长3.44%。地方一般公共预算收入完成47295万元，比上年增加1153万元，增长2.50%。其中税收收入完成35161万元，占公共财政预算收入的74.37%，受减税降费政策性影响，税收收入同比减少1297元，下降3.56%。一般公共预算支出完成419890万元，比上年增加62661万元，增长17.54%，完成年初预算258160万元的162.7%，完成省厅测算数367936万元的114%。其中，八项支出完成222673万元，同比增加22467万元，增长11.22%，八项支出占一般公共预算支出的53.03%。

政府性基金预算收支概况。政府性基金预算收入完成77954万元，完成年初预算86400万元的90.22%，同比增收56915万元，增长271%，主要是国有土地使用权出让收入同比增收49442万元。政府性基金预算支出79154万元，比上年同期增加67588万元，主要是城乡社区支出增加68771万元。

社会保险基金收支概况。社会保险基金收入54383万元，完成年初预算50093万元的108.6%，同比增收21018万元，增长62.99%。社会保险基金支出54383万元，完成年初预算50093万元的108.6%，同比增加21018万元，增长62.99%。

强化非税收入征管。突出依法征收、源头征收、以票控收的工作重点，努力实现应收尽收，资金安全和规范管理的基本目标。2019年开通市民之家非税收费窗口实行POS机、微信、支付宝缴费，进一步提高政府非税收入服务质量和征收效率。坚持以票管收，做到源头控收。2019年全县本级完成纳入一般公共预算的非税收入10242万元（不含地税代征），完成年度目标任务8526万元的120.13%。其中专项收入2944万元，行政事业性收费收入1023万元，罚没收入1618万元，国有资本经营收入404万元，国有资源（资产）有偿使用收入4055万元，政府住房基金收入120万元，其他收入78万元。

财政效能进一步提升。采取健全制度、优化流程、动态监管等措施，强化财政资金安全监管，着力发挥最大效益。深刻认识财力不足的现状，坚持向内挖潜，通过清理、定存等方式，积极盘活财政存量资金。2019年，共消化存量暂付款3.22亿元，占总额的24.32%，完成当年任务的81.08%，银行定存增加财政收入48万元。加大“三项资金”清收力度，加强与企业联系，实行上门催收，对不能归还的28家企业依法提起诉讼，当年收回5家企业443万元。

【保障民生和重点支出】 2019年，明确支出重点和方向，加大对社保、医疗、教育等的支出力度，为如期完成“县摘帽、乡出列、村脱贫、户销号”的脱贫攻坚目标提供资金保障。全年统筹整合财政资金6亿元，其中用于精准脱贫“五个一批”的资金达4.25亿元，为贫困户实现“两不愁、三保障”及农业生产发展、农村基础设施补短板方面打下了良好的基础。

严格执行“四保一压”，强化预算约束，保障重点支出。2019年，一般公共预算支出完成419890万元，比上年同期增加62661万元，增长17.54%，完成省厅测算数的114%。其中，八项支出完成222673万元，同比增加22467万元，增长11.22%，八项支出占一般公共预算支出的53.03%。政府性基金预算支出79154万元，比上年同期增加67588万元，主要是城乡社区支出增加68771万元。

【深化财政体制改革】 持续推进各项改革，充分释放改革活动。

一是持续推进财政事权与支出责任划分改革。合理划分县、乡财政事权和支出责任，拟定县以下财政事权和支出责任划分改革实施方案，县对乡镇实行“烟叶税收比例分成、土地收益全额返还、基本支出全额保障、村级运转定额补助、发展稳定大力支持”的财政管理体制。

二是启动财政投资评审。建立“事前评审，事中监督、事后评价”预算绩效评价体系，将财政投资评审作为重要环节纳入政府投资项目管理。通过公开招标方式择优聘用财政投资评审社会中介机构对投资额达400万元以上的项目进行评审，制定出台投资评审管理制度、中介机构管理办法，明确各相关单位在财政投资评审中的职责，确保评审工作正常开展。

三是绩效评价覆盖面有序拓展。完成对2018年度所有预算项目进行项目绩效自评及部门整体自评工作，2019年抽取茶叶类产业、村级文体广场、农村公路安防工程三类项目进行重点绩效评价，涉及投资额12950万元。全县各预算单位和乡镇对2019年一般性公共预算进行绩效目标申报，科学设置绩效目标。

四是实施政府采购管理改革。建立线上政府采购电商平台和政府采购监管平台，实行采集、招标操作、数据管理、实时监控和后续管理等多种操作，有效降低采购成本，优化采购流程。

五是深化“放管服”改革。落实中央、省放管服改革政策，全面梳理政府采购领域妨碍公平竞争的规定和做法；梳理财政实施的证明事项，做到没有法律规定的证明事项一律取消，进一步转变行政管理方式，提高服务质量，提升监管效能。支持民营经济发展，全面落实减税降费政策。

六是推进国有资产管理改革。协助咸丰县国有资本运营投资有限公司获得农发行等金融机构融资批复7.7亿元，委托县国投公司经营的454宗资产成功出租资产24宗，实现资产租赁收入400万元，完成富华广场等20宗资产的产权划转过户工作，县国投公司资产规模突破40亿元；行政事业单位国有资产基本实现底数清、情况明，配置、使用、处置更加规范。

【强化财政监督】 强化专项检查，统筹开展会计监督检查、惠民惠农“一卡通”财政资金专项检查、财务管理检查、预算公开情况检查、“三公”经费管理情况检查、财政票据管理和使用情况检查、部门决算真实性核查、单位资产管理情况检查、财政资金安全检查等专项检查，覆盖全县120个单位［含11个乡（镇、区）］,73个行政村、1047户农户及部分企业，下发整改通知书27份，自查面达到100%，督促做好问题整改落实和“回头看”工作。对全县11个乡（镇、区）2018年度财政扶贫资金进行全覆盖检查，共检查58个行政村，建档立卡贫困户1039户，涉及各类财政扶贫资金1439.23万元；检查扶贫项目57个，涉及财政扶贫资金2032.35万元，针对专项检查工作中发现的问题进行认真整改。加强日常监督，服务财政管理，促进依法理财和源头治理工作，确保全县财政经济健康发展。

【聚焦精准脱贫】 履行部门职责，全力保障脱贫攻坚资金需求。一是加大各类专项资金的争取力度，解决项目建设资金不足的问题。2019年，财政部门争取各类项目资金11.35亿元（其中革命老区资金0.22亿元），同比增长0.88亿元，增长7.75%；新增政府债券资金2.63亿元，地方政府债务限额达到17.74亿元，同比增长16.9%。二是加快财政扶贫资金预算执行，加快扶贫项目实施和资金拨付进度，减少存量，确保扶贫资金发挥效益。三是加强财政扶贫资金监管。盯住关键环节、重点领域，以扶贫资金和本级财政安排的项目资金为重点，加强对项目资金使用单位的监督检查，强化预算绩效管理。四是做好扶贫资金统筹整合工作。按照“应统尽统、应整尽整”的原则，做大财政涉农资金整合规模，重点用于精准扶贫、基础设施补短板、农业产业发展项目，集中财力助推全县脱贫攻坚。2019年度完成统筹整合资金60018万元，占计划统筹整合资金规模的100%。其中集中使用资金20556万元，涉及全县155个项目；主管部门使用资金39462万元，涉及全县245个项目。

压实帮扶责任，确保驻村扶贫工作成效。县财政局坚持以发展特色产业、增加农民收入、改善基础设施条件为重心，落实驻村帮扶职责和干部结对帮扶措施，推动驻点村（黄鳝坝、茶林堡、漆树坪村）主导产业发展。截至2019年底，黄鳝坝村发展粟蘑大棚37亩、大桃580亩、核桃1308亩、烟叶850亩；茶林堡村发展黄茶100亩、黄果柑200亩、辣椒1200亩、白茶1861亩、养殖生猪1800余头；漆树坪村发展白茶500亩、李子340亩、辣椒600亩。通过发展特色产业助推贫困户增收致富，3个村相继整村出列。

【机关党建工作】 全面加强党对财政工作的领导。认真贯彻落实中央、省委、州委及县委各项重大决策部署、重要任务、重点工作，确保财政工作始终与上级部署同频共振。认真落实管党治党政治责任，坚持党建工作与业务工作通盘考虑、统筹推动。开展“不忘初心、牢记使命”主题教育，召开领导班子年度民主生活会和县委巡察整改专题会议，完善责任清单，抓好问题整改。加强党风廉政建设，运用监督执纪“四种形态”，引导党员干部筑牢思想道德防线，自觉适应新形势、新规范和新要求。坚持“好干部”用人导向，向县委推荐2名中层干部提拔重用，加强干部培养锻炼，安排3名优秀干部充实脱贫攻坚力量，干部队伍政治素质、业务水平、实践能力不断提升。

（谭　艳）

税　务

【概　况】 国家税务总局咸丰县税务局，由原咸丰县国家税务局、原咸丰县地方税务局于2018年7月20日合并成立。内设机构13个：办公室、法制股、税政一股、税政二股、社会保险费和非税收入股、收入核算股、征收管理股、纳税服务股、风险管理股、财务管理股、人事教育股、党建工作股、纪检组；下辖税务局分局7个：第一税务分局、第二税务分局、高乐山税务分局、唐崖税务分局、曲江税务分局、朝阳寺税务分局、清坪税务分局；事业单位1个：信息中心。2019年在职在编干部职工177人。在职干部中本科以上学历135人，专科学历42人。全局管辖纳税户7065户，其中：一般纳税人551户，小规模纳税企业1149户，个体工商户5321户，其他纳税人44户。重点税源为水电、烟叶、卷烟销售、煤炭、非煤矿山等。

税费收入持续增长。2019年累计完成税费收入132602万元，同比增长23.72%，增收25426万元。其中税收收入完成72218万元，同比增长0.24%，增长175万元；其他收入完成2301万元，同比增长5.89%，增收128万元；社保基金收入完成58083万元，同比增长76.22%，增收25123万元。累计完成地方公共财政收入37031万元，同比减少2.98%，减收1139万元。其中税收收入完成35154万元，同比减少3.42%，减收1244万元；其他规费收入完成1877万元，同比增长5.93%，增收105万元。

纳税服务不断提升。推进税收领域“放管服”改革，第一税务分局进驻县市民之家，进一步减少办税次数、压缩办税时间、精简办税资料、降低税收负担；开展以“新税务、新服务”为主题的便民办税春风行动，不断提升纳税人和缴费人的满意度和获得感；抓紧实施培训辅导，全年开展各类纳税人培训辅导6次，参加纳税人1200余人次。开展纳税信用等级评定，拓展“银税互动”成效，强化信用环境建设，各银行落实纳税信用贷款3000余万元，助力实体经济和小微企业发展。

征收管理不断规范。夯实税收业务基础，开展“金税三期”并库工作，完成管户对照36162

户，调整纳税人状态1244户，清理问题数据1689条；顺利完成17159条自然人数据清理任务。深入推进行业税收规范管理，抓好房地产、建安、餐饮、旅游、茶叶5个行业的行业管理，制定《咸丰县税务局行业税收规范管理工作方案》，确保行业税收管理有效落实。强化发票管理，推行车购税无纸化完税，为县内2000位车主提供便利。

【减税降费与风险管理】 高标准落实减税降费各项政策，积极向党委政府汇报争取重视支持，强化税务、财政、人社、人行等部门的沟通协调；建立领导包保包联工作机制，分析减税降费政策效应。全面落实小微企业普惠性优惠政策，全县小微企业政策享受面100%。有序推进深化增值税改革工作，惠及全县400余户增值税一般纳税人，完成企业所得税9715万元。全年开展7次减税降费宣传辅导，培训辅导各类纳税人6000余户次。落实国务院减税降费14项政策，惠及全县12200户纳税人（含自然人），全年共计减免近1.5亿元。

精简涉税事项检查，统筹进户检查管理，全年共完成风险应对任务120户，开展对中高级风险任务的纳税评估和低风险任务的提示提醒应对，共补缴税款1511.9万元、滞纳金143.18万元（其中未进风控系统补缴税款1033.6万元、滞纳金81.7万元），评估有问题面达95.83%。

【"1+N+1"税收征管模式在全省推广】 坚持"服务+执法=遵从"的理念，探索转变税收征管方式，搭建"征收+管理+风控"的"1+N+1"税收征管新模式，即第一税务分局主要行使纳税服务职能，第二税务分局专司风险应对，其他5个税源管理分局行使税源管理职能，实现"规模+行业+特定"税源管理新配置，探索建立"管人+管事+管网"自然人税收新体系。该模式得到省局、州局的高度肯定，初步在全省推广试行。

【机关建设】 高举旗帜，凝心聚魂，加强党对税收工作的领导。制定党建工作"3+1"清单和主体责任任务清单，层层落实从严治党主体责任。举办宪法和监察法集中教育，组队参加县纪委监委主办的知识竞赛、演讲比赛和全州税务系统"牢记使命、兴税强国"党的知识竞赛，营造学思践悟的良好氛围。组织开展学习时代楷模张富清、信念老人施星灿，庆祝新中国成立70周年等系列活动。加强纪检监察工作，全年开展廉政谈话提醒28人，批评教育3人次。

开展"不忘初心、牢记使命"主题教育。运用读书班、党委中心组学习等多种形式对13个专题进行集中学习研讨，做到交流出成果、研讨出实效。在破解难题上下功夫，把税务征管体制改革最迫切、税务干部最期待、纳税人缴费人最关注的问题作为调研重点，深入开展实地调研。通过内网设立征求意见专栏、召开座谈会、走访等形式，多渠道征求意见建议，确定11个方面24项专项整治任务，提升守红线的自觉性，助推打造风清气正的政治生态。

发挥"绩效管理抓班子、促落实""数字人事管干部"的双轮驱动作用，推动重点工作提质增效。针对制度建设中的空白点和薄弱点，修订完善各项工作制度和流程，形成覆盖机关行政运转各环节的制度体系；落实《湖北省税务系统经费办法》，推进养老保险上线工作。强化维稳工作，严格执行24小时值班制度和"零报告"制度，加大安保投入力度，确保国庆期间的安全稳定。

（龚建华）

统　计

【概　况】 县统计局内设办公室、综合股、企业股、农业股4个股室，机关编制数11名，实有7名，领导职数4名，其中局长1名、副局长2名，总统计师1名。隶属管理的事业单位：咸丰县企业经济调查队（参公）编制9名，实有人员9人；咸丰县普查中心编制4名，实有人员4人；咸丰县政府统计信息网站编制1名，实有人员1人。湖北省统计局咸丰经济社会调查队编制4名，实有人员3人。以上单位合署办公，2019年末实有人员24人。

2019年，县统计局围绕县委、县政府中心工作，深化统计管理体制改革，提高统计数据质量，优化统计服务，科学组织实施年报、定期报表工作和各项统计调查任务。发挥统计的信息、咨询和监督职能，准确、及时地监测反映全县经济社会运行状况，做好统计数据解读，提供统计年鉴、统计公报、统计月报等统计产品。参与政府工作报告、全面建成小康社会统计监测指标体系工作以及全县经济工作，提供统计综合分析材料20余次，发布统计信息119篇，其中省局内网采用17篇，州局内网87篇和咸丰新闻网15篇。围绕全县工作重点、社会关注热点、民生改善难点开展民意调查，打造民调品牌。受县委政法委、县实施党风廉政建设责任制工作领导小组办公室和州生态环境局咸丰分局的委托，通过“12340”专线开展4项社情民意电话调查，成功访问样本5215人次，调查结果为全县平安建设、法治宣传、党风廉政建设和扫黑除恶提供决策依据。

【咸丰县第四次全国经济普查工作】 2019年全面完成第四次经济普查入户登记、现场核实修正和普查数据质量检查工作，准确掌握县情实际，推动县域经济持续健康发展。普查数据显示：一是市场主体不断壮大，2018年全县市场主体总量27206家，其中法人单位3598家、产业活动单位832家、个体户22776家；二是行业门类齐全，实现18个国民经济行业分类全覆盖；三是产业结构明显优化，2018年三次产业结构比由20.7∶28.8∶50.5调整为19.8∶17.6∶62.6。

【统计基层基础规范化建设】 积极探索统计基层基础规范化建设的方法和路径，实施“四上”企业（规模以上工业企业、资质等级建筑业企业、限额以上批零住餐企业、限额以上服务业企业）统计基层基础工作规范化建设标准，加强乡镇、村级和“四上”企业统计规范化建设，巩固和完善乡（镇、区）“八有八化”和村级“五有五化”建设，重点突出统计网格化推广扩面。一是加强统计业务培训，提升统计队伍素质和业务水平。全年举办统计培训12次，累计受训约800人次。二是加强实地指导服务。实地走访统计调查单位，因企施策，根据每个企业不同的经营特点，指导企业建立健全统计台账、原始凭证、统计资料及各项统计管理制度；实地走访培育库企业，挖存量、育增量、抓变量，全县新进规入统企业14家（工业4家、建筑业4家、商贸业2家、房地产开发经营业4家），5000万元以上项目入库10个。三是落实统计奖补，联合各行业主管部门落实全县“四上”企业统计人员岗位补助。

【数据质量管控】 根据《湖北省统计局办公室关于开展2019年上半年数据质量核查的通知》，组织开展数据质量核查，共核查5家规上工业企业和5家限额以上商贸企业，推动统计事业健康发展。推进“双随机、一公开”工作，完善执法人员库和统计执法对象库，全年对统计调查单位开展双随机抽查共计94家。

【恩施州首个县级统计学专业实习基地在咸丰挂牌】 2019年1月11日，湖北民族大学理学院统计学专业实习基地在咸丰签约揭牌，系恩施州首个县级统计学专业实习基地。通过设立专业实习基地，加强校地合作，推动双方在人才培养、科学研究、服务地方等领域发挥各自优势，实现互利共赢。同年，湖北民族大学理学院统计学专业学生6人在咸丰完成实习任务。

（滕　嫄）

审　计

【概　况】 咸丰县审计局始建于1984年2月，为县政府工作部门。2019年3月机构改革，调整审计局职责机构，成立县委审计委员会，办公室设在县审计局，接受审计委员会的直接领导，承办具体工作。增加重大项目稽查、向县委审计委员会提出年度县本级预算执行和其他财政收支情况审计报告职责。加强对领导干部实行自然资源资产离任审计，对自然资源资产管理、污染防治、生态保护与修复情况以及国家有关重大政策措施贯彻落实情况进行审计等工作职责。撤销县经济责任审计局，增设经济责任审计股。保留办公室（党办）、综合法规与计算机信息股、财政与经贸外资审计股、行政事业与社会保障审计股、农业与资源环保审计股，增核县审计局行政编制4名。调整后，县审计局机关行政编制18名。设局长1名，副局长2名，总审计师1名，县经济责任审计工作领导小组办公室专职副主任1名，内设机构领导职数正职6名。下设全额拨款事业单位咸丰县政府投资项目审计中心，核定事业编制5名。年末在职干部职工20人。

2019年，县审计局实施5大类13个项目、18个分项、1个专题任务。配合协助各类专项检查10余项。移送案件线索2件。出具审计结果报告5份、审计情况报告5份、审计报告16份、审计建议书2份、审计专报5份，审计报告等被批示60余份。审计查出主要问题金额104008万元，发现非金额计量问题48个，审计期间整改问题金额6040.77万元，审计促进整改落实有关问题资金8323.39万元。组织社会中介机构开展政府投资项目结算审计完结92个，送审金额37281.46万元，审减额1973.52万元，综合审减率5.30%。配合完成各级临时交办的中心工作任务25项（次），其中上级审计机关交办任务7项、党委人大政府等交办15项，抽调参加扶贫检查工作3次。累计抽调人数42人，累计工作时间总天数达348天。

加强对审计发现问题的整改督办，对整改不力或进展缓慢的“点对点”指出问题，到被审计单位开展业务指导和审计回访10余次。向县人大常委会作整改情况报告，2018年财政预算执行审计工作报告提出的问题，通过缴库、补记收入、补缴税款、收回借款、完善手续、规范管理等方式整改问题金额达14440多万元，能够按金额计量的问题整改率达到80%以上，制定和完善相关规章制度50余项。

【财政预算执行审计】 发挥“1+N”联动联审优势，把财政预算执行审计与经济责任审计、自然资源资产离任审计、扶贫审计等多个类别审计融合起来，突出财政资金运行主线，抓好资金流与审计外延核查、资金走向与大数据审计的结合，延伸下沉，在自然资源资产审计中外延调查单位、场矿、厂房工地、河流区域等达到72处，扶贫审计外延调查项目60余个；对全县162个预算单位预算执行情况、“三公”经费、会议费、培训费支出使用等情况进行效益分析，对比分析覆盖面达到100%，促进30多个单位规范财务管理。

【投资项目审计】 加强与公共资源交易、住建、财政等部门的衔接，强化全县重大建设项目实施情况的监督，规范业务操作，参与项目现场勘察、复核等关键环节，每周督办一次审计进度，2019年送审投资额200万元以上的结算审核完结率达到80%以上，保证全县重点工程快审快结，加快推进财政资金拨付进度。

【经济责任审计】 2019年，根据各级安排，实施完成经济责任审计项目5个、自然资源资产审计项目1个，涉及被审计单位5个，其中乡镇党委政府2个、县直部门（单位）3个；被审计领导干部7人，其中乡党委书记2人、乡（镇）长2人、县直部门（单位）负责人3人。查出各类违规和管理不规范问题金额9943.41万元、非金额类问题30个。其中经济责任审计查出违规金额158.14万元、管理不规范金额9754.56万元、其他问题16个；自然资源资产审计查出管理不规范金额30.71万元、非金额类问题14个。上报经济责任《审计报告》《审计结果报告》12份，被县领导批示20余次。

【专项资金审计】 突出“安全、绩效”，开展扶贫资金、东西部扶贫协作资金等专项审计，重点抓好资金分配过程、扶贫项目建设领域、扶贫资金使用、扶贫资金受益群体政策享受情况等方面的审计。抽查60余个东西部扶贫协作、易地扶贫搬迁等项目，涉及项目资金30150万元，审计期间督促立行立改和规范管理743.33万元，督促收回资金59.22万元，提交《审计专报》2期。

（覃琼芳）

市场监督管理

【概　述】 咸丰县市场监督管理局是负责全县市场监督管理的县政府工作部门，2019年3月11日挂牌成立，由原县工商行政管理局、县食品药品监督管理局、县质量技术监督局整合而成。改革后，整合原工商局、食药局、质监局的所有职能，划入发改局的价格监督检查与反垄断执法、教育局（科技局）的知识产权保护、商务局的经营者集中反垄断执法等职能。4月，原县工商行政管理局、县食品药品监督管理局、县质量技术监督局的人员转隶完成。6月，中共咸丰县市场监督管理局机关总支部委员会、机关支部委员会、离退休干部职工支部委员会按程序选举完成。局机关内设办公室、政策法规股、执法稽查股、行政审批股、食品监管股、药品化妆品医疗器械监管股、产（商）品质量监管股（标准与计量股）、特种设备安全监察股、消费者权益保护股、市场规范监管股10个股室。组建县市场监管综合执法大队，设立派出11个乡（镇、区）市场监督管理所。局属事业单位3个：咸丰县市场监督管理局信息中心，咸丰县消费者委员会秘书处，咸丰县个体劳动者私营企业协会秘书处。全系统现有在职人员162人。

县市场监管局全力打造高效透明的政务服务环境，实施开办企业“一窗通办”政策，简化审批环节，实行“审核合一”“一日办结制”工作模式。即“谁受理、谁审核、谁负责”，对符合登记条件且提交资料齐备的企业、农民专业合作社、个体工商户，工作人员在1个工作日内审核发照，最长不超过3日。全面推行全程电子化登记系统。依托“国家企业信息公示系统（湖北）协同监管平台”，严格事中事后监管，强化“多证合一、证照分离”改革，实现企业登记信息共享。截至2019年10月31日，全县新开办企业472家，注销企业157家；新开办个体工商户1894家，注销个体工商户862家；新开办农民专业合作社96家，注销农民专业合作社369家。

【食品、药品安全监管】 围绕保障人民群众饮食安全为核心目标，强化食品日常监管、专项治理、新闻宣传。加强元旦、春节期间食品安全监督检查工作，强化重点领域行业食品安全监管。做好非洲猪瘟染疫猪肉等动物产品市场排查工作。检查各类食品生产经营单位4771家，下达责令改正通知书704份，消除食品安全隐患106处，规范食品经营行为。创建第二批“湖北省食品安全示范县”。

加强药品化妆品监管。按时上报ADR：90例（一般44例、新的一般37例、严重7例、新的严重2例），MDR上报10例；开展中药饮片零售企业和使用单位集中整治阶段性工作；开展“药品零售企业‘挂证’违法行为的专项整治”及处方药未按要求销售的监督检查工作；开展“5·25”爱肤日化妆品宣传活动；督促并协助各乡（镇、区）所对辖区范围内零售企业开展“挂证”专项整治监督检查工作、GSP跟踪检查及保健食品、医疗器械、化妆品的日常监督检查。

【产品质量监管】 制定县级（商）产品质量、食品安全监督、药品化妆品监督抽检计划并逐步实施。完成监督抽检863批次，围绕反映突出的儿童玩具问题，出动执法人员20人次。开展专项整改行动，下架无3C认证商品4箱，弹射玩具51支、水弹枪47支、“三无”玩具枪280支、仿真人民币50套等不合格儿童玩具。

【特种设备安全监管】 2019年出动执法人员173人次，检查特种设备729台（套），发现安全隐患共21处，下达特种设备安全监察指令21份，发现的安全隐患整改完成20处，1处正在整改，立案2起。加强其他专项巡查和日常巡查工作。

2019年3月11日，举行县市场监督管理局挂牌仪式　　唐厚远　提供

【消费维权】 2019年受理消费者投诉举报共计249件，办理239件，办理中10件。其中省局平台受理157件，办结150件，7件正在办理；国家平台共受理44件，办结41件,3件正在办理；电话及上门投诉举报共39件，办结39件；食药网平台投诉案件7件，已办结。为消费者挽回经济损失50余万元。

【知识产权保护】 加大商标法知识的宣传力度，积极引导商标申报工作，全县商标注册总数累计1657件，其中地理标志商标2件，申请商标总数162件。会同咸丰县茶叶协会做好“唐崖”驰名商标申报工作，进一步提高品牌竞争力。加大执法工作力度，根据2019年6月12日全国打击侵权假冒工作电视电话会议精神，把日常监管与重点打击相结合，加强与相关部门的协作和联系，共同做好打击侵权假冒工作，切实维护商标注册人的合法权益。

【市场规范监管】 开展互联网广告专项整治。网络经营平台报送台账1次，下达“网剑行动”责令整改2份，均整改到位。向省合同格式条款专家评审委员会送审格式条款合同4份，向辖区监管对象下达责令整改2份。开展各类广告监测109500条次。开展成品油质量安全检查，抽检3个品种6批次，均为合格。认真开展污染防治专项整治和环境污染督查“回头看”整改。开展散煤经营主体监管，严厉打击销售劣质散煤违法行为。巡查散煤经营主体16家次，抽检散煤1家，抽检结果合格。开展集贸市场“菜霸”“鱼霸”“摊霸”等黑恶势力和涉黑涉恶关联企业排查，对排查情况均建立工作台账。

（唐厚远）

公共检验检测

【概　况】 咸丰县公共检验检测中心是县人民政府直属正科级公益一类事业单位，于2017年5月成立，主要开展计量检定和石材产品检测工作。中心内设办公室、计量检定股、业务技术股、工业（石材）产品检测股、食品药品检测股5个股室。定编21人，2019年12月实有18人，其中劳务派遣人员4人。

2019年共检定计量器具1660台次（其中强制检定1202台次、非强制检定458台次），完成省、州石材产品监督检测共35批次，积极推进计量检定各项惠民活动，进社区、进企业发放宣传资料300余份，为群众解答相关知识共计125人次。积极向上争取计量机构能力提升项目建设，完成燃气表计量检定装置标准，更新检定特种车辆1辆。

加大人才队伍储备，结合中心职能需求，以公开招聘的形式新招录大学毕业生5名。加强专业技术培训，采取“送出去学、请进来教”的学习模式，全年共培训25人次。

（姚　玲）

农业和农村工作

种植业

【概　况】2019年，咸丰县认真贯彻落实中央一号文件精神，以机构改革为契机，以脱贫攻坚为统揽，深度推进供给侧结构性改革，不断调优产业结构，加速全产业链建设，着力培育农村发展新动能，决战脱贫攻坚成效明显，促进农民增收、农业增效、农村增色，农业农村经济取得长足进步。2019年全县实现脱贫摘帽，《大山深处茶飘香》茶叶产业扶贫纳入全国22个产业扶贫典型案例。10月14日，在全国扶贫日产业扶贫论坛上，县委副书记、县长杨皓介绍咸丰县茶叶产业扶贫经验。2019年，咸丰县被评为“中国茶业百强县”，小村乡入选全国“一村一品”示范乡镇。

2019年，全县耕地面积87.19万亩，其中常用耕地71.48万亩，临时性耕地15.71万亩；水田18.18万亩、旱地53.3万亩。乡村人口25.7万人，乡村劳动力18.86万人；农村常住居民人均可支配收入11439元，较上年增长10.1%。全年粮食作物种植面积68.16万亩，实现总产20.14万吨，较上年增产0.39%。油料作物种植面积10.67万亩，总产1.92万吨，较上年持平。全县留存茶园27.45万亩，加工干茶10320吨，实现综合产值15.19亿元。

中国茶叶流通协会颁发“2019中国茶业百强县”荣誉证书　　严　顺　提供

坚持以粮油高产创建为核心，落实惠农政策，强化技术指导，大力推广高产高效栽培模式，粮油生产保持稳定。全年粮食播种面积68.16万亩，较上年71.88万亩减少2.62万亩。粮食总产20.14万吨，较上年20.06万吨增加0.08万吨。其中，夏粮播种面积18.51万亩，总产3.34万吨，较上年3.16万吨增产0.18万吨。夏粮以马铃薯为主，当年种植面积18.83万亩，实现产量3.47万吨，较上年3.13万吨增长10.86%。秋粮播种面积68.16万亩，秋粮总产17.40万吨，较上年16.9万吨增加0.5万吨。其中水稻播种面积10.21万亩，产量5.75万吨；玉米播种面积20.89万亩，产量7.05万吨；红薯种植面积14.17万亩，产量3.30万吨；大豆播种面积3.67万亩，产量0.52万吨。油料作物播面10.67万亩，总产1.91吨，与上年持平，其中油菜面积8.42万亩，产量1.57万吨；花生种植面积2.25万亩，产量0.39万吨。

以“三茶一药一猪一中蜂”为重点，加快农业结构调整步伐，持续压减低端农产品，增加

2019 年 8 月，浙江桐庐到咸丰挂职的养蜂专家李海金到朝阳调研养蜂情况　　陈秀明　摄

优质安全农产品生产和供给，特色产业带初步形成。2019 年建成特色产业基地 111.06 万亩。其中：新建白叶茶基地 4 万亩，茶叶留存面积达 27.45 万亩；发展蔬菜 28.12 万亩，实现产量 26.74 万吨；留存水果 23.34 万亩，实现产量 2.28 万吨；发展中药材 25.6 万亩，实现产量 0.89 万吨。在特色产业发展上，由注重规模扩张向全面提质增效转型。茶叶生产稳定现有面积，加强茶园管护，推广“去夏增春”模式，加速标准化、绿色化生产，推进精深加工，整合打造“唐崖茶”品牌，实现茶叶产业可持续发展。

曲江茶谷　　县农业农村局　供图

【农业产业化经营】 围绕建设百亿富硒农产品产业集群目标，不断优化投资环境，积极招商引资，大力发展农产品加工业。一是县人民政府出台《关于进一步加快农产品加工业发展的十条意见》，从品牌提升、技改、市场拓展、绿色发展等多方面对企业进行扶持，促进农业产业化经营。二是组建唐崖茶（湖北）公司，着力推进白叶茶全产业链 PPP 项目，引进社会资本方兼并重组本地茶叶加工企业，组建茶业集团，提升茶叶产业市场竞争力。三是持续推进以茶叶为主的特色农产品精深加工，实施农产品初加工项目 88 个，建设冷链物流设施 1075 立方米。投资 800 万元，东西部协作余杭援建的 13 个茶叶加工厂投入生产；争取特色优势区建设项目资金 300 万元，对白茶主产区 14 家小微企业生产线提升及购置关键设备给予补助；争取资金 2000 余万元支持企业煤改电，购置新设备 800 余台（套），实现茶叶全程“清洁化、标准化”生产。四是加大农业龙头企业引进、培植力度，新增省级龙头企业 1 家，共认定省级产业化龙头企业 3 家、州级产业化龙头企业 18 家。90 家龙头加工企业带动 200 多个农民合作社和 2 万多户建档立卡贫困户增收，实现茶叶、生猪等特色产业的可持续发展。

聚焦宣传推介，做响“唐崖”品牌。一是打造“唐崖茶”公共品牌。积极申报驰名商标认证，“唐崖茶”地理标识产品于 2019 年 11 月通过农业农村部评审，并荣获 2019 年湖北省二十强农产品区域公用品牌称号。二是加强“唐崖茶”品牌推介。中央电视台国防军事频道《每日农经》栏目、湖北电视台垄上行频道播出“唐崖茶专题推介片”，各类媒体宣传报道唐崖茶 48 次，进一步提升“唐崖茶”知名度和影响力。三是加强“唐崖茶”对外展销。积极组织企业参加北京茶博会、中国农交会、武汉农博会、义乌国际森博会等大型活动。湖北圣浩农业公司“唐崖雪”白茶、茂哥坛香菜加工坊“绿舒康”剁辣椒荣获第 12 届义乌国际森林产品博览会金奖；硒源山茶业、唐源食品选送的“唐崖白茶”，石仁寨茶业选送的“唐崖红茶”，奇泉茶业、家家健茶业选送的“唐崖绿茶”获恩施硒茶斗茶大赛金奖。

【农产品质量安全】 以溯源平台建设为基础，以先进技术为纽带，以加强质量监管为手段，大力推进全域绿色化。一是加大溯源平台建设。加快县级农产品（茶叶）质量安全视频溯源监控平台建设，黄金洞乡整乡推进视频溯源监控平台建设，覆盖全乡3万亩茶园。二是加强农产品质量安全监管，共开展农产品质量安全抽样检测12805个，委托第三方定量检测610个，检测合格率均为100%。三是推广绿色生态管护技术。推广茶叶“去夏增春”等新技术，改造生态茶园10万亩，建成生态循环农业示范区1万亩、有机肥替代化肥示范区2.32万亩。四是推进病虫害绿色防控。全省贫困地区特色作物病虫绿色防控培训班及全国2019年科学用药宣传下乡活动相继在咸丰举办，咸丰县种植大户300余人参加培训；突出生态调控、物理防治，建成茶园绿色防控示范基地2.5万亩、玉米绿色防控示范基地1.5万亩，推进全国绿色防控示范县建设。五是推进“土更净”专项整治，实施土肥技术田间试验13个，土壤样品化验分析920项（次），推广测土配方施肥技术46万亩，配方肥施用23万亩，配方肥施用量达1.6万吨。同时，开展土壤酸化治理4.5万亩，建成有机肥替代示范区2.32万亩，有效解决农业面源污染。六是推进农业废弃物资源化利用。畜禽养殖粪污综合利用率为75%，粪污处理设施装备配套率为100%，大型规模养殖场粪污处理设施装备配套率为100%。七是大力打造绿色农产品。加强“三品一标”农产品认证与监管，有机食品基地认证1万亩，绿色食品基地认证10万亩，全县新认证有机食品2个、绿色食品11个，“唐崖茶”地理标识产品通过农业农

有机土豆产出　　县农业农村局　供图

晾晒玉米　　县农业农村局　供图

村部评审。

加大农业行政执法，强化农资打假专项行动，严把市场巡查监督关，先后检查农资批发企业7家，农资经营门店180余家，查处农药违法案件两起，发放品种审定公告、农药预警通知300余份，农药抽样30个、种子抽样15个。

【美丽乡村建设】 坚持规划引领。一是以加快产业带建设，促进城乡融合发展为重点，制定完善《咸丰县2018—2022年乡村振兴战略规划》。划定“两区”总面积24.01万亩，其中水稻功能区8.6万亩，玉米功能区10.09万亩，油菜籽保护区1.68万亩，水稻油菜籽复种区3.64万亩。二是打造美丽乡村示范点。截至2019年底，建成美丽乡村示范村11个、整治村46个，曲江茶谷、泗坝酒庄等美丽乡村建设有序推进，咸丰县黄金洞乡麻柳溪、高乐山镇白岩、龙家界3个村成为2019年湖北省休闲农业示范点。三是推进余杭现代农业产业园建设，按照“农旅融合、以农为主”的发展思路，现代研发育苗中心、农业科普示范中心、文创农业展示中心等初具雏形，建成羊肚菌、草莓、茶苗育苗大棚30余栋，带动189户贫困户发展产业或就近就业，该示范园区成为2019年湖北省现代农业产业园创建单位。

改善农村人居环境。成立咸丰县美丽乡村建设协调小组，出台《农村人居环境整治工作责任分工方案》，健全机制，细化措施，开展以“五清一改”为重点的村庄清洁行动，当年实施厕所改造3.1万户，新建、改造农村公厕173座，畜

禽养殖粪污综合利用率为75%，粪污处理设施装备配套率为100%，大型规模养殖场粪污处理设施装备配套率为100%。

加强农村垃圾处理设施建设，新建咸丰县生活垃圾卫生填埋场渗滤液处理工程，建成乡镇垃圾填埋场6个、乡镇垃圾中转站10个，采购可卸式垃圾车8辆、联体式压缩垃圾箱16台、自卸压缩式垃圾收集车11辆、生活垃圾桶1750个，有效提升农村垃圾处理能力。推进乡镇污水处理，建设咸丰县集镇生活污水处理全覆盖PPP项目，项目覆盖8个乡（镇），建成污水处理厂8个。

【县农业农村局】 2019年3月，根据《咸丰县机构改革方案》和《咸丰县县级机构改革的实施意见》，全面整合农业、畜牧、水产、农业综合开发等职能，新组建成立县农业农村局，为县政府工作部门。成立县委农村工作领导小组，办公室设在县农业农村局，承担县委农村工作领导小组具体工作，组织开展“三农”重大问题的政策研究、统筹谋划、组织推动和检查督办，协调督促落实县委农村工作领导小组决定事项、工作部署和要求等。设置县委农村工作领导小组办公室秘书股，负责处理县委农村工作领导小组办公室日常事务，组织开展“三农”综合考评。结合行政事业单位机构改革，整合农业、农机、畜牧、渔政等农业执法职能，组建农业综合执法大队，构建权责明晰、上下贯通、指挥顺畅、保障有力的农业综合执法体系，加大农业综合执法力度，护航农业农村经济发展。

改革后，县农业农村局内设6个股室：办公室（党办）、法规与安全股（行政审批、农产品质量安全监督股）、产业发展股、项目股、科技教育股、农村经济和社会事业股。机关行政编制23名。设局长1名，副局长3名，总农艺师1名，总经济师1名；内设机构领导职数正职6名，副职1名。

（严　顺）

畜牧业

【概　况】 2019年，立足供给侧结构性改革及脱贫攻坚，推进生猪产业规模化、特色化、品牌化发展。大力推广以“畜＋沼＋X”为代表的“16113”养殖模式（一栋100平方米标准化栏舍，饲养6头能繁母猪，年出栏100头育肥猪，一口沼气池或化粪池，30亩特色种植产业），助推畜禽养殖业绿色发展。全年出栏生猪500头以上的大户31户，牛出栏50头以上的有3户，羊出栏100只以上的有6户，蛋禽存笼5000只以上的有3户。加强动物疫病防控，强化联防联控，严防“非洲猪瘟”等重大动物疫病疫情，湖北三泰食品有限公司投资1800万元的生猪定点屠宰厂建成投产，畜牧业生产稳步推进。

打赢“非洲猪瘟”防控硬仗，生猪养殖效益实现突破性增长。2019年出栏生猪42.47万头，存栏39.23万头，其中能繁母猪存栏3.61万头，全年实现猪肉产量3.61万吨；牛存栏2.89万头，牛出栏9013头；羊存栏15098只，出栏17791只；家禽出笼116.99万只，存笼51.52万只，全年禽肉产量0.18吨、禽蛋产量0.25吨；着力打造中蜂产业，当年养殖中蜂4.03万群，实现蜂蜜产量24.17吨，带动贫困户5259户，实现增收0.35亿元。

【规范动物卫生监督执法】 多措并举加强动物卫生监督执法，完成湖北三泰食品有限公司生猪定点屠宰场建设，开展打击私屠乱宰专项行动3次，取缔私屠滥宰集中窝点4个。针对“瘦肉精”、兽用抗菌药及兽药残留、生猪屠宰监管执法检查242次，检疫生猪10893头，没收未经检疫的生猪产品380千克，立案查处违法行为4起，无害化处理养殖环节病死生猪737头。完成畜禽产品抽检2057次，禽蛋磺胺类、喹诺酮类药物快速检测183批次，完成省部级抽样送检45批次，检测结果全部为阴性。加强兽药及饲料监管，清查兽药经营企业5家、乡村兽医诊疗点

16家，动物养殖场（户）86家，查处违法经营企业2个，查处违法违规养殖主体1个。强化渔业行政执法，共出动渔业执法巡查20余次，发放、张贴宣传单1200张、拆解渔网工具一批，立案查处违法电鱼网鱼、炸鱼8起，行政处罚行为6起，移送公安2起。

（严　顺）

农业科技

【概　况】 2019年，大力实施科技兴农战略，推广普及测土配方施肥、病虫害绿色防控、茶叶机修机剪等先进适用技术。坚持政策引领，广泛开展政策、技术、信息等产前、产中、产后服务，农业科技水平稳步提升。

扎实推进国家现代农业水稻、玉米产业体系建设，在高乐山镇杨柳沟等地开展水稻病害抗性鉴定，参鉴品种1.2万个；在忠堡镇马倌屯开展水稻新品种展示，展示品种28个，开展山区直播水稻试验示范40余亩；在唐崖镇南河等地开展玉米新品种展示示范，展示品种60余个。加大农业新优技术推广应用。推广茶叶"去夏增春"技术模式5万亩，建成"16113"生态循环农业模式圈舍425栋，因地制宜推广玉米、水稻、油菜优质高产良种25个，大力推广玉米、马铃薯增密高产栽培等增产技术，农业科技应用水平稳步提升。广泛开展测土配方、化肥减量、增施有机肥等技术，积极探索培肥地力、提高耕地质量的技术途径，为高标准农田建设提供有力的技术支撑。

加大动植物疫病防控，及时防控"非洲猪瘟"、草地贪夜蛾等重大动植物疫情，确保农业生产安全。新建马铃薯晚疫病等预警系统田间监测点四个，安装智能虫情测报灯6台，发布《病虫情报》11期，配套物化投入133万元，举办茶叶、水稻等病虫害防治示范样板7.8万亩，其中开展玉米草地贪夜蛾防控1.5万亩，农作物病虫害得到有效控制。完成重大动物疫病防控任务，免疫生猪34万头，免疫注射牛、羊1.7万余头。

加大新型农机具推广。实施购机补贴资金106.53万元，补贴各类机具1389台，受益农户1219户；全县农机拥有量达到33.85万千瓦，比上年30.97万千瓦增长8.5%；全县农业机械化水平达49.6%。

结合产业发展、抗灾救灾工作，开展各类技术培训，全年培训农民1.1万人次。其中，开展东西协作茶产业致富带头人培训、茶艺培训、油菜高产栽培等新型职业农民培育190人次；开展"送科技"下乡活动2次，举办各类培训会、现场会25期次，农业科技应用水平不断提升。

【强化农业面源污染治理】 依托农业先进技术，加强农业面源污染治理。全面摸清农业面源污染底数，以全县第二次农业污染源普查为载体，完成《种植业基本情况》《种植业播种、覆膜与机械收获面积情况》《农作物秸秆利用情况》及抽样调查种植业源195个典型地块污染状况调查的基础工作，完成土壤污染加密点采样、送样工作，采样农产品16个，土壤16个。

推进畜禽粪污基本资源化利用。加强县域内畜禽规模养殖场全面排查与畜禽粪污治理，与部分存在环境污染隐患的养殖场签订《养殖场环境保护承诺书》，督促养殖场从设施配套、基础设施改造升级方面进行重点突破，解决规模化养殖场粪污处理难问题。加快实施畜禽粪污资源化利用整县项目实施，全县现有规模化畜禽养殖场45个，配套建设粪污处理设施39个，畜禽养殖粪污综合利用率73.9%，粪污处理设施装备配套率为87%。

实施化肥农药减量增效行动，推进"土更净"专项整治。2018年茶叶有机肥替代化肥试点县建设基本完成，建成11个耕地质量监测网点，实施土肥技术田间试验13个，土壤样品化验分析920项（次），推广测土配方施肥技术46万亩，配方肥施用23万亩，配方肥施用量达1.6万吨。开展土壤酸化治理4.5万亩，建成有机肥替代示范区2.32万亩大力。推广农作物病虫害绿色防控技术，举办茶叶、水稻等病虫害防治示范样板7.8万亩，全年农药使用量160.12吨，较上年减少10.38吨，有效解决农田面源污染。

推进农作物秸秆综合利用。开展农作物秸秆回收与“五化”利用技术推广，2019年全县农作秸秆产量干重21.47万吨，综合利用量18.9万吨，秸秆综合利用率为88%以上；推进农作物秸秆综合利用示范点工作，培育现有从事秸秆收储运的经营主体和秸秆综合利用龙头企业发展壮大，巩固现有“秸秆成型+生物质炉灶”生物质产业链模式，形成可持续、可复制的秸秆综合利用模式。

（严　顺）

烟叶生产

【概　况】 2019年，咸丰县烟叶分公司牢固树立“以质取胜、以诚取信”的工作理念，以“8620”结构目标为引领，坚持市场导向，以满足工业核心原料为突破口，以增加烟农收入为重点，着力打好烟叶产业转型升级攻坚战。2019年，咸县签订烟叶种植合同面积35683亩，计划收购量7.56万担，落实烟农户数858户，户均种植面积41.6亩。实际完成烟叶收购量7.45万担，完成计划任务目标98.55%。其中，上等烟比例63.34%，中部烟比例78.02%，中部上等烟比例52.35%，收购均价29.27元/千克，烟农总收入1.09亿元，实现烟叶税收2399万元。全县11个乡（镇）区中，仅有高乐山（91.42%）、唐崖（91.95%）、清坪（99.94%）3个乡镇未完成计划任务，其他8个乡镇均100%完成计划任务，其中，坪坝营完成计划任务的101.7%。

全面推进精益生产、精准收购管理，烟叶生产收购水平明显提升。一是全面集成转化土壤修复、膜下烟移栽等科技创新技术，烟叶移栽季节合理提前，烟叶生产水平明显提升。分海拔高度确定移栽时间，于4月12日开始移栽，4月30日结束移栽。二是全面实施精准收购管理，烟叶收购时间有效压缩。咸丰县自9月20日开秤收购，11月8日关门停秤，仅用48天时间圆满结束烟叶收购工作。

尽管遭遇后期旱灾不利气候影响，咸丰县仍然实现上等烟比例63.34%，中部烟比例78.02%，中部上等烟比例52.35%。核心原料水平稳定，咸丰县有5个上等烟比例达到60%以上，3个乡镇中部烟比例达到80%以上。全县烟叶收购质量、等级纯度均得到工业好评。

2019年取消K326补贴价格政策，加之后期灾害气候等因素影响，但是咸丰县烟叶收购总金额仍达到1.09亿元（不含补贴），专用物资补贴金额1516.55万元，合计实现烟农收入1.24亿元，亩平产值3481元，户均收入14.47万元。其中，亩产值4000元以上烟农104户，占12.12%，亩产值3000—4000元的烟农608户，占70.86%，亩产值2000—3000元的烟农108户，占12.59%，亩产值2000元以下的仅有38户（较去年减少59户）。3000元以上烟农达到712户，比例达到82.98%。基本保证了烟农种植效益，确保了烟农满意度。

【科技推广】 持续开展土壤保育与修复技术。重点落实土地深翻、农家肥、沼液、生物有机肥、饼肥、绿肥种植、生石灰调酸等土壤修复及保育技术的应用。全县土地深翻面积5000亩，生物有机肥、饼肥施用全覆盖，共运输沼液近6000吨，绿肥、油菜翻压面积3万亩，合理施用生石灰土壤调酸面积1.5万余亩。推广控氮增密技术。严格按照平衡施肥要求，实行“套餐式”肥料发放，施氮量控制6.5千克/亩以下，严控移栽密度120×55厘米。2019年，全县亩施纯氮6.22千克，氮钾比1∶3.76。

按照提高上部烟叶工业可用性集成技术推广与应用，推广使用新型烟草专用复合肥2000亩。推广使用生物有机肥1479吨，平均亩施41千克，施用饼肥1264.36吨，平均亩施35千克。

（周方奎）

农村经济管理

【概　况】 县农村经济管理局（简称农经局）隶属农业农村局归口管理，正科级工作部门。业务上接受恩施州农经局指导；乡镇财政所履行农经职能，为乡镇政府的直属工作机构，接受县农经局业务指导。农经部门的主要职能：农民负担监督管理、农村集体财务和资产监督管理（含农村集体经济审计）、农村土地承包合同和农村经济合同管理、农民专业合作组织发展指导。

县农经局内设办公室、农民负担监督管理及合作社指导股、农村集体财务资产管理股（农经审计站）、农村土地承包与农村经济合同管理股。设二级事业单位县农村土地承包仲裁委员会办公室。同时履行县政府成立的“县农民负担监督管理领导小组办公室”“县农村（综合）产权改革工作领导小组办公室”“县农民专业合作经济组织发展工作领导小组办公室”及“县农村土地承包经营权确权登记颁证试点工作领导小组办公室”职责。2019年在职在编19人，其中领导班子4人；退休职工12人。

2019年，县农经部门围绕决战决胜脱贫攻坚大局，突出抓好农村集体产权制度改革整县推进、农村土地制度改革、农民专业合作经济组织建设三项重点工作。加强新型农业经营主体培育，建立和完善带贫益贫机制。全县农民专业合作社实现贫困村全覆盖，48家合作社及农场因创业带动224户贫困户获得奖补资金78万元，1家合作社因吸纳贫困户就业获奖补资金2.6万元。

【农村集体产权制度改革】 开展农村集体资产清产核资。全县11个乡镇263个村均完成农村集体资产清产核资工作，核实资产总额3.43亿元，核实集体土地总面积357.62万亩，所有数据录入全国农村集体资产清产核资管理系统。确认农村集体经济组织成员身份。在进行股份设置和股权量化方案的基础上，通过民主形式开展人员清理、占股分类、明确股权。全县263个村共确定成员身份数362462人。开展村集体和农民股权配置。全县263个村共确定总股本金额59131.27万元，其中集体股本金额10447.02万元，成员股本金额48684.25万元。推进集体经济组织重新登记赋码工作。按照国家三部委的要求，衔接县市场监督管理局办理工商注销，完成农村集体经济组织登记赋码工作。总结经验，挖掘亮点，抓好13个示范村建设，促进产权制度改革向纵深推进。农村综合产权交易平台规范运行。截至2019年底，累计交易和服务2110余笔（次），交易金额达到1.31亿元。立足产业和资源，多途径发展壮大村集体经济，探索“产业带动、盘活‘三资’、投资合作、经营收益、电商服务”5种主要发展模式，按照“一村一模”或“一村多模”的方式，村集体经济突破性发展。

咸丰县农经局在民族广场宣传土地承包法等相关知识
丁　英　摄

【农村土地制度改革】 农村土地制度改革是深化农村土地“三权分置”，落实集体所有权、稳定农户承包权、放活土地经营权的重要基础。截至2019年底，全县农村土地确权登记颁证试点已完成外业图斑勾绘263个村，2315个小组，完成内业编绘属性挂接263个村，2315个小组，涉及农户93258户，实测面积871639.79亩（其中家庭承包面积863059.16亩），地块801335块（其中家庭承包地块797288块）。应签订承包合同93258份，已签订92047份，签订率98.7%；应发放经营权证93258本，已发放90207本，发证率96.7%；应收集档案263个村，已收集215个村，应归档263个村，已归档215个村，应收集档案93258户，已收集74156户，应归档93258户，已归档61555户。排查矛盾纠纷3612户，涉及面积13583.65亩，已解决2401户，面积8823.25亩，因历史遗留问题、国土治理边界问题、家庭内部问题等原因暂缓确权1211户，面积4760.4亩；接受土地承包确权登记颁证政策咨询300余人次。土地流转面积16.6万亩（流入农户1.95万亩、流入专业合作社10.53万亩、流入企业2.15万亩、流入其他主体1.97万亩），通过农村产权交易中心交易面积193.22亩、金额738.05万元。

【农民专业合作经济组织建设】 2019年，加强对农民专业合作经济组织规范化管理。一是清理整顿，摸清底数。4—8月，组织工作专班对全县1014家农民专业合作社进行全面清理，清理出有较大种养规模、运行质量较高、带动能力较好的“运行良好”农民专业合作社共计236家；有意愿经营但主导产业规模较小、带动作用不太强需“培育壮大”合作社共计280家；未开展生产经营活动“空壳”合作社共计498家。二是开展培训，提升能力。2019年合作社理事长参加县以上培训40余人次。全县共培育各级示范社131家，其中国家级示范社6家，省级示范社5家，州级示范社30家，县级示范社90家。三是政策奖补，重点扶持。县政府出台《关于进一步加快咸丰县农产品加工业发展的十条意见》，对农民专业合作社、家庭农场新评为国家级示范社（农场）、省级示范社（农场）、州级示范社（农场）分别奖补20万元、10万元、5万元，2019年度奖补7家合作社及4家家庭农场，奖补金额70万元。全县共有3家农民专业合作社获得国家大专项资金支持共计30万元、11个深度贫困村的农民专业合作社获得上级资金支持110万元。

（丁文英）

工 业

综 述

【概 况】 2019年，全县共有规模以上工业企业22家，新增规模以上企业4家，其中新进规1家，小进规3家。"规上"工业累计完成总产值11.16亿元，实现增速11.5%；完成工业投资99791万元，其中技改投资34560万元。工业投资同比增长-4.58%；技改投资同比增长63.4%，全年工业实现税收5869万元。

工业园区（含忠堡园区）现有企业48家，其中规上企业8家，经过近十年的发展，基本形成建筑饰材、绿色食品加工和清洁能源"三大主导产业"，在县域经济发展中的"引擎"作用更加明显。一是建筑饰材产业发展势头强劲。通过科技创新和延伸产业链，形成以鑫磊矿业、明龙石业、磊源石业、宏隆建材为龙头的绿色建材加工企业集群，走出了一条资源全利用的清洁化生产之路。二是绿色食品加工产业初具规模，形成以陈向食品、馨源山生态茶业、科昱魔芋为主的绿色健康食品产业集群。三是清洁能源产业不断壮大，形成以新农佳科技、聚能生物、国腾生物为代表的洁净能源产业集群。四是其他制造业竞相发展，逐步形成了以楚焱工贸、宏升工贸、红祥科技为主的高新技术企业及其他制造业集群。2019年，实现工业总产值10.59亿元，完成固定资产投资3.9亿元，完成招商引资3亿元，实现入库税收4521万元。

县委、县政府先后出台《关于进一步加快咸丰县产业发展的十条意见》《关于进一步加快咸丰县产业发展的补充意见》等多个政策文件，支持工业经济发展。

突出工业投资。一是建立统计协调联动机制。加强项目入库工作，深挖投资潜力，做实项目支撑材料。对未入库项目，指导企业加强统计工作，督促业主依法向统计部门申报入库；对已入库项目，督促企业按时正确填报投资统计报表。同时，与县统计局、发改局和工业园区管委会的沟通对接，建立密切的工作联系机制，深入企业、进到项目建设现场，全程跟踪项目建设和招商引资工作动态情况，对项目随时掌握进展情况，并将工作进展以数据形式实时体现，努力做到应统尽统、应报尽报，不重不漏、不瞒报、不虚报，确保统计数据数出有据和数据质量过硬，准确反映全县工业资产投资运行趋势与工业发展水平，提升工业投资对全县工业经济发展的支撑作用。二是创新思路抓好招商引资工作。强化政策支撑，创新招商模式，把招商引资工作作为工业经济发展的重要引擎抓牢抓实，着重招商实效。围绕四大产业集群建设，引进特色富硒农产品精深加工、清洁能源、新型建材、生物节能灶等绿色工业产业落地发展。

狠抓企业培育。一是摸清底数。为加强工业

企业监测，县工业经济工作领导小组办公室印发《关于摸底排查全县重点工业企业相关情况的通知》，全面开展“规下”工业企业摸底，摸清县内重点工业企业基本情况及行业构成等相关信息。二是强化工业企业进规分类指导。年初摸排拟进规企业，建立重点拟进规企业培育库，指导企业完善财务资料，组织企业积极向相关部门申报进规。三是积极兑现政策。根据州人民政府《关于推动工业经济加快发展的实施意见》（恩施州政发〔2017〕7号）文件精神，对2018年度首次纳入规模以上统计的咸丰县裕丰商品混凝土有限责任公司等5家工业企业，给予每个企业一次性奖励10万元。

着力工业稳增长。一是加强工业经济运行分析。坚持重点企业、重点行业、较大增长点的运行情况，坚持定期走访企业，了解企业生产经营困难，同时落实县领导联系企业包保责任机制，与企业共同制定减停产包保责任机制，确保实现企业稳增长。二是完善企业运行监测平台。实现规上工业企业监测全覆盖，从企业生产、销售、库存、效益以及成本等多方面情况进行监测，通过多方面的数据找准企业运行存在的问题，发挥好“参谋部”作用，为县领导安排下阶段重点工作，化解工业经济存在的矛盾提出建议。

【重点茶叶企业选介】 近年来，随着茶园面积的扩大，各类茶叶加工厂（点）应运而生，相继引进安吉茶叶集团、宝源生态农业、仁和康源等知名企业；同时重组县内茶企，壮大规模，提升竞争力。2019年，全县茶叶生产加工企业达94家，其中省级茶叶龙头企业3家、州级茶叶龙头企业19家、现代化生产加工示范企业15家。加工干茶9951吨，其中绿茶4811吨、红茶3022吨、乌龙茶654吨、黑茶1464吨，总产值14.45亿元。多数茶叶企业形成知名品牌和特色产品，其中30余款获各类交易会金奖。

湖北水寨茶业有限责任公司。2013年成立，位于黄金洞乡兴隆坳村，湖北省农业产业化龙头企业和咸丰县重点规模企业。有兴隆坳、水寨两个茶厂，设红茶精制、绿茶初制、红茶初制、名优茶生产4个车间，年生产能力900吨。建有水寨茶叶专业合作社，入社茶农约400户，入股资金约300万元，茶园约600亩。“水寨”为恩施州知名商标，毛尖茶、雀舌茶、炒青茶、金骏眉、宜红工夫茶等获绿色食品标志证书，获评湖北名茶。水寨毛峰，以一个芽头或一芽一叶加工而成，获“鄂茶杯”、上海国际茶叶博览会金奖。各类产品内销鄂、湘、鲁、渝、浙、闽、蒙等省市和周边各县市，外销俄罗斯、日本、欧盟等国家和地区。

硒源山茶业（湖北）有限公司。厂址位于小村乡集镇，湖北省重点农业产业化龙头企业，“硒源山”为湖北省著名商标。前身为个体茶厂，2004年改组为晓春茶业有限公司，2013年更为现名。有精制绿茶、红茶生产线各2条，年生产能力2000吨。自建茶叶基地3500亩，与农户联办基地12000亩，是首批全国有机农业（茶叶）示范基地创建单位之一。主产红茶、绿茶、乌龙茶，获“绿色食品”“有机食品”证书。绿茶品牌“玉叶春香”“硒源山春芽”“罗氏毛尖”“馨香远闻”；红茶品牌“仙山灵草”，乌龙茶品牌“硒源山铁观音”。罗氏毛尖获第十二届、十四届中国（武汉）农业博览会金奖。

恩施馨源生态茶业有限公司。2005年成立，位于高乐山镇官坝村，俄罗斯“崔柳达”集团公司与中国安溪制茶世家合资，注册资本400万美元，湖北省农业产业化龙头企业。主产乌龙茶、红茶、绿茶系列。“馨蕊源”为湖北省著名商标，“宜红”金骏眉为中国著名品牌。乌龙茶良种基地1.3万亩，其中有机茶基地0.5万亩。具备400吨乌龙茶、200吨红茶、150吨绿茶年产能力。在北京、武汉、上海、沈阳等10多个城市设20多个销售点，在中国香港设分公司；有自营出口权，出口中亚、东南亚、欧盟等10多个国家和地区，在塔吉克斯坦设面向欧洲的市场窗口。产品获绿色食品、有机转换产品、有机产品证书。“咸帝”铁观音、“宜红”金骏眉均获中国茶叶博览会金奖。“馨源”乌龙茶多次获上海有机食品博览会金奖及第十七届中国绿色食品博览会金奖、第十四届中国（武汉）农业博览会金奖。湖北省科技厅以该公司为科研基地，成立“湖北省名优红茶研究中心”。

奇泉茶业（咸丰）有限责任公司。2008年成立，注册资金1000万元。公司位于高乐山镇瓦窑沟，厂址位于黄金洞乡大沙坝村，集茶叶生产、加工、销售、科研于一体，属湖北省林业产业化重点龙头企业。有生产线28条，年加工能力400吨。茶叶基地3000余亩，其中标准化绿茶实验示范基地1200亩、老鹰茶基地1000余亩；辐射周边茶园5000余亩。主产红茶（老鹰红等）、白茶、绿茶（老鹰绿、龙井、雀舌、毛峰）、乌龙茶（铁观音、青心、奇兰）系列。“奇泉”为湖北省著名商标，产品畅销欧洲多个国家、国内20多个城市。“奇泉”铁观音获“鄂茶杯”金奖，“奇泉”龙井获第八届中国（武汉）农业博览会金奖。特色产品奇泉老鹰红茶，年产7吨左右，获评“湖北最受欢迎的十大茶叶品牌”“中国特色硒产品”“中国绿色食品博览会金奖”“第十届中国农业博览会金奖”，制作工艺获国家发明专利。

瀑泉茶业有限公司。位于小村乡工业园，2012年成立，注册资金500万元。红茶生产设备50台（套）、绿茶生产设备80台（套）。与农户联办基地4000余亩，其中有机茶基地341亩。生产白茶、绿茶、红茶、黑茶、珠茶，年产650吨，年出口500吨左右。

湖北圣浩现代农业科技发展有限公司。2010年成立，注册资金1000万元。公司位于咸丰县城，厂址位于唐崖镇钟塘村。在钟塘村建有机白茶基地800余亩，辐射周边9个行政村数千亩。年精加工白茶15吨、红茶15吨、绿茶30吨。主要品牌有“唐崖雪有机白茶”“土司1574有机绿茶”“土司1574有机红茶”“圣浩青砖茶”等。圣浩白茶获首届（2014年）国际硒茶文化旅游产品博览会白茶特等奖和第十三届（2016年）、第十四届（2017年）中国武汉农业博览会金奖及第十一届中国义乌森林博览会金奖。

唐源食品有限公司。位于咸丰县城楚蜀大道麻柳坝，2008年成立，注册资金1000万元。原名湖北“这一泡”茶业有限公司。厂房和茶叶基地位于活龙坪乡拱桥村，加工设备200余台（套），年生产能力400吨。建立有机茶茶叶种植核心基地600余亩，辐射周边8000余亩。主产白茶、黄金芽茶、红茶、保健黑茶、紧压砖茶及其他绿茶。“这一泡”白茶获第十二届“中茶杯”全国名优茶评比一等奖。2019年常年职工10余人，季节工50余人，全年产值近600万元。

【行业管理与信息工作】 加强安全生产工作，做好煤矿去产能工作，有序推进煤矿关闭奖补资金兑现。积极协调县法院解冻部分煤矿企业奖补资金，落实职工安置资金。2019年完成15家煤矿企业去产能工作，兑付6000余万元煤矿去产能奖补资金。

开展商贸（成品油）、电力、民爆、通信、工业安全检查整改。每月重点对全县加油站（点）、报废汽车回收拆解企业、农产品批发市场、农贸市场、二手车交易市场、汽贸交易、商场、超市、宾馆酒店、民爆企业、电力企业、企业安全生产、通信设施等安全生产重点场所进行严格检查。

信息工作。一是宽带入户情况。截至2019年12月，全县宽带用户共132920户；其中电信用户50156户，移动用户25384户，联通用户11715户，楚天视讯用户45665户。移动公司光纤宽带通行政村263个，于10月底全部建成开通。电信公司光纤宽带应通规模自然村1486个，已通1486个，通自然村2154个。截至2019年底，全县2376个自然村，已通光纤宽带2269个。二是4G网络建设情况。全县共建4G基站1421个，其中电信425个，移动605个，联通391个。在4G建设中，电信2017年、2018年总规划基站数311个，2019年规划补盲数53个（含21个高铁沿线4G基站），9月底全部完成建设。移动规划基站数249个，规划补盲数16个，7月全部建成。联通规划基站数160个，补盲数19个（2019年新增），7月底全部建成。三是铁塔建设情况。已建铁塔645座。协议新建73座，改造326座，已完成新建78座。2019年底，咸丰县4G网络覆盖率达到97%以上，居全州前列，光纤宽带通自然村覆盖率达到95.5%。

2019年7月10日，县科经局执法人员到忠堡加油站开展安全检查　　曾令威　摄

【县科学技术和经济信息化局】 2019年3月，根据全县机构改革方案，原县商务局、经信局、科技局撤并后组建咸丰县科学技术和经济信息化局（简称县科经局），主要从事全县工业商贸经济发展和科技运用推广工作。局机关内设机构6个：办公室（党办）、发展股、信息股（电子商务股、县国防动员委员会信息产业动员办公室）、科技股（县国防动员委员会科技动员办公室）、商务股、行业股。核定行政编制15名（其中1名为国投公司挂靠），设局长1名、副局长2名、总工程师1名。下设商务和经信两个综合执法大队，为公益一类事业单位，核定事业编制12名，当年在编在岗11人。依照县委县政府安排，从2018年8月起，县贸促会与原商务局合署办公，此次改革后，县贸促会划转隶属关系为县科经局管理的二级参照公务员法管理的事业单位，工作职能和人员编制不变。

（李　陶）

咸丰工业园区

【概　况】 湖北咸丰工业园区属省级工业园区，于2008年8月获省人民政府批准筹建。园区管委会为县政府派出的副县级行政机构，履行工业园区建设与管理的各项职能。管委会内设办公室、经济发展局、国土规划建设局3个正科级机构，下设招商引资服务中心为隶属管理的正科级事业单位。管委会行政编制10名、招商引资服务中心全额拨款事业编制12名。2019年在编在岗24人，其中行政编制12人，事业编制12人。

根据工业园区“十三五”规划（2016—2020年），园区按照“一区多园”模式进行规划建设，即以白水坝工业园为中心，统筹发展忠堡工业园、清坪工业园、朝阳工业园、杨洞工业园、曲江工业园，规划建设面积12.26平方千米，白水坝主园区已获省政府批准建设，忠堡工业园区获省发改委批准建设。2018年1月启动忠堡工业园拓园征地工作，一期5.5万平方米标准化厂房竣工验收，引进3家企业入驻生产。二期11万平方米标准化厂房，2019年完成投资7000万元。园区内110千伏红乐线、天然气管线迁改全面完成。三条工业支路、700立方米污水处理生化池完成设计、施工图审、造价、预算审核等前期工作。

【主要食品工业】 陈向食品。咸丰县陈向食品有限公司是一家由下岗职工创办，专业从事休闲食品生产加工的民营化企业。公司成立于2010年10月，注册资本200万元，位于咸丰工业园区，占地15亩。主要产品有：原味瓜子、花生、薯片、绿茶瓜子、红衣花生等系列休闲食品。产品销往武汉、广州及周边地区各大超市、经销商，销售势头强劲，产品供不应求。为大力发展休闲食品产业，公司筹资2000万元新建年产3000吨以上休闲食品加工项目。该项目通过采用国内市场上先进的生产设备和成熟的生产工艺进行规模加工。近年来，采取公司+基地+农户模式，在小村、活龙坪、清坪、坪坝营4个乡（镇）发展葵花子、花生、薯片原料基地近1万亩，实现规模生产、加工及销售一条龙经营，不断壮大公司实力。

堰塘食品。咸丰县堰塘食品有限责任公司于2008年成立，是一家从事农副食品、蔬菜收购、加工及销售的农业产业化州级重点龙头企业，由活龙坪乡王小兵投资创办。公司坚持以基地为支撑，实行“公司+基地+农户”的生产经营模式，发展订单农业，建立原料基地3万余亩。主导产品有“堰塘”牌系列大米、山茶油以及活龙辣椒等，取得绿色食品、有机产品认证。年加工销售精米4000吨左右，产值2000万元左右。近销咸丰及周边市场，远销成都、武汉、苏州、上海、重庆等城市。

【石材开发企业】 鑫磊矿业。咸丰县鑫磊矿业开发有限公司，位于咸丰工业园区，创建于2008年3月，注册资本金5000万元，是一家以石材产业为主，并从事物流、旅游、现代农业等投资开发的综合性企业。经过7年的艰辛奋斗，现已发展成为集矿山开采、板材生产、成品加工、产品销售于一体的，中国产销量最大的大理石一体化企业，“中国·武陵石材之都”的龙头企业，中国石材协会常务理事、中国装饰协会石材委员会常务副会长单位。采用国际、国内先进的大理石机械装备（大型圆盘锯、数控拉锯、连续补胶流水线、全自动抛光机、红外线切割机、数控水刀等近100台套）和生产工艺，按照ISO 9001:2008和ISO 14001:2004国际标准建立质量管理体系和环境管理体系。鑫磊矿业公司主要开采、生产、加工的安琪、加州、梦幻米黄大理石荒料、大板、成品及异型等系列产品，具有资源稳定、优质环保、价廉物美、性价比高的特点，已成为国内公认的中国国产米黄大理石第一品牌，全球性价比最高的大理石产品。公司生产的大理石系列产品，主要适用于高档住宅、酒店、会所、展厅、场馆等装饰装修工程，主要工程案例有广东佛山希尔顿、张家界凤凰酒店、青岛索菲亚开发区国际大酒店（喜来登）、杭州绿城集团旗下项目、成都仁和春天大酒店、西安豪享来温德姆至尊酒店、天津金元宝集团办公楼等。

明龙石业。咸丰明龙石业有限责任公司成立于2006年10月，注册资金2000万元，是一家集矿山开采、板材加工、国内销售及外贸于一体的综合性民营企业。公司位于武陵石材之都咸丰经济开发区白水坝工业园内，旗下拥有两座大理石矿山，总面积为0.42平方千米，分别位于坪坝营镇的石板铺村和沙道湾村，大理石矿产资源储量十分丰富。公司总投资3153万元，厂区占地面积18244平方米，其中，加工厂房2400平方米、成品仓库1200平方米，辅助生产车间220平方米，办公楼800平方米，员工宿舍1000平方米。公司主要生产“安琪米黄”“安娜米黄”“卡啡金”等系列石材产品，产品放射性指标均控制在国家A级标准以内，是现代高档建筑装饰的理想产品。产品畅销全国各地及台湾地区，并出口韩国、日本等国家，深受广大用户的好评。

建兴石业。建兴石业有限公司是一家集大理石开采、加工、销售为一体，拥有独立出口权的石材加工企业。公司拥有材质优良、储量近千万立方米的大理石矿山1座；拥有国际先进水平的开采设备和一支专业从事矿山开采和荒料检验的队伍；拥有标准化的加工厂房和荒料堆场；拥有先进的切割、加工设备和先进的质量检测体系，具有运用新技术、新设备、新产品的研发与生产的能力。公司加工厂位于清坪镇工业园区，总投资2800万元，厂区占地面积100余亩，其中厂房面积1920平方米，成品仓库3800平方米，办公楼900平方米，员工宿舍1000平方米，引进先进的加工设备，高精密仪器和标准化生产车间，可达年产60多万平方米大理石板材，产品主要行销国内和出口东南亚地区。为推动企业快速、健康发展，公司于2008年引入ISO 9000质量管理认证体系，于2008年10月取得“GB/T19001—2000质量管理体系认证”证书，对外合作渠道进一步拓宽。

建塬石材。湖北建塬石材有限公司于2006年成立，注册资金1000万元，矿山位于清坪镇把界村，厂址位于白水坝工业园。以砂岩为原料，生产工程板材、异型材、广场砖、外墙砖、文化石、街道砖、雕刻砖、路沿砖、台阶砖、桥栏、桥柱、大型雕塑等，年生产能力50万平方米。产品销往北京、上海、浙江、广东、福建及咸丰周边县市，出口欧洲、中亚。代表产品有位于咸丰县会展中心的巨型砂岩浮雕“土苗风情”，以及“梅兰竹菊”“金牛顶力”“十二生肖”等石雕壁画。

【纸品与木材加工企业】 楚焱工贸。恩施州楚焱工贸有限责任公司是一家专业从事纸品生产经营的民营企业，位于咸丰工业园区B区，注册资金2050万元，资产总额19000万元，占地面积80亩，现有员工212人。经过几年来的不断努力，公司在循环经济、资源综合再利用、环境影响治理等方面，取得显著成效。投资13400万元年产10万吨再生纸（瓦楞纸）生产线于2015年3月19日投入试运行，当年生产瓦楞纸27815吨，实现产值10900万元。“楚焱”牌卫生纸被评为“湖北省消费者真满意商品”，“楚焱”牌商标被评为“湖北省著名商标”。企业通过ISO 9001质量管理体系认证和ISO 14001环境管理体系认证，公司获省级“文明诚信民营企业”等荣誉称号。2019年完成产值2.5亿元，完成税收561万元。

佳德木业。咸丰县佳德木业有限公司成立于2005年7月，注册资金1000万元，2009年8月入驻咸丰工业园区。主要生产和销售各类优质装饰板材，产品主要销往湖北、湖南、福建、四川和重庆等省份。公司坚持“质量为公司发展的命脉、人才为公司发展的基础、创新为公司发展的动力”的理念，严格企业管理，狠抓产品质量，不断开发适应市场需求的各类精品家具和优质新型板材。至2019年，公司累计完成固定资产投资1840万元，总资产达5530万元。现拥有生产用地50亩，标准化厂房1.1万平方米，办公及职工宿舍用房3000平方米。2011年12月，公司经湖北省林业局认定为“林业产业化省级龙头企业”。

宏升工贸。咸丰县宏升工贸有限责任公司成立于2008年，2013年进入咸丰县忠堡工业园区，占地面积30.7亩，注册资本1200万元，2014年生产线扩大，产值增加。是一家集广告纸杯、纸碗；环保塑料购物袋、广告袋、食品软包装袋；环保无纺布袋、医疗废物袋及绿化育苗用植树袋（美植袋）等设计、生产销售于一体的现代化综合企业。公司现有员工60多人，拥有各类生产设备50余台（套）。

（黄 雯 李 陶）

咸丰县供电公司

【概 况】 国网湖北省电力有限公司咸丰县供电公司设7个职能部门：办公室（党委办公室）、发展建设部、财务资产部、党委组织部（人力资源部）、党建工作部〔工会、纪委（纪检）团委〕、安全监察部（保卫部）、电力调度控制分中心；2个实施机构：运维检修部〔检修（建设）工区〕、营销部（客户服务中心）；10个供电所：黄金洞供电所、清坪供电所、小村供电所、大路坝供电所、活龙坪供电所、唐崖供电所、朝阳寺供电所、坪坝营供电所、曲江供电所、忠堡供电所，临时机构电网改造办公室。2019年底，公司在岗总人数339人（全民工238人、农电工101人），退休职工229人（全民工退休170人、农电工退休 59 人）。

供区有 220 千伏变电站 1 座，主变 2 台，主变容量 300 兆伏安；110 千伏变电站 3 座，主变 4 台，主变容量 141.5 兆伏安；35 千伏变（配）电站 18 座，主变 23 台，变电总容量 138.8 兆伏安，35 千伏线路 20 条、总长 250.02 千米；10 千伏配变 2969 台（公变 2344 台、专变 625 台），变电总容量 522.295 兆伏安（公变 296.99 兆伏安、专变 225.31 兆伏安），10 千伏线路 87 条（公用 84 条、专用 3 条）共 2062.06 千米（公用 2047.89 千米、专用 14.17 千米）；低压居民用户 144634 户。全年全社会用电量 3.627 亿千瓦时，其中，第一产业 0.065 亿千瓦时，第二产业 1.209 亿千瓦时，第三产业 0.936 亿千瓦时，居民生活 1.416 亿千瓦时。2019 年，公司职工书屋被授予“中华全国总工会职工书屋”，公司获评“湖北省 A 级纳税人”“湖北省‘七五’普法中期先进单位”“国网湖北省电力有限公司‘财务管理先进集体’”，客户服务中心员工林丽被评为“最美国网人”，大路坝供电所员工赵心得被评为州级劳模。

【电网建设】 开展电网规划储备。完成 2020 年新开工及可研项目报告编制、网格化规划工作。完善咸丰新城、忠堡工业园区规划。完成 1 座 35 千伏变电站（忠堡）扩建、2 座 35 千伏配电站（梅坪、石梯子）可研申报，中低压电网新增编制 1.3 亿元储备项目。实施电网建设改造。完成主网投资 4033 万元，35 千伏黄金洞变电站扩建工程于 8 月 28 日建成投运，新增主变 1 台、变电容量 6300 千伏安、35 千伏线路 13.2 千米；110 千伏叉马路输变电工程完成总工程量的 40%。完成配电网投资 1.79 亿元，新建、改造 10 千伏线路 435.987 千米，新建、改造低压线路 305.905 千米，新建、改造配变 287 台，容量 30410 千伏安，新增台变控制箱 495 台、柱上开关 117 台，两个项目创建成为省公司的“百佳工程”。完成黔张常铁路、咸丰大道、国道 353 和国道 351、太平沟等重点建设项目电力线路迁改工作。

【安全生产】 健全安全组织体系。建立健全“3+1”安全管理体系，坚持领导班子联系督导乡镇安全和网改工作。安全管理人员培训 104 人次，开展安全能力评估 68 人次、“安规”及“两票”考试 277 人次，兑现安全奖励 29.21 万元。落实现场安全管控。加强应用作业安全风险管控系统，有效防控三级作业风险 12 个。“零容忍”处理违章，现场稽查 536 次，查处违章行为 147 起，处罚违章责任人 6.87 万元。

加强设备运行管理。发布电网风险预警 16 项，有效管控电网风险 16 次；排查治理问题及隐患 437 项，完成设备检修预试 23 项、技术改造 33 项、设备大修 28 项；办理新修建房前置审批勘察 213 份，清理弱电外挂 6176 处。开展巡视、红外测温、通道清理等工作，35 千伏输变电设备故障跳闸同比减少 11 条（台）次，同比下降 68.75%；10 千伏设备故障跳闸同比减少 95 条（台）次，同比下降 50.52%。

开展专项安全管理。完成信息通信隐患排查治理，信息系统漏洞整改 58 个，加强通信业务一体化管理，持续开展 ADSS 光缆“三跨”、线路保护安控业务“重载”和通信共性问题整治。开展“1901”攻防演练、“防风险、保安全、迎大庆、护军运”专项行动，黔张常铁路投运电网三级风险防控实现“零事故、零舆情、零投诉”目标。

【经营管理】 开拓电能市场。推进电气化铁路、页岩气开采、春晖学校、东西部茶厂等替代项目建设，完成电能替代电量 1678.32 万千瓦时，占新增电量比重 58.47%。服务咸丰新城、工业园区等区域重点项目建设，采取微信线上传单的模式，坚持“先借用、后补库”原则保障物资供应，利用掌上电力 APP、“95598”网站平台推进“互联网 + 营销”，完成报装接电 5526 户，新增容量 9.4 万千伏安。

开展供电服务。落实优化营商环境政策，按

照政府“一网通办”要求，业务办理入驻政务大厅，执行“零费用”接入、物价部门清费降价、两部制电价等新政策，完成零费用接入3382户（380/220伏），减免接电费用475万元，惠及客户21006户，降低客户用电成本1158.47万元，为大工业客户降低用能成本252.36万元。开展供电服务网格管理工作，落实“一栏三卡三电话”，客户投诉32个，同比下降21个，下降40%，小村、朝阳寺供电所实现零投诉。

开展提质管理。实施台区精益化管理，开展“三专”（专责负责监控督办、专业负责精益分析、专班负责现场处理）闭环管理工作，形成闭环的日线损管控流程。提升配变用户一致率及台区线损应用率，营配调贯通成效保持在96.11%以上。在坪坝营供电所、忠堡供电所开展“智能型、市场型、体验型、线上线下一体化”多功能营业厅试点工作。

实施改革创新。开展人力资源市场配置工作，提拔中层副职6人，免职中层副职1人，干部轮岗交流10人；开展技能类职员职级管理，推荐唐崖供电所所长伍兴军为州公司5级职员，公司聘用7级职员2人。开展月度绩效考核和季度等级评定，推进全能型供电所建设，在小村供电所开展工时积分制试点工作。推进以林丽为标识的党建品牌建设，建成林丽工作室、重新拍摄林丽电视专题片，林丽先后参加省公司“最美国网人”巡讲和恩施州“决战脱贫攻坚，献礼70周年”百姓宣讲活动，并被推荐申报全国“三八红旗手”。

【精准扶贫】 行业扶贫投入15216万元，新建35千伏配电站1座、新增主变1台、新增主变容量6.3兆伏安，新建35千伏线路12千米；新建、改造10千伏线路393千米、低压线路279千米，新增、改造配电变压器394台、配变容量41770千伏安，解决近300台变压器的低电压和供电卡口问题，10千伏新增5条联络线路。派出脱产驻村人员13人，帮扶干部127人，帮扶全县815户贫困户，行业扶贫进度多次排名全县第一，金洞司村作为全县代表村脱贫成效通过国家检查。开展脱贫攻坚、电铁外供电源等宣传策划和主题传播，对外发稿近120条，新华社、“学习强国”各1条，省部级8条。

（勾银平）

国电咸丰县管理处

【概　况】 国电恩施水电开发有限公司咸丰县管理处于2013年农电体制改革后成立，从事发电经营和管理。2019年下辖2座水电站，总装机容量27.8兆瓦，其中小河电站装机2×12500千瓦，位于清坪镇中寨坝村；断明峡电站装机（1×2000+1×800）千瓦，位于高乐山镇徐家坨村。管理处内设党群综合、安生、营销、物资、检修、财务6个职能办公室，在岗职工63人。

【经营管理】 2019年完成发电量7184万千瓦时。安全生产形势平稳，全年未发生人身重伤、一般设备及火灾事故，未发生一类、二类障碍。“迎大庆、保军运”工作保障有力，防汛工作顺利完成，小河电站现场安全文明生产标准化建设持续改进工作成效显著。汇能资产处置及电站代维代运工作如期完成。推行《员工人身安全风险分析预控本》，健全安全生产风险清单，在重点区域、重点岗位设置风险提示卡和风险辨识卡，全员辨识和超前管控环境不安全风险的能力显著提高。

（刘雪蓉）

朝阳寺电业公司

【概　况】 湖北咸丰朝阳寺电业有限责任公司属国有股份制发电企业。1996年成立，注册资金7200万元，现有股东4家：国电恩施水电开发有限公司占比44%、重庆乌江电力有限公司占比

33%、华电湖北发电有限公司占比 15%、湖北省投资公司占比 8%。

朝阳寺电业公司设办公室、财务产权部、政治工作部、运行维护部、安全技术部。经营班子成员 6 人，其中专职董事 1 人，总经理 1 人，副总经理 4 人，党支委成员 5 人；中层管理人员 12 人。2019 年底在职员工 81 人、退休人员 5 人。

公司所辖朝阳寺水电站共安装混流式水轮发电机组四台，容量 75（3×15+1×30）兆瓦，设计多年平均发电量 2.55 亿千瓦时。电站分两期建设，一期工程建设 3 台 15 兆瓦水轮发电机组，在 1996 年分别投入运行，2000 年 4 月一期工程竣工验收。二期工程（扩机工程）于 2003 年 5 月开工，2005 年扩建一台 30 兆瓦水轮发电机组投入运行。外送线路为两条 110 千伏输电线路，至咸丰 220 千伏变电所，与华中电网相连。2019 年末，公司总资产 13538.23 万元，固定资产净值 11841.91 万元，流动资产 1263.71 万元。

2019 年，由于全年降雨量少，生产经营情况同比大幅下降，共完成发电量 16129 万千瓦时，与去年同比减少 29%；售电量 15682 万千瓦时，同比减少 30%；综合厂用电率 2.78%，同比增加 0.07 个百分点；实现销售收入 5192 万元，同比减少 31%；净利润 1157 万元，同比减少 67%。

2019 年，朝阳寺水库流域降雨 962 毫米，比多年平均降雨量 1448 毫米减少 33%，比上年同期 1426 毫米减少 33%，发电用水 11.2513 亿立方米，单位耗水率为 7.89 立方米（长期处于低水头运行）。

【经营管理】 2019 年 9 月 4—6 日，在湖北恩施召开第二十六次股东会及第八届董事会第一次会议，因公司第七届董事会、监事会任期届满，按照《湖北咸丰朝阳寺电业有限责任公司章程》规定，根据股东单位推荐，会议确定第八届董事会董事及第八届监事会成员。董事会选举第八届董事会董事长，并聘任新一届经营班子成员。

2019 年，认真落实安全生产责任制，强化安全生产隐患排查治理，结合春节、春季以及汛前专项安全大检查，开展现场安全管理整治活动。组织好年度安规培训考试、特种作业人员培训考核、“五员”培训考核等常规安全培训、安全教育工作。认真落实两措和技改计划，定期开展设备修校试等各项工作。一是完成大坝安全监测自动化系统的建设项目，通过国家能源局大坝安全监察中心的水电站大坝安全注册登记；二是完成朝 #4F、朝 #1F 发电机组监控系统的改造工作，提升机组自动化系统的可靠性和运行稳定性；三是按照“横向隔离、纵向加密”的要求，完成发电厂网络二次安防系统建设项目。

【精准扶贫】 2019 年，由公司专职董事、支部书记为组长，分管领导为具体工作负责人，选派 7 名工作队员组成两个工作专班，进驻到朝阳寺镇曾沟村、坪坝营镇青林湾村开展帮扶工作。2019 年投入帮扶资金 12.28 万元，用于促进产业发展和走访慰问工作。青林湾村“尖刀班”被评为 2019 年度全县脱贫攻坚红旗扶贫“尖刀班”。

（熊世毅）

商贸　旅游

商　务

【概　况】 2019年，全县共有限额以上商贸企业31家，新增限额以上商贸企业9家。完成社会消费品零售总额555327万元，同比增长10.8%，居恩施州八县市第五位。外贸进出口总额1319.2万美元，完成全年进出口目标任务的131.9%。

积极为企业搭建平台。组织全县农产品企业参加2019年恩施州“荆风楚韵”公益展卖和“益农融商”活动及首届世界大健康博览会，展示宣传县内优质农产品。大力弘扬民族饮食文化，组织全县餐饮企业参加“恩施十大富硒土豆特色美食”评选活动，参选菜品“唐崖土豆全膀”荣获“恩施硒土豆十大特色美食”，“时代秘制土豆羹”“抹茶花生土豆泥”“土豆粉饼”“金镶玉”入选“恩施硒土豆十大创新美食”。

加强成品油行业管理。完成2018年度成品油经营企业年检工作；推进加油站防渗漏双层罐改造工作。根据县污染防治指挥部及环保督察指挥部工作要求，全力推进加油站双层罐改造引导推进工作。2019年度任务为4座加油站、8个油罐改造。1—10月中石化小村加油站、黄金洞加油站、忠堡加油站、龙坪加油站、杨洞加油站完成双层罐改造。

抓外贸出口主体培育。实施外贸“三项工程”（骨干企业、成长企业、潜力企业），培植新生主体。一是科学研判全县外贸出口形势。组织相关人员开展外贸出口调研，全面了解咸丰县外贸出口的现状、存在的困难和问题，有针对性地培植外贸出口潜在增长点，2019年康美茶业累计出口63.1万美元。二是积极引导企业开拓国际市场。实施“破零攻坚”行动，抓好有产品、有市场、有意愿的非出口小微企业主体培育。2019年新备案外贸出口企业3家：湖北唐崖栀子花生物科技有限公司、源铭芗（恩施）生态农业有限公司、咸丰县信天翁外贸服务有限公司。

抓商贸领域安全生产。成立商贸流通安全生产大检查、大整治工作小组，通过召开会议、下发通知以及签订安全生产主体责任承诺书等，组织对加油站（点）和大型商超等商贸流通企业组织开展安全生产大检查，落实企业安全生产主体责任，排查商贸流通领域安全生产工作中的安全隐患，督促企业落实各项安全制度，杜绝重特大事故发生。

【国家级电子商务进农村】 2019年，咸丰县电子商务交易额达到4.8亿元，农产品零售额达到8833.69万元。中国农村电商致富带头人案例征集及评选活动中，咸丰县1人入选“2019年中国农村电商致富带头人（100人）”名单（全省共5人）；县商务局获“2019年中国农村电商致富带头人”优秀组织奖。

建设咸丰余杭电商产业园，夯实电商产业发

展阵地。充分利用东西部扶贫协作的机遇，与杭州市余杭区结对帮扶共建电商产业园。引进浙江良中控股有限公司入驻管理，开展创业咨询、培训孵化、产品溯源、供应链等公共服务，提供金融信用、网站托管、包装设计等增值服务，指导全县电商产业良性发展，培育电商企业发展壮大，孵化创客群体，带动贫困户销售农产品。2019年共有6家企业入驻，其中2家物流企业，44家企业产品（近250个种类）入驻产业园展厅，引入余杭帮扶资金250万，出台《咸丰县2019年度东西部协作电商产业园项目帮扶资金管理办法》。

全面发展电商网点，完善基层电商体系。建设乡镇综合服务站、村级电商服务站，提供农产品展示、代购代销、在线支付、缴费充值、快递收发等服务，为县级电子商务公共服务中心提供大数据支持。全县村级站点建设享受电子商务综合示范建设补贴政策的村级站点113个，其中建档立卡贫困村35个，2094名建档立卡贫困户通过网络销售农产品，人均增收近700元。各乡镇、村服务站点实现增值服务全覆盖，物流快递实现全覆盖。全面整合乡村电子商务服务站点，把处于同一村内不同运营机构的村级站点整合打造电子商务运营团队，实现乡村电子商务网点统筹运营。

建立健全培训体系，壮大电商人才队伍。全年开展东西部协作咸丰县农村致富带头人协会创业培训、渠道合伙人培训、东西部协作湖北咸丰县电商人才培训、短视频直播培训、电商实操培训、社交电商实操培训、农村致富带头人培训、电商服务站站长培训、电商创业基础培训等11期培训，培训人数658人。2019年8月，组织40余人到杭州进行考察，学习优秀电商企业经验。同时实施电商客服项目，全力为全县电商培训、电商创业提供服务。

促进“农商旅”融合发展，健全营销供应体系。一是组织各类农产品上行活动。成功开展咸丰县第一届年货节、“唐崖好响李”采摘节、“葡萄上行”活动、咸丰藤茶节发布会及直播、消费扶贫山货出山筹备渠道签约活动、“消费扶贫·山货出山”年货节等活动。二是举办系列“硒品入杭”活动。开展咸丰余杭电商产业园咸丰“硒”礼上线暨农特产品（旅游商品）对接活动、“硒品入杭·中秋礼遇”咸丰农特产品销售专场活动、“硒品入杭·消费扶贫”咸丰农特产品产销推介会等系列活动，拓宽咸丰县农特产品进驻余杭渠道。三是激励商贸企业积极拓展国内国际市场。组织16家咸丰企业参加2019中国国际电子商务博览会、第六届中国（杭州）国际电子商务博览会暨硒品入杭工业招商活动、第12届中国义乌国际森林产品博览会，扩大优质农产品和区域公共品牌的影响力。

完善物流体系，畅通两个“一公里”。全县10个乡（镇）建有二级物流配送中心，覆盖村级网点129个，其中中心村级网点79个，50个农村淘宝村级网点。物流干线4条，车辆7辆（其中物流冷链车1辆）。乡镇物流当天送达，村级网点隔日送达，偏远村级站点3—7天送达。8月，提升优化物流配送中心，对硒品入杭贡献企业给予物流补助，同时引进中通入驻咸丰余杭电商产业园，为农产品上行、工业品下行做好保障。开展东西部协作电商农产品分拣包装项目，为全县农产品上行提供分拣包装服务。

【县城主要超市简介】 咸丰县新景添商贸有限公司。位于咸丰县城南门广场，是2004年12月成立的一家新型商业业态的大型连锁超市，注册资本2000万元。主要经营：食品生鲜、日用百货、文体用品、服装鞋帽、黄金珠宝、化妆品、通信产品，经营品种万余种；经营业态有：购物广场、生活超市、生鲜工坊社区便利店等。经营特点：一是连锁经营，规模大，货品采购有价格优势；二是品种齐全，品牌服装、日用消费品一应俱全；三是流动资金需求大，周转快，周转次数为8次/年。公司经营模式有3种，即超市区自营、百货区联营扣点、外柜租赁。公司经营情况良好，在咸丰县同行业中稳居第一位。

咸丰县高乐福商贸服务有限责任公司。2003年成立，位于咸丰县红旗路1号，公司拥有6000余平方米的综合卖场，经营男女服装、内衣、化妆品、珠宝首饰、皮鞋、皮具、烟酒等，设有200余个国际国内知名品牌专柜、专厅，是咸丰县集购物、休闲、美食于一体的大型公众消费场所。

中百仓储超市有限公司（咸丰店）。位于咸丰县城武粮路（禧丰家园），2009年10月成立，隶属于武汉中百连锁仓储超市有限公司。主要经营食品、日用百货、家用电器、文体用品、服装鞋帽等大类商品，突出“放心米、放心肉、放心油、无公害蔬菜”经营。依托总公司强大的连锁实力，已开通并成功运行电子商务业务，中百线上多点、美团、饿了么也成功运行。

咸丰县富华商贸有限责任公司。位于咸丰县城二道河，2006年成立，是一家以本地土特产、生鲜、副食、日用品为配套，集生产、销售于一体的购物商场。经过多年经营，跻身咸丰县内有规模的5家超市之一。2012年5月被授予“放心消费示范商户”称号。

【酒店及宾馆选介】 锦绣春天大酒店。位于咸丰大坝新城文化路，是一家按国家四星级标准建设的酒店，规划总用地面积9207平方米，建筑面积18603平方米，建筑高62米。拥有各类精美客房168间，是商旅居停、政商会议的理想场所。

咸丰未来城市国际酒店。位于咸丰县城鄂州大道，五星级标准建造，2018年8月对外营业。酒店集餐饮、住宿、宴会于一体：有豪华餐厅包房12个，可提供粤菜、川菜、湘菜及本地特色菜等；客房226间，涵盖豪华、行政、情侣主题、棋牌、总统套房等各式房型；拥有恩施州首家3D全息情景式宴会厅。配备完善的会务设施，可同时容纳1000人用餐及各式宴席、会议接待。

咸丰县世纪兴大酒店。位于咸丰县城红旗路，2005年开业，主要经营饮食、住宿、洗浴、美容、保健服务。有豪华标准间、豪华单间、套房等各种客房。

坪坝营森林树上宾馆。位于坪坝营原生态休闲旅游区，景区平均海拔1400米，森林覆盖率95%，风景宜人，气候凉爽，夏季平均气温23℃左右，为天然避暑胜地。树上宾馆由坪坝营旅游发展有限公司独资兴建，现为全国首家园林式全木质结构别墅型浪漫酒店。宾馆小屋建在树上，悬在空中。配置豪华单间、豪华标间、商务套房、豪华套房、联体房（1单间+1标间）、绳梯房（单间）等多种房型，相关配置达四星级标准。树上宾馆茶楼内设大、中、小包房，提供棋牌娱乐、品茶、咖啡、饮酒等服务。主楼高1层，客房总数40间（套）。

（李　陶）

坪坝营森林树上宾馆　　县档案馆　供图

招商服务

【概　况】 咸丰县招商服务中心为县政府直属事业单位，2019年3月成立（鄂咸县办发〔2019〕22号），其职责是负责组织和承办全县开展的重大招商引资、项目推介活动，协调组织县内企业参与各类招商引资和商品交易会等多种经贸展洽活动，抓好招商引资、对外联络、协调服务等工作。内设办公室（党办）、项目信息股、投资促进股和招商服务股。编制数15名，实际在职在编7名，从其他单位抽调4人。

2019年，县委、县政府把招商引资工作提升到战略高度，作为“一号工程”和“一把手”工程。全县成立以县委书记任组长的招商引资工作领导小组，组建由相关县委常委，县人大、政协主要领导领衔的农业农村、工业商贸、城乡建设、生态文化旅游、社会事业发展、重大基础设施建设六大招商引资工作推进专班，负责各领域招商引资项目谋划、招引、信息报送及落地项目推进服务等工作。全县新签约项目24个，全年招商引资到位资金45亿元，其中省外资金21亿元。新开工项目16个，亿元以上新开工产业项目9个，其中工业项目4个。亿元以上新投产项目3个。新增外资企业2家。

【优惠政策及招商引资活动】 2019年，县委、县政府相继出台《关于进一步加快咸丰产业发展的十条意见》《关于切实优化全县招商引资项目审批服务工作的通知》《咸丰县招商引资项目工作制度》《关于实施大力支持民营企业发展十条措施的通知》《加快咸丰县农产品加工业发展的十条意见》等相关政策和措施，激励投资者到县投资考察。全力创优法治环境、政务环境、金融环境、信用环境，激发和保护企业家在咸投资的热情。着力打造诚信政府，依法兑现对企业的承诺，依法保护企业家投资权益，提升企业家安全感，增强企业家投资信心。

强化目标任务，县“四大家”领导带头开展招商引资工作，积极谋划敲定、跟踪引进、有效落地一批能为全县经济社会发展打基础、攒后劲的大项目。一是领导牵头招商。县领导分赴浙江、福建、江苏、北京等地考察对接项目10次，接待省内到访有投资实力、有明确意向的目标客商50批次以上。引进民生能源天然气枢纽及LNG等一批投资额度较大、带动性强的重大招商项目。二是精准对接招商。各专班谋划本行业领域招商重点项目39个，采取点对点对接及专题招商活动等方式，共签订咸丰县餐厨及农业废弃物综合利用项目、年产1万吨精密铸造件等项目，投资额达10.83亿元。三是搭建平台招商。对接湖北省省级异地商会联盟，邀请湖北省浙江企业联合会、湖北省山东商会、湖北省重庆商会等8家省级商会来咸投资考察高铁新城及其他重点项目，引进全球招商康养小镇等一批项目。引进中侨精密铸件加工项目，项目总投资6000万元，计划建成1万吨精密铸件（汽车、缝纫机等配件）加工生产线，2019年入驻忠堡工业园，完成设备安装、竣工投产。

（陈　桃）

供销合作

【概　况】 咸丰县供销合作社联合社为县人民政府直属的合作经济组织，参照公务员管理的正科级事业单位。机关内设办公室、经济发展与合作指导股、社有企业管理股。核定编制19名，设领导职数5名，其中主任1名、副主任3名、监事会主任1名；股室领导职数正职3名、副职3名。

2019年，县供销合作社认真学习贯彻《中共中央、国务院关于深化供销合作社综合改革的决定》，紧密结合咸丰县情实际，深入推进各项改革，加快现代流通网络体系建设，基本形成社企分开、上下贯通、整体协调运转的双线运行机制，供销社为农服务体系不断完善。县供销合作社建有1个购物广场，3个配送中心，9个供销社龙头企业，6个乡镇直营超市，684个加盟连锁店，其中：农业生产资料连锁店210个、日用工业品连锁店188个、村级综合服务社286个。全年商品销售总额34.2亿元，同比增长22.3%；电子商务平台销售农产品2.9亿元，同比增长31.7%；建有村级综合服务社286个，专业合作社173个、社员8502人，土地流转16658亩。县供销合作社被中华全国供销总社命名为“2018年度百强县级社”，在全省供销系统综合业绩考核中被评为县级优胜单位二等奖。

【专业合作社】 坚持发展与巩固并重，开展专业合作社清理整顿工作，完善信息台账，因地制宜，分类指导，促进稳定发展。2019年，投入发展基金10万元，对天才地宝、茂美葡萄、齐力生态农业、猫耳岭生态农业、祥盛生态农业专业合作社予以扶持。截至12月，县供销系统发展各类专业合作社171个，其中全国农民专业合作社示范社3个，省级农民专业合作社示范社5个，州级农民专业合作社示范社11个，供销社领办、引办农民专业合作社26个。

2018年11月成立的唐崖镇茶叶专业合作社联合社，成员有唐崖镇供销社、湖北圣浩现代农业科技有限公司等3个公司、祥盛生态农业等7个专业合作社和何家沟村等3个村级股份经济合作社。该社利用唐崖镇生产优质白茶的自然条件，努力提高白茶品质，实现茶叶资源整合、信息共享，共同打造唐崖茶叶品牌，开拓市场，促进企业发展和农民增收。

2018年9月成立的活龙坪乡土地股份合作社，成员有5个行政村的农民502户，以4780亩土地入股，依托咸丰堰塘食品有限公司发展订单农业，主要种植优质水稻，合作社统一种植、生产、加工销售，形成“土地经营权入股+一体化托管+保底分红”合作运营模式，提高土地规模效益和保证农民的长期收益。

【电子商务发展】 2017年10月，县供销合作社与家乡宝电子商务有限公司合作，成立咸丰县硒乡供销电子商务有限责任公司。公司位于高乐山镇文化路供销电子中心二楼，经营面积1700平方米，注册资本500万元，其中咸丰县供销合作社出资200万元占股份40%。9家商企入驻供销电子商务中心，当年网上交易额实现3100余万元。2018年10月，硒乡供销电子商务有限责任公司入住白水坝余杭电商产业园，2019年获科技部国家级星创天地基地认证。当年通过电子商务平台交易产品种类40多个，销售额2.9亿元，同比增长31.7%。

依托咸丰县余杭电商产业园，新建改造乡镇电子商务服务站10个、村级电子商务服务点55个，开展电商培训250人次。2019年10月，投资30万元建成咸丰县供销综合服务中心，组织生产者和供应商入驻“832”等电商平台，多渠道推介营销咸丰优质农产品，共有173家入驻，线上销售商品347个，金额1365万元。

【乐山大厦】 位于高乐山镇解放路5号，1992年5月建成，主楼高8层，建筑面积2570平方米，项目投资180万元。隶属县供销合作社，集体所有制企业，独立核算，自主经营，自负盈亏。1993年4月正式运营，集餐饮、住宿、文化娱乐服务于一体，是咸丰县城规模较大、功能齐全的商务酒店，年末职工16人。2000年，乐山大厦实行改制，16人名职工买断工龄，工商营业执照注销。2001年起县供销联社对乐山酒店实行整体出租经营。2012年，县供销联社将乐山大厦交给湖北鸿泽旅游投资有限责任公司经营管理，该公司投资2000余万元对乐山大厦进行整体改造。改造后的乐山大厦，拥有豪华套间、单间、标准间82间，床位122个。酒店相关配置达四星级标准。

（张正海）

烟草专卖

【概　况】 咸丰县烟草专卖局（营销部）内设综合办、党建办、专卖办、财务办、客户服务部5个部门，分设口子大队、城区专卖所、清坪专卖所、丁寨专卖所、城区市场部、丁寨市场部、清坪市场部7个分支机构。2019年在岗职工51人，其中正式职工32人，劳务派遣员工19人。

2019年，全县有1220户卷烟零售户。全年销售卷烟8250.59箱；实现毛利7231.96万元；单箱均价30319.08元/箱，同比增加188.22元/箱，上升0.62%；销售省产烟5311.67箱，占总销量比重64.38%；销售重点品牌7834.45箱；销售低价位卷烟1877箱，同比增加114箱，增幅6.5%；销售中高端雪茄48.33万元。年度内二类烟增幅较大，三类和五类烟销量出现较大幅度下降。

【专卖管理】 2019年，查获涉烟案件161起；查获非法“三烟”67.6件，完成年度任务113%；查获万元案件24起，完成年度任务120%；涉烟案值83万元；查获省标网络案件1起；办结李某某网络经营案件1起。在打击制假源头上取得实效，11月10日、11月11日连续查获两起擅自收购烟叶案件，共计查获违法收购烟叶1357.9担，案值达23万余元。

【精准扶贫】 组建两个扶贫工作队，进驻黄金洞乡五谷坪村和高乐山镇牛栏界村，大力发展烟叶、莼菜、茶叶等主导产业，促进困难群众增收致富。五谷坪村2019年种植烟叶1029亩，比上年增加160亩；新建莼菜加工厂，拓宽销售渠道，全年销售莼菜20余万千克。投入扶贫资金26.7万元，推进牛栏界村产业路建设，该村累计发展茶叶2300亩，成为当地群众的重要收入来源。

2019年6月18日，县烟草专卖局副局长谢勇（左）调研卷烟零售工作　　滕树生　提供

（滕树生）

石油销售

【概　况】 中国石化销售股份有限公司湖北恩施咸丰石油分公司（以下简称石油分公司）共有加油站13座，其中县城4座（中心、楚蜀、杨官、城西加油站），乡镇9座（杨洞、朝阳、大路坝、活龙、清坪、黄金洞、忠堡、龙坪、小村加油站）。2019年共有职工61人，其中正式员工2人，合同制员工30人，劳务派遣工31人。全年实现石油产品销售量36000吨，其中：汽油18900吨，柴油17100吨；上缴税金220万元。

【经营管理】 2019年，积极应对私人加油站营销活动灵活多变、中油竞争站点增多等不利因素影响，保证市场柴油资源供应高速公路及县内重点工程，扩大柴油销售为主、以稳住汽油销售不掉量为辅的营销策略，实现公司各站扩销增量。加强安全生产管理，认真组织各站开展安全预案演练，定期开展安全检查活动。完成13座加油站的油气回收改造工程和5座在营站的双层罐改造并验收合格。全年无安全、环保等级事故上报。

开展优质服务活动，树立良好社会形象。从加油站现场管理服务入手，全力打造楚蜀、黄金洞等加油站标杆站，以点带面，促进各站工作齐头并进。制定《加油站考核办法》，对优质服务执行较差的员工实行现场开单，责令其利用业余时间到楚蜀加油站跟班学习，学习时长根据考核结果确定，考核不合格者继续跟班学习直至合格为止。在省、州公司督查考核中，受检加油站均取得90分以上的成绩。

（林艳玲）

旅游业

【概　况】 2019年，依托咸丰县良好的生态环境和丰富的文化旅游资源，加快旅游产业发展步伐。全县旅游接待677万人次，同比增长11%，实现旅游综合收入 61.73 亿，同比增长 10.5%。

加快全域旅游发展。一是充分发挥县全域旅游委员会指导作用。出台《咸丰县创建国家全域旅游示范区三年行动方案（2019—2021 年）》和《咸丰县创建全域旅游示范区工作任务分解表》。二是旅游项目建设加速推进。完成唐崖土司文化产业园 70% 股权收购；启动唐崖土司城遗址国家 AAAA 级旅游景区创建工作，推进坪坝营景区国家 AAAAA 级旅游景区创建提升工程。三是要素配套逐步完善。“咸丰生态文化旅游特色商店”挂牌咸丰余杭产业园，实现咸丰特色旅游商品购物店零的突破；完成椒石线、利智线、甲坪线及大河边至唐崖段等主要旅游通道交通标识；打造以大河边至唐崖、曲江至坪坝营等重要旅游交通节点景观；新建旅游厕所 12 个；东升未来国际酒店启动四星级酒店创建工作。唐崖河景区获评“全州十佳景区”。

大力推进乡村旅游。一是出台《咸丰县旅游扶贫攻坚工作方案》，统筹推进全域旅游创建、精准扶贫、乡村振兴及美丽乡村建设。确定忠堡镇马倌屯村、高乐山镇白水坝村和沙坝村为 2019 年度旅游扶贫试点村；建成羌寨麻柳溪、茶海大沙坝、川洞田园、苗林老寨、现代农业产业园马倌屯等一批美丽乡村示范点；坪坝营原生态休闲旅游区被确定为恩施州 2019 年创建的五个高山休闲旅游度假区之一。二是出台《关于加快旅游产业发展的十条意见》《咸丰县关于推进民宿产业发展的实施意见（试行）》等文件，推动民宿产业的快速增长。围绕乡村旅游重点村，打造培育县城城郊、坪坝营原生态休闲旅游区、世界文化遗产唐崖土司城、唐崖河国家 AAAA 级旅游景区 4 个精品民宿示范点，在示范点及公路沿线重点支持鼓励发展民宿共 59 家。高乐山镇龙境仙庄民宿获称“全州十佳民宿”；咸丰县大坪生态有限公司、龙境仙庄获评恩施州 2019 年度星级旅游民宿。

推进文、体、农与乡村旅游融合。以项目为支撑，大力发展康体养生产业，建设龙家界运动康养基地项目、坪坝营景区掠燕文化体育康养项目、幺妹河漂流体旅融合项目、坪坝营天目湾景区综合开发项目、芭菲小镇二期移居养老建设工程、坪坝营森林小镇项目及咸丰县坪坝营体育旅游、文化休闲、养生养老基地项目。积极探索农旅融合方式，把茶园当景点建，把村庄当景区建，把森林、洞群当公园建，全县建成 5 个休闲观光农业示范点，9 个旅游扶贫示范村，200 千米茶叶观光走廊带；围绕“旅游 + 互联网 + 硒”等模式，建设一批美丽乡村示范点，发展乡村旅游，直接带动 12 个重点贫困村出列，4 万多人脱贫。

【世界文化遗产唐崖土司城遗址】 位于唐崖镇唐崖司村，距咸丰县城 28 千米。始建于元至正十五年（1355），废止于清雍正十三年（1735），共历时元、明、清三代 381 年，曾是方圆 600 多千米地区的政治、军事、经济、文化中心，今为保存最完整的土司文化遗址之一。遗址占地 74 万平方米，有城防设施、交通设施、建筑基址、墓葬、苑囿、手工业遗址等多种类型遗存，特别是保存完整、井然有序的道路、院落体系，呈现出城市主体一次性规划、营建的特征，堪称“土司制度的实物见证、山地城市的佳作典范、多民族文化融合发展的结晶”，有“小故宫”之称。唐崖土司遗址于 2006 年列为全国重点文物保护单位。2015 年 7 月 4 日，作为“中国土司遗址”申遗项目组成部分，列入世界文化遗产名录，成为湖北省第三处、恩施州第一处世界文化遗产。标志性遗存有“三街十八巷”，张王庙遗址及石人石马各 1 对，“荆南雄镇楚蜀屏翰”牌坊、土司墓、夫妻杉等。

【国家 AAAA 级旅游景区坪坝营】 位于坪坝营镇南部，集森林观光、生态休闲、漂流、民俗文化体验等于一体，属国家森林公园、国家级青少年户外营地。面积 154 平方千米，森林覆盖率 96%。有“鄂西林海”之称，是“华中生物避难所”的重要组成部分。植物近2000种，野生动物200余种。主要景点有鸡公山原始森林、鸡公山索道、青云阁、万亩古杜鹃、四洞峡、大溪洞漂流、白家河温泉、坪坝营月季观光园、巴人寨、掠燕山庄等。附近有蒋家花园、王母洞古民居、圣母洞、桓子岩、蛮王石牌、将军山及美丽乡村水车坪等景点。

【国家AAAA级旅游景区黄金洞】 位于黄金洞乡。核心景点黄金洞，20世纪80年代开始开发，2009年形成以洞穴探险、地心漂流、麻柳溪羌寨民俗风情三大景区，2011年批准为国家AAAA级旅游景区。黄金洞内命名景点200余个，分布于6个景区：第一景区神佛洞、瀑泉洞，第二景区飞燕洞、玉龙洞，第三景区迷魂洞，第四景区龙马洞，第五景区水龙洞，第六景区马脑岩风光。内有省级文物保护单位明代炼硝场遗址。附近有星斗山国家自然保护区、黑洞神兵总部精灵宫遗址、金峒土司城址、甘香峡、“苍山茶海”大沙坝等景点。

【严家祠堂】 位于唐崖镇大水坪村，又称龙洞祠堂。清光绪元年（1875）严氏家族集资修建，主体建筑为砖石结构四合院，总建筑面积736平方米，县内仅存的一座家族宗祠。1992年被列入湖北省重点文物保护单位。主体建筑为两进三开间，分门厅、天井、祠堂三部分。祠堂正殿前斜置一块长2.6米、宽2.1米巨石。石上端镂雕三龙抱柱，下端鲤鱼跳龙门。龙体矫健，利爪雄劲，形态逼真。2个石磉，左为狮子滚绣球，右为母狮戏小狮，石磉下部分别刻8个历史故事画面。祠堂内有大量碑刻，记录“乡约当遵”“宗族当睦”“赋役当供”等家训16条。

【十字路风雨凉桥】 位于曲江镇十字路集镇下街口的野猫河，距县城8千米。始建于清嘉庆年间，民国5年（1916）一月中旬翻修。桥身为木制长廊亭阁式建筑，长44.8米，宽4.5米，高8.8米。设5个支点，4个桥孔，每孔净跨10米。河中3个青石菱形桥墩，高出水面3.1米，墩间各以7根粗大圆木为梁，上铺木板。全桥12个开间，木板桥面，两侧条木为凳，外有木方栏杆。该桥载入《中国少数民族地区画集丛刊》，1992年列为湖北省文物保护单位。

【蒋家花园】 位于坪坝营镇新场集镇，距县城50千米，2008年列入湖北省文物保护单位。建于19世纪初，全木结构，当地富豪蒋克勤聘请百余工匠用3年建成。建筑面积2920平方米。存房屋94间，3个天井，1个花园。建筑主体糅合北方建筑四合院天井高大宏伟风格，天井、正屋、偏房、厢房，对称特征明显；装饰使用江南雕刻艺术，山水园林建筑特点鲜明；四周房屋、厢房是土家族吊脚楼建筑，融合本土文化气息。

【大村会议旧址】 位于小村乡大村集镇，距县城74千米。原为当地土豪朱海峰住房，石木结构三层楼房。1933年12月17日，中共湘鄂西中央分局在此召开会议，贺龙、关向应等参会，商讨创建湘鄂川黔新苏区等事宜。会议旧址1994年列入州级文物保护单位，2008年入选湖北省第五批文物保护单位。

【大寨坪遗址】 位于清坪镇马家坪村大寨坪山顶平台，距离咸丰县城东北部30千米，2019年1月列为第七批湖北省文物保护单位。该遗址系为在悬崖陡壁上依山势垒砌石墙围合的不规则平台，平台面积562亩。寨墙四周围合，仅东西面各有

大寨坪遗址城门　　李维君　摄

一个大、小寨门，是进入寨内的唯一通道，陡崖形成自然防御屏障，高低呈几百米落差。其地理位置在“唐崖土司城遗址”与“龙潭土司遗址”中轴线上。大寨门遗址与小寨门遗址的寨门结构保存较为完整，均构筑于险绝之处，门前悬崖峭壁，以狭窄石板栈道通行。寨门与寨墙巧妙结合，构成“一夫当关、万夫莫开”的防卫体系。

【青灵山森林公园】 位于咸丰县城南麓，东起咸来公路东侧第一层山脊，南抵鸡公岭主峰北坡，西至瓦窑沟西侧第一层山脊，北邻主城区。始建于 2004 年 6 月，时名瀑泉森林公园，2007 年 7 月更名咸丰县青灵山森林公园。公园规划面积 21325 亩，涉及高乐山镇大坝、白地坪、团结、晨光、杨泗坝、前胜、大毛坡 7 个村，24 个村民小组。园区内有鸡公岭、走马岭、青灵山等大小山峰 30 余座。山麓流水潺潺，沟谷纵深，林木丰茂，环境优雅。公园森林面积 19192 亩，森林覆盖率 90%。标志性建筑飞凤楼，俗称“望城楼”，坐落在县城青龙山之巅，属湖北省民族文化重点工程。建筑面积 545 平方米，占地 296 平方米。楼高 20.7 米，分三层，呈宝塔形，可俯瞰县城全景。2018 年建成上山木栈道 5000 余米。

（李　桦）

脱贫攻坚

【概　况】咸丰县人民政府扶贫开发办公室是县人民政府主管全县扶贫开发的工作部门，内设综合股、开发指导股、政策法规统计股、社会扶贫股4个股室。行政编制10名、机关工勤编制1名；直属事业单位咸丰县扶贫发展中心，编制6名。2019年，全县上下始终坚持把精准扶贫作为头等大事和第一民生工程，坚持“两不愁三保障”“三率一度”脱贫标准，严格落实“六个精准”“五个一批”和脱贫攻坚作风建设“十不准”要求，精准发力、尽锐出战，全县脱贫攻坚取得决定性胜利。

健全完善脱贫攻坚工作机制。建立脱贫攻坚战时调度机制，成立由县委书记郑东来任政委、县长杨皓任指挥长的脱贫攻坚指挥部。2019年5月，调整充实县脱贫攻坚指挥部办公室，县委副书记李娟任办公室主任，县政府副县长杨志高任常务副主任，县扶贫办主任罗明午任副主任。组建11个乡镇前线指挥部，落实牵头县领导和责任单位，实行“县级月调度、月通报”“乡镇周调度、周通报”“村级日研判、日督查”的运行管理机制，形成上下联动、立体高效的指挥调度和推进实施体系。制定《咸丰县2019年决战决胜脱贫攻坚作战方案》《咸丰县脱贫摘帽“百日攻坚”作战方案》等政策文件，下达脱贫攻坚指挥部工作令10个，为脱贫攻坚提供制度保障。

压紧压实各级各部门攻坚责任。全面压实县、乡、村三级党组织抓扶贫的主体责任和党组织书记的“第一责任人”责任、县乡领导班子成员包乡（镇）包村责任、县直部门的行业扶贫和驻村帮扶责任、纪检监察机关的监督执纪责任、“尖刀班”和帮扶干部的一线驻村及帮扶责任。将全县50%以上的干部力量下沉到村到户开展扶贫工作，全县成立村级“尖刀班”263个，落实“尖刀班”成员2218人，坚持吃住在村、责任到人，167个单位（其中省直5个、州直23个、县直139个）驻村结对帮扶，9009名干部职工结对帮扶贫困群众，一对一落实帮扶措施，切实做到“群众不脱贫、帮扶不脱钩”。2019年，县委书记郑东来共计督查指导、调研走访、暗访抽查贫困村195个，其中重点贫困村66个，入户走访945户，发现、督办、解决问题183个；县长杨皓遍访188个村，调研走访、暗访抽查、专项督查重点贫困村55个，入户走访521户，发现、督办、解决问题211个；各乡（镇、区）党政正职、各村党支部书记走遍辖区所有贫困户，把党中央的关怀和工作要求落到一线、干在实处。

强化整改提升“三率一度”。坚持将各级各类反馈问题纳入中央扶贫领域专项巡视反馈问题整改工作范畴，做到一体整改、一体解决。对照中央第二巡视组对湖北省扶贫领域专项巡视反馈问题4类14项56个问题，自查问题1616个，全部完成整改；对照国家对省脱贫攻坚成效考核反馈的40个问题，排查、整改问题10个；省对县脱贫成效考核反馈的15个问题，已整改落实；省大数据监督核查交办问题线索1863条，查实136条，整改134条；州委书记柯俊调研督办交办问题136个，整改134个；州委专项巡察“回头看”反馈的329个立行立改问题已全面整改。与此同时，认真开展“十看村、十看户”，切实堵“漏评”、防“错退”，实现贫困对象应纳尽纳、不漏一户、不落一人。结对帮扶干部每月集中走访贫困户，开展人居环境整治、星级文明户评选、“我与亲人过佳节”等活动；对边缘户和一般农户加强政策宣传，倾听他们的意见建议，不断提升群众认可度和满意度。

项目建设实现全覆盖。2015年以来，共整合资金63.8亿元用于产业发展和基础设施建设项目，平均每个乡镇投入5.8亿元、每个村投入2400万元，为历史之最。其中农村基础设施建设项目投入39.92亿元，产业扶贫项目投入5.5亿元，村级基本公共服务投入1.7亿元，农村生产生活条件改善投入4.32亿元，就业扶贫、教育扶贫、综合保障性扶贫、金融扶贫等各类惠民政策投入11.68亿元。实施“五批次”饮水项目290个，完工290个，完成率100%。实施农村公路建设项目1178个，里程2262千米；通村水泥路、通组砂石路均达100%。实施电力项目598个，完工598个，完成率100%。新建铁塔78个，新建基站497个，完成率100%；光纤宽带应通规模自然村1486个，完成率100%；4G网络覆盖率指标均达到考核以上标准。党员群众服务中心、村级卫生室、村级文化广场建设完成率均达到100%。

整县实现高质量脱贫摘帽。2014年，全县共有建档立卡贫困人口43615户140092人，重点贫困村66个，综合贫困发生率39.67%。截至2019年底，全县累计脱贫43573户148925人，2018年脱贫6318户21715人、2019年脱贫9892户27561人，66个贫困村全部出列（其中2019年出列24个贫困村），留存未脱贫贫困户430户967人；综合贫困发生率下降至0.27%；减贫成效群众认可度达98%。2019年12月，咸丰县代表湖北省承接国家对湖北省扶贫开发成效考核和东西部扶贫协作专项考核，先后接受中央脱贫攻坚专项巡视“回头看”和贫困县退出第三方评估专项检查，精准扶贫、精准脱贫成效得到各级的充分肯定。经过县级自评申请、州级初审、省级审核和第三方机构专项评估检查，咸丰县符合贫困县退出的程序和标准，实现整县脱贫摘帽目标。全县经济社会发展主要指标在恩施州八县市排名中，有2项第一，3项第二，3项第三。

【聚焦“两不愁三保障”实施“五个一批”工程】 2019年，全县聚焦“两不愁三保障”，对所有未脱贫贫困户实施“一户一策”精准帮扶，确保年内脱贫。2019年，全县农村常住居民人均可支配收入达11476元，比上年增长10.45%。贫困群众饮食结构中，肉禽、蛋比重上升，往“精”“细”“好”方面发展；衣着方面，四季有换洗的衣服，并逐渐由低档往高档发展，“两不愁”目标基本实现。

义务教育有保障。开展防流控辍保学工作，对全县未入学儿童少年落实劝返入学、跟班就读、送教上门、寄教等保学措施，完成率100%。落实贫困学生资助政策，2015年以来资助贫困学生25.52万人次，金额23082.87万元，资助率100%；中职学生累计享受“雨露计划”2.2万人次，资助资金4775.65万元，资助率100%；对在外就读贫困学生发函3861人次，发函率100%。

基本医疗有保障。贫困人口参加城乡基本医疗保险14.88万人，参保率100%；2019年县财政资助参保14.29万人，配套资金1778.21万元，同级财政资助率100%。农村贫困人口按规定享受大病保险和医疗救助待遇，大病参保率100%，医疗救助率100%；2019年享受“四位一体”医疗保障政策3.12万人次，医疗总费用11404.34万元，政策范围内费用10880.44万元，“四位一体”报销总额10352.88万元，县域政策范围内报销比例95.15%，年度个人负担政策范围内医疗费用不超过5000元。落实农村建档立卡贫困人口签约服务14.61万人，门诊特殊慢病评审享受6243人，切实做到应签尽签、应检尽检。建设产权公有化村级卫生室217个，临近村联建卫生室27个，卫生院覆盖行政村19个，贫困人口就医基本实现“小病不出村，常见病不出乡镇”。

住房安全有保障。2019年合计完成“四类”对象、全实施危房改造7201户，兑付补助资金8964.21万元，其中一般对象危房改造5806户，完成率100%。拆旧复垦取得突破。全县搬迁户应拆旧5251户（符合政策可不予拆除1464户），已拆旧5188户，复垦2783亩，拆旧率98.8%。2015年以来，为解决广大农村居民饮水问题，全县共新建或改造各类农村供水工程290处，共改善或提高20.89万农村居民的饮水条件，项目总投资2.4亿元。通过项目实施，对照《农村饮水安全评价准则》标准，全县已实现饮水安全全覆盖。

结合贫困乡村和贫困人口的具体情况，着力实施“五个一批”工程：

发展生产脱贫一批。2015年以来，投入产业扶贫项目资金5.5亿元，建成500亩以上特色产业基地263个，养殖基地95个，带动3.82万户贫困户实现稳定增收；新发展茶叶基地4.41万亩、养殖中蜂3.6万群，解决1.8万户贫困人口当年增收问题。积极承接东部产业转移，建立以3亿元白叶茶综合体和2亿元恩施黑猪全产业链为代表的咸丰特色产业园。61家规模企业、517家专业合作社、329家专业大户、283个家庭农场，带动贫困户1.4万户4.5万人增收。全县43361户贫困户共发展茶叶、中药材、水果等扶贫种植产业11.4万亩，养殖生猪、牛、鸡等各类牲畜家禽40万头（羽），产业带贫率达98.47%。完成产业就业“空白户”补短板任务3995户，完成率100%。

易地搬迁脱贫一批。咸丰县易地扶贫搬迁规模为6715户22706人，截至2019年，共投入资金14.44亿元，建设住房6715套，建筑面积524073平方米，建成安置点213个，集中安置率96%；安置点共建设道路80.07千米，管网155.68千米，污水处理设施128个，垃圾处理设施111个，医疗卫生设施3个，社区服务设施14个，综合活动室28个，文化广场88个；至2019年12月搬迁户全部实现应搬尽搬。为满足搬迁户生产生活需要，按照“缺什么补什么”和“量力而行”的原则配套必要的菜地、圈舍等生产生活设施，配套圈舍安置点17个，配套菜地安置点199个，配套公共服务用房安置点165个。后续扶持措施有力。根据全县易迁户产业就业排查情况看，全县6715户搬迁户中，务工就业的有5843户，发展产业的有4011户，兜底保障的有2334户，安排公益专岗240人，全县有劳动能力的搬迁户实现产业与就业全覆盖。

生态补偿脱贫一批。实施生态扶贫项目和生态综合补偿政策，通过生态公益林补偿、聘用护林员、退耕还林项目实施。（一）2015—2019年集体所有公益林补偿累计发放补偿资金5144.77万元，受益农户128297户，补偿面积442.64万亩。2019年发放集体所有公益林补偿资金1090.33万元，补偿面积85.52万亩，受益农户24138户。发放公益林补偿扶贫资金445.32万元，补偿面积34.93万亩，受益贫困户13110户。（二）2017—2019年省人民政府安排咸丰县贫困人口生态护林员2660人，全县实际从贫困人口中聘用建档立卡贫困人口生态护林员2880人（2017年822人、2018年934人、2019年1044人），2019年每人每季度安排管护补助费1000元，全县安排管护补助费412万元，带动贫困户1044户贫困人口3132人脱贫。已发放建档立卡贫困人口生态护林员工资1050.6万元。2015—2019年，全县兑现退耕还林政策补助资金共计9798.74万元，受益农户162841户次，累计覆盖贫困户64142户次。2019年，兑现7507.3亩第一轮退耕还林完善政策补助资金93.84万元，涉及6个乡镇73个村，受益农户6101户，贫困户1012户；兑现31361.9亩2015年度新一轮退耕还林第三次政策补助总资金1254.48万元，涉及11个乡（镇）73个村，受益农户8019户，贫困户3940户。（三）推进特色产业发展，一是森林生态旅游产业，带动贫困户3670户贫困人口11520人。二是木本油料产业。木本油料基地10万亩，带动贫困户5890户贫困人口18670人。三是果药产业。果药基地稳定在4.5万亩以上，其中中药材1.5万亩、林果3万亩，新建1个100亩林果种苗繁育基地。带动贫困户4500户贫困人口12000人。四是珍稀花卉苗木产业。支持企业、大户建设珍稀花卉苗木1.2万亩，每年培育基地0.2万亩，带动贫困户1200户贫困人口3500人。

发展教育脱贫一批。对照《咸丰县2019年教育扶贫工作方案》，按照"困难资助，不落一生"的要求，严格执行省、州、县《家庭经济困难学生认定办法》及《恩施州教育资助其他家庭经济困难学生认定办法》，落实学生资助政策，确保每个学生不因贫失学，实现在籍、在校、在库贫困生学前教育、义务教育、普通高中、中职资助全覆盖。2019年春季学期，合计资助学生31325人次，落实资助资金2290.89万元。其中学前教育4019人次、义务教育17630人次、中职教育6335人次、普通高中3341人次。秋季学期合计资助学生32049人次，落实资助资金3435.65万元。其中学前教育3175人次、义务教育17524人次、中职教育6368人次、普通高中3308人次。

社会保障兜底一批。全县落实农村低保15019户25791人，人均保障水平298.47元；"五保"集中供养357人、分散供养1321人；落实单人单保8500户8500人；提档升级5725户10720人。全县基本养老保险覆盖率稳步提升，实际参加养老保险24.43万人，基本实现应保尽保。建档立卡贫困人员城乡居民养老保险费代缴率实现100%，建档立卡老龄贫困人员享受基本养老保险待遇覆盖率达到100%。

【统筹部门力量推进行业扶贫】 就业扶贫。2019年，全县城镇新增就业4846人，城镇失业人员再就业791人。围绕"三茶一药一猪"主导产业，开展种植、养殖等农村实用技术培训10822人，完成自主创业、岗位技能等各类培训2204人，就业创业培训质效显著提升。举办21场东西部扶贫协作专场招聘会，690多家企业进场招聘，提供岗位2000多个。积极打造就业扶贫车间，吸纳694人稳定就业，开发公益性岗位安置贫困人口2064人。积极拓展就业渠道，2019年举办"春风行动"专场招聘会4场，新增贫困人口就业3000余人，全县贫困对象稳定就业达4.4万人。开展扶贫扶技、扶能活动，依托新型农民阳光培训平台，开展种养殖、餐饮服务等各类培训2万余人次，认定新型农民4000余人；开展"十百千万"活动，10名农技专家深入100个村的田间地头，带动1000名致富带头人，培训万名贫困群众，切实提高群众种养技术水平。

金融扶贫。近年来，全县累计发放扶贫小额贷款38676.36万元（2019年当年新增贷款3663.4万元），已收回贷款15732.4万元，其中户贷户用贷款发放24021.36万元，收回8547.4万元，户贷企用贷款发放14655万元，已收回7185万元。贴息资金3411.26万元，直接受益贫困户5558户，发放市场主体+贫困户贷款14430万元，贴息资金192万元，扶持农业企业（合作社）229家，间接受益贫困户8009户。全县贷款余额22943.94万元，截至11月底，逾期金额110万元，逾期率0.42%，代偿82户236万元，代偿率1.5%。

消费扶贫。通过建设电商网点，构建农村电

商供应链体系，促进消费扶贫。组建县级电商产业园1个，村级站点112个，其中重点贫困村35个，着力打造10个样板站点，同步实行“一村一品”项目。“唐崖·滋恬藤茶”成功入驻国家电子商务中心北京精准扶贫体验馆，对接武汉市四大商超，与27家村级专业合作社签订销售协议，形成产品供应链及营销体系，带动当地合作社农户4476户、贫困户2045户。堰塘大米、圣浩白茶、小村红衣米花生等咸丰农特产品入驻余杭区丘山路148号“黔恩美丽州”店铺销售；开展咸丰余杭电商产业园咸丰“硒”礼上线暨农特产品（旅游商品）对接活动，3家企业与园区签署供应链合作协议；建成1个县级农村电子商务物流仓储配送中心，10个乡镇分拨站，3条运输线路，配备货运车辆6台，其中冷链货运车1辆，实现县、乡、村三级统一配送，有效解决农产品上行最初一公里、工业品下行“最后一公里”的物流瓶颈。

【构建社会扶贫大格局】 2019年，严格按照咸丰县脱贫攻坚总体部署，坚持政府主导、部门支持、全社会共同参与的工作思路，在农业农村部定点帮扶、东西部扶贫协作、“616”对口帮扶工程和省直部门定点扶贫的倾情帮扶下，同时在深入推进“千企帮千村”行动中，32家企业、17个社会组织对口帮扶40个重点贫困村；全县社会扶贫网贫困户注册46525人，完成率100%。有力推进社会扶贫工作高质量发展。

农业农村部定点帮扶。农业农村部在已有支持规模不减的基础上，针对全县全产业链建设扶贫模式中存在的薄弱环节，新申报落实中央财政现代农业发展资金、有机肥替代化肥、生态循环农业、特色农产品优势区创建等农业项目30余个，引进一批发达地区龙头企业落户我县。截至2019年11月，农业农村部累计支持咸丰县农村一、二、三产业融合发展、新型职业农民培训、基层农技推广体系建设等24个项目，资金总额超过1.8亿元，支持咸丰县改善乡村生产生活基础设施，提升扶贫特色产业发展质量，带动农户参与现代农业发展，实现小农户与现代农业有机衔接。支持培育特色品牌。以“唐崖茶”区域公用品牌建设为抓手，支持县内企业和合作社参加第3届中国国际茶叶博览会、第17届中国国际农产品交易会、绿色食品博览会等展示展销活动，帮助销售贫困地区农产品超过5000万元。共支持咸丰县开展各类培训30次，累计培训县乡村基层干部147人次，各类技术人员和新型农业经营主体带头人900多人次，培训农民超过1万人次，激发贫困户发展产业的内生动力，提高了各类新型经营主体带贫能力。举办贫困地区龙头企业对接活动，组织100余家龙头企业到咸丰县等地考察对接，活动现场签订16个政企、科企、企企合作项目。协调武汉白沙洲批发市场、湘村生态农业公司等到咸丰采购蜂蜜、黑猪等农产品，解决贫困村农产品卖难问题。9月在农业农村部开展消费扶贫活动，采购县内农产品超过50万元。

东西部扶贫协作。2017年以来，咸丰县与浙江省杭州市余杭区在党政互动、人才交流、产业合作、劳务协作、镇村结对等方面开展有效对接，余杭区2017年落实300万元定额帮扶资金，2018年落实帮扶资金2960万元补助建设4批次23个项目，2019年落实帮扶资金3800万元补助建设23个项目。升级打造咸丰余杭电商产业园、现代农业园，在杭州开展招商推介活动5次，新引进浙江企业落户咸丰5家。余杭区11个镇街和村（社区）分别结对咸丰县11个乡镇和贫困村，实现乡镇对接全覆盖；开展学校结对11家、医院2家；累计协调引导余杭37家企业（社会组织）结对49个贫困村开展“万企帮万村”活动，聘任“名誉村长”21名。开展贫困村农村致富带头人培训217人，其中创业成功80人，带动贫困人口增收560人。余杭社会各界累计捐赠咸丰县社会帮扶资金1187.15万元，其中物资折价785.75万元，受益贫困人口2695人。

2019年12月，咸丰县代表全省迎接国家对湖北省东西扶贫协作成效考核，咸丰的工作成绩得到各级领导的充分肯定。国务院扶贫办《扶贫信息》东西部扶贫协作与定点66个贫困村全部出列（其中2019年脱贫9761户27153人、出列24个贫困村），扶贫专刊第102期，刊发《杭州余杭与恩施咸丰共创“三三三”协作模式高质量推进携手奔小康行动》文章，推介杭州市余杭区和恩施州咸丰县抢抓东西部扶贫协作机遇，携手奔小康行动取得明显实效做法。

杭州市委常委、余杭区委书记毛溪浩带考察团赴咸丰并召开咸丰余杭东西部协作党政联席会议

县扶贫办　供图

“616”工程和省直部门定点扶贫。省人社厅等部门认真落实省委、省政府部署要求，“616”工程对口帮扶和省直部门定点扶贫组织有力、措施到位、成效明显，加快咸丰县脱贫奔小康进程。近五年，全县实施“616”工程项目181个，涉及资金17亿元。截至年末，2019年省直部门明确的63个帮扶项目已完成和基本完成59个（剩余4个因机构改革等原因暂无法实施），涉及资金16.12亿元，到位资金12.2亿元。鄂州市在帮扶资金、产业合作、劳务协作、人才支援等方面给予大力支持，落实2019年度对口帮扶资金500万元，签订区域协作扶贫协议书，从组织领导、脱贫攻坚、资金援助、人才交流等方面进一步细化对口支援措施。2017年至今，由省人社厅牵头，民进湖北省委、省退役军人事务厅、太保财险湖北分公司、省人民医院、鄂旅投、湖北清能集团、荆楚理工学院、天门中学、武汉市第一商业学校、恩施职业技术学院10个省直部门倾情帮扶咸丰县，直接投入帮扶资金5.62亿元（含鄂旅投收购三特公司的3.6亿元），帮助引进各类资金3774万元，为帮扶村产业发展、基础设施建设提供了强大的资金支持。培育壮大了一批骨干产业，老鹰茶、白茶等种植面积突破7500亩，夯实了发展基础；开展农业实用技能培训，举办培训班228期，参训2.22万人次，以“培训扶智”助力贫困户增收；修建村组级公路67.4千米，修建水池、水库4个，解决了村民出行和饮水难题；帮助引进项目32个、人才31人、技术31项，资助贫困生320人，带动消费扶贫206.2万元；积极推进坪坝营景区换乘中心建设，助力坪坝营景区AAAAA创建。同时，还在“三支一扶”计划招募、人事考试系统建设等方面做了大量工作，有力促进县脱贫攻坚和经济社会事业发展。2019年，在省人社厅的大力支持下，在全县263个村开发一批公益专岗，专门安置贫困弱劳动力就业，全年安置533人，带贫扶贫成效显著。

2019年7月31日，鄂州市委副书记、市长刘海军（左）向咸丰县委副书记、县长杨皓（右）捐赠对口援助资金

廖祖英　摄

【强化内外宣传激发群众内生动力】 2019年，坚持把加强扶贫信息宣传工作作为推进脱贫攻坚工作的重要抓手，围绕全县脱贫攻坚重大决策、重

要活动和涌现出的先进典型，开展重点宣传，在国家级、省级主流媒体、新媒体宣传报道352篇，其中国家级114篇，省级238篇。《人民日报》、《农民日报》、人民网、中央电视台农业农村频道、《半月谈》、《湖北日报》等多家主流媒体多次刊发和报道咸丰县脱贫攻坚中涌现的好典型、好经验，营造打赢打好精准脱贫攻坚战浓厚氛围和正能量。结对帮扶干部每月集中走访贫困户，开展人居环境整治、星级文明户评选、“我与亲人过佳节”等活动，对边缘户和一般农户加强政策宣传，群众满意度持续提升。开展大力宣传和宣讲，共通过咸丰新闻网、“咸丰发布”微信公众号等主流媒体宣传推介典型，开设“最美村民风采”“我的脱贫故事”“我的扶贫故事”等宣传专栏，讲述脱贫故事、宣传脱贫典型、总结脱贫经验。开展脱贫攻坚宣讲130余场次，表彰287名“红旗扶贫干部”、20名“红旗扶贫标兵”、76个“红旗尖刀班”、33名“定点扶贫及东西部协作扶贫先进个人”、5名“脱贫攻坚特别贡献奖”，激发全民参与精准扶贫的动力，凝聚了社会力量与广大人民群众共同攻坚的合力。

12月3日，中央电视总台农业农村频道播出《攻坚日记——四方石村的变迁》，该片真实记录唐崖镇四方石村村民吴奉德一家从大山深处搬迁到安置点的全过程及四方石村驻村干部为贫困户早日脱贫致富所做出的一系列辛勤付出。《攻坚日记》是中央广播电视总台农业农村频道大型纪实栏目，以贫困家庭为单位、以时间为轴线，真实记录中国大地上的脱贫攻坚故事。中国农业电影电视中心和湖北省电视台拍摄制作专题节目，报道咸丰县“茶乡因茶而美，茶农因茶而富”的故事，并在中央电视总台农业农村频道滚动播出“唐崖茶”公益广告，推荐咸丰县大沙坝村获得“中国最美茶园”认证。

扶贫典型案例、经验推广。茶叶产业扶贫的《大山深处茶飘香》纳入全国22个产业扶贫典型案例；县人民政府县长杨皓以《坚持“六高统筹”，做好扶贫产业大文章》为题，在国家产业扶贫论坛作交流；县农业农村局以《“小叶子”成就“大产业”，贫困县迈上致富路》为题，在全国（吉首）产业扶贫工作会上作经验交流。咸丰县被评为“中国茶业百强县”，小村乡入选全国“一村一品”示范乡镇；10月22—27日，由农业农村部主办的县级农业农村部门负责人产业扶贫培训班在华中农业大学举行，来自西藏、新疆、青海、四川、甘肃、云南等地“三区三州”深度贫困地区近百名县级农业农村部门的学员参加培训，县农业农村局围绕“湖北咸丰茶产业扶贫情况”作交流发言。

2019年3月19日，《湖北扶贫信息》第3期（总第54期），刊发咸丰县易地搬迁工作经验。2019年8月底，全国易地扶贫搬迁现场会在恩施召开，坪坝营镇杨洞、高乐山镇白水坝2个易迁安置点成为现场参观点。9月24日，省委副书记、省长王晓东到坪坝营镇杨洞易迁安置点调研，用“五个好”（选择一处好位置、交付一套好房子、规划一条好路径、配套一个好环境、营造一种好风尚）充分肯定咸丰县易迁工作。

【提升咸丰老区形象】 2019年，咸丰县老促会本着“弘扬老区精神、传承红色基因、促进老区发展、参与精准扶贫”工作理念，积极推动咸丰老区建设。

2019年3月，全国老区宣传工作会议决定在恩施召开，“忠堡大捷”遗址定为“教育见学活动”现场参观内容。县委政府高度重视，县委书记郑东来、县长杨皓分别主持督办会议，多次到现场指导，解决所需资金，推进建设速度。5月21日，全国老区宣传工作会议代表到忠堡大捷公园参观，举行向革命烈士敬献花篮仪式。5月29—31日，湘鄂西、湘鄂川（渝）黔革命老区第五次联席会议在咸丰召开，两次会议与会代表800多人对咸丰留下了深刻的印象。

与县融媒体中心合作，老区宣传取得突破。2019年，全县新闻工作者在中国老区网、中国红色旅游网、《湖北日报》、《恩施日报》、恩施电视台、咸丰电视台等媒体用稿182篇，其中省级以上媒体刊用103篇。推出马倌屯“发展现代农业、助推精准扶贫”和龙潭司村大坪上小组“四力齐聚、实现老区乡村振兴”两个典型。“八一”建军节前后，咸丰老促会干部参与陪同湖北日报社、湖北人民广播电台赴咸丰采访记者组的采访活动，在《湖北日报》和湖北人民广播电台播发新闻报道10篇。

革命遗址建设。2018年，忠堡大捷遗址被国家列入重要红色旅游景点建设项目，2019年获得国家和省建设资金1350万元。为迎接全国老区宣传会议和湘鄂西、湘鄂川（渝）黔革命老区第五次联席会议的召开，县政府投入100万余元，扩建到指挥部和陵园的道路，并对大捷公园、烈士陵园进行维修和亮化。至2019年底，忠堡大捷红色产业园初具雏形，1600平方米的纪念馆主体完工，占地面积18亩投资242万元的停车场完成征地工作。据县退役军人事务局烈士陵园管理处和忠堡镇统计，全年约有8000人次到忠堡大捷遗址瞻仰、参观和开展教育见学活动。

参与精准扶贫。近年来，省、州、县老促会先后投入资金，加大清坪镇龙潭司村老区建设，开发红色旅游资源，促进群众脱贫致富。2019年，实施村庄环境整治和绿化亮化工程建设，项目总投资200多万元；投资60余万元硬化龙潭司村地瓜堡至罗家坪路段公路；龙潭司起义纪念园扩建改造工程完成征地规划；龙潭司村铁家湾公墓项目进入勘测设计之中。大力扶持咸丰县天禧苗木专业合作社，投入扶持资金70万元，建成高山羊村金丝楠木基地，2019年度销售各种苗木12万株，收入235万元，46户贫困户每户分红3000元。

（胡晓华　肖玉宝　胡立超）

金 融

银行保险业监管

【概　况】2019年5月，依照湖北银保监局印发的《关于恩施银保监分局辖内县市监管组设置方案的批复》文件精神，实施县级银行保险监管体制改革，设立“中国银行保险监督委员会恩施监管分局咸丰监管组”，简称“咸丰监管组”。主要职责：在上级银保监局的授权和统一领导下，依法依规负责所在县银行业、保险业机构及其业务活动的监管工作，收集所在县有关金融风险的信息并向上级机构报告，承担交办的其他工作。8月6日，中国银保监会恩施监管分局咸丰监管组正式挂牌成立，共有职工3人，全年工作以加强金融机构及其业务监管，引领全县银行保险业以突出支农支小，服务实体经济为主线，坚决防范和化解金融风险，为推动“五个咸丰”建设提供强有力的金融支持。全县银行保险业稳健运行，主要业务指标完成良好，金融风险总体可控。

截至2019年12月末，全县有县级银行业机构8家（工行、农行、建行、农发行、邮储银行、湖北银行、湖北咸丰农村商业银行、村镇银行），城区营业网点13家，乡镇22家。农商行、邮政储蓄银行网点覆盖全县11个乡（镇、区）。全县共有银行从业人员519人，其中城区338人，乡镇181人。全县银行各项存款余额126亿元，比年初增加11.4亿元，增长9.9%，高于全州平均增速7.2个百分点，增幅居全州第一位。全县银行业各项贷款余额突破80亿元大关，达到80.37亿元，比年初增加10.9亿元，增长15.7%，高于全州平均增速2.6个百分点，增幅居全州第二位。银行业存贷比达63.78%，比年初提高3.16个百分点。全县银行业不良贷款余额1.99亿元，比年初减少0.59亿元，比年初下降23%。不良贷款占比2.48%，比年初下降1.25个百分点。

截至12月末，全县有县级保险公司17家，乡镇网点14家。其中：县级财产险公司10家，乡镇网点4家；县级寿险公司7家，乡镇网点10家。全县有保险从业人员1948人，其中：财险507人、寿险1441人。按用工形式分：正式员工132人，其中财险89人、寿险40人；派遣员工57人，其中财险46人、寿险5人；营销人员1767人，其中财险372人、寿险1395人。全县共计实现保费收入3.82亿元，比上年增长13.8%。其中财险1.31亿元，比上年增长12%；寿险2.51亿元，比上年增长18.4%。理赔及给付支出1.32亿元，比上年增长48.3%，其中：财险理赔支出0.6亿元，与上年持平，寿险理赔及给付支出0.72亿元，比上年增长1.57倍。

【加强金融机构及其业务监管】机构及高管人员监管。一是按照分局授权，对太保财险咸丰支公司迁址进行现场查勘验收。二是引进中国银行、华泰人寿保险股份有限公司等金融机构落户咸丰，分别设立中国银行咸丰县支行、华泰人寿保险股份有限公司咸丰支公司。三是合理优化县城银行网点布局。经县农商行申请，分局批准，2019年5月撤销咸丰农村商业银行股份有限公司二道河支行、观音桥支行2家机构。

强化银行保险业务监管。一是整治银行组织存款乱象，规范存款秩序。岁末年初，针对县域部分银行网点存在的存款送实物、违规发放存款宣传单、通过微信等自媒体发表不当言论，诋毁同行等问题，及时约谈有关单位主要负责人，警示违规行为可能导致的严重后果，责令立即停止违规行为。向全县8家银行机构及县邮政公司传达湖北银保监局《关于进一步规范银行业金融机构存款业务有关事项的通知》精神，要求全县银行业规范存款营销行为、加强风险提示、加强微信等自媒体管理。组织对问题较多的单位进行暗访督查，督促其认真整改。二是召开保险业联席会议，通报监管体制改革情况，并对保险监管工作提出原则性要求。三是配合分局对县人保财险公司、平安财险营销服务部开展车险“报行合一”执行情况调研；组织开展保险业调研，摸清全县保险业机构、人员底数，业务发展情况，存在的主要问题及困难等，为有针对性地开展监管工作打好基础。四是开展保险市场风险大排查。发现保险公司无证经营3家（华安保险、紫金保险、都帮保险），及时进行取缔。五是召开咸丰农商行审慎监管工作会议，通报主要监管指标完成情况及存在的主要问题，并有针对性地提出监管要求。六是开展银行保险业许可证抽查工作，共计抽查银行机构网点14个、保险机构网点16个、保险中介1个，网点抽查面占46.27%。

【不良贷款监管】 2019年，坚持多措并举，积极推动银行业化解不良贷款，不良贷款绝对额及占比实现双下降。一是引导全县银行业加大信贷投入，在大力支持县域经济发展的过程中防范风险，稀释不良贷款。截至12月末，全县银行业各项贷款较年初净增10.9亿元。二是要求全县银行业机构指导开户企业坚持主业，不贪大求全，不盲目发展，从源头控制风险。三是督促各银行加强贷款事后跟踪和管理，防止贷款被挪作他用；及时掌握贷款人的经营风险情况，尽量做到风险早发现、早处置。四是引导全县银行业多措并举，坚持“四个”一批化解不良贷款。全年通过利用现有政策，办理贷款续贷展期4.64亿元，申请核销不良贷款2.44亿元，现金清收贷款1.09亿元，政府风险补偿201万元。12月末，全县银行业不良贷款余额1.99亿元，比年初减少0.59亿元（全县各银行机构全年积极向上级行争取，共核销不良贷款2.44亿元），比年初下降23%。不良贷款占比2.48%，比年初下降1.25个百分点。

【扶贫小额信用贷款风险化解】 加强扶贫小额信贷规范发展和风险处置，更好发挥扶贫小额信贷对精准扶贫、精准脱贫的助推作用，有效防范化解金融风险。一是组织召开银行业联席会，传达学习银保监会等4部门有关规范和完善扶贫小额信贷管理的通知精神，及时纠正扶贫小额信贷工作中的模糊认识和偏差，引导扶贫小额信贷投放和回收工作健康发展。二是坚持按月监测通报扶贫小额信用贷款风险情况，多次召开银行业机构负责人会议，专题分析、研究、督办风险化解工作。三是突出工作重点，稳妥化解“户贷企用”扶贫小额信用贷款风险。督促有关银行对全县46家企业1.47亿元“户贷企用”扶贫小额信用贷款进行严密监控，对存在风险隐患的，采取“一企一策”逐步落实整改。与有关银行负责人一道，主动向县政府、恩施银保监分局领导汇报，寻求支持，指导和督促有关银行采取措施对2017年12月1日后发放的户贷企用扶贫小额信用贷款逐户进行整改。截至2019年12月20日，全县2017年12月1日以后发放的6935万元“户贷企用”扶贫小额信用贷款已全部收回。12月末，全县“户贷企用”扶贫小额信用贷款余额6845万元，当年化解7855万元。四是积极与县扶贫办、金融办搞好协作配合，参与和督导扶贫小额信贷降压工作。12月末，全县扶贫小额信贷余额2.25亿元，比年初减少0.82亿元，逾期贷款余额94万元，逾期率仅0.42%。

【金融风险攻坚战】 积极履行职责，有效防范金融风险。一是丰富宣传形式，加大处非宣传力度。协助金融办推动处非成员单位综合运用广播、电视、微信公众号、网站、宣传单等多种形式加大非法金融、非法集资宣传力度，引导群众提升防范意识，远离非法金融、非法集资。二是加强部门联动，持续推进非法金融专项整治。协助金融办定期组织有关部门对辖区内、行业内的金融风险隐患进行定期或不定期摸排，发现隐患及时处置。对网站、微信公众号、微信朋友圈发布的非法金融广告及时取缔，及时清除各类非法金融广告。三是协助金融办依法及时处置各类风险隐患。四是督促银行和保险机构开展非法集资双月排查。

（陈直斌）

中国人民银行咸丰县支行

【概　况】 中国人民银行咸丰县支行内设办公室、监督管理股、会计国库股两股一室。现有在职干部职工21人，其中聘用制员工2人，平均年龄40岁，中级职称5人，初级职称9人，大学本科学历15人，硕士研究生1人。

2019年，支行以金融扶贫工作为主线，以创新金融服务为抓手，以严防金融风险为底线，抓引导促发展，抓管理促服务，抓队伍促履职，抓内控促规范，支行内部管理水平、对外履职能力有不断提升。咸丰县连续13年保持“湖北省金融信用县”的荣誉称号。

落实稳健货币政策，履行金融职责。一是贯彻落实货币政策，严格按照上级行货币政策要求，灵活运用存款准备金、再贷款等货币政策工具，加大对金融机构窗口指导。2019年发放扶贫再贷款5000万元。积极落实定向降准措施，2019年对农商行实行4次定向降准，释放流动性资金1.53亿元，有效降低了企业融资成本。二是加大信贷资金投放，积极搭建银企合作平台，持续加大对重点在建续建项目、“三农”、小微企业等领域的信贷支持。截至2019年12月末，全县金融机构存款余额127.1亿元，较年初增加11.93亿元，增长10.36%，增速位列全州第一；贷款余额80.37亿元，较年初增加10.89亿元，增长15.68%，增速位列全州第二位。全县涉农贷款余额66.66亿元，较年初增加9.09亿元，增长15.77%，小微企业贷款余额38.47亿元，较年初增加29.02亿元，增长32.58%。三是金融扶贫成效明显。截至2019年12月末，全县金融精准扶贫贷款余额为26.16亿元，较年初增加6.72亿元，增长34.6%，增速位列全州第一，金融精准扶贫贷款累计带动45029人，累计服务467955人次。

【防范化解金融风险】 持续对地方法人金融机构开展监测评估，评级结果均在6级及以上。密切关注重点领域、重点企业风险，通过续贷、展期4.64亿元，核销2.44亿元，现金清收1.09亿元，政府风险补偿201万元等方式积极稳妥推进不良贷款的化解和处置。建立反洗钱打防协作机制。加强部门联动，推动洗钱案件突破，2019年县人民法院首次判决洗钱罪1例，被告人违法所得予以追缴。

【提升金融服务水平】 依托“智慧咸丰”大数据，搭建以“数据库+网络”为核心的农村信用信息服务平台，有效缓解农村经济主体“融资难、融资贵”问题，持续推进农村信用体系建设的做法得到《湖北日报》、“学习强国”湖北学习平台刊文推介。在全县263个行政村推进“两站”建设，各工作站配备助农取款终端为老百姓提供取款、转账、汇款、缴费等服务。截至2019年

12月末，金融机构布放电子机具564台，覆盖全县263个行政村，覆盖率达到100%。通过“两站”办理取款14967笔，金额748.35万元，办理转账1632笔，金额257.85万元，办理助农缴费286笔，金额2.55万元。大力支持财税体制改革，配合税务部门做好税务机构合并、社会保险费和非税收入征管职责划转、减费降税等工作，确保各项“改革红利”和“政策红利”充分释放。截至2019年12月末，咸丰支库共办理预算收入14.41万笔，金额21.98亿元；预算支出11.15万笔，金额58.06亿元；业务总量32.25万笔，金额101.7亿元。加大创新金融知识宣传力度。2019年，支行先后联合黔江中支在大路坝开展鄂渝边区联合宣传月活动，向群众广泛宣传防范金融风险知识。联合县新时代文明实践中心举办“道德讲堂”，培育全民信用意识和信用文化。

（罗　兵）

工商银行咸丰支行

【概　况】 中国工商银行股份有限公司咸丰支行位于高乐山镇解放路337号（原红旗路2号），内设办公室、市场营销部，对外营业综合物理网点1个，附行式ATM网点1个，离行式自助网点3个（楚蜀大道农业局大门旁、皇城广场、二道河转盘处）。2019年在职员工27人，其中大专以上学历18人，中共党员12人。营业大厅设现金业务区、非现金业务区和贵宾服务区，可办理人民币存款、贷款、结算业务，代理发行金融债券，代理发行买卖兑付政府债券，代理保险业务，经银监局批准的其他业务，在中国人民银行批准的范围内授权的业务，外币存款、贷款、外汇结算等其他业务。物理网点属多功能综合网点，硬件设施和服务环境均达到一流。

2019年末，全部存款余额72214万元；全部贷款76047万元，加大信贷投入，全力支持县域经济发展。存贷比105.31%，比上年增加13.69个百分点。贷款不良率3.11%；全年实现中间业务收入258万元，实现拨备前利润1742万元，实现账面净利润1303万元。持续加强客户建设工作，打基础，谋长远，不断加强客户总量和提升客户质量。

【服务地方经济建设】 坚持以服务地方经济为己任，全力以赴为县域经济发展做出贡献。一是大力支持县域重点项目长期建设，推动地方经济建设发展。发放咸丰大道项目贷款50000万元。二是加大对中小企业、民营企业的金融服务力度，大力支持县域民营龙头企业，努力服务地方经济。三是大力支持城市化建设步伐，成就千万人住房、购车梦想。

（李高能）

建设银行咸丰支行

【概　况】 中国建设银行股份有限公司咸丰支行位于高乐山镇沿河路7号，内设综合业务部、营业部，2019年年末在职员工17人。支行具有高低柜分离、大堂引导、客户等待、客户体验、客户自助区、VIP服务、客户理财规划等功能分区明确、服务多元化的综合型对外物理营业网点一个。设立附行式自助银行1个，离行式自助银行3个。设立自助现金存、取款机14台，智慧柜员机5台。拥有网上银行、手机银行、微信银行、电话银行等方便快捷的电子银行服务渠道，具有互联网支付、互联网投资理财、互联网融资三大互联网产品线。

2019年，建行咸丰支行认真贯彻落实省、州建行各项工作部署，秉承“以客户为中心”的服务理念，坚持传统业务与战略业务并重的发展理念，引领支行各项业务向高质量发展。一般性存款增长较快，年末存款余额11.63亿元，较年初增长626万元。贷款增速放缓，贷款结构有待优化。各项贷款余额6.06亿元，较年初下降4512万元，其中对公贷款1.9亿元，较年初下降6700万元；个人贷款4.16亿元，较年初新增2188万元。资产质量有待优化，贷款不良额上升。为加强资产质量管控，当年处置不良贷款6545万元，年末不良贷款余额控制在3500万元内。

【信贷业务】 稳步发展信贷业务，服务实体经济建设。紧紧围绕总行“住房租赁、普惠金融、金融科技”三大战略为全年工作重点，在客户服务、渠道建设等方面取得较大提升，客户满意度进一步提高。一是着力做好存量贷款到期申报工作；二是持续加大“云税贷”“鄂叶云贷”“抵押快贷”“个体工商户经营快贷”等大数据贷款的推广工作；三是加大信贷质量管控，在严格把关新增信贷准入的同时不断加大存量贷款的不良核销处置力度，有效降低不良贷款率；四是积极关注县内重点项目，加大项目贷款的储备和申报力度。

【履行社会责任】 开展金融扶贫和驻点帮扶工作。推进普惠金融服务，推进助农取款点和裕龙通取款点建设，实现“裕农通村村通”在各乡镇的全覆盖，为村民办理金融业务提供方便之门。加大扶贫贷款发放力度，全年发放经营主体扶贫贷款2695万元，发放个人小额扶贫贷款30万元，为支持村级特色产业的发展和贫困户的增收提供资金保障。驻点帮扶小村乡兴隆沟村、清坪镇麻柳坝村。2019年分别捐赠帮扶资金19.6万元和15万元，共计34.6万元，用于两个村村组公路建设。通过其他渠道向兴隆村筹资6.9万元，向麻柳坝村筹资3万元，共计9.9万元，用于路灯亮化、文体广场等设施建设。

（吴晓畅）

农业银行咸丰支行

【概　况】 中国农业银行股份有限公司咸丰县支行位于高乐山镇解放路347号，内设综合管理部、客户部，2019年在职员工51人。设立支行营业部和徐家坝支行2个物理网点，皇城自助银行、南门广场自助银行2个城区自助网点，坪坝营镇、唐崖镇2个乡镇自助银行。

2019年末，各项存款余额115985万元，比年初净增6927万元；各项贷款余额47075万元，比年初净增1338万元。年末实现营业收入3162万元，净利润–1395万元。坚持强基固本，用规范管理保证全行稳健发展。突出重点部位、重点领域、重要系统安全管理；推进“三化三铁”创建，紧盯岗位制约、自助设备加配钞、银企对账等风险易发环节；持续提升内控合规管理水平，巩固“双基管理建设年”“双基及内控合规管理深化年”活动成果，深入推进合规文化建设。高度重视安全工作，对存在的安全隐患和问题，及时进行处理，有效预防和消除隐患，全年实现无案件、无安全事故、无上访事件。

【金融服务】 2019年，在全县乡镇、行政村设立22个“惠农通”服务点，方便广大农村居民养老金的领取，开展城乡居民养老金代理支付业务。2019年，“惠农通”服务点全年代理农村城乡居民养老金发放客户6.25万人，代理支付农村居民养老金7100万元，支付代理点手续费35.5万元。

（丁传友）

农业发展银行咸丰县支行

【概　况】 中国农业发展银行咸丰县支行成立于1996年12月，属于国有政策性银行，下设办公室、信贷业务部、会计结算部，在岗职工12人。2019年，咸丰支行立足政策性银行职能定位，以实现省分行政策性金融支持咸丰县整体脱贫试点为目标，切实开展各项工作。总体工作呈现“四增一降一突破”的态势，即存款增加、贷款增加、净利润增加、不良贷款率较年初下降、财政社保资金定期存款实现零的突破。在州分行组织的一季度开门红活动中，咸丰支行被评为“优胜单位”。

2019年底，咸丰支行贷款余额180292.13万元，比年初增加69671.92万元，增幅62.98%。本年累计发放贷款85760万元，比同期增加28193万元；累计收回贷款16088.07万元，比同期增加8864.07万元。年末存款余额94516.39万元，较年初增加25466.96万元，增幅36.88%，存款日均余额达到91343.69万元，比年初增加30494.52万元，增幅50.11%。其中企业活期存款88716.40万元，占比93.86%，较年初增加19666.97万元，增幅28.48%；财政定期存款5800万元，占比6.14%，较年初增加5800万元，实现了财政社保资金定期存款零的突破。全年实现净利润3517.87万元，同比增加1543.07万元，增幅78.14%。

截至2019年12月底，咸丰支行所有贷款客户应计利息合计7470万元，实收贷款利息7370万元，欠息111万元，综合收息率达98.66%。年末不良贷款余额3418.9万元，较年初增加1018.9万元，主要为湖北发夏食品有限公司新增不良贷款1850万元。全年累计现金清收不良贷款831.1万元，主要为湖北帅丰建材有限公司2400万元不良贷款清收。不良贷款率从年初的2.16%降到1.89%。

【信贷工作】 2019年认真落实省分行在咸丰开展的政策性金融支持贫困县整体脱贫试点工作，全年累计投放扶贫贷款85760万元，贷款余额达到180292.13万元，其中扶贫贷款余额在全县占比超过80%，发挥了政策性金融在扶贫领域的主力军作用。

一是全力抓贷款营销，储备优质项目。2019年，支行成功营销信贷项目3个，审批金额7.7亿元，分别为咸丰县工业园区建设第二期项目17000万元、咸丰县高铁站前综合交通枢纽工程50000万元和咸丰县第三水厂建设项目10000万元。

二是全力落实贷款投放，优化信贷结构。积极向上级行争取贷款投放计划，主动向地方党委政府汇报，紧密联系相关职能部门，争取理解支持。2019年成功发放丁寨片区棚户区改造贷款65100万元；成功发放水利建设中长期贷款8000万元，用于支持咸丰县第三水厂建设；成功发放购销贸易企业粮食短期扶贫贷款60万元，实现支持民营小微企业的破题。成功发放产业扶贫贷款5400万元，用于支持咸丰县工业园区二期项目建设。成功投放城乡一体化贷款7200万元，用于支持咸丰县综合客运枢纽建设。

三是全力稳存增存，力争稳存增效。以现有项目为依托，积极营销下游客户存款，截至12月末，支行正常类对公账户数101个，其中关联客户及非贷客户65个，成功延长资金支付链条，稳住了存款日均余额。积极向政府主要领导汇报，与县财政局沟通联系，成功营销财政定期存款存款2笔，金额合计5800万元，实现财政社保资金定期存款零的突破。加强贷款客户销货款归行管理，严格贷款资金及基金支付审核流程，严防各类存款跑冒滴漏。

四是全力抓信贷管理，严控风险保发展。认真落实信贷管理各项制度，坚持高质量发展原则，严格贷款准入，不留风险隐患。加强与企业、政府部门的沟通协调，严格按照信贷资金支付管理办法进行信贷支付，做到笔笔负责、笔笔可控。严格风险防控。开好贷后管理例会，落实好查库等管理制度，紧盯企业生产经营情况和资金流变化，防止新增不良贷款。

（罗　韵）

邮政储蓄银行咸丰县支行

【概　况】 中国邮政储蓄银行股份有限公司咸丰县支行，2008年5月正式挂牌成立，同年8月实现与原邮政局的财务分账核算和独立运行。支行内设综合管理部、综合业务部两个职能部室，下辖育英路和清坪两个二级支行，另有10个邮政代理营业所。2019年末在职员工40人。

2019年，邮储银行咸丰县支行聚焦转型发展、聚焦质量优化、聚焦脱贫攻坚、聚焦党建引领，以践行普惠金融政策为导向，围绕“五个咸丰”建设，一手抓经营管理，一手抓脱贫攻坚，以党建促发展。全年实现总收入4197万元，增幅4.1%；完成利润2194万元，为预算的103.3%；年末各项贷款结余58012万元，本年净增5531万元，其中本年投放“三农”贷款2.1亿元，投放小企业贷款7145万元；自营各类存款99545万元，本年净增5553万元；存贷比达到58.3%。

深化改革助推转型发展。个金业务“十大抓手”逐步落实，部分指标领先其他银行。退役军人卡、社保卡、腾讯联名卡以批量代发为主，组织工作专班走访重点单位，与退役军人事务局、人社局、部分学校签订代发协议，按期发放到位。收单业务以网点为中心辐射周边商户，组织全员开展营销，截至2019年底收单业务吸收的活期存款已接近千万元。信用卡收入达到265万元，较2018年增长41.7%，占总收入的6.3%，提升了1.7个百分点。以窗口为主阵地，持续开展微沙龙、小型推介会，有效助推保险、贵金属、理财业务的发展。

强力开展不良压降工作，不良率从年初的4.29%，压降到2.04%，压降2.25个百分点。一是加大核销工作力度，对于满足核销条件的，保全条线认真组织核销材料上报省分行申请核销，全年累计核销不良贷款1102万元。二是强力开展清收工作，县支行成立清收工作专班，针对所有不良贷款制定一户一策清收措施，全年累计清收各类不良款合计880万元。三是针对潜在风险客户，提前制定风险化解方案，提前处置，有效防范潜在风险转化为现实风险。2019年累计化解潜在企业风险客户5户，金额2050万元。

【支持重点项目建设】 加大贷款投放，支持地方建设。一是烟草、人社等重点联动项目持续推进。在烟草项目上，2019年发放烟农贷350笔，金额2504万元；发放卷烟销售行业贷款61笔，金额1100万元；发放烟草系统职工消费贷款43笔1030万元；代付烟草收购资金1.34亿元，代收烟农物资款1953万元；截至年末卷烟款归集1.6亿元。在人社项目上，发放再就业贴息贷款175笔，放款1603万元，结余4503万元；社保卡本年发放540张，累计发放5.8万张；开立职业年金归集户，累计归集职业年金1.1亿元。二是以招商引资为突破口，组建专班开展综合营销。年初抽调10名骨干人员组成营销专班，两人一组，分头跟进重点招商引资项目，成功营销大型农民工项目5个，吸收农民工保证金存款2000余万元，月代发农民工工资300余万元。营销行政事业单位工资代发2家，累计代发行政企事业单位工资17家。

【优化金融服务】 按照县委县政府优化营商环境的要求，不断提高金融服务水平。

一是降低企业融资成本，在2018年的基础上，进一步降低企业贷款利率平均在1个百分点左右，并主动承担企业在贷款中产生的抵押登记费，评估费等费用，实体经济相关经营主体及三农业务占信贷总投放的60%。

二是对信贷业务实行全流程限时管理，并按月对限时管理情况进行通报。小企业贷款的内部平均办理时限从上年的20个工作日，降低到13个工作日，小额贷款的内部平均办理时限从去年的10个工作日，降到5个工作日。

三是坚持服务三农、服务社区、服务小微的战略定位，积极开发信贷产品。在经营性贷款上已有商贷通、农贷通、政贷通、网贷通等四大产品，在消费贷款上有信用消费贷款、综合消费贷款、住房消费贷款、汽车消费贷款等主要产品。以上信贷产品包含线上线下，基本能满足各类客户需求。

四是以“点名道姓”活动为抓手，提升服务水平。要求网点人员在落实服务规章制度的基础上，提升服务工作“温度”，熟悉支行重点客户的基本情况，能叫得出客户的具体称呼，让客户感受到支行员工的热忱服务。网点按月召开服务质量互评会议，随机抽取网点的营业影像，让网点人员互相点评，取长补短，共同进步，有效提升了网点对外形象和服务口碑。

（陈　英）

咸丰农村商业银行

【概　况】 湖北咸丰农商银行下辖15个营业网点，其中1个营业部，13个综合业务支行，1个单一业务支行。15个网点中，乡镇网点11个、城区网点4个。全行共有在岗员工191人。2019年，湖北咸丰农商银行围绕建设责任银行、合规银行、智慧银行“三大银行”，着力回归本源、推进转型、防化风险。截至年末，存款余额44.9亿元，较年初增加5.6亿元，增幅14.28%；贷款余额29亿元，较年初增加2.4亿元，增幅9.15%；实现净利润4000万元，缴纳税收2837万元。

立足回归本源，加大有效信贷投放。一是推进支行转型，回归本源支农。所有农区支行全面转型营销小微贷款，截至12月末，涉农贷款余额25.75亿元，净增2.21亿元，增速9.37%，高于各项贷款增速0.22个百分点。二是加强政银企合作，支持重点项目。借助“万名行长进万企”活动契机，主动对接，与县内2家事业单位和5家民营企业签订授信协议，共授信4.03亿元，发放2.13亿元，其中咸丰县民族实验学校0.24亿元、咸丰县中医医院0.3亿元、咸丰县民生天然气有限公司0.18亿元、咸丰县春晖学校0.24亿元、咸丰县交投和美幼儿园0.24亿元、县旅投0.24亿元。

立足推进转型，加大微贷拓展力度。设立微贷专营支行，成立微贷直营团队，单户500万元以上大额贷款上划到公司银行部办理，其他所有农区支行转型为小微支行，形成“小微金融部＋微贷专营支行＋微贷直营团队＋乡镇微贷客户经理”的经营模式。截至2019年末，微贷余额3.24亿元，比年初净增1.8亿元，累计签约线上福e贷1636户，比年初净增1341户，全行微贷客户2891户，比年初净增1883户。

立足责任担当，助力精准扶贫。2019年累计投放扶贫贷款797户、0.35亿元，扶贫贷款余额达到2.13亿元。

【业务发展】 加强创新驱动、智慧引领，推动电子银行业务发展。截至2019年底，累计签约手机银行6.98万户，累计签约扫码商户0.63万户，累计发行信用卡1.12万张，累计办理ETC1.3万户，建成行业应用7例，其中公立医院1例、公立学校1例、城市公交1例、商超4例，电子银行业务替代率87.28%。

立足防化风险，加大不良压降力度。面对企业普遍结息困难以及利息逾期90天以上贷款真实反映的巨大压力，通过现金清收、增贷化险、让利清收等多种手段，全力压降不良贷款。截至2019年末，不良贷款余额7145.22万元，较年初上升682.95万元，占比2.46%，比年初上升0.03个百分点。

（万　娜）

咸丰兴福村镇银行

【概　况】 恩施兴福村镇银行咸丰支行，是经中国银行保险监督管理委员会湖北银监局批准，由江苏常熟农商银行主发起并控股，组建的湖北省第二家村镇银行、恩施州首家区域性股份制商业银行。2007年8月18日正式对外营业，2011年底，由恩施村镇银行（总行）合并成为分支机构。2014年11月下设分支机构清坪支行。2016年6月设立坪坝营金融便民服务站。2017年12月设立唐崖驿站，实现“村村有服务、电子机具村村通”的目标。全行现有员工41人，均为大专以上学历。

咸丰村镇银行响应国家有关支农支小的金融政策，扎根县域，专注为“三农”、小微企业和微小客户（简称“三农两小”）提供优质服务，积极践行普惠金融，提升服务地方经济社会发展的能力和水平。截至2019年底，存款余额突破7亿元，贷款余额突破3亿元。

提升普惠金融服务能力，主动下沉机构网点，以开设金融便民服务站“兴福驿站”为突破口，将信贷办公室前移，主要以乡镇、农村市场主体为服务对象，通过进村入户、上门服务的方式实施普惠金融服务。每个“驿站”配备3—5名工作人员，全部是从当地招聘的信贷客户经理，有效缓解乡镇村信贷人员不足的问题。客户经理对站点周边的所有企业、村委会和农户进行宣传走访，对接金融需求，建立客户信息档案。“驿站”办公系统与信贷系统连通，贷款申请、审批、发放均能在乡镇驿站实现，极大方便农村居民就近获得金融服务。助推全县脱贫攻坚，咸丰支行于2017年10月开展扶贫小额信贷工作。截至2019年12月累计发放贫困户小额信贷32笔，共计162万元；产业经营主体31笔，金额1505万元，带动贫困户户数1128户。

（熊　英）

2019年9月下旬，支行负责人到大路坝区宣传金融安全知识及新版人民币识别常识

刘　曾　摄

湖北银行咸丰县支行

【概　况】 湖北银行股份有限公司咸丰支行于2017年成立，支行办公地点位于咸丰县城楚蜀大道，现有员工12人。

截至2019年末，各项存款余额5.18亿元，增量市场份额排名靠前，年末各项存款余额市场份额占4.11%。各项贷款余额5.23亿元，存贷比101%，在县域金融机构贷款净增额排名第三。整体来看，存款规模有序增长、同业排名不断提升、贷款投放稳中有升、客户拓展有效推进、风险控制取得实效。

支持地方经济发展。一是以政府战略为中心，积极支持实体经济，支持重点项目建设、工业经济发展、特色产业升级；二是以金融扶贫为抓手，创新金融扶贫贷款产品，积极助推脱贫攻坚，支持对口帮扶、扶贫捐助、小额扶贫信贷、产业扶贫；三是以多法并举为手段，积极扶持中小民企，帮助企业解困渡难、降低融资门槛、提升服务效率；四是以灵活机制为依托，积极提升服务能力，创新融资方式、差异服务、信贷产品。力争把咸丰支行打造为“政府欢迎、社会满意、企业信赖、市民喜爱”的县域一流银行。

（陈明鸣）

财产保险

【中国人民财产保险公司咸丰支公司】 中国人民财产保险股份有限公司咸丰支公司，经营保险业务38年，是咸丰县最大的财险公司，公司内设综合部、农险部、理赔中心（警保联动）、商非团队、车险团队、综拓业务部、电销部、营销服务部，2019年共有员工68人。

咸丰支公司主要开展车险、财产险、责任险、信用险、船货险、意健险、农险等险种。公司政策性保险主要有水稻保险、能繁母猪保险、能繁母牛保险、农房保险、两属两户保险，茶叶保险、巨灾保险是全县政策性保险涉及面最广的保险公司。行业保险分别有车险、信用保证保险、抵押贷款保险、校园方责任险、监护人责任保险、学生平安保险、医疗责任保险、公众责任保险、雇主责任保险、建筑工程意外保险、治安家财保险、扶贫保险、安全生产责任保险等诸多险种。

2019 年，公司实现总保费收入 4557.15 万元。其中，完成财产险保费 414.14 万元，船货险保费 14.58 万元，责任险保费 593.53 万元，意健险（学平险）保费 454.29 万元，农险保费 343.4 万元，车险保费 2734.32 万元，信用保证险 2.9 万元。

公司积极发展治安家财保险、企业财产保险、车辆保险、工程保险、责任保险、意外伤害保险等与经济增长、社会保障相关联的险种，为重点领域、重大项目和精准扶贫提供风险保障。对全县贫困户 208 户赔付 202 万元，政银保业务放款 50 万元给鑫源茶叶。2019 年，公司累计为全县提供风险保障近 300 亿元，缴纳增值税、房产税、所得税等各类税款 389 万元。积极支持重点工程建设，完成咸丰新城项目建设保费 148 万元，完成农房统保、大河边电站财产险、丁寨电站财产险续保，落实各类保险赔付 2294.7 万元。

（孙怀恩）

【太平洋财产保险公司咸丰支公司】 中国太平洋财产保险股份有限公司咸丰支公司（以下简称太保产险咸丰支公司）成立于 2001 年 7 月，位居咸丰财险市场第二位，隶属于中国太平洋财产保险股份有限公司湖北分公司恩施中心支公司的四级机构，经营保险 20 年，于 2007 年上市。2019 年有正式劳动合同员工 13 人、外包劳务合同 4 人，均具备大专及以上学历，全员分综合管理、承保、理赔核算专业技术人员，业务渠道有车商、银保、产寿交叉、电网销、邮政代理、团队营销、个人营销、非车团队、政保、农险等。公司主要经营险种：机动车辆保险、财产损失保险、责任保险和保证保险等人民币或外货保险业务；国家委托经营的政策性保险业务；各类财产保险的服务与咨询业务；与国内保险及有关机构建立代理关系和业务往来关系；国家保险监督部门批准的其他业务。公司经营场所现已变更至：咸丰县楚蜀大道 29 号一、二楼（朝阳电业斜对面）。全县辖区内营业出单网点 3 处（支公司本部、咸丰县恒通公司检测中心服务点、太平洋寿险产寿交叉部）。24 小时服务热线电话：95500。

2019 年全年完成入账保费 2369.88 万元，其中车险 2034.86 万元，非车险 335.02 万元，农险 3.77 万元，同比增幅 23.24%，综合成本率 69.37%，综合赔付总支出 491.38 万，实现承保毛利润 725.89 万元。

推进理赔协同销售，优化理赔流程，全网充分利用多年使用的“太保蓝朋友”“公路侠”“太好赔”及微信自助查勘理赔，进一步提高售后服务质量。积极承担社会责任，致力于精准扶贫工作，现驻扶贫点活龙坪乡茶林堡村，各项产业扶贫政策和惠民措施得到全面落实。

（吴红梅）

人寿保险

【中国人寿保险公司咸丰县支公司】 设立综合部、个险销售部、银行保险部、团体业务险部及客户服务中心，在全县 11 个乡（镇）设立服务机构。公司现有保险代理人员 402 人，正式员工 16 人，派遣员工 5 人。为全县 10 万多名客户提供各种类型的分红、养老、健康、意外伤害、车辆等保险保障服务。2019 年，咸丰县支公司实现保费收入 1.07 亿元，其中新单期交保费 2682.5 万元，续期保费7191.6万元，短险保费800余万元，占本地寿险市场份额为49%以上；实现保费总支出5089.7万元；缴纳税收30.61万元。

业务发展。一是个险销售渠道。以队伍建设为突破口，夯实发展根基，着力转型发展，遏制业务下滑的趋势，实现持续稳步增长。个险队伍出勤人力由年初的300余人增加到402人，使得月均长险举绩率达到45%。二是团险渠道。以政策性保险为主线，开办计划生育家庭意外伤害保险、学生平安保险、老龄保险、“尖刀班”意外保险等团体性业务，全县承保计生险10513户，提供保障84104万元；全县承保扶贫“尖刀班”保险6873人，提供保障252010万元；承保全县老龄保险，提供保障26073万元；承保学生平安保险30312人，提供保障46.07亿元。三是银保渠道。通过与邮政、工、农、建行各代理渠道的共同合作，全年实现银保渠道期交新单保费1129.2万元，再次稳固了咸丰国寿的市场占有率。

坚持“以规范求发展，以质量求生存”，搞好管理促发展。一是切实搞好承保、理赔的质量管理。承保质量从销售开始，严格核保，提高做单质量，杜绝劣质单。二是严把理赔关。着重提高核赔质量，落实结案时效，加大赔案的调查力度。全年应赔付各类理赔案件1559件，实际赔付1559件，赔付率100%。三是抓好客服队伍建设，加强业务人员的培养和培训力度，严格执行核保核赔人员的操作规定和责任追究制度，充分发挥业务管理人员的职能，向管理要效益，公司柜面综合评比排名居全省前列。

（唐　牧）

【太平洋人寿保险公司咸丰营销部】 中国太平洋人寿保险股份有限公司（简称太平洋寿险）成立于1991年5月，总部设在上海。2019年，太平洋寿险咸丰营销服务部率先引进“寿险营销”模式，设督导区督导，资深经理、高级经理、经理、资深主任、高级主任、主任、正式业务员、见习业务员等职级。核心管理岗位属公司合同制员工，设置法人业务部，主抓团险业务，城镇农合大病医疗健康险，高危行业，兼业代理（银行保险）。个人业务设组训，由行政经理直管。行政经理主抓本部个人代理业务，及本部日常行政管理，组训负责培训代理人及助理，行政经理对个人代理人管理。2019年末，本部门有代理人310人，合同制员工8人。其中法人渠道1人，兼业经理1人，新农合城镇居民大病保险理赔专员1人。

2019年，咸丰营销服务部个险渠道完成期交保费2002万元，实现连续9年正增长。比2017年增幅5.4%。现有基本法总监2人，高级经理2人，经理4人。

法人业务。2019年团险保费97万元，同比增长41%。新农合完成赔付1419件，其中医院直补916件。总赔付678.5万元。超额赔付90.3万元。

后援管理，科技化理赔技术，保全服务方便。保全受理2651件，移动终端处理达1051件，客户自助处理160件。个险核保2110件。理赔报案96件，立案受理84件，赔付285.6万元，平均理赔时间1.44天。续期收费2287万元，续期继续率99%。

（程俊杰）

交通　邮电

交通运输

【概　况】 咸丰县交通运输局是全县交通运输行政主管部门，承担辖区内公路建设管理养护、公路工程建设质量监督、道路运输市场监管、水上交通管理、协调服务民航邮政等职能，内设办公室（党办）、工程建设管理股、工程计划股、安全环保股、行政审批股5个股室；下辖6个二级单位：县公路管理局、高速公路建设管理办公室（简称县高路办）、道路运输管理所（综合交通运输执法大队，简称县运管所）、农村公路管理局（交通物流发展局）、交通基本建设质量监督站、地方海事处。

截至2019年底，全县公路总里程3707千米，路网密度145.4千米/百平方千米。其中：高速公路47千米，一级公路15千米，二级公路173.8千米，三级公路380千米，四级公路1562千米，等外公路1528.68千米。内河航道通航里程140千米，人行渡口13个。客运站6个，其中二级客运站1个、五级客运站4个、简易站1个。

2019年积极推进交通运输综合行政执法体制改革，整合公路路政、道路运政、水路运政、航道行政、港口行政、地方海事行政、工程质量监督管理等执法门类的执法职责，建立和完善交通运输综合执法协调机制。

【交通基础建设】 全年完成交通固定资产投资额9.7亿元，比上年增长5.4%。国道353县城麻柳坝—丁寨沙坝段（咸丰大道）全长10.7千米，2019年完成投资18848万元。351国道谢家土—大沙坝段全长18.63千米，2019年完成投资6649万元。249省道丁寨—甲马池段全长13.68千米，2019年完成投资2666万元。大路坝—活龙坪资源旅游公路全长38.43千米，2019年完成投资217万元。2019年农村公路通畅工程完成通村硬化路建设工程85个，建设规模413.26千米，计划投资约2.4亿元；通组砂石公路建设工程17个，建设规模34.8千米，计划投资约1000万元。

【农村公路建设与管护】 2019年，省交通厅印发《全省农村公路组组通专项行动实施方案》并下达建设任务，咸丰县下达“组组通”建设工程317个，总建设里程542.24千米，上级补助资金16770.27万元。完成“455”安防三年计划收尾工作，实施公路安全生命防护“455”工程240.7千米，总投资3305万元。投资28万元实施3座危桥改造工程项目：黄金洞乡大泗沟桥、忠堡镇河边桥、忠堡镇土地庙桥，建设规模共42延米。

印发《咸丰县四好农村路发展规划（2018—2020）》，开展“四好农村路”建设，实施农村公路提档升级建设工程31个，建设规模208.26千米，4.5米、5.5米路面补助资金分别为12万元/千米和20万元/千米。2019年11月，黄金洞乡、忠堡镇实现“建好、管好、护好、运营好”农村公路目标，达到湖北省“四好农村路”示范乡镇的标准，成为县级推荐“四好农村路”示范乡镇，经过州级评选，黄金洞乡入围第二轮候选名单。

建立农村公路养护管理长效机制，制定《咸丰县农村公路养护管理办法》，实行“政府主导、部门指导、县道县管、乡村道乡村管、组级路受益群众管”的分级管理体制，对全县1974.31千米列养线路组织开展养护，全年共开展四轮养护考评工作，对按照考评得分兑现各乡（镇、区）养护资金。

2019年9月建成的咸丰大道

县交通运输局　供图

【道路运输服务】 全县客运企业8家，客运车辆633辆,9475座位；一、二类汽车维修企业27家，其中一类企业1家，二类维修企业17家，三类维修企业9家；机动车驾驶培训机构3家，教练车144辆。公交城市文明窗口形象进一步提升。2019年，完成营运行驶里程76万千米，34台车辆发送营运班次4万次，营运收入约638万元，上缴税金18万元。投诉回复率、车辆完好率、正点发车率、车辆整洁合格率均为100%。推进“文明驾驶员、安全生产标兵、文明服务质量标兵”考评活动，要求驾驶员做到按时发班、不开赌气车、不抢超，严格照章驾驶，礼让三先文明出行。

【交通物流发展】 鼓励扶持优质企业整合资源，推动全县物流发展。建成县级配送中心1个，10个乡镇综合服务站，150个多个村级服务站（提供“物流、快递、快运以及电信、保险、电商线上线下等增值业务”的“一站式”服务），基本建成县、乡、村三级配送网络。咸丰县综合物流园区建设项目因投资方恩施州金海湾实业投资有限公司提出撤资要求，经协商，县人民政府同意签订《解除合同协议书》，重新开展招商工作。

【运输行业管理】 严格道路运输市场监管，会同公安、城管等部门开展联合执法，开展“打非治违”专项整治活动，重点打击“黑车”和非法驾培，全年共出动执法人员650人次，检查车辆870辆次，暂扣涉嫌非法营运车辆7辆、查处违法行为16起，共计行政处罚罚款5.39万元。强化渡口渡船防污染检查，及时制止船舶污染事件，购置船用救生、火器、吸油和垃圾处理设施，水上运输安全形势稳定。开展集中整治，针对损坏路产的违法行为立案18起，结案18起，挽回路产损失13.92万元。开展货车非法改装和超限超载专项整治行动，全年出动执法人员2610人次，检测车辆977辆，超限超载车辆共计127台次。对全县范围内汽修行业大气和危险废物污染防治进行专项治理，县内18家维修企业全部达到有机化合物质量标准。加大工程建设监管，认真落实“四制”（项目业主制、合同管理制、招投标制、工程监理制）制度，健全“两级政府、四级管理、六级模式”网格化质量监管体系。严格考核兑现，实行“五个一票否决”，质量安全监督覆盖率达到100%，公路工程质量大幅提高。全年未发生一起较大或有影响的责任事故。

【科技与信息化】 推进“智慧公交”，为市民提供便捷的乘车支付服务，34辆公交车全部实现手机扫码支付乘车。3月22日，公交IC卡向市民发行。全年“公交IC卡”总发行量1900张，微信扫码乘公交日均消费4000多次，刷卡乘公交日均消费1000多次。当年投入600余万元新购置12辆纯电动公交车，分别投入各线路运营。新能源公交车电量配置高、续航里程长，加装易燃挥发物检测、防疲劳驾驶及追尾预警设施，安全性能增强。在改善城市环境、减少碳排放、提升城市形象方面能发挥积极作用。

【安全应急管理】 打造交通安全“石文化长廊”，在干线公路和重点旅游公路沿线石壁上雕刻“慢”“弯”“平安”等宣传标语，给公路安全通行增添了一份保障亮色。投入15万余元给各公路管理站配置高枝机、绿篱机等设备，提高工作效率，杜绝农药除草，实现绿色养路。打造省道249新桥—构皮岭、省道249兰家沟—太平沟、省道463大河边—唐崖干线公路绿色景观长廊，对公路用地、边坡、停车带进行立体绿化，美化路域环境，提升旅游公路形象。履行“三关一监督”职责，深入客运企业督促开展安全隐患排查整改，监督客运车站落实“三不进站、六不出站”制度。安全监管出动执法人员318人次，组织集中稽查23次，检查生产营运单位125家，排查发现安全隐患91处，整改91处。加强应急抢险工作，2018年冬至2019年春在各扫雪防滑站点储备融雪剂40吨，投入人员418人次、车辆162台班、融雪剂31吨，完成国省干线扫雪防滑总里程311千米。防汛抢险全年清理山体塌方共计640立方米/61处，投入抢险人员141人次、抢险机械设备38台班、车辆81台班。

【宣咸高速公路建设启动】 2019年，宣咸高速公路（原咸来高速）项目工可报告获省发改委批复，初步设计获交通运输部批复，批复请示文件已报送至省交通运输厅，完成施工监理招标。咸丰县范围内15.4千米，11月29日启动挖沟放线及实物调查工作，当年完成土地分户测量1848亩、房产测量160户、房产评估165户、坟墓调查381座、林木调查1409个地块。

（魏永杰）

铁路建设

【概　况】 为加快县境铁路建设工程，有效保障铁路项目的争取和协调，2009年1月成立咸丰县铁路建设委员会办公室（简称县铁路办），为隶属县发展和改革局管理的财政全额拨款事业单位，与咸丰县投资管理服务中心合署办公，实行“一个机构、两块牌子、一套班子”。

2017年6月，县铁路办明确为隶属县发展和改革局管理的公益一类正科级财政全额拨款事业单位。内设综合股、征迁协调股。核定全额拨款事业编制6名，领导职数2名，其中主任1名、副主任1名。主要职责：贯彻执行县委、县政府和县铁路建设委员会制定的各项政策，负责委员会的日常工作；负责铁路建设征地拆迁工作及其资金的管理使用。负责协调铁路建设指挥部、各施工单位与地方的关系；牵头解决铁路建设工程中各施工队伍与地方的各类矛盾与纠纷；配合相关部门做好铁路建设中的社会治安、交通管理、安全生产、环境保护等工作。负责协调有关单位服务铁路建设的相关工作。负责县境内铁路的规划和立项争取工作。完成县委、县政府及州铁路办交办的其他工作。

县铁路办成立以来，主要负责黔张常铁路项目争取和建设情况。黔张常铁路项目2011年获国家发展改革委批复，全长339千米，总投资384.4亿元，建设工期5.5年。2014年12月正式开工建设，2019年8月15日进行动态联试，12月26日试运行，为国家Ⅰ级双线电气化铁路，设计时速200千米。黔张常铁路从渝怀铁路重庆黔江站引出，经湖北省咸丰县、来凤县，湖南省龙山县、桑植县、张家界市、桃源县，后接入石（门）长（沙）铁路常德站。

黔张常铁路在咸丰县境内途经朝阳寺镇（水井槽村）、坪坝营镇（鹿子坨村、铧场村、板栗洼村）、丁寨乡（岩口村、鱼泉口村、渔塘坪村、曲江村、马家楼村、唐家沟村、土落坪村）三个乡镇12个行政村。起于朝阳寺镇大坪隧道，止于丁寨乡土落坪高山隧道，正线全长26.339千米，总投资约30亿元。2015年3月动工。共有隧道15座约12.2千米，其中石板二号隧道（2982.7米）和笔架山隧道（2956.3米）为二级风险隧道，是咸丰境内的控制性工程；桥梁23座约8.4千米；路基5.36千米。设计红线内永久性用地1396亩，临时用地987.7亩；压覆矿藏6处，涉及企业5家；房屋拆迁400余栋，总面积约15万余平方米；坟墓迁移853座，三电迁改330处。咸丰境内为第三标段，施工企业为中铁十七局。

黔张常铁路咸丰站位于曲江集镇附近，属客货共用站，站内设站台2座，到发线5条。站房按6000平方米建筑规模设计建设，旅客最高聚集人数按1000人标准设置。由中铁城建集团第二工程有限公司承建，该站站房总投资约1.3亿元。

2019年9月25日，县人大常委会副主任蔡红萍参加黔张常铁路联调联试新闻通气会　　冉　红　提供

【服务黔张常铁路建设】 黔张常铁路（咸丰段）自2015年3月开工以来，咸丰县委、县政府高度重视，全力支持黔张常铁路建设，县铁路办加强协调服务，扎实开展征地拆迁及矛盾化解各项工作，铁路建设顺利完工。

有序推进征地拆迁。按照黔张常铁路建设进度要求，切实履行征地拆迁主体责任。从2015年7月开展征地拆迁以来，共征地2300亩，其中红线内征地1396亩，临时用地904亩；完成拆迁房屋491栋，其中红线内拆迁390户11.49万平方米、安全环保拆迁101户3.33万平方米；完成迁移坟墓881座，压矿评估补偿2家。截至2019年年底，共兑付各类补偿资金2.401亿元（不含临时用地补偿）。

强力保障建设环境。针对征地补偿、拆迁安置、工程施工中可能出现的问题，积极探索矛盾纠纷预防化解的有效办法，重点抓好矛盾纠纷摸排调处工作，及时发现问题，化解矛盾。2015—2019年，成功调处各类纠纷700余起，其中10人以上群体性事件60余起、阻工阻路纠纷100余起、劳资纠纷40余起（资金总额1000余万元）；从严检查、排查、整改各类安全生产隐患，无一例较大及有影响的安全生产事故发生，确保项目快速推进。

不断加快建设进度。全县各级各部门牢固树立大局意识、责任意识和服务意识，密切配合，全力推进黔张常铁路咸丰段建设各项工作。项目建设及施工单位积极配合，克服地理条件复杂等不利因素，科学组织，抢抓工期加快建设。一是线上工程由中铁十七局项目部承建，全面完工，完成产值17.9606亿元。二是由中铁城建集团第二工程有限公司承建的咸丰火车站主体工程已完成，并于2019年12月投入使用。三是由中铁武汉电气化局承建的电气工程已完成。四是由中铁四局承建的轨道铺装54千米已完成。2019年12月26日正式运行。

严格落实安全责任。组织安监、公安、质监、国土、环保、水利等部门对黔张常铁路咸丰段各施工点进行不定期安全巡查，重点检查安全生产责任制度的落实，监督施工单位健全完善并严格执行隐患排查治理责任制度，全面落实安全生产主体责任和各项安全生产规章制度，并对铁路沿线施工点进行环保安全检查。排查发现安全隐患53处，针对问题约谈11人次，督办整改53条，整改率100%。

大力推进压矿处置工作。黔张常铁路在县境内压覆矿产3处。其中刘朝晖采石场、咸田煤矿已签订补偿协议，落实补偿资金。2018年5月，县铁路办、县鑫磊矿业开发有限公司、黔张常铁路有限责任公司与湖北天地源资产评估有限公司签订资产评估委托和矿权资源储量价款评估委托合同书；12月，完成鑫磊矿业公司付家湾矿压覆补偿工作的资产及资源评估报告。县铁路办已联系黔张常有限责任公司并对资产及资源评估报告进行审查。

（冉　红）

公路建设管理

【概　况】 咸丰县公路管理局为县交通运输局管理的正科级事业单位，机关内设办公室、财务股、审计股、人事股、养护股、工程计划股、法制安全股、路政大队，下辖长湾超限检测站、白岩、清坪、杨洞、城关公路管理站及养护应急中心，管养公路里程338千米（国道3条、省道2条、县乡道4条）。2019年在职在编职工43人，费收转岗人员10人，土地工1人，劳务派遣人员56人，退休人员150人，中共党员54人。

2019年立足全县“两圈三横四纵五支”的交通发展规划，开展公路行业科技开发、生态建设、环境保护、节能减排和公路信息化建设等工作，保障了县域经济发展大动脉的安全畅通。

【重点项目建设】 实施国道改建工程。353国道咸丰县麻柳坝—丁寨沙坝段改建工程（咸丰大道）路基、桥涵、路面全部完工，并于2019年10月10日建成通车，绿化工程完成招标工作，累计完成投资14000万元。咸丰大道起于县城麻柳坝，与楚蜀大道相接，经小模、野猫河、丁寨火车站，止于曲江镇大坪，是“十三五”时期咸丰县最大的基础设施项目，该项目于2017年4月启动，总投资10.8亿元。国道351咸丰境谢家土—大沙坝段改建工程主体工程基本完工，累计完成投资产值15000万元。

【公路养护】 抓日常养护管理。每月对日常养护工作进行检查评分，对养护人员前三名及末三名分别进行奖惩，同时联合劳务派遣公司对养护派遣人员上路作业进行不定期巡查，通过建立约束激励机制，调动养护人员主动性和积极性，推动养护水平的提高。累计完成路面清扫路面4400余千米，清理边沟1320千米，清理塌方58500余立方米，完成沥青路面、混凝土路面灌缝198千米，坑槽修补6500平方米，疏通涵洞527道，桥梁养护78座，修复受损钢护栏775米，修复防撞墙143米，更换损坏千米碑25个，修剪遮挡公路标志牌行道树115处，维修标志标牌51个，修剪绿化树260千米，修整边坡510千米。

抓安防工程和公路设施整改。继续推进公路安防“455”工程建设，对州局5月通报县境内国道242“455”安防工程存在的问题立行立改。2018年实施的省道232、省道248、省道249安防工程全部竣工并通过第三方检测；金洞寺站房改造、川洞公路服务区建设项目和国道353沙坝、黄泥塘、国道351金洞寺3个交通厕所先后建成并投入使用。

推进大修工程建设。国道353朝阳寺—石门坎8千米大修工程项目于2019年9月进场施工，当年完成主油层铺装和公路附属设施；做好危桥改造施工前准备工作，忠堡二桥完成工程招标，尖山大桥加固工程于11月底进场施工，年内完成腹拱凿平，进行腹墩钢筋锚固。

开展干线公路“3+1”专项行动。按照恩施州公路局“三个专项行动”通知要求，开展护栏补短板工程、桥梁护栏专项治理、急弯路段诱导设施整治三个专项行动，成立工作专班，优化设计方案，明确责任人和完成时限，并对国道353、国道242的里程牌一并设计、更换。年内完成9座桥梁护栏过渡性治理，更换国道353、国道242里程牌，设置37处急弯路段双向诱导标，完成护栏补短板工程。

【超限超载治理】 协同公安、运管部门开展超限超载专项整治活动，开展6次治超突击行动，共检测车辆977台，责令卸载1450吨，交警实施处罚超限车辆36辆，罚款17300元，扣分168分，有效遏制了违法超限车辆上路上桥行驶。采取固定站点宣传与流动宣传相结合的方式，开展相关政策宣传活动，悬挂宣传横幅25幅，发放宣传单万余份，发放治超总动员册子100余本，出动宣传车辆100余台次。

【脱贫攻坚】 县公路局结对帮扶2个贫困村，联系贫困户503户1330人。2019年，加快产业发展和基础设施建设，不断夯实脱贫基础。中寨坝村发展茶叶270余亩，汪大海村白茶面积达到850亩，基本实现每户都有主导产业目标。积极争取项目，改善饮水条件和电力设施，汪大海村新建蓄水池7口，蓄水量共计320立方米；新增变压器4台，确保电压稳定与用电安全。推进村庄环境整治，对环境卫生不达标的农户进行督促整改，切实增强农民群众自觉性、主动性，确保村庄干净整洁有序。

（朱典典）

邮 政

【概 况】 中国邮政集团有限公司湖北省咸丰县分公司设综合办公室、市场经营部和专业部门，包括金融业务部、快递包裹部、渠道与平台部、集邮文化与传媒部。支局所（营业网点）：10个全功能网点（解放路邮政支局、忠堡邮政支局、曲江邮政支局、坪坝营邮政支局、杨洞邮政所、唐崖邮政支局、大路坝邮政支局、活龙坪邮政支局、小村邮政支局、黄金洞邮政支局）、2个非金融网点（清坪邮政支局、朝阳邮政支局）。代办网点：二仙岩邮政代办点。2019年在岗员工134人，其中劳动合同制79人、劳务工24人，承揽工32人，离退休职工53人。

2019年实现邮政业务总量5090万元，国内平常信件0.13万件，国内挂号信件0.55万件，国内包裹13万件，机要邮件304件，国内异地特快专递信件0.8万件，订销报纸1.68万份、杂志0.49万份，收订流转额555万元，税邮项目代征税款549.7万元，邮政储蓄期末余额197380万元。

全年实现大口径业务收入5228万元，同比增长5.9%，居全省第45位（与上年末持平），进度排全省26位，同比增幅全省第42位；2个专业4个支局进位。其中代理储蓄实现收入3228.6万元，完成预算进度96.06%，同比增幅1.12%；代理保险实现收入889.95万元，完成预算进度98.34%；寄递板块实现收入263.51万元，同比增幅165.65%；集邮收入139.37万元；函件收入117.06万元；报刊收入180.90万元；分销收入379.47万元；电商收入34.08万元。

解放路邮政支局获湖北邮政2019年星级创评活动星级服务窗口，王芳获星级服务人员称号，钱红艳荣获全省平安邮政创建和安全生产先进个人。

【邮政普遍服务、投递】 普遍服务以“五达标、两提升、两杜绝、一确保”为目标，开展平常邮件服务质量大整顿专项活动、收寄“三项制度”大落实检查活动、服务质量大提升“回头看”活动，推动全县邮政服务质量大提升，在“五达标”方面指标全部达到100%，服务满意度达87.5分，申诉处理满意率提升至97%。机要通信实现保密安全“零事故”、重点服务“零投诉”、监管整改“零逾期”。

全县11个乡镇（区工委），263个行政村，普邮段55条邮路，投递员共计30人，其中城区投递4人、城乡投递2人、农村镇投6人、乡邮投递18人，邮路总里程2908.3千米，其中发投班189.5千米、忠堡172.5千米、曲江133.5千米、杨洞175千米、坪坝营143千米、清坪395千米、小村188千米、黄金洞334.9千米、唐崖512千米、活龙394千米、大路坝150.9千米、朝阳120千米。

【代理金融业务】 坚持“稳规模、调结构、降成本、提中收、拓渠道”的转型发展理念，在规模上，邮储余额规模达到19.74亿元；在调结构上，全年代金实现收入4118.55万元，同比增长4.36%；其中代理保险实现收入889.95万元，同比增幅18.15%，进度、增幅排全州第2位；在提中收上，新增万元客户数1.57万户；新增收单商户1863万户；新增注册邮储食堂会员5531户；新增手机银行有效户1.08万户，结存激活率71.61%，排全州第四位；客户渗透率38.48%，排全州第二位；新增移动支付绑卡1.45万户，累计为7.56万户。寄递业务坚持“融合”的转型发展理念，全年实现收入258万元，完成计划的101.17%。同时针对网运开展提速提能，开通咸丰至活龙邮件运输自营，县乡邮路进一步优化。邮务板块坚持“新产品”的转型发展理念，依托木本业务的特色做足原始产品的转型升级，全年共实现邮务收入851万元，全面完成年度收入预算。

【平台建设】 推进“四个一批”站点建设，比照宣恩麻阳寨村邮站标准新建龙坪、忠塘示范点2个，提档升级优质站点85个，开通村级包裹代投站点22个。常态化推进批销业务发展，实现分销额379.47万元、批销额386.15万元；通过“邮政919·丰收欢乐购”等活动，大力发展邮乐小店营销，活跃邮乐小店254个。

【队伍建设】 2019年招聘全日制大学生3人、劳务派遣用工8人。旺季期间，通过机关人员下沉一线、临聘外包人员等方式助力旺季发展；强化员工能力素质提升，组织支局经理、新进大学生12名参加“优秀青年培训班”“恩施州邮政干部综合能力提升研修班”，全年组织职工培训743人次、职业鉴定29人；建立“联合巡导、专业引领、驻点帮扶”三级管控模式，有效促进旺季经营发展；组织员工创意大赛，两个参赛项目在全州展示中分别获得二、三等奖。

（冯　桥）

电信公司

【概　况】 中国电信股份有限公司咸丰分公司（简称中国电信咸丰分公司）是中国电信旗下咸丰县内综合化信息服务的基层企业。公司下设办公室、财务室、网络部、销售服务部、移动业务销售部、政企客户部和12个支局，50个渠道厅店。2019年末，有合同制员工43人，派遣制员工20人，离退休人员50人。党员29人，预备党员2人。全年业务收入7136万元，移动手机10.24万户、光纤宽带5.51万户、ITV互动电视39743户、固定电话24075户。

【网络建设】 2019年投入建设资金约1530万元，新建光纤宽带接入端口12776个，全县电信光纤宽带端口累计达到97119个，村民小组光纤宽带通达率为90.95%，实现0.25平方千米内20户以上村民聚居区域光纤宽带网络全覆盖和通村到户的建设目标。当年投资3375万元，建设4G基站125个，全县累计4G基站达到425个，小区载扇数923个，其中800兆基站253个、1800M基站160个、2100兆基站12个。4G信号全域覆盖率经第三方测试达到98.67%。

【通信服务】 提速降费。通过实现规模化光纤到户和4G网络全域优质覆盖和应用落地，构建高速、智能、泛在的应用生态圈和宽带网络，促进网络速率全面提升。采取宽带免费提速，光纤宽带农村区域入户普遍到达100兆，城区可根据用户需求达到入户1000兆，固网宽带体验速率快速提升，实现“宽上加宽”；移动4G宽带网络平均接入速率稳步提升40%以上，速率翻番，实现“快上加快”；全面取消手机长途及漫游费，进一步降低国际长途电话与国际漫游资费水平；大幅度降低面向中小企业互联网专线接入资费；面对流量消费需求，通过绑定套餐或推出新的降低资费套餐、降低流量包单价、全国无限流量、流量不清零、流量转赠、视频定向流量包等创新产品业务服务，让利消费者，体现降低资费水平，通过通信消费优化组合，每 Mbps 价格降幅近 4 成，满足消费者对流量消费大胆用、放心用，实现“惠上加惠”。

增值服务。提供云存储、会易通、云主机、网络安全、会议通信、企业云、“手机看店”、电子政务、智慧城市、平安乡村、商务专线、旺铺宽带等信息通信技术服务产品，提升社会网络化管理能力、信息交换效率、行业生产运营效率，降低社会总成本，为企业用户提供更为安全有效的线上交流、云端共享网络环境及服务。

高效保障。一是通过实体店、网站、手机掌厅、“10000”热线提供便捷便民的服务。二是提供“当当快”网络支撑服务，承诺“当日装、当日修、慢必赔”，从原来的 5×8 小时服务升级至 7×24 无间断式服务。面对客户网络故障和应用需求、微信（支付宝）等移动支付大趋势，提供立即响应、无缝对接的服务和高速稳定的优质网络环境支撑。三是推行首问负责制及时处理客户需求、做优营商环境、提供优质电信服务。

县电信公司组织党员干部到扶贫村开展志愿者活动
徐群雁　提供

（徐群雁）

移动公司

【概　况】中国移动通信集团湖北有限公司咸丰分公司（简称“咸丰移动分公司”）系咸丰县最大通信运营商，内设市场部、政企客户中心、技术支持中心、综合部，现有员工 55 人，平均年龄 35 岁，大专以上文化程度占 90%。截至 2019 年年底，移动用户 16 万户，有线宽带和专线用户 2.5 万户，高清互动电视用户 2 万户、自有和合作营业网点 58 家；当年运营收入 1 亿元。

2019 年，累计投入 1.1 亿元用于全县 4G 信息化扶贫建设，共计完成 265 个 4G 基站建设，全县 4G 网络覆盖率达到 99.59%，顺利完成州政府组织的农村 4G 全域覆盖验收。对黔张常铁路实行 4G 专项覆盖，建成 TDD 及 FDD 站点 132 个，圆满完成黔张常铁路咸丰段 4G 双制式全域覆盖任务。

【项目建设】2019 年，承建“平安咸丰全域立体化视频系统 PPP 项目”城区点位建设，在“咸丰县校园视频监控与安全共享平台联网项目”上承建城区学校点位建设，在“咸丰县民族实验学校弱电服务”项目和“咸丰坪坝营景区酒店中心电视信号源及网络服务”项目中圆满完成相关设施建设，为打造“智慧城市”“智慧校园”“智慧景区”作出了贡献。

（冉　敏）

联通公司

【概　况】中国联合网络通信有限公司咸丰县分公司为中国联通在咸丰县的分支机构，于 2000 年 6 月成立，是一家综合电信运营商。公司下设 5 个中心：咸丰城区营服中心、咸丰清坪营服中心、咸丰坪坝营营服中心、综合支持中心、政企客户营销中心。2019 年末，有一级代办 45 家，标准化卖场 5 家，合同制员工 22 人，外包员工 14 人，其中本科以上学历人员占 72.2%，大专学历人员占 40.54%，党员 6 人。

【网络建设】通信网络承载能力大幅提升。咸丰县联通现有145个2G基站，221个3G基站，415个4G基站。2019年新建160个4G基站，共计投资6240万元。2019年9月底完成全县263个行政村4G无线网络全域覆盖。4G覆盖率达到95%，受益群众数达到36万人；光纤宽带覆盖率达到38%，受益群众数达到15万人，已使用群众1.5万人。2019年3月19日，恩施联通第一个5G测试站开通，实测877兆/秒。

【优质服务】 公司坚持“以客户为中心，用服务促发展”的理念，针对不同的客户群，提供优质服务，增强用户归属感。理顺客户投诉处理通道，并为其提供信息化解决方案等多种亲情化、个性化的服务方式，有效提高感知度。坚持“云+网+X”云网一体，以“智能、高效、便捷、简单、友好”五大关键词为方向，打造智慧客服应用平台，实现服务界面的“互联网+转型”。

（李春艳）

城乡建设　住房保障

城市建设

【概　况】 咸丰县住房和城乡建设局共核定行政编制13名，机关工勤1名，实有在编人员13名（行政编制12人、机关工勤1人）。辖二级事业单位3个：咸丰县建设工程质量监督站、咸丰县建设工程安全监督站、咸丰县住房保障中心。其中咸丰县建设工程质量监督站为公益一类全额拨款事业单位，核定全额拨款事业编制11名，实有在编人员9人；咸丰县建设工程安全监督站为公益一类全额拨款事业单位，核定全额拨款事业编制5名，实有在编人员5人；咸丰县建设工程安全监督站为公益一类全额拨款事业单位，核定全额拨款事业编制5名，实有在编人员5人。

2019年，坚持项目引领，统筹城乡建设发展。为补齐市政基础设施短板，实施太平沟入城道路、新城二期等基础设施项目9个，完成投资1.5亿元。实施中的新城北线及新城道路将全面拉开咸丰新城骨架，提升周边土地价值。老城污水处理及乡镇污水处理全覆盖PPP项目经过两年的论证，正式投入建设，将全面改造老城形象，提升居民生活水平。完成8个污水处理厂建设并试运行，乡镇集镇污水处理厂实现全覆盖。推动垃圾无害化治理，建设垃圾填埋场6座，建成中转站10座，购置大批垃圾收集转运设施，全面启动城乡生活垃圾分类试点工作，城市环境卫生和整体面貌显著提。为确保脱贫攻坚住房安全有保障，完成2019年“四类对象”存量危房改造760户、“一般对象”3530户、“跑风漏雨”对象2942户，全县实现危房“清零”目标。大力复兴“中国干栏式建筑之乡”，通过持续发力，保护和传承民族传统建筑文化成为广大干部群众的行动自觉。

【聚力住房保障】 坚持把住房保障作为惠民生、聚民心的重要工作，全县住房保障体系不断完善。2019年完成棚户区改造贷款融资10.3亿元，争取保障性安居工程中央补助资金3.3亿元。全面启动曲江、疾控中心、电影院及木材公司片区征迁工作。塘铺、凉水井、女儿寨、关庙坪4个安置区动工建设，配套基础设施建设项目全部落地。共发放住房租赁补贴677户89.58万元，分配入住保障性住房236套，分配率达100%。

有序推动房地产开发。2019年实施房地产项目9个，完成开发投资9.68亿元。审批预售7宗，批准面积20.08万平方米，共完成销售21.07万平方米，同比增长62%，销售金额9.47亿元，住宅平均单价4240.83元/平方米，同比上涨9%，非住宅平均单价5887.36元/平方米。库存商品房面积23.54万平方米，其中住房11.97万平方米，消化周期6.05个月，较上年同期减少16个月，非住宅11.57平方米，消化周期72.7个月，较上年同期增长6.9个月，商品住房去库存化压力较小。加强房地产监管，规范市场行为，行政处罚多家违规企业，在全行业进行通报并曝光公示，形成震慑。通过媒体宣传提醒，高度警惕房地产行业非法集资，有效防患化解金融风险。主动出击不动产登记历史遗留问题，完成7个项目2325户大证首次登记，办理转移登记206户。推动成立业主委员会18个，正中大厦、东升一期等小区充分发挥业主委员会桥梁作用，积极化解矛盾，优化服务，确保居民小区和谐稳定发展。

县城桃花源住宅小区　　秦兴武　摄

【建筑市场管理】 为确保建筑市场健康稳定，及时亮剑招投标领域违法违规行为，处置建筑工程招投标投诉8起，罚款12万余元、没收违法所得23万余元。全面保障农民工工资，开展专项巡查2次，并联合劳动监察部门开展培训，有效落实“四项制度”。全力保障机构改革消防职责承接，组建消防工作专班，完成消防设计审核7宗，消防验收29宗。持续深化行政审批制度改革，建设项目审批压减至90个工作日办结，工业建设项目25个工作日可取得施工许可。建筑质量监督面积约270万平方米，监督覆盖率达100%；日常项目现场抽查巡查160余次，共查处质量隐患47起，下发整改通知书47份。安全受监项目57个，开展安全检查424次，下发监督记录和抽查记录424份，发现安全隐患824起，下发限期整改74份，下发停工整改18份，约谈施工企业2家、监理企业2家。通过强硬手段和优化服务，保证建筑领域持续稳定，为全县社会经济发展提供了坚实保障。

（李　论）

城市管理

【概　况】 2019年3月，县级机构改革，原咸丰县城市管理局更名为县城市管理执法局，由县政府直属事业单位调整为县政府工作部门，属正科级行政部门。内设办公室、财务项目股、法制宣教股、行政审批股4个科室，下辖县市政园林局、城市管理综合执法大队两个副科级事业单位和市容环卫管理所、燃气管理办公室2个事业单位。全系统共有干部职工224人，其中行政编制3人，全额拨款事业编制55人，部门管理使用的协管人员166人。

2019年，县城市管理执法局围绕“巩固六城同创效果，争创全国文明城市提名城市、省级园林城市”工作重心，立足职能职责，狠抓市容秩序、清扫保洁、两违管控、项目建设四大基础工作，认真履职，不断提高城市精细化管理水平，顺利通过“省级园林城市”创建验收。

2019年5月20日，城管系统全体干部职工参与县文明办组织的道德讲堂活动　　冯　伟　摄

【市容市貌执法管理】 加大市容市貌综合管理。以“扫干净、摆整齐、保畅通”为管理内容，以“洁、净、靓”为目标，积极推行住建部“721”执法管理模式，对城区内出店、占道经营、广告

乱牵乱挂及人行道违章停车等现象，按照“主次干道严管，背街小巷规范”的要求开展部门联动和集中整治。

加大油烟污染整治。以中央、省、州环保督察为着力点，以规范城区夜宵经营市场为目标，坚持从源头治理，加强对城区范围内餐饮服务行业油烟污染的监管力度。为有效改善夜宵市场因烧烤引起的重油油烟，通过建立油烟污染源台账，加强环保意识宣传，城区内 89 家露天烧烤安装油烟净化设施，全城区 3 个灶头以上的餐饮服务业主共 92 户，油烟净化设备安装率达 96%。

加大粉尘扬尘治理。加大粉尘污染的源头管控，严查渣土车、建筑散装材料车未覆盖及带泥上路行为。在城区出入口设置渣土运输车辆检查点，全年查处渣土运输车辆违规行为 40 起，其中现场整改 16 起，现场处罚 21 起；车辆进出工地大面积污染路面立案处罚 2 起。加强城乡接合部石材加工厂粉尘污染管理，对城乡接合部 5 所石材加工厂进行摸排，督促其清理占道和乱堆乱放物品，做好喷淋降尘措施。

严格户外广告管理。规范户外广告牌匾的审批设置及更换，实行前置审批制度，加大对未经审批擅自设置牌匾广告的清理整顿，对城区破损、废旧广告进行拆除、清理，及时排除安全隐患。优化营商环境，开展便民服务，严格审批环节，进一步落实行政许可“户外广告设置安全承诺”制度，现场查看审批户外门头广告 224 起，责令整改户外广告 116 起。

【环境卫生管理】 提升保洁强质量。清扫保洁实行“清扫—保洁—精扫”模式，在保洁时段同时清理卫生死角，从“扫垃圾”向“找垃圾”转变；通过人机结合的方式，对城区主次干道实行“两扫四洒”无间隙清扫及洒水除尘作业，减少扬尘污染，实现垃圾容器不冒溢、垃圾不落地的清扫保洁要求，城区垃圾无害化处理率达到 100%。积极谋划和落实垃圾处理场渗滤液整改工程，该工程自 2018 年 12 月开工建设，至 2019 年 11 月底，土建主体工程完工，渗滤液处理设备安装完成，进入调试运行阶段。

务实创新促发展。加快推进生活垃圾分类工作。以城东社区为垃圾分类工作试点社区，成立垃圾分类工作领导小组，制定垃圾分类工作考核细则及责任主体、操作流程、管理标准等一系列管理制度。加大垃圾分类常识宣传，发放垃圾分类宣传单近五千份，组织开展以垃圾分类为主题的趣味运动会，提高市民对垃圾分类的知晓率和参与度。同时加大对城区餐厨垃圾的专项治理，对城区餐馆数量开展摸底，根据餐厨垃圾产生量，购置餐厨垃圾收集专用车、餐厨垃圾专用收集桶，加大对餐厨垃圾的收运力度，确保做到餐厨垃圾日产日清，实现城区餐厨垃圾独立收集、运输和处置。

【市政园林管理】 加大市政公用设施的隐患排查和维修养护。完成皇城广场市政设施维护、楚蜀大道沥青路面及背街小巷水泥路面的修补工作，共计修补坑洼路面约 5000 平方米；城区路灯日常维修 165 盏，维修电缆 310 米；更换高乐山隧道路灯 260 盏；率先在全州完成城区 28 座桥梁的检测和维修及 28 座桥梁标识、标牌安装工程；完成城区出入口小模方向自动洗车设备安装工程；完成咸丰大道至城区污水管网地形图测量和施工建设工作。

落实绿地养护。落实道路绿地修整、卫生保洁、行道树补植、树木修剪、铁篱护栏设置等各项工作，养护绿地 85642 平方米。围绕建设山水园林城市奋斗目标，以创建省级园林城市为契机，切实履行园林绿化管理职能。通过拆违扩绿、景观增绿、立体添绿等途径拓展城区绿化空间，逐步实现从“见缝插绿”到“遍地开花”。

完成省级园林城市创建工作。以争创省级园林城市为载体，大力推进城市园林绿化和生态人居环境建设，城市形象、生态建设、人居环境等方面得到明显改善。2019年11月，顺利通过省住建厅组织的省级园林城市复检考核。

【燃气安全管理】 加强燃气安全管理，深化“打非治违”专项行动。开展燃气安全生产大检查专项行动，对4家燃气经营企业、7个燃气站场、1个天然气阀室、1处在建污水管网工地、一段天然气长输管线、6所学校、16家餐饮场所、2家大型宾馆、2家大型锅炉用户进行检查和整改活动，共排查隐患36处，下发隐患整改通知书10份，现场立即整改26处。

加大安全检查力度，严把燃气安全生产运行关。采取日常检查与不定时抽查相结合方式，对各燃气经营企业进行安全检查40余次，重点查找配气站、充装站现场安全管控、燃气设施设备运行维护以及长输管线巡检存在的安全隐患。共查找出安全隐患45处，查处液化气“大瓶灌小瓶”案件1起。

加大项目督办力度，确保工程项目顺利推进。加速推进清坪、忠堡两乡镇的天然气管网铺设和通气工作；完成曲江镇天然气主管道的铺设；全长11公里的坪坝营区间管道，完成铺设9千米，剩余2千米加速推进。

【“两违”清理整治】 狠抓“两违”巡查控违。2019年共巡查监控新放线在建工程180处，发现“两违”行为116起，下达停工整改通知书21份，下达限期拆除通知书95份，督促整改到位73处，强制停水停电28处，自行拆除11处，强制拆除4处。累计拆除“两违”建（构）筑物15处，拆除面积千余平方米。强化两违案件办理，当年办理结案7件，共收缴罚款及税费13022元。

严格水电气报装立户。所有新立户报装由两违办纳入前置审批，对涉嫌两违行为的不予报装，严控严防新增两违现象，通过层层审核，共完成新立户水、电、气共计280户。

（罗方彬）

住房公积金管理

【概　况】 2019年2月，依照恩施土家族苗族自治州机构改革实施方案，恩施土家族苗族自治州住房公积金管理中心挂牌更名为恩施州住房公积金中心，继续对各县市办事处实行垂直管理，恩施土家族苗族自治州住房公积金管理中心咸丰县办事处正式更名为恩施土家族苗族自治州住房公积金中心咸丰县办事处，在岗工作人员10名。

2019年，公积金中心咸丰县办事处立足部门职责，加大政策宣传和规范化管理，服务住房保障，各项业务指标超额完成，为促进县域经济快速发展发挥了重要作用。

资金归集持续增长。全县开户单位合计329个，新增缴存单位21个，全县缴存人数合计10677人，新增缴存职工713人。累计归集住房公积金22529万元，同比增长10%。全县住房公积金余额合计68187万元。

资金使用稳步提升。2019年累计发放住房公积金个人贷款18581.5万元，同比增长125%，完成全年任务目标154.8%，全县个人住房公积金贷款余额65090万元，个贷率达到95.45%；累计支取住房公积金12422万元，累计支取住房公积金总额58487万元。资金使用率达到137.6%。贷款风险显著降低。个贷逾期率为0.26‰，远低于1‰的控制目标。

【信息化建设】 继续完善“恩施公积金”微信公众号，新开发“手机公积金”APP，缴存职工可通过“恩施公积金”微信公众号、“手机公积金”APP、支付宝、鄂汇办等平台查阅个人信息，可通过“手机公积金”APP申请对冲还贷、提前还款、离职支取等业务，缴存单位可通过单位网厅直接办理封存、启封、汇缴、同城转移等相关业务，实现“让数据多跑路，让群众少跑路”的服务目标。

（罗春华）

生态环境

自然资源规划管理

【概　况】2019年3月县级机构改革，将县国土资源局（地震局）的职责，县发展和改革局的组织编制主体功能规划职责，县住房和城乡建设局的城乡规划管理、测绘管理职责，县水利水产局的水资源调查和确权登记管理职责，县林业局的森林、湿地等资源调查和确权登记管理职责，以及县畜牧兽医局的草原资源调查和确权登记管理职责整合，组建咸丰县自然资源和规划局。主要职责是履行全民所有土地、矿产、森林、草原、湿地、水等自然资源资产所有者职责和所有国土空间用途管制、调查监测评价、确权登记、管理、保护修复与合理利用和全县地质灾害防治工作。机关内设6个股室：办公室、耕保利用股、规划股、自然资源确权登记股、矿产管理和地质环境股、行政审批股；行政编制16名，设局长1名，副局长2名，总工程师1名，总规划师1名；内设机构领导职数正职6名。下辖11个国土资源所。

坚持加强规划引领，实现“一张蓝图”。一是启动国土空间开发保护现状评估工作，初步拟定咸丰县国土空间规划编制工作方案。二是组织召开县规划委员会全体会议3次，审查重点项目19个。完成咸丰县土地利用总体规划（2006—2020年）局部修改方案的编制；完成咸丰县土地利用总体规划（2006—2020年）实施评估；完成11个批次县重点项目土地利用总体规划局部调整修改工作；启动新城加油站等重点项目选址、用地调整论证工作。三是启动全县9个美丽乡村村庄规划编制工作，当年完成2个；启动全县村庄规划编制4个，完成2个。四是开展专项规划编制工作，完善规划体系建设。编制完成《咸丰县中心城区交通组织专项规划（2018—2030）》。

优先保障发展，坚定要素支撑。2019年共组卷21个批次城市建设用地，共计118.6697公顷，需使用计划指标102.9933公顷，其中向州人民政府申请计划指标23.6683公顷，使用增减挂钩指标79.325公顷，根据湖北省增减挂钩指标交易平均价30万元/亩，为咸丰县节约指标购买支出约11898万元，保障重点项目按时施工建设。严格依法出让，创造性开展增减挂钩、占补平衡工作，土地出让收入6.72亿（已入库4.52亿元），增减挂钩指标交易收入3.256亿元，占补平衡指标州级统筹使用收入1200万元，实现土地收益100957万元。当年实施高标准农田建设4万亩，项目总投资近1亿元，实施地方投资占补平衡项目6576.9亩，项目投资6000万元，已备案生成占补平衡指标6029亩，指标产生的经济价值约10.87亿元。

聚焦重点业务工作，全面提升管理水平。一是完成第三次国土调查，11月8日通过国家级核查检查，错误率为0.39%。二是积极开展批而未供和存量地消化，拟定《咸丰县2009—2016年批而未供存量建设用地消化处置实施方案》，通过批文撤销方式处置 1103.37 亩，消化存量土地 283.07 亩。三是推进全县宅基地使用权、集体建设用地使用权和房屋所有权确权登记发证工作。截至 11 月 5 日，全面完成外业调查工作，共完成调查 110157 宗地，内业建库工作完成 98%，纸质档案打印、扫描、归档工作基本完成。

【聚焦生态修复　推动绿色发展】 2019 年，统筹推进生态修复工程。一是完成 13 个非煤矿山的恢复治理，补植复绿约 100 亩，栽种适宜苗木 5000 株，栽种攀延植被 1900 多株；完成 13 煤矿恢复治理工作，补植适宜苗木 3000 多株，播撒草子面积约 5.3 公顷，恢复面积约 7.12 公顷；开展裸土覆盖工作，覆盖面积约 16000 平方米。二是完成 2018 年度咸丰县高乐山、忠堡两镇地方投资整治项目等 20 个地方投资整治项目，共完成耕地指标 432.961 公顷（6440.414 亩），其中水田 87.923 公顷，旱地 345.038 公顷。三是以强化“三线”管控为保障，严格执行耕地保护制度。完成全县耕地 72.273 万亩和基本农田 44.326 万亩目标；严格执行建设用地耕地“占补平衡”制度，完成补充耕地 14.867 公顷；严格执行《土地复垦条例》，收取矿山企业土地复垦保证金 119.525 万元，临时用地土地复垦保证金 82.64 万元，设施农用地土地复垦保证金 22.054 万元；完成 4 宗违法用地的复垦验收。

【聚力执法监察　维护自然资源管理秩序】 加强执法监管，维护自然资源管理秩序。一是做好卫片执法监督检查工作。2018 年度卫片和 2019 年季度卫片共下发咸丰县监测图斑 301 宗，总面积 4331.1 亩，占耕地总面积 3493.37 亩，占永久基本农田总面积 255.16 亩。二是开展动态巡查工作。全年开展动态巡查 50 余次，参加巡查人员 100 余人次，发现违法用地线索 5 条，有效制止 5 宗，立案查处 1 宗。三是加强违法案件查处力度，逾期未履行案件共计移送法院强制执行 22 余宗，全部裁定准予执行并进入司法强制执行程序。四是推进别墅问题清查整治专项行动。共排查 842 户，确定违建（属违法占地）3 个（全部位于大鲵自然保护区），土地面积共计 5.64 亩，建筑面积合计 2504.3 平方米，2 个已完成整改。五是开展“双随机、一公开”工作。开展随机抽查 7 次，对 18 家企业及单位进行随机检查，并对检查结果及时予以公开；加强测绘资质单位监管，抽取全县范围内 3 家测绘企业，发现问题的责令整改，确保市场规范有序。

【聚焦部门帮扶　助力脱贫摘帽】 积极履行行业扶贫职责。一是加大部门扶贫力度，2018 年度高乐山、忠堡两镇等 20 个地方占补平衡项目已通过省自然资源厅验收。2019 年 12 月 24 日，在耕地占补平衡动态监管系统中同步完成占补平衡指标共 6029 亩，指标产生的经济价值约 10.87 亿元，其中旱地指标 4810 亩（经济价值约 7.21 亿元）、水田指标 1219 亩（经济价值约 3.66 亿元）。二是推进城乡建设用地增减挂钩工作，全年共实现增减挂钩指标交易收入 3.26 亿元。三是加强贫困村土地资源整治，提升土地效能，改善生态环境。截至 2019 年底，累计在贫困村实施土地平整 18.37 万立方米，修建水泥路 28.2 千米，排水沟 43 千米，灌溉渠 31 千米，生产路 65 千米，田间道 86 千米，修建蓄水池 27 座，护砌沟渠 5.7 千米，新修机耕桥 8 座。改造烟叶基地面积 22000 亩，改造茶叶基地面积 3 万亩、改良水田面积 2 万亩、改造其他农作物面积 25200 亩、治理土地酸化 8000 亩。

【地质灾害预防和治理工作】 加强源头管控，做好地质灾害防治工作，实现连续 16 年地质灾害“零”伤亡。将全县 372 处地质灾害隐患点全部纳入地质灾害防治“四位一体”网格化管理。2019 年共发生地质灾害共 17 起，开展应急调查 17 次，开展地质灾害专项排查行动 4 次，开展巡排查 60 余次，发放明白卡 1000 余份，解除受威胁人数 19 户/83

人。做好地质灾害项目资金争取。2019年收到省级财政资金卷洞门滑坡治理项目600万元，四位一体及能力建设资金101万元；开展地质灾害综合防治体系建设申报6个项目资金3856.35万元。

【升级政务服务　优化营商环境】 推进政务服务改革，不断优化营商环境。一是全面实现“一窗联办、集成服务”，落实“1234”办结时限要求，开展不动产登记及化解历史遗留问题。全年共完成不动产登记19761宗，发放不动产权证书5610本，不动产登记证明12326份，办结6家企业历史遗留问题不动产登记工作，开展4宗林权登记权调工作。二是实现行政审批服务事项网办率90%；开展“多审合一”改革工作，实行一张表申请，一个流程审批。全年办理审批件1546件，其中发放个人建房用地许可证1091份，乡村建设规划许可95份，建设工程规划许可43份，发放建设用地规划许可61份，发放建设项目选址意见书10份，建设项目用地预审意见4份，竣工验收规划条件核实证明48份；发放采矿许可证2份。办理房改房手续188件，临时用地审批4件。三是做好信访工作，全年受理来信来访件54件次，办结51件；牵头信访积案共5件，化解4件。

（李　伟）

水利与湖泊

【概　况】 2019年3月县级机构改革，县水利水产局更名为县水利局，加挂县河湖长制办公室牌子，将县移民局的行政职能划入县水利局，将咸丰忠建河大鲵国家级自然保护区管理局成建制整体划至县林业局，将渔船检验和监督管理职责划至县交通运输局，将县防汛抗旱指挥部办公室的水旱灾害防治划至县应急管理局，继续做好防汛抗旱日常工作，将水资源调查和确权登记管理职责划至县自然资源和规划局，将农田水利建设项目管理职责和水产渔业渔政管理职责划至县农业农村局。根据“编随事走、人随编走”的原则，做好人员转隶工作。改革后，县水利局内设办公室（党办）、规划水利股（统计股）、河湖长制工作股（行政审批股）3个股室。下辖县移民服务中心、水政渔政执法大队、水利水产技术推广站、水利工程质量和安全监督管理站、水土保持工作站、龙洞湾水库水源工程建设管理办公室6个事业单位和11个乡（镇、区）水利水产管理站。2019年12月，县水利局在职干部职工75人，其中公务员10人，参公管理22人，机关工勤1人，事业编制42人。

2019年水利工作以项目建设为重点。完成年度内两批次农村饮水安全工程建设，项目总投资11345.08万元，其中第一批次项目涉及8个乡镇，新建或改造农村供水工程36处，改善或提高3万农村居民的饮水条件；第二批次项目涉及11个乡（镇），新建或改造农村供水工程65处，改善或提高5.3万户农村居民的饮水条件。按照《农村饮水安全评价准则》，全县饮水安全问题已全部销号，完成上级下达的巩固提升2.77万人饮水现状工作任务。制定《咸丰县农村供水工程运行管理办法（试行）》，加强农村饮水安全工程运行管理工作。龙洞湾水库通过截流验收，完成大坝填筑，溢洪道开工建设，累计完成工程投资7704万元。完成唐崖河金洞司段河堤治理工程，综合治理河道10.2千米。完成清狮河治理工程招标工作。完成野猫河坪坝营段治理工程初步设计报告审查。启动新城防洪排涝工程建设，完成2#支洞全线贯通，主洞开工建设，累计完成工程投资7100万元。完成忠堡防洪排涝应急抢险工程，启动忠堡防洪排涝工程前期工作，启动忠堡防洪规划编制。

【河湖长制工作】 2019年县级河长巡河62次，联系部门巡河24次，乡镇级河长巡河300余次，发现并整改重大问题10余个。将小微水体纳入河湖长制管理体系，明确小微水体“一长两员”并向社会公示。开展碧水保卫战“示范建设行动”、河湖“清四乱”专项行动、打击非法采砂专项整治行动，制定咸丰县河道非法采砂整治专项战役2019年重点工作清单，建立“常态巡查+定向督办”工作机制，推动解决河湖突出问题。创建示范河流1条（唐崖河）、示范水库1座（朝阳寺水库）、示范单位4个、示范人物8个。专项巡查忠建河和唐崖河沿线“四乱”问题，完成问题整改8个。立案查处违法电鱼行为7起，移送公安2起，行政处罚5人，罚款4200元。整改涉河违法建筑3起，下达责令停止违法行为通知书1份、水行政执法责令整改通知书2份，制止涉水违法违规行为1起，勘察涉水建筑15余处。开展执法宣传活动5次，发放宣传资料1200余份。完成“一河一策”编制及划界工作，审定通过12条县级河流“一河一策”方案，完成48条乡级河流“一河一策”编制。全面完成忠建河、唐崖河、南河岸线界限划定工作，初步完成其他9条县级河流岸线界限划定。开展行政审批工作，共办理行政审批事项25件。下达水资源费缴纳通知书25份，全年征收水资源费125.7万元。

【水土保持工作】 加强水土保持工作，印发《咸丰县水土保持监督执法专项行动实施方案》，督促建设单位落实生产建设项目水土流失隐患排查和专项整治行动。2019年度监督检查生产建设项目36宗，送达编报水保方案函件36个，下发水土保持设施补偿费缴纳通知书10份，征收水土保持设施补偿费49万元。搞好水利部下发的2019年度湖北省卫星影像解译扰动图斑复核工作，复核年度生产建设项目数量51个，其中开工生产建设项目34个，完工项目17个。

【防汛抗旱工作】 加强汛前、汛中、汛后防汛隐患排查整改工作，重点对全县26座水库、2处涉河在建水利工程、2处涉水旅游景区、54处山洪及水文自动监测站点进行拉网式检查，对防汛安全隐患进行全面排查并及时整改。修订完善防汛预案，全面落实水库防汛四大责任人，压实各乡（镇、区）、各水库电站防汛安全行政、技术、巡查责任。加强防汛非工程措施运行维护，确保山洪灾害检测预警，测得出、报得准、预警快，提高防汛应急能力。强化防汛信息及后勤保障，新增防汛抢险物资储备50万元，组织开展全县防汛应急综合演练，参演人员和观摩嘉宾达200余人，举办县级培训2期85人次。加强水毁修复，完成黄金洞兴隆坳、金洞司河道治理、忠堡龙洞河河道清淤除障、清坪大石坝排涝设施改善、高乐山田坝水毁河堤修复等防汛设施水毁修复。完成忠堡工业园区石门坎河段疏浚扩卡和河道清障工作，全面提升区域防洪能力。严格防汛值班管理，落实24小时值班制度及领导带班制度，确保各项防汛指令及时准确下达。

2019年6月5日，开展防汛演练。图为装填渣石
杨海莹　提供

【移民后扶工作】 维护库区稳定，2019年供应移民大米65万千克，组织资金570万元实施22户移民避险搬迁。落实移民后期扶持政策，发放到户直补资金74万元，投入移民后期扶持项目资金305万元、实施水井槽美丽新村建设等10个项目。提升库区移民后续发展能力，开展移民驾驶员培训76人次，补助资金19万元。全面开展峡口塘电站龙嘴河移民安置工作，签订土地征用及林木补偿协议105户，支付补偿资金金额617.17万元；签订房屋搬迁协议36户103人，支付补偿资金金额369.37万元，合计支付补偿资金986.54万元。

（杨海莹）

林　业

【概　况】 咸丰县林业局是主管全县林业工作的行政部门，内设办公室、林业产业发展和国土绿化、森林资源管理3个股室；下辖13个二级单位：国有坪坝营林场、高效林业科研所、二仙岩湿地自然保护区管理局、咸丰忠建河大鲵国家级自然保护区管理局、唐崖河风景名胜区管理处、森林公安局、国有铜厂林场、林业技术推广中心、天然林资源保护工程管理中心、林业综合执法大队、野生动植物保护站、森林病虫害防治检疫站、青灵山森林公园管理处；11个乡（镇、区）林业管理站。同时，县绿委办、县退耕办、县山长制工作领导小组办公室设在县林业局，由县林业局负责日常事务工作。在编在册职工184人，其中公务员33人、工勤人员1人、事业人员150人。2019年9月，咸丰县林业局被国家林业和草原局表彰为"全国生态建设突出贡献先进集体"。

2019年，积极推进林业改革。一是完成机构改革。按照全县机构改革方案，县林权管理服务中心、林业调查规划设计队机构、职能及7名工作人员划转至县自然资源和规划局；咸丰忠建河大鲵国家级自然保护区管理局、唐崖河风景名胜区管理处机构、职能及15名工作人员划转至县林业局。二是深化"放管服"改革。从2019年9月起，在坪坝营镇、朝阳寺镇试点农民自用材"放管服"改革。11月25日，坪坝营镇张家坪村在全州率先打出第一张村级印发的林木采伐许可证，实现让数据多跑路、群众少跑腿的改革目标。三是国有林场改革工作通过国家验收。

加强造林绿化工作。省财政厅拨付咸丰县林业生态文明建设专项资金53万元，用于营造林及资源保护、木本油料发展、新一轮退耕还林等工作。一是确保退耕还林工程质量。2015年度实施的3.2万亩新一轮退耕还林工程通过国家验收，完成新一轮退耕还林1万亩。二是大力植树造林。石漠化治理人工造林3254.55亩、封山育林31530亩，义务植树60万株，绿化11个美丽乡村示范村。成功创建国家森林乡村8个，创建省级绿色示范乡村1个。三是加大天然林保护力度。全县管护国有林19万亩，集体和个人生态公益林94.73万亩。

防范化解社会风险。全年接待群众100余人次，处理群众来信和上级转办的信件12件。大力宣传扫黑除恶工作，对2019年以来的60余起林政案件及10件信访件进行全面排查清理，没有发现有涉黑涉恶和充当"保护伞"情况。全年主办人大议案1件、政协提案1件，协办政协提案2件，联办党代会提案1件，办结率、代表见面率和满意率均达100%。

【森林资源管理】 坚决打赢污染防治攻坚战。完成河湖长制工作各项任务，被评为全县河湖长制工作示范单位。大力推进山长制工作，明确高乐山镇、曲江镇、忠堡镇保护山体32宗，保护面积2730.84公顷，完成山体保护区域的公示牌、永久性界桩的安装和四级山长及山体管护员的工作交接，全年没有破坏山体行为发生。

加强林地管理。全年办理林木采伐蓄积11656.76立方米，占限额24.07万立方米的4.8%；审批办理使用林地30宗124.87公顷，征收森林植被恢复费1911.42万元；审批森林防火道路146宗195.64公顷。完成第五次森林资源普查和森林湿地资源动态监测工作。严厉打击涉林违法犯罪，开展"昆仑5号""双随机、一公开"抽查行动，立行政案件81起，查处75起，立刑事案件25起，移送起诉案件45起。

严控林业灾害。完成松材线虫病疫情普查工作，焚烧除治松材线虫病疫木14株，清理焚烧枯死马尾松449株，监督清理焚烧建设项目采伐松木368立方米。全年无森林火灾发生，全县实现连续34年无较大以上森林火灾发生。

维护生物多样性。全年依法办理17家野生动物养殖许可证，取缔4家野生动物养殖户，全县野生动物养殖户达41户。完成野猪本底调查工作，编制咸丰县野猪非洲猪瘟防治预案，按时上报监测情况。全县国家重点保护野生动物75种，国家重点保护野生植物35种，保护率达100%。

加强自然保护地管理。全县共有各类自然保护地8处，总面积64167.69公顷，占国土总面积的25.2%。2019年，完成自然保护地红线规划调整工作，投资95万元建成忠建河国家级大鲵自然保护区范围视频监控系统，二仙岩湿地自然保护区退耕还湿3000亩。

国家林业和草原局授予咸丰县林业局"全国生态建设突出贡献先进集体" 县档案馆　提供

【精准扶贫】 全面兑现生态补偿资金。2019年全县兑现公益林面积85.52万亩，兑现补偿资金1090.33万元，惠及贫困户13110户；兑现第一轮退耕还林面积0.75万亩，兑现补偿资金93.84万元，惠及贫困户1012户；兑现2015年度新一轮退耕还林面积3.13万亩，兑现补偿资金1254.48万元，惠及贫困户3940户；选聘建档立卡贫困人口生态护林员1044名，发放管护资金412万元。产业扶贫见成效。2019年新发展油茶面积5757.6亩，全县油茶基地共85299.26亩，兑现以奖代补资金4301.64539万元，带动建档立卡贫困户9275户。新发展药材27099亩，药材留存面积25.6万亩，带动建档立卡贫困户1282户。

【重点项目和招商引资工作】 积极争取项目和投入，促进林业可持续发展。2019年省林业局批准咸丰县项目使用林地定额320.5公顷，比上年增长57.1%，为全县精准扶贫、新城建设、工业园区等重大工程和重大民生项目提供了林地要素保障。2019年省林业局对县转移支付资金7922万元，增幅达52.76%，为全县生态文明建设巩固发展提供有力支撑。完成固定资产投资任务。2019年，县政府下达县林业局固定资产计划投资8449万元，全年完成投资2.196亿元，完成目标任务的259.9%。加大招商引资力度。2019年，县政府下达县林业局招商引资任务数4个，资金2亿元，其中省外资金1.6亿元。实际完成签约项目9个，续建项目1个，到位资金2.08亿元，完成目标任务的103.8%，其中省外资金到资0.21亿元，完成目标任务的12.88%。

【二仙岩湿地管理】 二仙岩湿地保护区位于咸丰县西北部，距县城87千米，总面积5404公顷。现有森林面积51803.5亩，植物种类有100余科2000余种，主要特征性植物有虎仗、泥炭藓、湿地管束植物等。属国家重点保护的野生植物达10余种，省级以上重点保护的野生动物近20种。2019年加强重点项目建设，完成2018年度退耕还湿3000亩，新增湿地面积1000亩，逐步演替为高山草甸湿地2000亩，项目总投资300万元。强化资源保护管理，严厉打击各种违法犯罪行为，高度重视森林防火和林业有害生物防治工作，未发生森林火灾和规模性森林疫情疫病。兑现生态公益林面积66966亩，补偿资金564420元。

（邹　曾）

环境保护

【概　况】 2019年机构改革中，咸丰县环境保护局上划至恩施州生态环境局，作为派出分局。分局内设办公室、污染防治股、土壤生态股、环评监测股；3个二级单位：环境监察大队、环境监测站、机动车排气污染监控中心。有职工25人，其中行政编制人员9人，事业编制人员15人，工勤岗位1人。

主要职责是负责建立健全生态环境保护基本制度，负责环境问题的统筹协调、环境执法、污染防治和辐射安全的监管，负责环境监测和信息发布、全县生态环境保护工作目标、措施和宣传，负责开展生态环境保护科技工作，承担落实本县污染减排目标和从源头上预防、控制环境污染与环境破坏的责任，指导协调监督生态保护工作，参与推动循环经济、低碳经济和环保产业发展，会同有关部门组织开展企业清洁生产工作。

2019年，加大环境保护宣传，加强环境执法力度，确保生态环境健康发展。一是违法处罚全面加强。全年共查处环境违法行为5起，其中立案6起、适用《中华人民共和国环境保护法》配套办法1起。下达“环境保护行政处罚决定书”5份、“责令停产整治决定书”1份，共计处罚款47.17万元。二是信访规范有序。全年受理环境信访件90件，其中环保部微信平台6件，转办件（领导交办件）4件。当年办结87件，无越访、非访、群访事件发生。三是完成“双随机、一公开”抽检企事业单位55家；加大日常监管力度，对污水不能稳定达标排放，污水处理设施尚未建成、配套不完善、运行不正常以及利用暗管偷排、渗井、渗坑等方式排放污水的工业企业，依法立案查处。四是固废、危废和辐射管理取得实效。全年出动150人次，开展固废、危废产生单位的专项检查，对3家单位下达整改意见书；加强对湖北省危险废物物联网监管系统的管理，全县纳入监管系统的企业共73家，其中医疗单位20家，废机油产生单位52家，废铅酸蓄电池1家。全年县域内无一起辐射安全事故。

【环境保护宣传】 2019年，充分利用环保世纪行、“5·22”国际生物多样性日、“6·5”世界环境日，开展巩固生态文明成果，建设美丽咸丰系列宣传活动，开展环保知识进社区、进企业、进机关、进农村、进家庭宣传教育活动。

一是开展环保知识培训。对全县80余家重点企业、医疗机构、规模化畜禽养殖场主要负责人、环保负责人，进行《中华人民共和国大气污染防治法》《中华人民共和国水污染防治法》等培训活动，大力宣传生态环境保护。

二是推进生态文明建设示范县创建工作。通过设立宣传广告牌、悬挂宣传标语、竖立噪声电子显示屏，制作环保类公益广告在咸丰电视台滚动播出，营造全社会宣传环保、参与环保、共同践行生态文明理念的良好社会氛围。在皇城广场设立宣传点，接受群众环保法律法规咨询，受理环境信访投诉，发放环保宣传资料，接受环保法律咨询2000余人次；发放环保宣传资料共计1万份。通过网络、电视等媒体曝光身边环境违法行为，宣传报道全县环境保护工作成效及模范典型，让广大人民群众充分认识日益突出的环境问题，自觉杜绝环保不文明行为和环保违法行为，增强大众环保意识。

三是开展爱国卫生运动、文明劝导等活动来改善城区卫生环境，引导群众环保出行，用环保工作者的实际行动来宣传环保，让广大市民朋友人人参与环保。在贫困村开展环境卫生专项整治活动，组织帮扶干部进村入户宣传环境保护知识及环保法律法规，让环保理念深入农村基层群众。

环保知识进课堂　　　　县档案馆　提供

【打赢污染防治攻坚战】 全面落实党中央、国务院和省委、省政府部署要求，聚力抓好污染防治，保护生态环境。

环境空气质量持续改善。一是加快结构优化调整升级。完成城市高污染燃料禁燃区划定工作，严格执行高污染燃料禁燃区管理规定。开展燃煤锅炉“回头看”和散煤销售点专项执法检查，进一步巩固整治成果，全面淘汰20蒸吨以下燃煤小锅炉，共计淘汰或停用燃煤小锅炉26台。淘汰落后产能，大力推广使用清洁能源，关闭退出且完成县级初步验收的煤矿共13家。二是加强工业大气污染治理。进一步督促非煤矿山及加工企业配套安装收尘设施，确保治理工作落到实处。三是加强机动车污染防治。完成城市高排放非道路移动机械禁用区域划定工作，严格执行黄标车限行制度，强化黄标车限行管理，加大道路行驶机动车尾气排放监管，未通过环保检验的机动车不予年检。四是推进挥发性有机物综合治理。组织开展加油站、油罐车油气回收设施运行监管，全县所有加油站均安装油气回收装置。城区范围内现有公共机构食堂、3个灶头以上的饮食服务经营场所共92家均按标准安装油烟净化设施。家具制造行业挥发性有机物废气（VOCs）治理均已完成整治。五是强化扬尘污染管控。严格落实“六不开工，五不上路”，先后对城区6家在建建筑工地和全县5处大型公路建设工地实施整治，加装围挡遮拦，落实冲洗槽、裸土覆盖、散装材料覆盖等扬尘防治措施，严格执行渣土运输车辆封闭覆盖运输。城区主要道路落实“两扫四洒”工作机制，加大道路洗扫工作频率，引进重庆高建环卫公司，购置部分三轮电动冲洗车，全天两次对人行道路进行冲洗全覆盖，并根据环境空气质量状况，有针对性地开展补充洗扫作业，严格控制道路扬尘污染。六是全面实施秸秆垃圾禁烧。建立健全禁烧工作制度和巡查机制，落实属地管理责任，不断加大宣传和巡查督办力度，县指挥部在重要时段开展秸秆垃圾禁烧专项巡查，发现问题及时制止，加强宣传并予以通报。2019年1—12月，咸丰县PM_{10}平均浓度36微克/立方米，同比下降21.7%，$PM_{2.5}$平均浓度25微克/立方米，同比下降0.7%，空气质量优良天数达到349天（无效天数8天），优良天数比例为97.8%。

环保局执法人员到汽修厂检查污染防治

杨　咸　提供

水环境质量保持优良。一是推进城市生活污水处理提标升级建设。加快推进城市污水处理设施配套管网建设，实施城市雨污分流改造和老旧污水管网改造。二是加快乡镇污水处理厂建设。推进11个乡（镇）污水处理厂建设，当年建成投运。三是全面推行“河长制”“库长制”。严格按照《咸丰县全面推行河长制实施方案》（鄂咸县办发〔2017〕7号）实施河道管理，监管县内河流60条，严格实施取水许可制度，建立重点监控用水单位名录，加强县域内河流沿河排污口的日常监管，加大枯水期水库水量调度工作力度，科学保障生态流量。完成编制《咸丰县全面推行水库库长制实施方案》（鄂咸县办发〔2018〕5号），成立咸丰县“库长制”工作领导小组，设立县级库长4名、乡级库长13名、企业库长4名，建立“一库一档”“一库一策”机制，有效推进“库长制”各项工作落实。四是严格落实饮用水水源地保护。开展“百吨千人”集中式饮用水水源地调查摸底，完成野猫河县级饮用水水源地划界保护、环境问题整治和规范化建设，并建立饮用水水源地保护长效机制。五是狠抓工业废水污染防治。对不符合产业政策并严重污染水环境的小型工业企业及加工作坊依法予以取缔。严格执行环境影响评价制度、建设项目环保“三同时”制度，对存在的问题进行整改，对环境保护违法行为严厉打击，实现工业企业水污染物稳定达标排放。全县3家重点工业废水污染源均已建设标准化排污口，安装在线视频监控，并与环保部门联网。2019年1—12月，龙坪和周家坝地表水跨县（市）界考核断面水质达标率100%，野猫河集中式饮用水水源地水质达标率100%。

【咸丰县获“国家生态文明建设示范县”称号】 2019年11月15日，生态环境部发布《关于命名第三批国家生态文明建设示范市县的公告》，授予全国84个市县第三批“国家生态文明建设示范市县”称号，咸丰县入选。近年来，深入开展“建设生态文明、爱我绿色咸丰”系列活动，大力实施石漠化治理、小流域综合整治、天然林保护、退耕还林、“厕所革命”等生态工程，全县森林覆盖率达66.78%，位居全州前列。全县建成国家级生态乡镇1个、7个省级生态乡镇、81个省级生态村，国家、省级生态乡镇占比达72.7%，省级生态村占比达30.8%，生态文明建设成为最大的民生福祉。

【环保突出问题整改】 2019年，中央环保督察组交办咸丰县信访件4件，年内均已办结销号；反馈意见31个，除80号问题（加大环保投入，不断完善生活污水收集处理、污泥无害化处理、生活垃圾处理等环保基础设施建设和运行管理）按序时进度推进外，其余已整改销号。

中央环保督察“回头看”及长江保护与湖泊开发专项督察反馈意见涉及咸丰县整改问题共14个，其中中央生态环境保护督察“回头看”反馈问题13个，长江保护与湖泊开发专项督察反馈意见1个，2019年整改销号5个。其余正按照印发的《咸丰县贯彻落实中央生态环境保护督察“回头看”及长江保护与湖泊开发专项督察反馈意见整改方案》序时推进。

省环保督察交办咸丰县的群众举报信访件10件，已办结销号；反馈问题40个，整改销号30个。

“双组长双签双交办”全州生态环境保护领域重点问题涉及咸丰整改问题12个，完成整改11个，1个尚未完成，主要涉及污水处理厂提标升级和污水收集管网建设滞后的问题。县级集中式饮用水水源地环境问题已全部整改到位。

（杨　咸）

气　象

【概　况】 咸丰县气象局与气象站实行局站合一的管理模式，受恩施土家族苗族自治州气象局和咸丰县委政府双重领导。机关内设综合管理科、气象台、气象行政执法分队；挂靠气象局管理的县政府事业单位2个：咸丰县人工影响天气办公室（县气象灾害防御办公室）、县防雷中心。2019年，县气象局着力做好各项监测服务工作，防灾减灾效益明显。被县政府表彰为“2019年度支持烟叶生产先进单位”；在州气象局的年度考核中获“2019年党的建设工作优秀单位”“2019年信息宣传工作优秀单位”。撰写学术论文1篇参加省、州级学会交流并发表，申报州局课题2个。

加强气象监测预报预警工作。一是强化气象监测。重视对全县35个区域自动站巡检维护，2019年气象监测设备运行质量和气象观测数据质量99.97%，区域自动气象监测站数据传输质量99.12%，各项指标均达到业务目标要求。二是强化决策服务。重点做好低温雨雪、强对流天气、强降水等重大灾害性天气决策预报服务，适时在咸丰县防汛抗旱工作微信群同相关部门开展会商，2019年共制作《重要天气报告》17期、森林防火专题24期、防汛专题23期、气候趋势预测13期、春运专题42期、服务快报86期、气象服务短信172941条。三是开展专业气象服务。综合考虑电站、重大工程、防汛抗旱、重点项目等工作特点以及山区地形地势有针对性地调整服务侧重点，做好专项气象服务。全年共制作影视天气预报319期、广播预报188期、水电专题气象服务709期、县重点工程专题服务27期。

加强气象防灾体系建设。一是加强气象防灾减灾队伍建设。完成气象灾害预警信息服务对象更新和备案，全县263个村相关责任人、脱贫攻坚第一书记、第一队长、新型农业经营主体、专业合作社负责人、重点项目责任人以及气象灾害防御责任单位负责人共1101人全部纳入气象信息服务数据库，提高气象信息促进脱贫攻坚的针对性和有效性。二是加强“智慧气象信息员平台”（“钉钉”平台）管理，指导和审核信息员上报各类灾害性天气实况和灾情信息，及时推送灾害性天气服务信息。钉钉激活率70.17%。三是建立多部门合作机制，与应急、水利、公安、住建、民政、自然资源、农业农村等多部门的资源数据共享，多次开展联合会商，完成农业灾害、水库调度等气象服务保障。

加强气象科普和法治宣传，提高社会防灾减灾意识。通过“3·23”、“5·12”、安全生产月活动开展气象科普宣传3次，发放各类资料15000余份，通过短信、气象显示屏发布科普宣传信息2000余次，开展志愿者活动3次。大力开展气象外宣工作，积极开展融媒体宣传，2019年度共发表新闻稿件62篇次，国家级10篇，省级14篇，州级9篇。

【人工影响天气】 实施人工影响天气作业，有效防御农业自然灾害。2019年4—9月，县气象局7个作业工作站共作业28次，其中预防冰雹灾害作业12次，增雨作业16次，保护区内无冰雹灾害发生，防雹增雨效果明显。

【应急救援与防灾减灾建设】 加强应急抢险救援工作。一是加强气象会商平台应用，重要天气过程及时收看国家、省局气象会商，不断提升天气分析能力。二是修订完善咸丰县气象灾害应急预案和工作流程，细化应急响应、灾后处置、保障措施等工作。2019年度共启动应急响应3次。配合省局开展应急演练2次，一体化平台演练3次，作为防汛抗旱指挥成员单位参加全县防汛应急演练1次，气象台自行组织网络应急演练3次，停电应急演练3次，通过演练进一步提升业务应急处置能力。

探索气象防灾减灾融合发展。一是加强部门合作，将气象预报预警纳入咸丰县“村村响”广播内容，打通气象服务“最后一公里”障碍。全县“村村响”喇叭总数2630个，可传播气象灾害预警信息的“村村响”喇叭个数2630个，传播率100%。二是完善气象为农服务体系建设，加大“楚农气象”公众号推广应用，提升智慧农业气象服务水平，气象服务、预警信息实现县乡村全覆盖，发挥防灾减灾和趋利避害的作用。三是加强防灾减灾“六个一”建设。完成“一本账”数据收集、录入工作；组建“一支队伍”，组建由县委政府以及防汛部门责任人、基层气象信息员、重点单位负责人构成的基层气象灾害防御队伍；绘制“一张图”，即气象防灾减灾地图；完善“一张网”，即气象预警信息发布、传播网络；坚持“一把尺”标准，推进规范化建设；加强“一平台”能力支撑，实现自动报警、产品制作、信息监控等功能。

【深化行政审批和防雷安全监管】 强化职能转变，着力提升行政效能。推进行政审批制度改革，行政审批“审管分离”“并联审批”工作有序推进，受理并按时办结2项网上审批事项。完成“互联网+监管”监管事项目录清单认领和实施清单编制录入工作。推进“双随机、一公开”监管工作，对辖区4家易燃易爆场所开展抽查检查，全年开展防雷安全检查12次，升空气球巡察

8次。加强对易燃易爆危险化学场所防雷安全检查，全年接受应检单位申请33份，完成防雷安全专项检查80家，发现隐患3处，全部整改到位。

（李春黎　向晓琴）

水　文

【概　况】咸丰县水文局于2014年10月成立，接受咸丰县人民政府和恩施土家族苗族自治州水文水资源勘测局的双重领导。全面承担全县水文勘测、水文情报预报、水资源管理、应急监测及年度水文资料整编等工作。局机关设局长1名，工作人员3名；2019年共有工作人员5人，其中正式编制4人、劳务派遣员工1人。

县水文局在咸丰县境内设有各类水文站网24个。水文站4个，其中大河边水文站为国家重要站，其他3站为中小河流监测站网；水位站1个（为中小河流监测站网）；水库站3个；雨量站14个；山洪灾害站点2个（属县水利局管理，数据进入县水文网络系统）；水功能区监测断面4个。

县水文局按照三级管理模式负责咸丰县大河边水文站、来凤水文站、鹤峰水文站、宣恩水文站的日常事务及业务管理工作。

大河边水文站位于咸丰县高乐山镇梅子村大河边，地处北纬29° 43′，东经109° 04′，该站控制流域面积1321平方千米，属鄂西南区域代表站。测验项目有水位、流量、降水。大河边水文站担负着向国家防总、湖北省、重庆市、三峡公司、清江公司、恩施土家族苗族自治州及咸丰县防汛抗旱指挥部和水利工程服务单位提供防汛抗旱减灾信息服务，并在鄂、渝两省的水资源管理、水环境监测评价和优化配置中起着关键作用。

2019年，咸丰县水文局立足行业职能，不断提高水文服务能力，较好完成各项工作任务。参与县政府召开的防汛抗旱视频会议，为县政府提供翔实准确的第一手水文资料，为防汛抗旱打下坚实的基础。派员协助咸丰部分山洪灾害站点的升级改造工作，协助完成来凤、咸丰“一河一策”的查勘和编制工作。

【水文体系建设与水雨情工作】加强水文体系建设。一是立足汛前准备工作，完成所属各雨量站雨量器的清洗、比测和养护工作；完成汛前对大河边站的水尺、断面测量和零点高程校准工作。二是每月按照水资源科的安排完成水质取样工作，按时完成资料整编和各个对照表的分析工作。三是定期维护下属各个雨量站和水文站的设备，确保设备运行状况良好，全年所有设备正常运作，未出现缺报和漏报情况。四是落实报汛防汛任务，每月给防汛办和县政府报送水情月报和水情旬报；严格遵守汛期规定和各站防汛任务，适时为当地政府和防汛部门提供水雨情信息。

水雨情工作情况。大河边站自2019年1月1日8时至12月1日8时，咸丰县累计平均降雨量1056.7毫米，与历史同期均值相比偏少28.0%。根据全县20个雨量监测站点遥测数据分析，单站累计最大降雨量1396.5毫米，发生在坪坝营站；单站累计最小降雨量879毫米，发生在青狮河站；6月8日出现单站最大日降雨量88.5毫米，发生在丁寨站。大河边站共发生较大洪水3次，全年施测流量24份，其中8月7日出现年最高洪水位31.92米，相应流量578立方米/秒，历史排位较低。1月2日出现年最低水位27.32米，相应流量0.867立方米/秒。

（邹　润）

教育　科技

教育行政

【概　况】2019年12月，咸丰县有学校130所。其中：普通高中1所，中等职业学校1所，九年一贯制学校5所（民办2所），初级中学11所（其中民办1所），完全小学30所（其中民办1所），教学点18个，特殊教育学校1所，幼儿园63所（其中公办24所，民办39所，普惠性幼儿园37所）。全县在校学生59432人，其中：学前教育阶段幼儿10661人；义务教育阶段在校学生40772人（其中小学27223人、初中13549人），职业高中学生3804人，普通高中学生4195人。咸丰县在2019年度恩施州8县市教育局重点工作考核中获第一名。

2019年全力改善办学条件。全县义务教育学校办学条件达到省定基本标准；推进义务教育"改薄"计划，投资4858万元，新建及维修改造15所乡镇寄宿制学校生活用房、教学及辅助用房、运动场等校舍建设项目，购置33所学校多媒体远程教学设备、食堂宿舍设备，有效化解"大班额""寄宿制学校"等办学条件不足的矛盾；实施曲江镇中小学整体搬迁项目，投入2200万元新建初中部教学楼、学生宿舍及运动场；投入1650万元实施高乐山镇中等4个运动场改造项目；投入663万元新建杨洞中小学等5校教师周转宿舍。投入588万元新建燕朝等3个中心村幼儿园，新增幼儿学位300个。投入1074万元实施普通高中教学设备采购、新建中等职业技术学校实训基地等项目。通过招商引资投入23490万元，新建咸丰春晖学校、扩建咸丰县民族实验学校，新增城区学位近6000人。投入3383.15万元，确保中小学封闭化管理、"一键式"紧急报警、视频监控定位与属地公安机关联网率、中小学专职保安配备率均达到100%。

各级各类学校办学条件基本情况。2019年末，产权房屋建筑面积83.2万平方米，非产权房屋建筑面积1.6万平方米；年末固定资产总值981308千元，其中房屋和建筑物751089千元，专用设备48589千元，通用设备121989千元，图书8486千元，办公家具等51155千元；年末图书125.4万册。

加强教师队伍建设。全县现有在编教职工2451人，其中：高中414人，义务教育阶段2018人，幼儿园17人，特校2人。全年共招聘中小学及幼儿园教师100人，其中招聘高中教师12人，招聘义务教育学校教师86人。全县义务教育阶段临聘教师327人，实行第三方中介氛围管理，全部缴纳"五险"。积极组织和选送乡村学校教师参加"国培计划"和省州培训项目，全年落实参训4794人次，其中："国培"726人次，省级、州级、县级分别培训459人次、94人次、3515人次。完成教师资格注册1993人，完成教师资格认定371人；完成教师职称评定204人，其中正高2人、高级112人、中级75人、初级115人。出台《咸丰县民办学校公派教师管理办法》，对民办学校公派教师的选派数量、选派程序、人员管理、待遇保障等予以规范，全县公派到民办学校教学的教师99人；对民办学校自行招聘教师实行备案管理。同年，唐崖中学教师秦有余被授予“全国优秀教师”称号，县一中教师王正华获湖北省楚天园丁奖，县委县政府在教师节通报表扬先进个人111人。全省师德建设活动县教育局获优秀组织奖。

教育经费逐年增长。2019年教育经费总收入856198千元。其中：公共财政预算教育经费661695千元，比上年减少2625千元，减少0.4%。其中：教育事业费拨款660118千元，比上年增加1554千元，增长0.24%。政府性基金预算安排的教育经费520千元，比上年增加50千元，增加10.64%。

捐赠收入2200千元，比上年减少2246千元，减少50.52%。其他教育经费1687千元，比上年增长1033千元，增长157.93%。事业收入70096千元，比上年增加16223千元，增长30.11%。主要增长原因为民办学校招生人数增加，学费及住宿费收入大幅增加。

2019年教育经费总支出788484千元。其中：工资福利支出445947千元，对个人和家庭补助支出86044千元，商品和服务支出76252千元，其他资本性支出158713千元，其他支出16574千元。

【教育教学】 持续推进一师一优课活动。根据省、州有关要求，学校通过研课、磨课、晒课等方式，提升教师的晒课质量与数量。2019年教师完成注册率100%，参加晒课报名人数1327人，实际完成晒课人数1182人，晒课率85.1%。

开展全县教学质量监测评价工作，实现对所有中学和中心小学整体视导的全覆盖。开展各学科送教下乡活动34次。

暑期中，在县实验小学，小学语文、小学道德与法治两个学科分别举办本县学科教师全员培训（800人），两个学科近800人次参加培训。

借助“一师一优课”“湖北好课堂”“教师技能大赛”等活动平台，着力打造高效课堂。5位教师获“一师一优课”省级奖；43位教师获教学技能大赛州级奖；8位教师获湖北好课堂省级奖。

【招生考试】 顺利完成高考。高考报名从2018年11月开始，2019年3月结束，全县共报考2856人。通过考生申报、学校初审、县级复审签字盖章和逐人录入数据库、州级集中审核签字盖章的程序，本年度共完成2527名考生少数民族加分优录审核上报、238名考生高校专项计划审核认定，完成2499人次的国家专项计划、地方专项计划和精准扶贫专项计划考生资格审查上报工作。各学校统一组织，确定专人带领相关考生参加全省组织的美术类联考、外省高校艺术专业考试、非美术类校考和联考、体育专业素质测试。县一中英语口语考点按照省统一安排，共组织完成824名考生的英语口语报名、信息上报和考试。

除已单招的考生外，全县2695名考生参加6月7日、8日的文化课考试，共设91个考场。全县唯一的高考考点——咸丰县第一中学考点争取省级奖补资金和县财政投入280万元（省奖补资金114万元，县“两费一金”列支166万元），改建、扩建原标准化考场系统，共完成有114间标准化考场的网上巡查系统、作弊防控系统和考生身份验证系统建设。

顺利完成中考。中考和地生考试报名从2019年3月开始，4月结束。全县中考共报考4040人，比上年增加227人；地生考试共报考4197人，比上年增加164人。6月11日，县教育局印发《关于全面做好2019年中考工作的通知》，对中考工作进行全面安排。选派4个领导督查巡视组，向15个考点选派巡视员，全面加强中考巡视检查工作。

按要求和时限顺利完成2019年4月和10月两次自学考试的报名、现场确认和咨询接待工作。

完成首次普通高中学业水平考试（简称学考）。报名工作从9月开始，10月结束，全县共报考1384人，每人在物理、化学、生物、历史、政治、地理中任报三科，共报考4152科次。同年12月28—29日，首次学考顺利完成。

【学生资助】 2019年，对照《咸丰县2019年教育扶贫工作方案》，坚持国家“学生资助随学籍走的原则”，按照“困难资助，不落一生”的要求，严格执行省、州、县《家庭经济困难学生认定办法》及《恩施州教育资助其他家庭经济困难学生认定办法》，落实学生资助政策，确保每个学生不因贫失学，实现在籍在校在库贫困生学前教育、义务教育、普通高中、中职资助全覆盖。

2019年春季学期，合计资助学生31325人次，落实资助资金2290.8875万元。其中学前教育4019人次，资助资金201.5125万元；义务教育17630人次，资助资金967.75万元；中职教育6335人次，资助资金709.74万元；普通高中3341人次，资助资金411.885万元。2019年秋季学期，合计资助学生32049人次，落实资助资金3435.6475万元。其中学前教育3175人次，资助资金158.95万元；义务教育17524人次，资助资金959.8375万元；中职教育6368人次，资助资金712.84万元；普通高中3308人次，资助资金397.68万元；生源地贷款1674人，贷款金额1206.34万元。为119名贫困大学新生发放路费8.45万元。

做好县外资助管理，发函追踪建台账。一是分村建立在外就读学生台账。二是以乡镇人民政府、县人民政府的名义三次向就读地人民政府发函，督促就读地政府落实国家资助政策；县政府对在省外就读（义务教育阶段）未受资助的建档立卡学生凭就读地证明实行兜底资助，全年接受627个申请，发放资金32.79万元。三是各村“尖刀班”及帮扶干部对未回函的学生家长进行电话追踪，及时了解学生受资助情况。

积极寻求社会组织和爱心人士对贫困学生进行资助，争取到泛海助学、顺风莲花助学、思源佑华、新长城高中、恩施商会助学等社会资助项目对咸丰贫困学生实施资助，共资助学生1379人，资助善款376万元。

学生贷款，放贷回收两不误。2019年在省定期限内完成咸丰县2019年生源地贷款合同签订工作，为1674名大学生签约贷款1206万元。在2018年完成贷款回收率96%的基础上，截至2019年底回收贷款近800万元。2019年咸丰县社会助学获省资助中心通报表扬。

【学校后勤管理】 加强食品安全培训、打造一批高素质的学校后勤从业队伍。与食药局、劳务派遣公司联合开展中小学后勤从业人员培训，加强对学校师生及相关工作人员食品安全意识的宣传教育，实现全县学校、幼儿园（含民办）全覆盖，培训对象包括校长、分管校长、后勤管理人员，共1200余人。

规范“放心食材”进校园管理。以安全营养等值优质为重点，把好食材的采购、验收、储藏、加工、留样等环节，以乡镇、学校为主体，对食堂的米、面、油等大宗物资进行招标和集中采购，从源头上把住食品用品质量安全关。全面落实食堂“五员”工作制度。推进“透明厨房”“道德食堂”和“良心食堂”建设。全面推行“教师陪餐”“每周营养食谱”及“每天菜价”公开制度。开展“家长品餐评餐”活动。推进食堂规范化建设。全县中小学幼儿园共有学生食堂101所，实现“明厨亮灶”97所，生进熟出流程规范65所。

强化义务教育学生营养改善计划，为学生提供优质的营养餐。2019春季享受学校87所，享受人数30574人；秋季享受学校57所，享受人数

28999人。全年共拨入中央资金2275万元，全年共支付2473.48万元。

以凸显环境育人功能为准则，着力改善校园育人环境。大力开展“绿色学校”创建。县民族中学、唐崖中学、黄金洞中学、小村中学、高乐山镇中学获省“绿色学校”称号，清坪中学、清坪小学、新城小学获州“绿色学校”称号。

（张志翔）

学前教育

【概　况】2019年，县内有幼儿园63所，其中公办24所、民办39所，普惠性幼儿园37所。共有入园幼儿10661人。全县幼教工作按照《3—6周岁儿童发展与指南》《幼儿园工作规程》要求进行，严格摒弃幼儿教育“小学化”，尊重幼儿天性，努力为孩子创造一个幸福快乐的童年，为孩子的健康持续发展打基础。同时面向幼儿家长提供科学育儿指导。幼儿园每班幼儿人数一般为：小班（3—4周岁）25人，中班（4—5周岁）30人，大班（5—6周岁）35人，混合班30人。

幼儿园教育贯彻以下原则和要求：一是德、智、体、美等方面的教育互相渗透，有机结合。二是遵循幼儿身心发展规律，符合幼儿年龄特点，注重个体差异，因人施教，引导幼儿个性健康发展。三是面向全体幼儿，热爱幼儿，坚持积极鼓励、启发引导的正面教育。四是综合健康、语言、社会、科学、艺术各领域的教育内容，渗透于幼儿一日生活的各项活动中，充分发挥各种教育手段的交互作用。五是坚持以游戏为基本活动，寓教育于各项活动之中。在学习教育中，注意加强与家长的沟通交流，定期召开家长会议，接待家长的来访和咨询，提高家长对幼儿教育、家教作用的理解和认识。

【咸丰县民族幼儿园】位于高乐山镇红旗路6号。创建于1981年8月，占地面积5050平方米，建筑面积4724平方米。属州级示范幼儿园。2019年在编教职工18人，临聘41人；幼儿春季学期518名，秋季学期512名，按年龄开设大班4个，中班4个，小班4个。

强化教学常规管理，提升保教质量。注重因地制宜创设游戏条件，提供丰富、适宜的游戏材料，保证充足的游戏时间，开展多种游戏。老师们能够以成品玩具、半成品和自制玩教具为材料进行投放，依据平日里开展区域活动时对幼儿的观察了解，每周进行不断更新和填充。每月进行一次班级主题活动，以PPT课件在全园教师会上汇报，展现各个班级的教育特色，求同存异，对各班教学汇报的评分，给教师们提供互相学习、共同进步、教法学法交流的平台。加强常规保育工作，保教做到有机结合，纠正幼儿的一些不良习惯，培养幼儿行为规范、生活自理能力、自我保护、学习习惯。幼儿在晨间锻炼、进餐、教学、睡眠、离园等，一日各项活动中强化幼儿管理。开展形式多样的公开课及教研活动，以研促教。根据孩子年龄、教材特点，教师运用手绘图画、图片、视频、自制课件、教具多感官体验、突破教学重点、难点，在没有学生的情况下，打破常规教学的程序，教师的想法、思路、基本功一览无余。注重把传统文化引入课堂。每次重大节假日之际，各班通过不同形式展开主题式节日活动，通过这些活动，传承中华民族的传统文化，启迪幼儿智慧，促幼儿全面和谐发展。创新家长工作，实现家园同步教育。根据对家长的了解和家教状况的调研，提出“陪伴是最好的教育”的家教理念。围绕这一理念，幼儿园多种形式开展家教工作，努力营造阳光家庭氛围。

（梅新春）

【咸丰和美幼儿园】全称是湖北交投和美（咸丰）幼儿园有限公司，是由湖北交投集团有限公司旗下湖北交投鄂西生态新镇投资有限公司控股、湖北交投和美教育投资有限公司于2015年10月投资兴建，共投资5300万元，占地24亩，总建筑面积14244平方米，人均园舍建筑面积13.7平方米，人均绿化面积6.2平方米，园内有三栋教学楼和一栋宿舍楼，配备有规范的幼儿活动室、多功能室，咸丰县功能最齐全的民办幼儿园。

和美幼儿园位于高乐山镇鄂州大道29号，2016年9月1日正式开园招生，实行园长负责制。现有班级12个，学生322名，教职工47名。在咸丰县民办幼儿园中首先实行小班制、两教一保的幼儿园。小班人数不超过25人，中班人数不超过30人，大班人数不超过35人。双语教学是和美的主要特色，2019年秋季学期高薪聘请2名外籍教师从事幼儿口语教学，为以后的外语学习打下基础。

（查　旦）

义务教育

【概　况】 2019年，全县有九年一贯制学校5所（民办2所），初级中学11所（其中民办1所），完全小学30所（其中民办1所），教学点18个，特殊教育学校1所；义务教育阶段在校学生40772人，其中小学27223人，初中13549人。共有义务教育阶段教师2018人。

近年来，持续推进教育信息化基础建设，完善应用环境。全县各学校基本完成“全光智能教育专网”建设工程，实行学校互联网电路、教育城域网（内网）电路及电子政务协同办公系统电路“三网合一”，达到“千兆校园，百兆光纤到班（到桌）”。全县所有教学点均达到100兆光纤进校的目标，全面完成省厅关于加快推进中小学联网攻坚的通知文件要求。完成全县8个省级试点网校与湖北省农村教学点网校管理与服务平台技术对接。各教学点及对应完小正常进行网校教学。完成全县各类学校校园监控与公安系统联网，安装完成一键报警器，增补不足的监控探头，完成校园监控全覆盖。

教师信息素养不断提升。运用信息技术优化教学、创新教法学法的能力不断提升，组织并完成中小学实验教学说课活动，评选产生县级一等奖8人，二等奖21人，三等奖25人，送州参赛14人中2人获省三等奖。组织开展2019年“教育技术理论与实践”征文，共评选出一等奖140人，二等奖129人，三等奖103人，报送到省参赛302件，获省一等奖58人次、二等奖87人次、三等奖114人次，县装备站获省优秀组织奖。其中获国家级一等奖1人，三等奖2人，优秀奖20人次，咸丰县民族实验小学、咸丰县第二民族实验小学、高乐山镇民族中学、坪坝营镇初级中学获国家级优秀组织学校表彰。组织教师积极参加省教育信息化交流展示活动，共报送作品129件到省参赛，获省一等奖3人次、二等奖35人次、三等奖48人次。在2019年湖北省中小学电脑制作活动电脑绘画中，县实小的黄向宇、邢奥2位同学获省二等奖，梁馨月、刘柯妤2位同学获三等奖。

加强德育教育。坚持“呵护金色童年，培养责任好少年”的德育理念，以培育和践行社会主义核心价值观为抓手，依据中小学生“在校一日常规”要求，全面开展德育工作。一是利用学生一日常规对各班集体在“劳动、卫生、学习、纪律、两操、路队、活动、红领巾佩戴”等方面进行综合评价。二是每周一举行升旗仪式，开展国旗下讲话、国旗下演讲，强化师生的责任意识和荣誉感。三是通过班主任会议、主题班队会、少先队主题队日活动、国旗下讲话、红领巾监督岗、广播站、课间一分钟点评、文明班级评比、板报宣传等形式落实德育教育工作，把爱国主义教育、法治教育、安全教育、思想品德教育纳入德育课程，加强学生日常行为规范教育，保持良好的行为习惯。四是利用重大节日、纪念日深入开展主题德育活动，将各种活动与主题教育相结合，促进学校德育工作。

加强校园安全工作。进一步提高安全防范意识，增强责任意识，落实“一岗双责”制度，做好校门、教学楼、食堂等特殊部位的安全护卫、保障工作，确保安全无事故。做好建筑物安全隐患的排查工作，坚持一日一巡查，一周一排查，并将排查结果以书面形式及时汇报。做到人防、物防、技防之保障，使物防不缺漏，技防不损坏，重点放在人防上。班级安全和部门安全工作分解到人，层层落实责任。开展法治、安全教育和安全演练，重点搞好学生防震防灾、食品卫生、道路交通、防火、防电、防溺水、防踩踏、防拐骗等安全知识教育。组织开展好意外紧急避险，自救自护演练活动。完善突发公共事件应急预案和处理机制，提高各类突发事件预警、防范和处置能力，着力提高师生自护自救能力。2019年11月7日，全县消防安全宣传日启动仪式在县第二实验小学举行，该校5—6年级学生700余人参加此次模拟演练活动。

深入开展阳光体育运动，确保学生每天锻炼1小时。开足开好体育、艺术等课程，充分利用校内外资源，培养学生的体育艺术兴趣爱好，推动课外体育艺术活动的开展。创新学校运动会等活动的组织形式，促进学生全员参与。积极开展生命健康教育年活动，开展学校师生心理健康教育状况调查；加强对学生心理健康教育和辅导，提高教师开展心理健康教育的能力和水平。重视缓解学生尤其是留守儿童等特殊群体学生的心理压力，切实做好学生沉迷网络等不良心理的预防和矫治教育工作，着力培养学生健全人格，提升学生心理健康水平。

【咸丰县民族实验小学】 校园面积3.2万平方米，校舍面积2.6万平方米。学校设施齐全，设备先进，建有智能广播系统，安装校园安防系统，有录播室、观摩室、音乐室、舞蹈室、陈列室、少先队活动室、多媒体报告厅各1间，美术室、实验室、图书室、计算机教室各2间，仪器保管室5间，多媒体教室55间，校园实现网络全覆盖，班班实现多媒体教学。2019年，全校设教学班55个，在校学生3218人。全校教职工为135人。

学校始终立足于少年儿童的快乐成长，确立“让优秀成为习惯，积小善造就真人”的校训，各项工作卓有成效。2019年学校先后获“第十届‘中国移动和教育杯’全国教育技术论文活动组织工作优秀组织学校”“恩施州最佳文明单位”“恩施州首届青少幼戏曲文化艺术节咸丰县赛区少年组优秀奖”以及“第十六届‘童之趣杯’‘家国心常在圆梦我中华’优秀组织奖”等荣誉。

咸丰县民族实验小学荣誉陈列室

何艾军　摄

学校坚持以教育科研为先导，促进教育教学质量的提高。一支有志于教育科研的骨干教师队伍，承担多项重大科研课题的研究工作。国家级课题先后结题并获国家级表彰。2019年29人次在各级优质课竞赛活动中获奖；在“一师一优课、一课一名师”活动中，6名教师获州优，28名教师获县优；72名教师承担的课题“信息化条件下各学科课堂教学模式及教法学法的转变与创新研究”于10月顺利结题；12名教师辅导的学生作品在县级获奖；在各级各类教研部门组织的“五优”成果评选活动中，有108人次获奖。

学校秉承“教育的目的是为学生终生幸福和发展奠定基础”的教育理念，全面实施素质教育。坚持开齐课程，开足课时，并将每周一下午的两节课设为学生兴趣特长课，成立口风琴队、腰鼓队、舞蹈队、篮球队、书法组、古筝队等50多个科技兴趣特长班，为学生的全面发展、良好个性形成、健全人格塑造提供广阔的空间，学生的书画、作文、科普制作在各级竞赛中100余人次获奖。咸丰县民族实验小学选送的戏曲节目《戏曲传承满园春》，在“追梦少年·礼赞祖国”暨恩施州首届青少年戏曲文化艺术比赛中，获少年组金奖。

（何艾军）

【咸丰县第二民族实验小学】 属县直公办完全小学，校址在高乐山镇击鼓寨路5号，校园面积22330平方米，校舍面积7730平方米。学校开设31个教学班，学生1849人。教职工77人，其中在校在职在编69人。

建校7年来，坚持“以质量为核心，以特色谋发展”的办学思路，秉承“为学生的全面健康和谐发展奠基”的办学理念，以“诚实、守礼、勤奋、进取”为校训，从规范学校管理、完善装备设施、加强师资培训、打造学校特色、提升校园文化等方面入手，努力改善办学条件，提升办学水平。学校功能室齐全，教学设施完备，校园文化氛围浓厚，办学特色不断凸显。

咸丰县第二民族实验小学到县南门广场开展“学雷锋，树新风，献爱心”志愿服务活动

范仕刚 摄

以“质量立校科研兴校”工作目标为重点，以教育科研为先导，以提高课堂教学质量为重点，以构建高效课堂为载体，认真探索和研究新的教学方式和方法；大力开展校本研究，加强教师队伍建设，促进教师的专业化发展；强化学校教研组的辐射作用，加强教育教学探究，深化教育教学改革，全面提高教育教学水平，促进学校综合发展。

开展“一师一优课、一课一名师”活动。教师晒课率达到100%，上传优课61节次，其中精品视频课29节次。做好各级各类信息化应用大赛的组织、推荐、报送工作。在第七届中小学实验教学说课活动中，刘顺老师获州级二等奖，王文艺老师获县级二等奖；2019年度“教育技术理论与实践”征文评选活动中，共上报作品44件次；在2019年全国教育教学信息化交流展示活动中，共上传作品31件次，参数数量和作品质量都高于其他学校。

推进书香校园创建活动。依托校园图书室、班级书柜和家庭书屋，建立31个“树人阅读站”，开展“3+1”模式读书活动（即早上诵读、中午默读、晚上泛读、周末亲子共读）。通过“每月好书推荐”“读书笔记摘录”“好书分享交流”“诵经典”演讲比赛等系列活动，大力推进儿童诵读、教师阅读和亲子共读。每月“校园之星”评比，每学期“书香学生”“书香班级”“书香家庭”评选表彰等活动形成常态。丰富体育文化艺术活动，成立足球、美术、书法、武术、吉他、竖笛、古筝、葫芦丝、舞蹈等10多个兴趣特长小组，分类进行专项培训，促进学生特长发展。组织科技竞赛活动，让学生在学习中有发现，在生活中有创新，2019年组织参赛科幻画100余幅，科学梦作文30余篇。

（谭美林）

【咸丰县民族中学】 位于原恩施州教育学院，校园面积62629平方米，校舍面积30695平方米。2019年设教学班36个，在校学生2031人；共有教职工148人，其中专任教师136人。一年来，县民族中学紧紧围绕教育教学工作重点，积极做好各项工作。

强化师德师风建设。在全体教职工中认真学习教育局关于严禁教职工有偿家教和推销教辅读物的相关规定，并通过 LED 屏以及发送短信等方式，提醒教职工严格遵守相关规定。抓住主题教育契机，凝聚教职员工思想。加强业务学习。学校班子成员和党员教师带头参加支部主题党日活动，带头推门听课、上公开课，带头参与业务学习和教研活动。以创州级文明校园为契机，推动师生文明素养提升。2019 年，学校获恩施土家族苗族自治州“文明单位”荣誉称号。

开展业务竞赛，切实加强工作作风建设。学校积极开展一年一度的优质课竞赛活动，并纳入教师的综合考核内容，提高学校教师队伍的业务素质。2019 年度，学校派出教师参加州级教师技能大赛，获二等奖 2 人、三等奖 1 人。本年度，共有 80 余人次获得县级以上教研方面的荣誉。

做好教学研究工作。一是坚持做好教学常规工作。强化常规教学工作的过程管理和环节管理。加强对教师“工作手册”使用及填写的督查，每学期学校对教学常规的落实情况进行不少于 3 次的定期和不定期检查。完善学生评价教师制度，重视学生对教师的教学态度、教学水平的意见，督促教师及时改进教学态度和方法，提高教学水平。加强学科教研组建设。充分发挥备课组的作用，增强教师团队精神和协作意识。二是不断推进“高校课堂”建设。继续推进小组合作化学习和小组管理，最大限度调动学生的学习积极性，提升学生的综合素质。积极推动协同基地建设，推进课堂有效性课题的结题工作。三是积极做好东西部协作扶贫工作，2019 年共派出李东杰、张琦、秦代维、廖德君等教师到杭州余杭区参与学习培训。杭州余杭五中的数学高级教师沈国平于 10—11 月在县民中参与教研指导工作。

抓信息技术教育。做到信息化全覆盖，改变传统教育方法，适应时代发展。全校 130 多位专任教师都能够运用现代化技术进行教学。学校新建云教室 1 间，共添置电脑 40 台。

抓初中学业毕业年级复习备考。通过周考质量分析，避免教师工作的随意性，规范教师的教学行为。学校统一组织每学期两次月考及期中、期末两次大型考试。2019 年中考，进入全县前 10 名 1 人，前 50 名 7 人，前 100 名 21 人。

加强安全工作。始终将安全工作放在最重要的位置，确保学校的整体安全。努力建好放心食堂。坚持施行食品留样等制度，强化员工培训，确保食品安全零事故。注重疾病防控工作。学校积极开展春季流行性疾病防控，坚持晨午检工作，发放预防流感中药，避免流行性感冒大面积发生。坚持校园一星期一消毒。做好综合防治安全工作。及时添置摄像头、安保设施，加大校园巡逻队巡查力度，加大安全隐患排查整改，确保校园安全管理无死角。学校侧门和后门于 2019 年 9 月 9 日封闭，彻底结束学校不能实施封闭管理的历史。

2019 年 11 月 25 日，县民族中学举办道德讲堂活动　　胡春艳　供图

（胡春艳）

职业教育

【概　况】 咸丰县中等职业技术学校位于高乐山

镇杨泗坝，是一所集全日制中等学历教育、成人本专科电大教育、职业技能培训为一体的湖北省示范中等职业学校，第三批国家中等职业教育改革发展示范学校。2019 年设 58 个教学班，在校学生 3804 人，教职员工 308 人。

学校环境优美，校园总占地面积 5.6 万平方米，有教学楼、实训楼、图书楼、运动场、宿舍楼、餐厅、学生浴池、医疗室等基础设施，功能齐全。2019 年共投入近 1000 万元，实施教学楼改造、消防水池泵房、汽车实训基地、校园安防、D 级危房拆除及场地平整等项目建设。落实中等职业技术助学政策，全年共发放中职生国家助学金 504.4 万元，2639 名建档立卡贫困家庭学生享受雨露计划政策。

加强教育教学工作，2019 年学校上本科线人数 195 人，上本科线人数在恩施州占比 56.24%，上本科线人数位居恩施州同类学校榜首。

（刘云海）

高中教育

【概　况】 咸丰县第一中学是恩施州重点中学，坐落在县城育英路。自 1938 年创建以来，已有 81 年的历史。学校占地面积 300 亩，建筑面积 10 万多平方米，实现了教学区、学生生活区、教师生活区、运动区完全分离，使整个校园布局错落有致，相映成趣。2019 年学校基础设施进一步改善。投入 1400 万元的田径运动场于 10 月竣工；中央改善普通高中办学条件补助资金 642 万元用于购置实验仪器设备、数字化实验室建设、录播、音体美器材、心理咨询室等；监控、路灯投入 140 万元；道路黑色化一期投入 45 万元。

学校秉承“严格管理立校，教育科研兴校，特色文化强校”的办学理念。学校设党委办公室、行政办公室、教务处、教研处、政教处、总务处、科教处、教师管理处、学生资助中心、妇委会、艺术体育中心、财务处、年级组、工会等共 18 个职能部门。截至 2019 年年底，全校在编在岗教职工 266 人，正高级教师 1 人，高级教师 98 人，中级教师 104 人，初级教师 52 人，未评级 11 人，工勤岗位 1 人，另有劳务派遣人员 41 人。特级教师 2 人，恩施州名师 2 人，县级“优秀专业技术人才”2 人，硕士研究生 18 人，专任教师合格率 100%。

2019 年春季学期全校共设 70 个班，学生 4136 人（男生 1904 人、女生 2232 人），其中高一年级 24 个班 1402 人（男生 649 人、女生 753 人）；高二年级 24 个班 1424 人（男生 660 人、女生 764 人）；高三年级 22 个班 1311 人（男生 595 人、女生 716 人）。

2019 年秋季学期全校共设 71 个班，学生 4195 人（男生 1927 人、女生 2268 人），其中高一年级 23 个班 1390 人（男生 634 人、女生 756 人）；高二年级 24 个班 1383 人（男生 637 人、女生 746 人）；高三年级 24 个班 1422 人（男生 656 人、女生 766 人）。

2019 年，学校得到省、州、县各级政府关怀，通过脱贫攻坚项目对接华师一附中“616”对口帮扶，对接天门中学、杭州余杭区瓶窑中学开展对口帮扶。3 所学校从德育管理、高考备考、年级管理、课堂教学等方面予以精准的帮扶和指导，2019 年本校先后委派近 40 名教师前往帮扶学校实地考察学习。通过对口帮扶，进一步提升了咸丰一中教育教学质量。

【德育工作】 树立目标意识，即德育为先，培养“四高”学生：高境界做人，仁爱、诚信、慎言、谨行；高效率学习，勤奋、自律、合作、批判；高品位生活，大气、雅致、志高、勇为；高质量成长，德厚、业精、思深、行远；德育教育“一、二、三、四”工作思路：“一”个根本——立德树人；“二”个目标——成人、成才；“三”个原则——人文德育：以人为本，全面发展；规范德育：方向正确、内容合理、过程规范；发展德育：以学生发展为目的，注重主体发展过程，促进综合协调发展；“四”个途径——管理育人、情感育人、活动育人、环境育人。确立年级阶段目标。高一：做一名合格的高中生；品格与能力要求——适应高中生活，服从学校管理。学会学习，学会生活。高二：做一名优秀的高中生。品格与能力要求——接纳不同意见，包容个体差异。学会独立，学会自强。高三：做一名卓越的高中生。品格与能力要求——目标清晰具体，信念牢固坚定。学会从容，学会超越。

【高考再创佳绩】 2019 年是咸丰一中稳中求进、实中求新的一年，教学质量再上新台阶。郭炼高考以 668 分的成绩被清华大学录取；文理高考一本上线总数首次突破 300 人大关，达 310 人；2019 年本科上线达 1069 人（不含艺术体育生）。一本录取 407 人（含艺体），创历史纪录。

（刘昌明）

民办学校

【湖北交投咸丰和美小学】 位于高乐山镇鄂州大道 29 号，总建筑面积 14244 平方米。2017 年投资 450 万元修建食堂、餐厅、运动场、添置图书室、计算机室、实验室、音乐室、美术室等教学设备设施，同年秋季学期开始招生。2019 年有 1—3 年级 15 个班，在校学习 576 人，其中一年级 2 个班 82 人，二年级 6 个班 218 人，三年级 7 个班 276 人。同年起每年招两个班 80 人。现有教职工 65 人，其中专人教师 38 名（9 名公派教师）、生活老师 17 名、后勤人员 10 名。交投和美董事长傅直超，小学校长尹碧辉。

办学特色。一是严格实施小班化教学，每班控制在 40 人以内。对学生进行营养式辅导，采取逐一过关方式让学生掌握所学内容。二是突出课程特色。在开齐、开足国家规定课程的基础上，学校还开设校本课程。校本课程从一年级起开设书法、阅读、国学、特长培训课（包括演讲、乐器、舞蹈、绘画、跆拳道、篮球、乒乓球、羽毛球等 10 多项，学生根据爱好任选一门）。三是注重德育教育。学校秉持“德育为先，既成人又成才”的育人理念，通过传统文化育人、使学生从小崇尚伦理道德、注重人文理性，学会感恩父母、诚信忠恕、先人后己、遵纪守法，温良敦厚、谦恭有礼、上下有序，文明儒雅。四是培养学生自主学习、大胆交流、合作创新的能力。为了减轻家长和学生的负担，周一至周五家庭作业在学校由教师辅导完成，无须家长辅导检查作业。培养具有人文底蕴、科学精神、健康生活、学会学习、责任担当、实践创新六大素养全面发展的优秀人才。

【咸丰县冠达实验初中】 位于咸丰县一中校园内，始建于 2013 年 5 月，是一所民办公助性质的初级中学，由福建省冠达投资有限公司投资兴建。建校初期，学校仅 22 名教职工，4 个教学班，近 200 名学生，至 2019 年秋季学期，学校有教职员工 60 人，12 个教学班，师生共计 700 余人。

在 7 年的发展历程中，学校硬件设施、党团建设、教育教学、德育管理等方面实现一年一突破的飞跃。建校初期处室设置为校长、副校长、学校办公室、政教处、教务处、教研处、学校团委、后勤处。2017 年增设中共咸丰县冠达初中支部委员会，2018 年将学校办公室改为学校行政中心、政教处改为学校德育中心、教务处和教研处合并为教科研室。中共冠达支部现有党员 20 名，入党积极分子 2 人，党员占 39%。2019 年 11 月开展“不忘初心、牢记使命”主题教育，副县长杨志高到校开展调研指导工作。

在 2019 年中考中，该校 213 名学生参考，670 分以上 8 人，650 分以上 42 人，640 分以上 64 人，600 分以上 138 人，全县前 10 名占 6 人，全县前

100名53人，人均分位居全县第一，全州第二。其中三科人均分（语文、历史）排名均位居全州第一，所有学科各项指标均位居全县第一。

学校始终坚持党的教育方针，不断加强党团建设，秉承“全面发展，品质优先，为学生的终身发展和幸福人生奠基”的办学理念，坚持“科学管理、求实创新、不拘一格育人才”的办学思路，致力于立德树人、科研兴校，努力打造“阳光校园”，培养学生“生活自理、学习自主、行为自律、性格自强、心理自尊、特长突出”“阳光自信，求真务实”的优秀品质。

【咸丰县民族实验学校】 2012年筹建，2013年9月初中部开始招生，2019年小学部开始招生。是咸丰县一所九年级一贯制民办公助学校。学校位于县城杨泗坝大捷路65号，学校环境优雅、布局合理、功能完备，是办学的好地方。学校现有40个教学班，2100名学生，教职工168人，专任教师102人，公派教师35人，社招教师67人。

学校以“规范、高质、创意、求精”为学校核心文化，以精品教育打造学生精彩人生为办学宗旨，以“家长放心、学生安心、社会满意”，建设武陵山区精品示范学校为办学目标，以“依法治校，以德立校，质量立校，科研兴校，文化领校，特色强校”为办学指导思想，以“一个中心”（教学质量）、“两个支点”（队伍建设和信息化）、两条腿走路（培优辅差），坚持四个重点（安全工作、教学常规、团队建设和教学研究）为办学思路。办学6年来，学校加强党的建设，用爱心构建和谐的育人环境，用智慧打造学生成长的平台。学校四年中考“四率一分”分别为第五、第三、第二、第三，挤入全州第一方阵，党建工作被评为“全州先进基层组织”，安全工作荣获全县“平安校园”的称号。

【咸丰县春晖学校】 经咸丰县人民政府招商引资建设的学校，由来凤县金凤建设工程有限责任公司举办，校区位于高乐山镇小模村碗厂坪，背靠青山，面临咸丰大道。学校总占地面积18.7万平方米（279亩），总建筑面积23.9万平方米，预算总投资4亿元，是一所集品牌幼儿园、特色小学、优质初中、多元高中于一体的花园式学校。学校建设分三期完成，一期工程于2019年9月投入使用，二期工程于2019年12月完成，三期工程于2020年5月竣工。

学校办学规模为186个教学班，招生8600人。其中幼儿部30个班800人，小学部60个班3000人，初中部48个班2400人，高中部48个班2400人。

学校2019年秋实现首期招生，为学生提供学位2541个，其中幼儿312个，小学1454个，初中600个，社会青年补习班175个。有效地化解

2019年12月4日，县民族实验学校举办文化体育艺术节　　县民族实验学校　供图

2019年9月，咸丰县春晖学校一期工程投入使用　　张昌奎　供图

了城区大班额问题，为促进咸丰教育均衡发展起到了重要作用。同时接受留守学生 675 名，建档立卡贫困户学生 133 名，进城务工子女 786 名。

学校秉承“让每一位孩子都得到全面健康发展的办学理念”，办一所“学生成才，教师成功，家长满意，社会认可，内涵丰富，特色鲜明”的品牌学校。

（张昌奎）

科技工作

【概　况】 2019 年 3 月，根据全县机构改革方案，原县商务局、经信局、科技局撤并后组建咸丰县科学技术和经济信息化局（简称县科经局），主要从事全县工业商贸经济发展和科技运用推广工作。

科技项目申报争取。一是研读上级科技部门的文件精神，及时筛选推荐上报 2019 年省、州科技计划项目，已获批 3 个项目，分别是小村乡农业服务中心申报的红衣米花生品种选育项目获州科技项目支持 25 万元，湖北天禧园林有限公司的富硒山荔枝培育技术研究与示范项目获省科技项目支持 30 万元，湖北仁和康源农业有限公司的藤茶资源生态高值利用技术与应用示范获省科技项目支持 100 万元。二是积极申报争取湖北省“三区人才”支持及培养计划项目，及时掌握县内相关科技型企业技术需求现状，主动与州科技局对接，上报争取湖北省“三区人才”对口支持咸丰开展科技服务的人员 10 名、三区人才培养计划 2 名，并一一对应落实到县内相关企业或专业合作社。

高新技术企业培育。一是主动深入企业搞好调研。配合州科技部门深入相关企业指导做好 2019 年高新技术企业培育申报、科技企业孵化器建设、科技创新平台建设等工作。二是组织县内部分企业参加高企申报培训。组织县内有申报意愿的馨源茶业、磊源石业、堰塘食品、科煜魔芋、华成信息等企业参加由州科技局组织的高企申报业务培训会。三是主动与武汉中鸥企业服务中心、武汉客邦知识产权运营管理公司等中介服务机构进行对接，接洽到咸丰开展科技型企业培育指导与服务。年内已有堰塘食品、馨源茶业、圣浩茶业、磊源石业等企业正与相关中介服务机构就高企申报事宜进行深度合作对接。

加强科普宣传。2019 年 5 月与县科协联合举办咸丰县 2019 年科技活动周活动，此次活动周以“科技强国，科普惠民”为主题，协调县直相关部门开展科技政策进农村（社区）、企业送科技活动。活动周期间共发放科普资料 5000 余份，科技咨询达 3500 人次，开展送科技下乡 10 次，接受义诊 500 人次，制作宣传展板 10 余块。《州县科技部门深入企业开展调研》《省中药材所专家赴咸丰县小村乡开展白术试验指导与服务》等稿件先后在咸丰新闻网、州科技局网站上登载，起到了良好的宣传作用。

【科技成果转化】 为推动科技成果转化，提升企业发展能力，县科经局组织县内企业于 2019 年 5 月参加由州科技局举办的科技成果交易会，参会企业与省内外各科研院所、高等院校密切交流，根据企业所需资源和技术深入探讨，会后积极协助有需求的企业对接相关科研院所及高等院校，促成咸丰县堰塘食品有限责任公司与长江大学达成专利技术购买合同。2019 年完成技术市场合同登记额 5000 万元，推动了全县科技创新发展。

（李　陶）

文化　体育

文化艺术

【概　况】2019年3月，县级机构改革，县文化体育新闻出版广电局和县旅游局合并设立咸丰县文化和旅游局，加挂咸丰县广播电视局、咸丰县体育局、咸丰县文物局牌子。内设办公室（党办）、文化艺术与公共服务股、广播电视与法规股（行政审批股）、体育与产业发展股、旅游股、文物股。下辖事业单位5个：咸丰县南剧艺术传承保护中心、县文化市场综合执法大队、县文化馆、县图书馆、县业余体育学校；乡（镇、区）综合文化站11个。2019年年末，全系统在职在编干部职工124人。同年，县文联专职副主席吴运辉被湖北省人力资源和社会保障厅、湖北省文学艺术界联合会表彰为“全省文联系统先进工作者”。

文艺创作与表演。南剧《唐崖土司夫人》获省第十一届“屈原文艺奖”；4月18日作为全国少数民族地区艺术院团五大晋京演出剧目在北京民族剧院演出；6月3日在皇城广场首次广场公演；7月15—17日，作为全省唯一剧目参加在呼和浩特举办的第五届中国少数民族戏剧会演。8月3日，南剧小戏《金竹背篓情悠悠》参加在甘肃兰州举办的首届“黄河情”全国小戏、小品交流演出季演出活动。8月8日，传统小戏《活捉三郎》参加中国滨州、博兴“非遗（稀有）剧种小戏展演”活动。南剧《唐崖土司夫人》、南剧折子戏《武松打店》、南剧表演唱《戏韵中华》等3个戏曲选段登上“戏韵清江——2019恩施州迎新春戏曲展演”舞台，集中展示了咸丰县南剧传承保护的丰硕成果。举办庆祝新中国成立70周年暨咸丰县“民族情”书画影及民族手工艺作品展，展出反映本土人物、山水风情、历史文化内容的优秀书法、美术、摄影、民族传统手工艺品共60余件。恩施文化旅游版《我和我的祖国》“快闪”音乐MV在唐崖土司城遗址和忠堡大捷烈士陵园拍摄制作。

群众文化活动。一是乡镇、村成立各种文艺表演团队200多支，队员达5000人，全年开展文体活动1000场以上。二是县级月月有活动，组织春节文化活动、全民阅读活动、“文化力量·民间精彩”社会文艺团队展演，“庆祝新中国成立70周年”等各种广场群众文化活动。三是最美系

2019年10月1日，小村乡庆祝新中国成立70周年活动　　李　桦　提供

列表彰活动，全县各乡镇、村开展最美村民、最美婆婆、最美媳妇、文明家庭户和精准脱贫致富能手的评选活动，对获奖家庭及人员进行表彰，在全县范围内掀起我做最美的活动热潮，提升村民的内在动力。四是持续开展“送戏曲、送图书、送电影、送春联、送培训”文化惠民活动，送戏下乡165场，图书“六进”12次，放映农村公益电影和城市广场电影3256场，义写义送春联1万余幅，文体培训1000人次以上。

文化节会。元旦、春节期间，举办2019年元宵节花灯、舞龙（狮）展演活动，2019年咸丰县第五届“庆元宵·猜灯谜”活动，“朝阳寺镇2019闹元宵地盘子暨花灯展演活动”。举办“文化力量·民间精彩”咸丰县第二届社会文艺团队展演，全县21个社会文艺团队共展演民间歌舞、民族器乐、民间曲艺、小品等类别节目23个，积极打造群众文化活动品牌，展示社会文艺团队精神风貌，推动乡村文化和旅游融合发展。

场馆建设。投入资金1000多万元用于村级文体广场修建、音响、锣鼓等文化设施配备及“村村响”“户户通”运行维护、电影放映。将新建唐崖镇、大路坝区文化站纳入2019年实施计划，进行选址工作。全县图书馆、文化馆、博物馆、全民健身中心、11个乡（镇、区）综合文化站、277个村（社区）综合文化服务中心常年免费开放。

文化市场管理。全县文化市场综合行政执法改革工作有序推进，整合原文化市场综合执法大队、旅游执法大队、旅游质量监督所，设立咸丰县文化旅游市场综合执法大队。对全县文化、旅游经营单位执法巡查全覆盖，持续开展校园周边环境整治、娱乐场所专项整治、“扫黄打非”系列专项行动；强化旅游市场秩序监管，充分发挥咸丰县旅游安全生产专业委员会作用，开展旅游安全联合大检查、漂流专项联合检查，检查企业200多家次，确保全县旅游安全形势总体平稳。

广播电视发展。2019年安装农村智能广播“村村响”终端2711只，完成工程建设任务的103%。安装直播卫星电视“户户通”51977套，完成总任务的100%。

【文物保护及“非遗”传承】 加强文物保护工作。2019年“大寨坪遗址”成功申报为省级文物保护单位名录。落实全县所有文保单位看护员，对每个文保单位每月进行一次安全巡查，举办全县文物消防安全现场培训会1期，培训文物工作业务骨干38人；完善文保单位消防设施设备，实施蒋家花园修缮和消防工程、忠堡黄连棚临时指挥所维修工程、唐崖民族中学早期建筑消防整改工程；利用忠堡大捷遗址、大村会议旧址、严家祠堂等文保单位展示，开展革命传统教育及家风家训宣讲活动，全年开放200天，接待参观万人次以上。

推进国家级文化生态保护实验区建设，2019年新建板凳拳、板凳龙传习所2个，板凳拳传承基地在燕朝小学挂牌，累计建成“非遗”传习所14个、土家族吊脚楼营造技艺传习所3个、“戏曲进校园”示范学校3所，完成戏曲演出（讲座、辅导）113场。举办文化生态保护区建设摄影展，展出重点文物、自然风光、“非遗”保护队伍风采等图片120余幅。举办非物质文化遗产公益宣传展示活动，现场表演草把龙、板凳龙、板凳拳等“表演类”“非遗”项目，展示展卖土家油茶汤、吊脚楼模型、咂酒、绣花鞋等特色非遗产品，举行大型南剧《唐崖土司夫人》公演。举办第二届土家族吊脚楼及衍生品模型制作大赛，通过赛事选拔和吸收一批优秀传承人进入吊脚楼传统工艺队伍，促进土家族吊脚楼营造技艺传承与振兴。开展“二月二·龙抬头”“非遗”展演。开展“土家族吊脚楼传统工艺传承与创新设计人才培养”，集中展出国家级“非遗”传承人万桃元作品——吊脚楼模型“撮箕口走马转角楼”，以及杨佳奇、陈忠保、熊应才、朱华明、张远龙等民间艺人制作的工艺品模型共10件。开展本土民间舞蹈“地盘子”“耍耍”“高乐山镇2019年‘非遗’项目花灯培训”等“非遗”培训。完成省级“非遗”项目《地盘子》音乐、舞蹈的创新编排及舞蹈教学视频的拍摄工作。配合湖北省“非遗”中心完成《楚地拾遗》中“咸丰何氏根雕”和“土家族吊脚楼营造技艺”的拍摄活动。在黄金洞乡兴龙坳村开始省级“非遗”项目《绕棺》的记录拍摄。在小村乡配合中央电视台采集纪录片《扬威阅英豪》素材拍摄。实施省级非遗项目板凳龙传承人周礼乐的抢救性记录工作。开展全县吊脚楼普查工作。2019年1月，省文化和旅游厅公布第五批省级非物质文化遗产项目代表性传承人名单，咸丰县易建明（吹打乐）、曾志明（地盘子）、刘国鉴（绕棺）三人入选；同年12月，省文旅厅公布2018—2020年度“湖北省民间文化艺术之乡”名单，恩施土家族苗族自治州咸丰县（吊脚楼营造技艺）等5地入选。

【县文联举办新中国成立70周年系列活动】 2019年，县文联完成4期《唐崖》文艺期刊的编辑出版工作。以“变化”为主题，开展庆祝新中国成立70周年征文活动，并在文联机关刊物《唐崖》上集中刊发，采取扩大容量、全彩印刷的形式，推出“庆祝新中国成立70周年纪念专号”。组织县内书画家开展廉政书法、绘画作品创作，参加恩施土家族苗族自治州党风廉政书画作品展览，入展书法作品5件、美术作品4件。组织县内作家参与州文联、州作协举办的系列征文活动，全县44篇作品分别入编《感恩土豆》《美丽恩施·绿色发展》《尖刀班的故事》3部作品集。县美协蒲建英的作品《生生不息》入展由上海美术学院主办的“当代岩彩绘画作品展”；县书协何平的书法作品入展“第七届世界军人运动会全国书法作品展”；县书协吴国祥的书法作品入选首届湖北中小学教师书法作品展览；县书协陈焕祥、杨秀俊、程海茵、何平、冉建武、谢一琼、杨勉、何诗俣琦的作品入展“庆祝新中国成立70周年恩施州书法展”；县美协杨贤巍等7名画家的作品、县书协蒲建英等11名书法家的作品、县摄协秦兴武等5名摄影家的作品分别入展、入选“清江清”恩施州中青年美术、书法、摄影作品展览；吴斌武、李志国、陈晓阳、李志安、陈洪涛、李建华、杨秀俊等人的书法作品入展“清江清”老年书法作品展览。启动“咸丰故事”征文活动，筹备编撰出版《咸丰故事（第一辑）》。与咸丰县民族文化研究会共同策划推出《咸丰县民族文化研究论文集》。

【“全民阅读书香咸丰”文化品牌】 积极倡导全民阅读活动。图书馆推行数字化服务，电子资源可免费查阅百万册电子图书、期刊、杂志等，视频2557个系列19319集，公开课1058个系列7715集，网站浏览量达到13万人次。打造“全民阅读书香咸丰”文化品牌，举办咸丰县首届“风雅颂”巾帼诵读大赛暨全民阅读启动仪式活动、“庆祝新中国成立70周年暨‘9·28’孔子诞辰日”为主题的经典诵读活动，完成全州公共图书馆阅读推广联盟巡展活动，持续开展“好书推荐、新书推荐”等读者活动。成功举办“中华好诗词·咸丰好声音”古诗词网络朗诵比赛，全县共计316名在读小学生通过微信参加，共3.2万人浏览关注或点赞。积极展开流动图书服务点工作，走进县看守所、消防队、武警中队、纪委监委等单位图书流通服务点更换图书。积极开展青少年阅读活动，举办“得语文者得天下”儿童阅读写作分享讲座、少儿沙画公益讲座、少儿书画“贺新春”国画创作及“贺新春”手工制作培训讲座、第六届“百日阅读书香少年”活动、“我爱诗文”古诗词诵读大赛活动，完成湖北省图书馆主办的“放飞梦想——湖北少儿画展”咸丰赛区作品征集、初评及选送，4件作品入选优秀画展。

【南剧《唐崖土司夫人》进京演出】 2019年，大型南剧《唐崖土司夫人》被确定为全国少数民族地区艺术院团十台优秀剧目之一进京演出，于4

月18日在中央民族歌舞团民族剧院演出，获得成功。

《唐崖土司夫人》由咸丰县剧作家颜惠根据明朝天启年间唐崖土司内部土司王爷传位、土王招婿等一系列历史故事改编而成。剧作展示了土家族历来“海纳百川，包容四海”的雅量，赞颂土司夫人的开明、宽容、仁爱与智慧，使观众了解土家族悠久的历史、民族性格和风情风俗。该剧由县南剧传承保护中心精心打造，2015年9月、2017年11月《唐崖土司夫人》分别参加第二届湖北艺术节、第三届湖北地方戏曲艺术节演出。2018年3月，中国少数民族戏剧学会到咸丰开展地方戏曲调研活动，对南剧《唐崖土司夫人》提出意见和建设，县南剧传承保护中心结合第三届湖北地方戏曲艺术节演出点评会专家的意见和建议，再一次对剧目进行修改，进行排练。业内专家评价：该剧极具土家风情，既有现实主义的铺垫，又有浪漫主义的虚构，音乐、表演、服饰均充满地方特色，是一部了解咸丰，了解土司制度和土家文化的经典作品。

2019年7月16日，大型南剧《唐崖土司夫人》到呼和浩特参加第五届中国少数民族戏剧会演

李 桦 提供

【县南剧艺术传承保护中心】 咸丰县南剧艺术传承保护中心原名县南剧团，成立于1954年，是全国仅有的两个南剧专业院团之一。2012年，更现名，为隶属县文旅局管理的财政全额拨款事业单位，荣获“第六届全国服务基层服务农民文化建设先进集体”称号。2018年8月被中国少数民族戏剧学会授予“中国南剧传承研究基地”。2019年在职人员22人，以钱养事人员40人。

咸丰县大力支持和保护南剧，相继出版民歌集萃《唐崖乡音》《南剧传统剧目手抄本十卷》等著作及论文，推动传统剧目的深度挖掘整理和复排；通过送学员到学校定向培养和民间艺人“传帮带”，培养120名南剧后备人才及一批优秀的南剧传承人。演员潘华明、杨理理荣获省戏剧表演最高奖项“第十一届湖北省戏剧牡丹花奖”，退休演员杨道运被认定为国家级“非遗”项目南剧代表性传承人。

咸丰整理并排演100余部南剧，演遍川、鄂、湘、黔地区30多个县。其中《唐科长祝寿》《张二嫂做中》获文化部颁发的铜质奖杯及剧种录像演出奖，《绣花情缘》获“全国第六届小戏小品展演优秀入选剧目奖”，《女儿寨》获“全国第三届少数民族文艺会演银奖”，《土司夫人》获文化部全国少数民族剧本创作团结奖，《迎客》等6个剧目在省级获奖。

2019年，县南剧艺术传承保护中心积极挖掘土家族、苗族文化艺术遗产，大胆进行体制创新和剧（节）目创新，特邀请湖北省京剧院国家一级演员程和平导演、国家二级编剧颜惠、国家级“非遗”传承人杨道运、南剧老艺人杨和平等戏剧专家，对经典剧目南剧《宗规家训》进行升级复排。同年对南剧小戏《金竹背篓情悠悠》进行改编，于8月3日参加在甘肃兰州举办的首届“黄河情”全国小戏、小品演出季活动。8月8日小戏《活捉三郎》参加2019年中国滨州、博兴“非遗剧种小戏展演”活动。同年9月，舞蹈《土家·吉么列》参加中国第十一届少数民族传统体育运动会综合类表演项目比赛并获得银奖。12月，《土家·吉么列》《肉连响》参加2019年香港赛马会助力全民健身公益系列活动展演和竞赛，获得优秀组织奖、最佳创意奖、二等奖、最佳特色

舞蹈《土家·吉么列》参加中国第十一届少数民族传统体育运动会表演 李 桦 提供

奖、团队风采奖等多个奖项。

县南剧艺术传承保护中心常年组织开展“送戏下乡”“戏曲进乡村”“戏曲进校园”等活动，演出覆盖全县11个乡（镇、区）。2019年送戏下乡场次达150场，观众约9万人次。每场演出不少于15个节目，演出时间不低于90分钟。开展戏曲进校园活动，举行戏曲演出、戏曲讲座、戏曲辅导，共计110场，进一步提高全县中小学生艺术修养和文化素质。

（李 桦）

唐崖土司遗址管理

【概 况】 咸丰县唐崖土司城遗址管理处于2013年12月13日由恩施州机构编制委员会（恩施州机编发〔2013〕82号）批复同意成立，为隶属于县政府办公室管理的正科级财政拨款事业单位，定编20人。2019年3月，根据机构改革要求，咸丰县唐崖土司城遗址管理处原加挂的咸丰县文物事业管理局牌子及履行的相关职能，划转到新成立的咸丰县文化和旅游局。同月，经咸丰县委批准，设立“中国共产党咸丰县委员会湖北恩施唐崖土司城遗址管理处工作委员会”。4月，咸丰县委任命白斌为县政府党组成员、党工委书记。同年，被恩施州文化体育新闻出版广电局通报表彰为2018年工作目标责任考评优秀单位。

2019年，遗址管理处严格按照《世界遗产公约》《中华人民共和国文物保护法》《唐崖土司城遗址保护管理办法》等文物法律法规，依法保护管理、守护世遗唐崖。

精心谋划项目，全力推进遗址本体保护。一是总投资1136万元的唐崖土司城遗址消防工程和唐崖土司城遗址保护与环境整治（三期）工程，于6月先后开工实施。工程启动前分别召开建设单位、设计单位、施工单位、监理单位和恩施旅游集团有限公司参加的“五方现场协调会议”，提出要“对标文物保护优质、样板、精品工程，切实加强质量管理，确保施工建设安全，把安全文明、整洁有序贯穿于整个工程建设的始终，推进项目顺利实施，确保工程质量、安全、工期等各项目标实现”的总体要求。二是完成省级文物保护单位蒋家花园文物保护修缮工程，工程从2018年12月6日开工，至2019年6月1日竣工，得到恩施州文物部门的高度重视和精心指导。三是投资364万元的唐崖土司城遗址展示利用项目完成招投标等前期工作，11月开工建设。四是完成大村会议旧址、严家祠堂、大寨坪遗址申报国保单位的工作，从文物测绘、标识牌制作安装到划定保护范围及建设控制地带、文本编撰等，全力以赴、分工协作，按时完成申报工作。五是加紧后续项目的谋划和申报，当年共申报唐崖土司城遗址保护管理设施提升工程、唐崖土司城遗址石质文物修缮项目、唐崖土司城遗址防雷项目、唐崖土司城遗址排水系统项目及唐崖

唐崖土司城遗址 县档案馆 供图

土司城遗址白蚁防治项目等5个项目。

经营主体转换，恩旅集团进驻促唐崖发展。2019年1月，县人民政府与恩施旅游集团有限公司签订《咸丰唐崖民族文化旅游区开发合同书》；同年9月，恩旅集团正式完成对咸丰县唐崖土司城遗址旅游发展有限公司的收购，成为唐崖土司城遗址公园经营主体，对于擦亮世遗名片，推动文旅融合将起到极大推动作用。

举办唐崖论坛，助力文旅融合发展。8月9—10日，成功举办以“世界文化遗产保护与全域旅游”为主题的第三届“唐崖论坛”。来自省内外10余所高校、科研机构及文旅部门的120余位专家学者汇聚一堂，共同研讨世界文化遗产保护与全域旅游融合发展的新思路、新方法，描绘加快民族地区全域旅游发展步伐，引领民族地区脱贫攻坚、建成小康社会的美好图景。本届论坛共收到学术论文36篇，内容涵盖世界文化遗产保护利用、民族文化遗产资源与旅游产业融合发展、旅游产业与旅游经济、全域旅游路径等领域，形成了较为丰硕的研究成果。

加强文物安全管理。按照咸丰县委、县政府机构改革的要求，遗址管理处原加挂的咸丰县文物事业管理局及履行的相关职能，划转到新成立的咸丰县文化和旅游局。在移交工作衔接过程中，积极推进县、乡、村三级联管责任落实，组织专班到各乡镇共签订县、乡（镇、区）《文物保护作安全责任书》11份，县级以上文物保护单位15处全部落实看护人并签订常年保护管理协议，保障文物保护管理工作不因改革出现空当。5月上旬，遗址管理处与县文旅局联合举行文物工作移交会议，移交工作实现全面、安全、有序。

【大寨坪遗址进入湖北省申报第八批全国文物保护单位推荐项目】 2019年1月9日，唐崖土司城遗址管理处召开县级文物保护单位“大寨坪遗址”历史价值国家级专家评估论证会，湖北省文物局副局长王风竹主持会议。与会专家就大寨坪遗址的年代、沿革、历史价值等方面进行剖析论证，一致认为大寨坪军事功能齐备、建筑精良、保存完好，是鄂、渝、湘、黔地区近年发现的重要古城遗址之一。1月18日，省文化和旅游厅党组成员、原省文物局局长黎朝斌到咸丰实地考察调研“大寨坪遗址”，要求进一步做好遗址本体保护工作，按程序尽快启动“大寨坪遗址”保护性发掘，探察遗址始建年代，功能分区、兴衰变迁、遗址内涵等，推进遗址内涵研究和价值阐释。2月20日，“大寨坪遗址”被省文化和旅游厅纳入湖北省申报第八批全国重点文物保护单位的重点推荐项目。2月25日，省政府办公厅公布“荆楚大遗址传承发展工程项目库”名单，大寨坪遗址作为湖北省文化遗址公园名列其中，全省共计40处，恩施土家族苗族自治州3处。

2019年8月9日，国家民委教育科技司综合处处长安燕（前左三）参观第三届“唐崖论坛”文创产品

张 锋 提供

2019年1月7日，省文物局副局长王风竹（右二）到咸丰主持召开“大寨坪遗址”专家评估论证会

张 锋 提供

【博物馆工作】 2019年，进一步加强博物馆工作，更好发挥其历史文化宣教功能和公共文化服务职能。一是博物馆开放时间，按照全国统一时间进行调整。制定完善《咸丰县民族博物馆工作人员管理制度》和《咸丰县民族博物馆消防应急预案》，6月举行消防安全知识培训暨应急演练活动。二是设置大厅参观咨询台和双休日志愿者服务岗，提升服务质量和窗口形象。三是积极践行“让博物馆活起来”的理念，成功承办2019年“5·18”国际博物馆日巡展宣传咸丰站活动；举办“‘布同凡响’——祁竞‘布贴画’艺术精品展”临时展览；举办全县第三期“小小讲解员”培训活动，培训学员15名加入博物馆志愿服务队伍。

县民族博物馆全年共接待各级领导、嘉宾及团体观众32784人次。

（张　锋）

新闻传媒

【概　况】 2019年3月，咸丰县传媒中心更名为咸丰县融媒体中心，内设8个部室：办公室、总编室、新闻部、专题部、广播部、新媒体部、技术播出部、广告部；年末在职在编人员51人。本年度，县融媒体中心坚持“围绕中心、服务大局”方针，以“聚焦五大一新、决战脱贫攻坚、建设五个咸丰”为载体，以创新、整合、打造一流主媒为目标，锐意进取，勇于开拓，内外宣传、事业发展、队伍建设、扶贫攻坚等工作稳步推进。

积极争取项目，以项目促发展。后山无线发射中心站和乡镇5个补点站建成，完成中央广播电视节目无线数字化覆盖工程建设任务。主站共3个频点发射16套节目，补点站每站点两个频率发射12套中央电视台节目。恢复103.5MHz咸丰人民广播电台节目播出，并实现“村村响”、无线调频两个平台同播。积极打造县级融媒体平台，完成“咸丰县少数民族数字出版融合媒体云平台建设项目”招投标工作、设备采购及平台搭建。制订新广电大楼装修建设方案，启动大楼装修工作。

围绕少数民族数字出版融合媒体云平台建设项目，合理分配资金，科学实施方案，从采、编、播等环节对业务流程再造提供硬件保障。同时针对项目实施后采编的薄弱环节，又组织资金25万元，购置无人机、高清相机、移动拍摄等设备。推进新兴媒体在内容、渠道、平台、经营、管理等方面进一步融合。积极拓展业务。2月，中心中断广告代理，成立咸丰县融媒体影视文化传媒公司。通过各大平台的广告资源整合，结合传统电视广告搭配新媒体及村村响广播，推出整体打包广告合同，以融合经营的方式来实现广告收入增收，公司营业实收到账165万元。

提高政治站位，加强精准扶贫工作。板栗洼村共栽培、管护油茶1467亩，发展藤茶388亩，栽培名贵中药材“七叶一枝花”、黄精、贝母共161亩；成立专业合作社2个。长岭村种植蜜柚860亩，种植香菇14棚，养殖土鸡866羽。茅坝村共有白茶550亩，中药材200多亩；引进茶叶加工厂2家。产业空心的情况得到根本性改变。3个村基本实现村民小组通砂石路，到村主干道通硬化路；自来水入户、4G通信信号、广播电视信号全覆盖，脱贫攻坚基础得到夯实。

【宣传工作】 围绕“五大一新”“五个咸丰”“脱贫攻坚”等中心工作，明确重点，突出主线，把握导向，全方位、多角度进行报道，竭力提升融合媒体的传播力、影响力和引导力。

坚持移动优先，构建传播新格局。咸丰发布充分发挥移动互联网络宣传优势，精心组织推送图文765篇，关注人数达到66385人，阅读总数约226万人次，政务微信影响力位居全省县市前列；新推出《阅读阅美》《多彩咸丰》两个专栏。咸丰新闻网策划制作《壮丽七十年·奋斗新时代》《不忘初心、牢记使命》等栏目，累计编发稿件1825条，发布公益广告21条，视频新闻

328期条。云上咸丰下载安装用户13813户，发布图文信息1825条，视频新闻328期，开通电视直播频道12个，收看人数有100多万人。

讲好咸丰故事，传播咸丰好声音。《咸丰新闻》按照“找准选题、讲好故事、拍出精品”的要求，组织记者就精准脱贫、重点项目、重大工程等重大题材，采写一大批生动鲜活、文风朴实的报道，推出《记者走基层》《决战决胜脱贫攻坚》《数说70年盘点2019》等形式多样的专题报道、系列报道、跟踪报道和深度报道，为推进全县的中心工作起到助力作用。采集制作播出《咸丰新闻》246组，用稿1711条。电视专题积极探索总结咸丰经验、咸丰模式，完成专题报道《唐崖风》19期，《百味人生》4期，《城乡故事》10期；拍摄微视频9个；完成县委、县政府交办的各类宣传片、汇报片7部。

贴近民生民情，丰富广电声频荧屏。为丰富咸丰电视台新闻综合频道的节目内容、提升栏目品位，新推出《荆南视点》，播发新闻433条。其中《爬树拍照大煞风景》《停车场变“垃圾场”严重影响居民生活》等一批舆论监督报道播出后，引起相关责任部门高度重视，并立即整改到位。新引进时尚脱口秀节目《话山论见》和法制纪实类节目《都市传奇》两档节目，共播出168期。广播节目在原有栏目《咸丰新闻》《政策法规咨讯》基础上增设《荆南故事》《阅读阅美》《天气预报》《信息直通车》栏目，并与县中医医院联办特色养生栏目《中医开讲》。自办节目时长由原有30分钟增至1个小时。

强化宣传意识，统筹安排，制定可行性运作方案，推送大量新闻作品，为“五个咸丰”建设营造更优舆论氛围。

纸媒宣传。《恩施日报》咸丰专版紧扣脱贫与发展，完成组稿25期，发稿215条，本县记者独立完成头版头条5个，重头稿32个。在“学习强国”平台、《湖北日报》及其客户端等省级及以上主流媒体发稿50条。《茶到盛夏绿意浓——咸丰茶叶供给侧结构性改革侧记》《夯基扶志铲穷根：聚焦咸丰“五基一动力”精准扶贫工作模式》等稿件，全方位推介咸丰精准扶贫的经验和做法，多篇文章被上级媒体引用和转发。采写的《杨芳：告别“吊瓶”的村医》一稿在《恩施日报》刊发后，获值班编辑批示推荐为“报社好新闻”，并被“学习强国”平台转载。

广电宣传。广播宣传州电台上稿412条，省电台上稿85条，位居全省县市台前列。电视宣传，中央电视台上稿4条，省电视台上稿36条，州电视台上稿1536.75条，其中《恩施新闻联播》上稿373条，全州第一。《大山深处崛起高铁新城》《徐显政：贫困户变身致富领头羊》等一批广播电视新闻作品在上级媒体播发并获好评。完成《走遍恩施》组稿17期，其中《“去夏增春”催生的“候鸟茶农”》在州台播放后，巴东县迅速安排茶叶技术人员到咸丰学习取经。

（郭绍英）

新华书店

【概　况】咸丰县新华书店成立于1951年，是县内唯一一家国有图书发行企业。1981年10月，省拨款16.7万元，新建业务大楼一栋，2410平方米，1983年底竣工使用。1986年固定资产50万元，职工17人。1995年，湖北省图书发行集团公司成立，咸丰县新华书店划归省集团公司管理。1997年，县新华书店被授予全县“最佳企业”称号，年末职工30人，固定资产205万元。2002年实施改制，分流安置人员10人。2005年12月内设办公室、政工股、财务室、仓库，在职职工15人，固定资产250万元。2019年，咸丰县新华书店积极履行社会责任，坚持以图书质量为标准，发好书，卖好书，发挥新华书店的导向作用；积极主动参与全民阅读推广活动，为建设“书香咸丰”做出重要贡献。年末在职员工20人，固定资产285万元，全年图书销售额2500万元，净利润500万元。

【完善书店公共服务体系】 做好重点主题出版物和大众读物发行，积极发挥新华书店的导向作用。2019年，公司把做好党和国家重要文件文献的发行工作为己任，认真贯彻落实省州有关文件精神，以集团业务部门推荐书目为依据，以本地区各级党委、政府、部委办局的需求为抓手，通过汇报、对接、沟通等多种方式有针对性地进行图书上门推荐、征订，积极做好门店展示、销售和各项服务工作，保证党员干部群众的学习需求。全年发行《习近平新时代中国特色社会主义思想学习纲要》《五干培训教材》《祖国在我心中》《我们的新时代》《我为祖国点赞》等重要文件文献及重点主题出版物共计万余册。在大众读物发行上，以树立精品意识为原则，一方面严把进货关，坚持做到守土有责，合法经营，积极发挥国有书店的市场导向作用，坚决杜绝非法出版物和内容低俗产品通过新华书店进入市场；另一方面坚持活动搭台，唱营销大戏，在做好集团公司布置的月度营销工作的同时，根据每个月的实际情况有针对性地开展个性化营销活动，不断扩大优秀大众读物的发行量，最大限度满足人民群众日益增长的多样性文化需求。全年一般图书零售374万余元。

完善网点建设，创新服务模式，满足人民群众文化消费新需求。公司根据集团公司关于网点建设的有关要求，结合社会效益考核及公司经营实际，制定乡镇发行网点三年推进计划和资源开发建设实施方案，对公司网点建设和发展进行全面规划。2019年，社区书店陆续推行，新建咸丰县一中校园书店，校园书店内设置阅读角、销售区，得到学校和学生们高度认可。开展送书下乡等活动，实现农村流动售书全覆盖。2019年，积极参与全县开展的文化、卫生、科技“三下乡”和农村图书大联展活动，开展图书联展、流动销售、缺书登记、向贫困地区赠书等形式多样的“送书下乡”活动，对尚不具备网点建设条件的乡镇和重点学校每年实现流动售书全覆盖，使之成为新华书店培育农村图书市场的有效手段之一。

参加恩施州第十九届青少年爱国主义读书教育活动
钟 鹏 提供

加大教材发行和农家书屋出版物配送工作，使新华书店成为全民阅读和“书香咸丰”建设的前沿阵地。教材发行是关系到各级中小学教学秩序稳定、教育质量提高的一项十分重要的工作，也是新华书店的重点工作之一。2019年，公司以高度的政治责任感，保质保量地完成国务院提出的“课前到书，人手一册”政治任务。认真做好农家书屋出版物配送工作。2019年配合完成285家农家书屋更新采购，配送图书1.5万册，码洋36.2余万元。小小“农家书屋”已经成为服务村民的窗口，成为群众的“致富加油站”和“精神乐园”。积极开展全民阅读推广，参与政府惠民活动。2019年，新华书店通过邀请专家学者走进学校开展读书讲座，开展“校园人文行”和公益讲座活动；在“4·23”全民阅读日，咸丰分公司参加在恩施州文化中心举办的“全民阅读·书香恩施”图书展。此外，结合省州相关阅读活动，通过每周的主题“慧阅读”图书展销展示、荐书品书、读书征文、知识竞赛等多种形式为促进全民阅读活动和“书香咸丰”建设提供支持，赢得了当地政府和社会各界的高度认可。

（钟　鹏）

体育工作

【概　况】2019年，贯彻落实《全民健身计划（2016—2020年）》，加强群众体育和学校体育工作，举办和承办各类体育赛事，加大体育设施设备建设，积极举办群众喜闻乐见的体育活动，不断丰富人民群众的文化体育生活。

【群众体育】2019年，新成立咸丰县象棋协会、体育舞蹈运动协会、游泳协会，全县体育运动协会（含俱乐部）达19家。组建有柔力球队、太极队等特色体育团队200余支。有社会体育指导员300余人。在坪坝营镇举办由省体育局、湖北广播电视台主办的2019年省全民健身美丽乡村行活动（恩施站），展演肉连响、柔力球、太极拳、高脚马等节目，培训86位社会体育指导员、50位广场舞骨干，组织全民健身工程设施维护保养，接收价值1万元的体育用品捐赠。体育设施逐步完善。建成村级文体广场434个，实现行政村全覆盖。积极推进新全民健身工程，投入200余万元的坪坝营镇（街道）运动健身中心全面完工并启用。大路坝区谭家坪村等16个村的新全民健身示范工程启动建设。

【体育赛事】承办2019年湖北省U9—10、U16—18乒乓球积分赛（第二站），来自全省各地10支代表队91名领队、教练、运动员参赛。承办全州迎春象棋邀请赛，来自全州八县市选手参赛。组织指导各协会举办咸丰县“促三创迎州庆”职工羽毛球赛、第六届职工周末篮球赛、首届“咸丰文明杯”足球赛、“全域旅游杯”迎新春篮球赛、2019年“东升未来城市迎春杯”乒乓球联谊赛、第一届五人制足球联赛下半程、首届“奔跑吧，姐妹”趣味运动会、第二届太极拳剑太极柔力球展示活动等全民健身大型赛事活动20余场次。组织指导各乡（镇、区）、村（社区）举办农民趣味运动会、篮球赛等群众体育活动100余场次。指导各企事业单位开展职工运动会80余场次。

竞技体育取得新成绩。一是组队参加第十届全国残疾人运动会暨第七届特殊奥林匹克运动会，咸丰籍肢体一级残疾人袁伟译获游泳项目1金3银，两次刷新世界纪录和全国纪录。二是组队参加第十一届全国少数民族传统体育运动会综合类表演项目比赛，节目《土家·吉么列》获银奖。三是组队参加2019香港赛马会助力全民健身公益系列活动全国社会体育指导员健身技能交流展示大会，舞蹈《肉连响》获比赛项目“最具特色奖”“最佳创意奖”，舞蹈《土家·吉么列》获展示项目“全民健身项目创新奖”“最佳项目创新奖”，代表队获“团队风采奖”“优秀组织奖”。四是组队参加2019年湖北省U11—15乒乓球积分赛第一站，获12岁组女子单打冠军、双打亚军及男子双打季军。五是组队参加第28届恩施州老年人运动会，获门球团体、竞技柔力球团体、套路柔力球团体总分第一，竞技麻将团体、竞技麻将个人总分第二的3金2银成绩，咸丰县老体协代表队获“精神文明奖”。六是组队参加2019年恩施州青少年运动会，获乒乓球比赛金牌5枚、银牌2枚、铜牌2枚及体育道德风尚奖，金牌总数及奖牌总数均为第一名，获跆拳道比赛金牌3枚、银牌5枚、铜牌3枚及体育道德风尚奖，获田径比赛金牌3枚、银牌9枚、铜牌6枚及体育道德风尚奖，获足球比赛第二名和第四名。七是咸丰县5名选手2019年第六届嵩山少林国际马拉松赛半程赛，分别获得女子半程第40名、第108名、第146名、第168名及男子半程第417名成绩。

【体育产业步伐加快】适应市场发展需求，加快体育产业发展。一是体育健身市场快速发展。全县有注册单项协会18个、俱乐部1个。有游泳馆（池）1家，台球厅2家，篮球、足球、培训、瑜伽、体育舞蹈等培训机构10家，健身中心2家。此外，全县各乡镇、村组织的群众体育活动及各单位组织的职工运动会等丰富多彩，直接拉动了体育消费市场的快速发展。二是体育用品销售市场日益繁荣。有体育用品经营商户40余家（包括各大商场体育用品销售商户），主要以销售体育服装、球类等为主，还有少数专门销售自行车、滑轮、滑板等。三是体育彩票销售态势良好。2019年全县体育彩票销售额达3800余万元。四是体育培训业和场馆运营相结合。力嘉室内常温游泳馆、荆南体育发展有限公司畔山球场（篮球足球）、恩施州掠燕文化体育有限公司的青少年户外运动基地（以冬夏令营为主）、全民健身中心（乒乓球、羽毛球训练馆）等以体育场地经营为主的体育企业（中心），积极探索培训、训练与协会、俱乐部合作管理运营机制，将全民健身、后备人才培养和市场化运作赛事有机结合，对场馆经营机制改革进行了有益尝试。五是体育旅游走向融合，体旅融合项目有坪坝营景区幺妹河漂流、掠燕文化体育康养基地项目、黄金洞景区唐崖河漂流。

（李　桦）

卫　生

卫生行政管理

【概　况】2019年4月，原咸丰县卫生和计划生育局改名为咸丰县卫生健康局。5月，县政府成立以卫健局牵头、县医保局、县残联、县人民医院、县中医医院等为成员的健康扶贫工作专班，建立部门联动机制，深入推进健康扶贫工作。年末，全县共有医疗卫生机构394所，其中县级公立医院2所，公共卫生机构2所，民营医院5家，全县乡镇卫生院11个、村卫生室277个，个体诊所97个（含药店举办的中医坐堂诊所17个），开放床位2146张。县人民医院、县中医医院为二级甲等医院，9个乡镇卫生院达到"四化"标准，产权公有化村卫生室217个。全县拥有执业（助理）医师821人，注册护士880人，每千人拥有病床5.8张、执业医师2.6人、卫生技术人员5.7人。全县出生总人数为3781人，出生政策符合率为92.41%，出生人口性别比为114.1。二级医疗机构病床使用率89.77%，平均住院日8.61天，住院患者抗菌药物使用率47.87%，门诊抗菌药物处方比例为16.74%。

【医药卫生体制改革】县人民政府出台《咸丰县医疗卫生服务共同体建设实施方案》，组建县人民医院、县中医医院两个县域医共体，对11个乡（镇、区）卫生院实现医共体全覆盖。推进城市医联体建设，县人民医院、县中医医院分别与恩施民大附属医院组建成医联体，利用省人民医院对口支援县人民医院和东西部协作机遇，引进新技术新业务4项，开展课题研究4项，完善薄弱科室（重症医学科）建设1个。至2019年底，全县共拥有1个国家级重点专科、3个省级重点专科、25个州级重点专科。实施智慧医疗，启动"互联网+"，启动咸丰县信息化试点建设，网络终端直达中心村卫生室，联通州、县、乡、村"四位一体"，利用大数据整合县域内医疗卫生信息；通过"银医通"项目，基于微信公众号的掌上医院，支持患者身份信息绑定、就诊引导、预约挂号、为患者提供自助挂号、住院自助预交、自助清单打印等，支持医保卡、银联卡、微信、支付宝等多种支付方式，实现智慧化医疗服务。推进"三医"联动改革，全县公立医疗卫生机构药品零利润；严格控制医疗费用不合理增长，持续规范诊疗行为，医疗费用增幅控制在12%以内；药占比控制在30%以内；百元医用耗材均控制在20%以内；深化医保支付方式改革，落实医疗机构单病种付费政策，县域内开展临床路径管理病种数不少于80种，实行单病种付费78个。健全药品供应保障机制。贯彻国家基本药物制度，实施"两票制"管理，统一药品目录，全面落实平台采购。

【疾病防控与卫生应急】2019年，县内无甲类传染病报告；累计报告乙类传染病9种756例、丙类传染病7种2470例，传染病报告发病率为1042/10万，全年免费检查疑似结核病人966人；乙类疫苗常规接种69982剂次，综合接种率97.94%；管理严重精神障碍患者1459人，检出率4.74‰。全年收到突发公共卫生事件异常信息200条，处理200起；突发公共卫生事件报告1起，处理1起。处置率100%。

【农村和社区卫生】 2019年全县累计建立居民健康档案306805人，其中电子档案数303716人，建档率为98.1%；2019年完成贫困人口签约139514人，体检89635人；常住人口签约209704人，签约率67.73%；重点人群签约46072人，签约率70.33%。

【妇幼保健和计生技术服务】 全县孕产妇住院分娩率100%、孕产妇健康管理率92.78%，儿童健康管理率90.24%，孕产妇死亡率29.12/10万，婴儿死亡率5.24‰，5岁以下儿童死亡率5.82‰。儿童营养包发放率90.54%，有效服用率78.4%。目标人群增补叶酸预防神经管缺陷服用率93.88%，依从率90.27%。免费孕前优生健康检查率64.04%，二孩及以上妊娠对象孕情监测到位率为65.83%。

【医政与药政管理】 加强医政管理。大力开展无偿献血，2019年共2824人无偿献血，共计889700毫升。调处医疗纠纷8起、人民调解1起、通过医疗过错鉴定2起，全年无重大医疗纠纷和伤亡事件。落实医疗废物规范化管理，由恩施州蓝坤医疗废物处置有限公司集中处置。完成大型会议、活动及全县重要会议等医疗安全保障13次（场）。成立国防医疗动员办公室，完成国防动员潜力医疗信息调查。

巩固完善国家基本药物制度，基层医疗机构网上采购100%，二级医疗机构网上采购达90%；基层医疗机构使用基本药物80%以上，二级医疗机达50%以上；完成二级医疗机构药品带量议价采购，达成议价协议298个品规；二级医疗机构高值耗材全部实行省级平台采购。

【中医药管理】 推进中药材标准化种养，实现中药材产业化经营，促进中医药产业融合发展。强化中医药服务能力，不断完善网络体系建设。强化人才队伍建设，不断提高中医药服务水平。利用东西部协作项目开展中医药专业技术人才培训300人次。立项科研课题3项，引进中医药新业务、新技术20余项。加速推进中医药产业，推进"咸丰白术组培快繁技术研究及产业化应用"科研项目有序实施。2019年，建立中药示范基地5个，新发展中药材种植基地面积27399亩。

【卫生监督执法】 卫生监督覆盖率达100%。开展学校卫生监督160次、公共场所卫生监督102次、饮用水卫监督生32次、医疗机构日常监督189次、传染病防治监督189次。"双随机、一公开"工作，完成55家医疗机构、42所学校、9家生活饮用水制水供水单位、92家公共场所的随机检查任务。开展职业卫生工作，完成22家企业摸底调查、185例尘肺病人随访和7家企业职业病危害因素监测。办理行政案件4例，其中非法行医案3例、医疗质量安全案1例。

【健康湖北建设】 人均预期寿命80.26岁，重大慢性病过早死亡率12.6%，孕产妇死亡率25.19/10万，婴儿死亡率5.83‰，医保基金总额预付和结余留用政策落实率100%，县域内住院量占比87.12%，重点病种费用增长率不高于全省三级医院出院患者该病种费用的平均值，国家卫生乡镇创建数2个。

【人口监测与家庭发展】 计划生育奖励政策落实和资金发放到位率100%，为计划生育特殊家庭开通就医绿色通道率100%，联系人制度落实率100%，家庭医生签约服务落实率100%。为268村（居）级计生专干购买养老保险。建立县直机关事业单位计划生育协会组织120个，乡镇、村（居）279个，流出流动人口协会2个，流入流动人口协会5个。为计划生育家庭购买意外伤害保险100.19万元，出险172次，赔付保险金额

57.57万元，惠及计生家庭1万多户。独生子女保健费标准由150元提高到240元。

流动人口跟踪管理到位率98.28%，指导二孩及以上已婚育龄妇女采取长效节育措施落实率为74.54%，药具“新五进”活动覆盖面达到100%，免费避孕药具发放率达95%。乡级计划生育协会组织建设到位率达100%，“六项任务”落实率达100%。全员人口数据库主要指标完整率达99.79%，全县村居计划生育服务管理平台有效应用率为99.47%，计划生育实名登记及时准确率达99.61%。

2019年，全县共兑付利益导向资金700.86万元。其中奖励、扶助资金549.07万元，申报核定奖特扶对象4226人（奖扶3979人、特扶247人）；独生子女死亡的计划生育家庭一次性抚慰金24万元，享受政策人数21人；独生子女保健费12万元，奖励人数258人；企业退休职工、城镇独生子女年老父母计划生育一次性奖励48.65万元，奖励人数139人；发放农村独女及双女高考升学奖38万元，奖励人数179人。计划生育特殊家庭免费健康体检、“两险补贴”、走访慰问等24.58万元。

【科教与新闻宣传】 利用恩施州远程医疗中心平台，开展远程继续医学教育，普及全科适宜技术，加强对全科医生的中医药和康复医学知识与技能培训。完成国家、省级继续教育学分审验325人次。做好农村订单定向培养医学生工作，2019年7名学生签订了定向培养协议。2019年底全县共有全科医生86人。

2019年在县以上主流媒体新闻报道近200篇，其中国家级24篇、省级22篇、州级35篇、县级98篇，开展各种宣传活动500余次，宣传品进村入户率达100%，为全县卫生健康事业发展营造了良好氛围。

【健康扶贫】 县卫健局先后组织相关部门和系统召开健康扶贫专题会议8次。出台《咸丰县2019年健康扶贫工作计划》《咸丰县健康扶贫“三个一批”行动方案》《咸丰县2019年家庭医生签约服务工作的实施方案》《咸丰县贫困人口大病集中救治工作方案》《咸丰县门诊特殊慢性病及残疾筛查鉴定评审工作方案》等一系列文件，通过落实“三个一批”，推进健康扶贫工作。

大病集中救治一批。即确定定点医院、确定诊疗方案、确定单病种付费标准，加强医疗质量管理、加强责任落实，分病种、分批次对患有大病的贫困人口进行集中救治。进一步整合政策、统筹资金，对贫困人口重大疾病救治建立健康扶贫兜底保障机制，确保健康扶贫不落一人。通过摸底排查，共有25种大病患者1149，已救治1149人，救治率100%。

慢病签约服务一批。即组织乡镇卫生院医生或村医，对农村贫困家庭优先实行签约服务，制定有针对性的健康管理方案，对农村贫困家庭慢性病患者依据病情采取有针对性的健康管理，提供公共卫生、健康咨询和中医干预等服务，利用基本公共卫生服务经费和倾斜利用有关医保政策，每年为农村贫困人口开展一次健康体检。各医疗单位以健康扶贫门诊慢病筛查为抓手，同步推进家庭医生签约服务，做好体检建档和基本公卫项目随访工作，实现慢病患者的全程健康管理。截至11月底，贫困人口以户为单位签约138947人，实现应签尽签、应检尽检。

重病兜底保障一批。即为对医疗费用负担重、患有重病的因病致贫因病返贫贫困人口，通过倾斜医保政策、民政救助等措施，实行兜底保障，防止因病致贫、因病返贫问题发生。截至11月底，农村贫困人口实际参保149892人，参保率100%。设立兜底保障专项资金，实行按需按月进行拨付，全年拨付兜底保障资金1603万元。截至11月底，全县贫困人口住院享受“四位一体”医疗保障政策37049人次，医疗总费用17666.43万元，其中政策范围内费用15461.97万元，“四位一体”报销总额 14780.15 万元，县域内政策范围内报销比例 95.6%；门诊重症就诊 2589 人次，总费用1303.11万元，政策范围内费用1287.79万元，共计报销 1227.79 万元，实际报销比例 94.22%。

开展医保门诊特殊慢性病摸底排查，贫困人口享受慢性病待遇 6739 人。

（刘　波）

县人民医院

【概　况】 咸丰县人民医院占地面积 35104 平方米，建筑面积 30503 平方米，拥有固定资产 1.63 亿元。是一所集医疗急救、预防保健、教学科研于一体的二级甲等综合医院，系武汉大学人民医院（湖北省人民医院）医联体医院，余杭区第一人民医院对口帮扶医院，湖北民族大学教学医院、湖北民族大学附属民大医院医联体医院，咸丰县城乡居民医疗保险及多家商业保险定点医院。2019 年启动新城住院综合楼建设，规划建筑面积 25166 平方米，估算总投资 1.64 亿元。1 月 11 日举行开工典礼，10 月 12 日开始基础施工。

2019 年，县人民医院开放床位 600 张，设有临床医技科室 30 个、行政后勤科室 21 个。心血管内科、消化内科、神经内科、呼吸内科、肾内科、小儿内科、感染科、泌尿外科、普外科、耳鼻喉头颈外科、麻醉科、妇科、产科、康复医学科、临床护理、医学检验科、神经外科、药剂科 18 个科室为州级临床重点专科，骨外科为湖北省县级医院临床重点专科。现有职工 777 人，其中在岗职工 667 人，离退休职工 127 人，在编 270 人，招聘 381 人，医生 190 人，护士 345 人，副高级以上职称 54 人（正高级 8 人），中级职称 133 人。

2019 年 1 月 11 日，咸丰县人民医院新城医院开工仪式现场　　　　吴　畏　提供

医院设备先进，技术力量雄厚，能开展多种有较高难度的医疗业务，包括腹腔镜普外妇科微创手术、妇产科阴式子宫摘除术、关节镜下半月板成形与修复、微创脊柱内镜下椎间盘摘除术、脊椎前后路手术、全髋关节置换、带锁髓内针治疗骨折、断肢再植，肺叶切除术、肝叶切除术、腹腔镜 Hydrid 杂交单孔直肠癌根治术、消化道癌根治术、甲状腺癌根治术、宫颈癌根治淋巴清扫术、颅颈区畸形并脊髓空洞治疗术、颅内肿瘤切除术、颅内出血微创手术、永久性人工心脏起搏器植入术、广泛心肌梗死综合治疗，各种中毒急救、多器官功能衰竭、极低出生体重儿抢救、介入治疗等业务。

2019 年，门急诊 334635 人次，出院 20602 人次，手术 5437 台次，健康体检 12939 人次，平均住院日 9.12 天，住院例均费用 6263 元，综合药占比 20.52%。

【临床服务能力建设】 加强临床服务能力建设。一是完善《2019 年医院质量与安全控制指标体系》《重点监控指标管理办法》等管理制度，加强医疗质量与安全，规范医疗行为，提高医疗质量，保障医疗安全。二是加强“非计划再次手术”、住院超 30 天患者、择期手术患者、不良事件、临床路径、医疗纠纷等环节管理，医疗质量各项指标达到国家标准。三是通过规范临床教学查房，开展疑难病例讨论，院科两级组织业务学术讲座等形式来提高医生理论水平和培养良好的诊断思维程序。四是定期召开医院及医疗质量与安全管理会议，对全院质量与安全进行总结，对存在的典型问题进行质评，医疗服务能力稳步提升。

护理部推行6S管理，推进优质护理服务，创新护理服务举措，定期举办“肾友会、糖友会、妈咪课堂、医患联谊会”等特色服务，每季度评选“优质服务流动红旗科室”。重症医学科扶腾参加湖北省重症技能竞赛获得一等奖，护理部被授予“湖北省县级医院临床重点建设专科”。

积极应对和处置突发公共卫生事件，加强传染病报告与管理，做好重点传染病防控工作，在夏季肠道传染病暴发流行期间，全院上下迅速响应，完善布局流程，科学防范，有效控制了疫情。

制定科学的战略发展目标，努力提升专科特色，以骨科、心内科、泌尿外科等专科建设为突破口，带动全院发展，拓展业务项目，扩大医院影响。开展“颅颈区畸形并脊髓空洞的手术治疗、后腹腔镜下肾上腺肿瘤切除术、MRI周围神经成像”等新业务新技术23项。

【医疗服务及人才培养】 推进东西部扶贫协作、省人民医院“616”对口支援、民大医院医联体建设，在活龙坪卫生院医共体试点的基础上新增小村、清坪、坪坝营、忠堡、唐崖5家卫生院，形成“1+6”的“医共体”格局。在医院管理、专科建设、业务发展、爱心捐助、培训进修等方面，全面参与和帮助医院发展，余杭区第一人民医院、余杭区第五人民医院、省人民医院派出7位专家驻院指导业务，为学科建设给予全力支持。

实施“5G智慧医疗助力健康扶贫”项目。2019年7月17日，湖北省“5G智慧医疗助力健康扶贫”推进会在武汉协和医院召开。湖北省卫生健康委与中国电信湖北公司签订战略合作协议，协和医院和咸丰县人民医院开展全国首例5G+MR+云平台（混合现实）远程骨科手术，标志着湖北省5G智慧医疗以健康扶贫为切入点，探索解决群众看病难“最后一公里”的问题，多

7月17日，全球首例5G+MR+云平台远程手术在武汉协和医院与咸丰县人民医院之间完成

吴 畏 提供

举措改善医疗服务。

开通银医通服务系统，通过自助挂号、缴费，自助报告打印、掌上医院等项目的实施，提升医院服务能力。2019年共通过自助机和掌上医院缴费4.6万人次，计1115万元。同年，与高乐山镇党委联合开展“人民医院进社区，健康服务零距离”义诊活动13次，参加医务人员387人，诊疗8846人次。

加强业务知识培训，全年参加管理知识培训48人次。派出9名医师到三级医院进修学习，派出医务人员207人参加学术会和短期培训。着力培养后备人才，2019年公开招考招聘医生9人，自主招聘医师7人。

加强新闻宣传工作。全年在国家级媒体发布新闻4篇，在省级媒体发布新闻18篇，在州级媒体发布新闻27篇，在县级媒体发布信息57篇。医院微信公众号推送信息86条，浏览量13万余人次，分享1.2万余人次。

（吴 畏）

县中医医院

【概 况】 咸丰县中医医院成立于1982年，位于咸丰县高乐山镇乐山街4号。属非营利性公共卫生事业单位、国家“二级甲等中医医院”，是湖北省中医药适宜技术推广先进单位和中医药文化

建设示范单位、咸丰县红十字急救和基层中医药指导中心。2019年6月，国家卫健委、国家中医药管理局将其确定为全面提升县级医院综合能力第二阶段500家县级中医医院之一，也是恩施州唯一入选的县级中医医院。

医院规模较大。医院占地面积17亩，门诊综合楼主体及装饰装修、门诊综合楼附属连廊、门诊综合楼附属工程、设备用房、原计生站综合楼改造等建设项目基本完工，共计完成货币工程量约4000万元。业务用房15000平方米，编制床位300张，实际开放床位390张。2019年在岗职工360余人。

学科建设齐全。医院设有内1科、内2科、内3科、外1科、外2科、儿科、妇产科、针灸推拿科（治未病科、康复科）、急诊科、口腔科、养生堂、麻醉科、手术室等临床业务科室，有药剂科、放射科、功能科、检验科等医技科室。拥有1个国家级（苗医土家医风湿病专科）、2个省级（针灸推拿科、脾胃病科）、4个州级（心血管专科、针灸推拿科、脾胃病科、肛肠科）重点中医专科，设有“治未病”科（养生堂）、名医堂、知名中医工作室等中医特色专科。

医疗设备先进。不断优化设备配置，投入资金1200余万元购置血液透析机、呼吸机、全数字化高端彩色多普勒超声诊断仪、移动式C形臂X线机、微创手术系统、电子胃肠镜等先进医疗设备10余台。

服务水平不断提升。开通“银医通”服务系统，患者可轻松完成挂号、缴费、查询等流程，大大缩短排队时间，便于患者尽快接受诊治，提高了运营效率。2019年门诊量达155513人次，住院病人15986人次，接待体检2.36万人次；完成经济收入12114.92万元，比上年增长7.04%。

【医院改革与医联体、“医共体”建设】 深入推进医院改革。开展医疗质量智能监管平台管控工作，持续推进分级诊疗、药品零差率、按病种付费、临床路径管理、药品购销“两票制”等医改政策落实，严格执行恩施州县级公立医院综合改革医疗服务指导价格。11月30日对耗材执行零差率销售。

加强与恩施州中心医院对口帮扶、湖北民族大学附属民大医院医联体工作。州中心医院派出6名专家到院开展长期业务指导，派出7名专家到院开展手术指导，共计指导手术67台次；免费接收县中医院17名医护人员进修培训。湖北民大医院派出2名专家到院开展长期业务指导，派出5名专家来院开展临时手术指导，共计指导手术15台次；免费接收3名医务人员进修学习。加强东西部协作，余杭区中医院派2名业务专家到院进行业务指导，并免费接收1名专业人员赴杭培训学习。

推进“医共体”建设。继黄金洞分院医共体建设试点一年后，2019年分别与曲江镇、朝阳寺镇、高乐山镇、大路坝区工委4家卫生院建设医共体，组织专班深入各成员单位开展调研，制定医共体内实施方案、章程及业务、财务管理制度。

【业务建设与医院管理】 开展新业务新技术，不断提升医疗水平。全年开展冠脉造影133台次，支架植入15台次，心脏临时起搏器植入2台次，椎间孔镜26台次，脊柱关节镜27台次，经皮穿刺椎体成形术19台次，分娩镇痛5例，内镜消化道息肉切除术80台次、异物取出术6台次、内痔硬化治疗术30台次，开展腹腔镜下胆总管切开取石、腹腔镜下直肠癌根治、肾错构瘤肾部分切除等手术23台次，开展温通刮痧疗法800人次、埋线疗法42例、外周介入治疗（肝癌化疗栓塞术+部分脾动脉栓塞术）1例、排粪造影检查11人次。加强院内会诊和上级专家会诊，提高疾病诊断、治疗及救治危重患者的成功率，提升医疗服务水平。

加强医疗质量管理。医院成立以院长为组长、分管副院长为副组长和科室主任为成员的医疗质量管理领导小组，负责临床科室、医技科室、行政及后勤部门等的质量管理。加大医疗质量考核，对重点环节进行监管，严格执行手术审批制度及手术分级管理制度，对中等以上手术履行审批程序，确保医疗安全。严格落实护理质量管控，开展护理延伸服务，对出院患者通过电话回访、上门回访等形式进行健康教育、慢病管理、用药指导等服务，提高患者满意度及社会认可度，全年回访出院病人 15000 余人次。

加强药事管理。严格执行《处方管理办法》，落实“四查十对”处方调剂操作规程。加强药品、耗材质量管理工作，保障患者用药安全。加强特殊药品管理，对麻醉，第一、二类精神药品，终止妊娠药品进、销、存情况进行严格监管，规范登记，做到账物相符。做好药品、医疗器械不良反应监测工作，全年上报药品、医疗器械不良反应事件 44 例，其中药品 32 例、医疗器械 12 例。医院被授予全州药品、医疗器械、化妆品不良反应监测上报工作成绩突出单位。

强化院感管理。一是加强院感知识培训，提高院感管理意识。组织参加省级以上院感管理知识培训 3 次，参训 11 人次；选派医务人员参加咸丰县院感管理知识 PDCA 大赛及辩论赛，其中院感管理知识 PDCA 大赛获二等奖 1 名、三等奖 2 名，医院感染管理辩论赛获三等奖 1 名。二是完善医院感染监督管理。健全科室院感质量检查记录，完善科室内《消毒隔离登记本》《医疗废物登记本》《院感质控手册》，编印《医院感染管理通讯》4 期。三是强化手卫生管理。加强手卫生培训及考核，提高医务人员手卫生依从性和正确率。

加强人才队伍建设。2019 年，通过公开招考、自主招聘、借用等方式引进专业人员 28 人，选送 37 名业务骨干到上级医院进修学习，选派 4 名医生进行医师规范化培训、1 人参加硕士研究生学习、2 名干部到余杭参加学习交流活动、189 人外出参加各类专业学术交流及培训，邀请上级专家来院会诊、指导 78 人次，上级医院专家坐诊、指导 10 人次。组织学术活动及业务培训 14 次，培训医务人员 2500 余人次，其中各县市参会人员 316 人次，各乡镇参会人员 1122 人次。

加强纪检监察和执纪问责，对违反中央八项规定精神、“四风问题”、损害群众利益的不正之风，医院综合目标管理制度等违规违纪问题加大查处曝光力度，畅通监督渠道，对群众举报问题快查快办。全年调查核实患者投诉 10 起、处理 5 起 5 人次，查处各类违纪违规事件 83 起 94 人次。

【中医特色诊疗与中医文化】 巩固发展国家、省、州级重点中医专科，新增州级重点中医专科 4 个。坚持将中医药优势与健康管理相结合，打造中医特色明显、形式多样的健康服务模式，提升太极馆、养生堂、康复指导中心服务水平，通过开展“冬病夏治三伏贴”“康复宣传月”“送艾送健康”“太极拳培训”等活动，中医药特色优势更加突显。

咸丰县中医医院养生堂　　扶慧芳　提供

推进苗医苗药应用传承。自制苗药制剂“苗药骨痹胶囊”“苗药风湿酒”“苗药痹痛消丸”“苗药痛风散”“苗药尪痹散”“三棱慈姑茯苓胶囊”，全年应用苗药 1000 余千克用于骨痹（骨关节炎）、尪痹（类风湿关节炎）、痛风、项痹（神经根型颈椎病）、燥痹（干燥综合征）等病人的治疗，全年门诊患者万余人次，住院患者1500余人次。

推广中医药特色技术。开展中医护理特色技术17项，其中中药熏洗31582人次、耳穴埋豆49084人次、中药热敷33409人次、中药涂药22430人次、超短波12801人次、艾条灸14259人次、神灯照射46125人次、穴位贴敷41294人次、中药熏洗7724人次、穴位按摩6225人次、拔罐2439人次、中药灌肠252人次、刮痧736人次、中药封包18656人次、中医定向治疗13811人次、电按摩2240人次。实施41个病种中医护理方案，定期对开展情况进行评价总结，全年共实施中医护理方案1997例。

开展“中医中药村村行”活动。2019年完成高乐山镇35个行政村、5个社区“中医中药村村行”活动。共接诊患者18676人次，免费B超5913人次、心电图4168人次、针灸1116人次、理疗1099人次、艾灸306人次、拔火罐393人次、推拿3人次、单验方5615人次、发放宣传单2万余份，为行动不便的患者上门服务50余人次。

2019年，咸丰县中医医院中医中药村村行活动现场
扶慧芳 提供

《中国中药大典（湖北卷）》编撰工作。在全面总结整理前期编写的《湖北咸丰药用植物志》《风湿病苗药本草荟萃》《医疗机构处方常用土家药手册》等书籍基础上，进一步挖掘、研究特色苗医苗药，编辑《中国中药大典（湖北卷）》咸丰特色条目。

积极传播中医文化。全年共发布微信推文103篇，制作美篇8篇，发布各类宣传稿件88篇，县级及以上媒体采用55篇，其中省级媒体4篇，国家级6篇；制作短视频6部，H5动画9部，举办大型文艺晚会1台，组织编排文艺节目5个，参加全县文艺节目比赛1次，选派选手参加全县演讲比赛2人次、全州演讲比赛1人次，进行微信直播1次，制作各类宣传栏、宣传展板、宣传横幅等50余个。利用二十四节气微信推文宣传中医药文化及中医诊疗技术。开通村村响广播栏目“中医开讲”，每天定时播放，宣传中医药养生文化。

【苗医苗药传承和研发】 县中医医院致力于传承和研发本地苗医苗药，1999年建立苗医土家医风湿病专科，开展点穴、泥疗、苗药湿热敷、药带等多种特色疗法。2002年，苗医土家医风湿病专科列为全国民族医药重点专科建设项目，2006年评为国家级民族医重点专科。近年来，苗医苗药专科设病床47张，常用苗药100余味。其中，研制“三棱慈姑莪苓汤”治疗卵巢囊肿，获全国医药优秀成果奖；开发“二乌灵仙散”，对骨质增生疗效独特，获国家专利。出版《苗药风湿本草荟萃》《土家女科学》《湖北苗药》《湖北咸丰药用植物志》等专著，多项科研成果获各级科学技术奖。开展苗医苗药师承教育，制定《师承教育管理办法》，推动苗医苗药发展与运用。强化专科学术传承，2019年8月举办“糖尿病及风湿免疫疾病基层培训班”，参训人员200余人次。

（扶慧芳）

妇幼保健

【概　况】 咸丰县妇幼保健院成立于1958年，是由政府举办的非营利性公共卫生事业单位，世界卫生组织、联合国儿童基金会授予的恩施州首批“爱婴医院”，2012年评定为“二级优秀妇幼保健院”，省卫生厅于2013年批准成立“儿童医院”。医院占地面积3884平方米，房屋建筑面积5800平方米，编制床位150张，开放床位100张。设有办公室、政工科、财务科、统计信息科、医务科、护理部、药品器械科、医疗保险管理科、门诊部、儿科、新生儿科、产科、妇科、临床检验科等保健临床业务科室。2019年在岗职工133人。

全年开展妇幼卫生健康服务培训会3次，参训455人次；举办2019年母婴保健技术资格考试，76人参加考试，合格63人，合格率90%；每季度对全县医疗机构及11个乡（镇）开展妇幼健康服务专项督导。2019年全县住院产妇总数3414人，孕产妇死亡1人，活产数3434人，住院分娩率100%；产后访视3278人，访视率95.46%；孕产妇系统管理率92.78%；全县7岁以下儿童25704人，保健覆盖23195人，覆盖率90.24%；全县5岁以下儿童死亡20人，死亡率5.82‰，其中婴儿死亡18人，死亡率5.24‰。全年共为2911名孕产妇提供艾滋病、乙肝、梅毒咨询及检测，查出乙肝阳性产妇92人，梅毒13人，其中10人采取有效阻断措施。全县完成新生儿5种疾病筛查共2859人份，筛查率98.05%；新生儿耳聋基因筛查1907人，可疑阳性62人。开展免费叶酸预防胎儿神经管缺陷项目，新增叶酸服用人数4800人，叶酸服用率93.88%，新增服用依从率90.27%；改善儿童营养，2019年发放营养包34642盒，发放率90.54%。加强出生医学证明签发管理，2019年首次签发2978张，当年度出生首次签发2820张，废证数15张，查出假证1例。开展农村妇女“两癌”筛查，完成宫颈癌检查9305人，完成率100.05%；乳腺癌检查9424人，完成率101.33%。

全年组织召开计划生育技术服务、“两免”工作及避孕药具工作培训会3次，共215人次参加培训。全县计划生育实名制登记录入考核指标综合率100%；免费开展婚前医学检查和孕前优生检查，3月县妇幼保健院安装婚前医学检查系统，4月各乡镇安装孕优系统。全年完成免费婚前医学检查1195人，完成率66.39%，查出疾病126人；完成免费孕前优生健康检查1227人，完成率64.04%，风险人群123人，风险人群比例11.27%。避孕药具管理工作，当年共发放药具礼包2300份，避孕套513476只，口服药3991盒，避孕栓3159盒，避孕膜1236本，凝胶1665支，环980套，皮埋20份。12月对药具管理员进行操作培训，完成全县药具系统更新，338个药具发放点工作及管理系统运转正常。

【普及健康知识】 以孕妇学校、妈咪课堂为载体普及健康知识，全年开班13期，参加学习996人次；为县一中、县职业中学学生进行青春期保健知识专题讲座，共计1050人参加；开展妇女健康知识讲座及义诊活动，共计300余人参加知识讲座，义诊接诊83人。

（张　莉）

疾病防控

【概　况】 咸丰县疾病预防控制中心承担政府疾病预防控制技术管理与服务职能。主要职能包括：传染病、寄生虫病、地方病、慢性非传染性疾病等预防与控制、突发公共卫生事件和灾害疫情应急处置、疫情及健康相关因素信息管理、健康危害因素监测与干预、健康教育与健康促进、疾病预防控制技术管理与应用研究指导。中心内设：党务办公室、行政综合办公室、财务科、健康教育科、疾病控制综合科、卫生体检科、慢性病防治科、免疫规划科、结核病防治科、检验科、质量控制科、总务科。2019年人员编制58人，年末职工人数44人。

2019年，县疾控中心坚持“没有全民健康，就没有全面小康”的“大健康”理念，围绕“五个咸丰”建设，贯彻落实“预防为主”的工作方针，认真履行疾控工作职能，不断巩固疾病预防控制体系。以能力建设为抓手，突出人力、财力保障重点，全面提升服务能力。一是向县编办、人社部门争取编制计划，通过公开招考、专项招聘的方式引进专业人员。二是县财政在全额保职工工资基础上，将免疫规划、艾滋病防治、结核病防治、卫生应急物资储备、地方病防治、检验检测经费195.6万元列入本级部门预算。三是积极谋划改善基础设施，按照省卫生计生委领导现场调研的要求积极申报整体搬迁项目，年内完成施工招标工作。

2019年度传染病疫情平稳，应急处置及时。全县无甲类传染病报告；累计报告乙类和丙类传染病病20种3220例，报告发病率为1045/10万。其中：乙类传染病13种783例，丙类传染病7种2437例；无迟报、迟审、漏报、重卡情况发生。全年完成手足口病采样62例。储备个人防护、消杀药械、检验检测等应急物资储备较充足，处置聚集性疫情39起、开展学校传染病防控风险隐患排查40所，未出现Ⅳ级及以上突发公共卫生事件。

【重大疾病防控工作】 性病、艾滋病防治。落实艾滋病“四免一关怀”政策，实施“五扩大、六加强”各项措施。全年新增艾滋病病人和感染者16例，累计管理病人和感染者70人。新增免费抗病毒治疗病人16人（其中外地转回治疗4人）；对59例治疗满达1年的病人全部完成病毒载量检测工作；对78例管理病人及感染者的开展CD4检测（检测率97.5%）。全年开展母婴阻断检测3317人次，任务完成率77.14%；自愿咨询检测561人次，任务完成率112.2%；开展监管场所羁押人员101人次全部监测；实施娱乐场所干预50家，对520名服务人员全部检测，未检出艾滋病阳性病例。“12・1”世界艾滋病日组织开展万人防艾公益跑活动，营造人人关注、人人参与艾滋病防治氛围。全年累计发放宣传资料2000余份，为治疗的艾滋病人及感染者发放生活费补助43000元。

县疾控中心工作人员对咸丰一中学生进行健康宣传
廖宜超　提供

结核病防治工作。适应结核病新型医防结合服务体系建设要求，从2018年6月23日起，结核病诊疗工作移交到县人民医院。2019年，县疾控中心共接诊疑似肺结核患者及肺结核患者966人，完成全年任务的101.68%；免费胸部X光检查275人，免费查痰880人，查痰率91.1%。发现活动性肺结核329例，完成年度总任务的137.83%，其中：初阳151例，初阴143例，复阳15例，结核性胸膜炎20例。全县综合医疗机构登记报告肺结核病/疑似肺结核患者635例，网络报告635例，综合医疗机构患者报告率100%（指标95%）。应转诊635例，转诊635例；转诊和追踪总体到位604例，总体到位率95.12%。全年登记密切接触者家属150例，筛查150例，患者家属筛查率100%。通过拍片、查痰和PPD试验对150例密切接触者进行免费检查，未发现活动性肺结核患者。痰培养共开展肺结核患者痰培养61例，其中初治涂阳患者55例，复治涂阳患者5例，初治涂阴患者1例。培养阳性5例，其中初治涂阳患者4例，复治涂阳1例，送检耐药筛查5例。全县累计登记报告学生疑似肺结核患者33例，排除10例，登记肺结核患者23例。其中：县一中8例，县中等职校2例，县民族中学1例，活龙坪乡民中1例，县技工学校1例，外校10例。全县各医疗机构均对辖区内的学校新生开展结核病筛查（PPD实验），涉及42所小学及教学点，14所中学，1所高中，1所职校；共体检学生10963人，其中：小学一年级新生4011人，初中七年级新生4310人，高中2642人。当年8月，咸丰一中新生入学体检发现4例肺结核患者，均采取休学居家隔离治疗措施。

地方病及寄生虫病防治。以碘缺乏病、燃煤污染型地方性氟中毒重点，完成常规监测任务，其中完成盐碘、尿碘监测300人次。完成燃煤污染型地方性氟中毒儿童氟斑牙监测2817人，居民炉灶使用入户抽样调查1150户。通过对“三热”病人开展血涂片检查和输入性疟疾监测共计303人，巩固疟疾防治成果。

【免疫规划工作】 加强预防接种能力建设。全县认证预防接种单位资质认证82个，年度考核合格接种人员436人，接种人员持证率100%。全县完成接种门诊升级改造2个，搬迁到公有制村卫生室的村级接种点6个。

规范疫苗采购管理。全县所有一类疫苗均由省政府统一采购，二类疫苗严格按照规定按计划按月在省级平台统一遴选采购，2019年5月省卫健委统一采购医用冰箱分发咸丰县25台；9月余杭区赠送疫苗冷链温度监控预警系统1套，10月正式投入使用；12月县疾控中心利用原计划采购冷链监控系统经费补充采购低温医用冰箱1台、391L大容量冷藏医用冰箱2台和疫苗冷藏箱15台，逐一更换老化、普通冰箱和使用已久的冷藏箱，改变疾控中心及各接种单位冷链设备老化和不足现状。规范疫苗采购、储存、运输、账务、监控预警管理。

提升儿童疫苗综合接种率。全县管理0—6岁目标儿童33733名，管理率100%。其中流动儿童建档942名，产科建档2923名，及时建档率96.31%，个案完整率95.83%。按照《预防接种工作规范2016版》要求，严格履行接种书面告知和健康筛查程序，家长确认率100%。共接种一类疫苗69982剂次，综合接种率97.94%，其中麻类疫苗适龄儿童2剂次常规接种率分别达到97.83%和97.8%。监测AFP病例1例，继续维持无脊灰状态；规范监测并实验室排除麻疹18例，全年全县没有麻疹本土病例报告。

查验证补种有效落实。全县各学校、托幼机构均按要求开展接种证查验补种工作，全县开展接种证查验的查验单位105个，共查验学生10193人，查验率99.96%，完成全程接种9577人，补证184个，完成补种541人，补种773剂次，补种率98.98%。

加强预防接种异常反应监测处置工作。2019年，各县直产科和接种门诊常规发放异常反应宣传资料1.5万余份，加强商业保险及多层次补偿政策的宣传。加强预防接种异常反应的监测与报告，当年共监测报告AEFI51例，及时处置51例，及时处置率100%，均为一般反应。

【慢性病防控工作】 2019年1月，咸丰县被国家卫健委重新确认为国家慢性病综合防控示范区。县疾控中心以此为契机，巩固慢病防控体系，健康支持性环境向农村延伸，以健康长廊、新媒体广泛普及健康生活方式，在全县营造人人关注健康、知晓健康知识、倡导健康生活方式的氛围，带动提升慢性病防治管理水平。

2019年，全县发现并登记高血压患者23640人，规范管理19152人，规范管理率为81%，最近一次随访血压达标人数10600人、血压控制率45%。登记管理糖尿病患者3680人，规范管理3495人，规范管理率为95%，最近一次随访空腹血糖达标人数1970人、血糖控制率54%。全县常住老年人36159人，健康管理30850人，健康管理率为85.3%。登记管理严重精神障碍患者1459人，检出率达4.74‰，规范管理1316人，规范管理率90.2%、在册患者服药率70.12%、规律服药率27.69%，精分患者服药率69.3%，精分患者规律服药率27.27%，面访率90.68%。全县网络报告死亡人数2576人，报告及时率100%，审核率100%，心脑血管事件共计网络报告966例；肿瘤登记报告729例。

【职业病防治及卫生监测服务】 加强职业病防治和监测。一是主动监测2018年全县关闭的所有煤矿工人情况，将这部分工人作为主动监测的重点，免费进行职业健康检查。2019年主动监测735人，发现疑似职业病18人，粉尘作业禁忌证8人。二是监测哨点医院（咸丰县人民医院）开展情况，2019年8月开始在咸丰县人民医院呼吸门诊开展尘肺病筛查试点工作，对就诊的呼吸系统门诊患者进行主动筛查。8—12月，共筛查患者410例，拍摄DR胸片410例，筛查工人数41人，接尘劳动者32人，发现尘肺样改变22人。三是职业性尘肺病随访与回顾性调查，全县共随访尘肺病病例285例，除1例姓名和身份证号错误以外，其余全部随访到位。四是加强生活饮用水检测，全年共采集生活饮用水项目水样64份，其中出厂水28份、末梢水36份。检测结果合格为64份，合格率100%；其中出厂水合格28份，合格率100%；末梢水合格36份，合格率100%。按照全县双随机工作要求，完成20家公共场所卫生监测、工作场所监测企业35家，22所学校卫生监测、5家医疗机构消毒效果卫生监测工作，完成12所学校农村义务教育学生营养改善计划营养健康检测评估工作，全年工完场从业人员体检8361人，职业健康检查836人。

【实验室质量管理】 按照实验室质量认定的相关要求，完成检测技术标准查新确认。整理仪器设备档案，检定仪器73件台，审核签字检测原始记录、报告发放，完成HIV抗体检测673人次、临检室体检9197人次，甲肝、戊肝抗体检测8300人次，疟原虫检测10人次，麻疹Igm抗体检测30人次、风疹Igm抗体检测30人次、痰培养126份；水样检测145份、医院消毒效果监测6份、公共场所监测22份、食饮具监测3份。通过开展实验室质量认定工作，进一步规范检验检测行为。

【健康教育与促进工作】 2019年，全县各医疗机构完成公益广告5种，时长1095分钟播放，提供健康折页8种类，40万余份，完成微信公众号的信息平均每星期1—2次更新，进行重点领域与重点疾病健康教育，每月进行健康知识推送，辖区内主持开展健康巡讲26次，开展卫生日主题宣传活动99次，完成国家及贫困地区健康素养监测点监测数据录入及汇总上报，每月给融媒体提供材料在新闻网及村村响、电视台字幕、咸丰发布播放健康宣传知识，布置乡镇健康环境支持创建任务指标，共建设健康促进学校14所，健康村61个，健康家庭100户，完成小村乡健康步道创建及验收，培训乡村健康教育骨干46人，健康教育宣传栏设置300余个，县区级巡讲专家专家库建设12人。完成戒烟门诊开设及服务，通过考核确认的无烟机关123个，开展控烟主题活动11次，制作控烟宣传材料8种并下发到乡（镇）开展控烟活动。

（廖宜超）

社会生活

民族宗教事务

【概　况】 咸丰县民族宗教事务局（简称民宗局）为县政府主管民族、宗教工作部门。内设办公室、民族股、宗教股3个职能股室；下辖电脑农业办公室，为财政全额拨款事业单位；临设“616”工程办公室。2019年有公务员编制10人，事业编制6人，劳务派遣1人，共17人。全年，县民宗局围绕县委、县政府中心工作，全面贯彻落实党的民族宗教政策，加强民族团结，弘扬民族文化，推进民族宗教工作有序开展，积极争取“616”工程建设项目，各项工作取得新的进展。

民族团结进步创建活动。一是将民族团结进步与“五个咸丰”建设、精准扶贫、新时代文明实践相结合，在“深”字上做文章。2019年，全县1个集体、1人次申报省级表彰命名，8个集体、8人次获州级表彰命名；残疾人典型代表吴辉被评为国家级民族团结进步模范个人。二是挖掘一批新的优秀民族文化人才。编印一本民族文化论文集，打造1个民间品牌节目，建立1支女子三棒鼓演艺队伍。三是实施民族文化保护工程。组织开展元宵猜灯谜、“‘民族情’书法、绘画、摄影及民族手工艺作品展览”等系列活动，推荐《唐崖土司夫人》在北京民族剧院进行表演，展现咸丰风采。

特色村寨保护发展。按照“民居建筑有特色、产业发展有特色、民族文化有特色”的标准，将马倌屯村、大沙坝村、白岩村、土地溪村、龙潭司村、马家坪村以及咸丰大道沿线湾田村、马家沟村、墨池寺村作为少数民族特色村培育发展，完成清坪镇把界村移民新区19栋民居改造，建成全县特色村寨项目库。同年申报马倌屯、大沙坝、龙潭司村为第三批中国少数民族特色村寨。

加强宗教工作。推进宗教政策法规学习，将宗教政策法规纳入县委中心组学习、支部主题党日、县委党校的学习培训内容，组织全县乡镇统战委员、统战干事80余人次进行宗教法律法规及知识培训，提升依法管理宗教事务能力。

【“616”工程项目资金超16亿元】 “616”对口支援于2007年开始实施，由1名省委、省政府领导牵头，6个省直单位参与，对口支援1个民族县市，每年至少办成6件较大实事，简称“616”工程。2019年，县委、县政府多次召开县委常委会和政府常务会，专题研究“616”对口帮扶工作，每月汇报并调度一次对口帮扶项目推进情况。6月21日，省委下发《2019年“616”工程对口帮扶咸丰县专题会议纪要》（〔2019〕第4号），制定《2019年“616”工程对口帮扶咸丰县项目清单》，涉及项目63个，资金161179万元。截至2019年12月底，完成项目54个，其余为跨年度项目，累计到位资金122177万元。

【精准扶贫】县民宗局驻点帮扶高乐山镇核桃园村。该村耕地面积2700亩，林地3473亩。辖5个村民小组，298户1059人；其中建档立卡贫困户109户387人。2017年，借精准扶贫东风，建成白茶基地700余亩，在基地中新修15千米茶叶路；引进外地客商建成110亩葡萄基地和茶花基地。2018年，杭州市余杭区捐赠100万元用于修建茶厂，2019年完成厂房建设。积极争取项目和投资，改善道路交通、饮水工程、电力通信和公共服务设施。新建和改扩建村组公路14千米，硬化路面10.4千米，太盐线和李杉线穿村而过连接椒石线和利咸公路两条大通道，梁茶线、老茅线、老唐线、李杉线让小组之间、院落之间连成一体。新修5个饮水池，维修3个烟水配套水池，共计1900立方米，实现安全饮水全覆盖。新增3个变压器、1个基站，实现用电全覆盖、网络无盲区。建成杉树湾文化广场，成为村民休闲娱乐的新场所。2019年底，建档贫困户实现“两不愁三保障”目标。

（宋志雄）

人力资源与社会保障

【概　况】咸丰县人力资源和社会保障局（简称县人社局）于2010年6月组建，为县人民政府组成部门。2019年3月，实施县级机构改革，将公务员综合管理职责划入县委组织部，不再保留县公务员局牌子；将城镇职工和城镇居民基本医疗保险、新型农村合作医疗、生育保险等管理职责与县发展和改革局（县物价局）的药品和医疗服务价格管理职责，县民政局的医疗救助职责整合，划入新组建的县医疗保障局；将原医保局承担的工伤保险经办职能划入县人社部门。改革后，县人力资源和社会保障局内设6个股室：办公室（党办）、规划统计与基金监督股、政策法规与政务服务股（行政审批股）、事业单位管理股、工资福利与社会保险股、就业创业管理股。核定机关行政编制16名，设局长1名，副局长2名，总会计师1人，内设机构领导职数正职6名。下辖二级单位5个：县社会保险管理局、县公共就业和人才服务局、县劳动保障监察局、县劳动人事争议仲裁院、县人社信息中心；延伸派驻乡（镇、区）人社服务中心11个。

2019年，咸丰县人社局全面落实省、州人社工作会议决策部署，充分发挥人社部门服务发展、保障民生的优势和作用，开拓创新，锐意进取，各项工作取得较好的成绩。扛起脱贫攻坚政治责任，人社行业扶贫各项政策措施落实；落实细化就业创业服务；实施全民参保计划，推动社会保障网织密扎牢；严格执行事业单位岗位设置管理、公开招聘、职称制度改革政策；充分发挥劳动保障职能，切实维护劳动者权益，巩固和谐劳动关系。

人事人才管理。严格执行事业单位岗位设置管理、公开招聘、职称制度改革政策，全县事业单位人事管理工作向制度化、规范化、科学化目标稳步迈进。高层次人才推荐评选工作，推荐1名“享受省政府专项津贴人员”人选，选派2人参加“湖北省贫困地区专业技术人才奉献岗位”计划人选培训。围绕紧缺专业人才开展公开招录招聘，2019年招聘事业单位工作人员215人，招募“三支一扶”32人。职称制度改革稳步推进，推荐申报正高级评审3人，副高级126人，中级81人，初级159人。

社会保障体系。统一城乡居民基本养老保险制度，深化机关事业单位养老保险制度改革，继续实施全民参保计划，推动社会保障网织密扎牢。城乡居民、城镇职工基本养老保险覆盖24.43万人，工伤保险覆盖1.4万人，工伤认定152件，社会保障卡持卡人数39.5万人，电子社保卡签发43370张，完成任务数的109.72%、109.89%。落实降低社会保险费率政策，为企事业单位减负

1600万元。企业养老保险待遇实现“十五连调”，机关事业单位和城乡居民养老保险待遇实现“四连调”，惠及全县7.2万余名享受待遇人员。社保基金收支规模持续扩大，社保基金不断强化，2019年累计支出5.8亿元，追回冒领养老保险待遇13万元。

和谐劳动关系。强化劳动仲裁调解工作，依法依规处理劳动人事争议案件，确保案件办理质量，2019年受理劳动人事争议案件322件，全部结案，为劳动者挽回损失934.9万元，按期结案率100%；强化劳动保障监察工作，受理劳动监察投诉举报案件，全年处理劳动监察举报投诉203起，涉及劳动者1600余人，依法为1400余名劳动者追索劳动报酬900余万元。深化保障农民工工资支付“4+3”模式建设，全县共采集建设工程项目信息604个，其中2019年录入219个，开设农民工工资准备金专户219个、183个项目实现银行代发工资，缴存农民工工资保证金1122万元。不断优化营商环境，清理减少人社部门证明事项61项。

【就业创业服务】 坚持把稳就业作为首要任务和头等大事，全力保持就业形势的总体稳定。2019年，全县城镇登记失业率0.64%；城镇新增就业4753人，完成目标任务4200人的113.17%；城镇失业人员再就业753人，完成目标任务700人的107.57%；就业困难人员再就业438人，完成目标任务350人的125.14%；新增返乡创业人数471人，完成目标任务450人的104.67%；大学生实习实训2320人，完成目标任务1000人的232%；新增高校毕业生就业421人，完成目标任务400人的105.25%；失业保险参保人数14432人，为237名失业人员发放失业保险待遇170.54万元，为55家企业发放稳岗补贴88.8万元。为363人发放创业担保贷款4570万元。全年培训12785人，推送岗位信息11期，推送岗位8000余个，发送短信98840条，促进农村劳动力转移就业。在活龙坪乡气窝坝、唐崖镇老街、坪坝营镇杨洞、高乐山镇白水坝4个集中安置点设立公共就业服务站，开展就业创业工作。2019年完成贫困劳动力调查79987人，已就业78931人，贫困劳动力就业率98.87%。

【行业扶贫】 坚持以就业帮扶为主线、社会保障为底线，坚决扛起脱贫攻坚政治责任，落实人社行业扶贫各项政策措施。

一是深入实施更加积极的就业政策，着力在技能提升、就业促进、创业激励三大行动上精准发力，全力推进就业扶贫政策在县落实落地。围绕“全域旅游”和“大众创业”开展职业技能培训，围绕“三茶一猪”等产业开展种植、养殖等农村实用技术精准扶贫培训，2019年培训贫困人员10862名；贫困家庭“两后生”定向培训1073人，培训率100%；组织14名贫困家庭初中毕业生到杭州职业技术学校就读。开发公益性岗位安置建档立卡贫困人员2058人。其中易迁安置点和行政村保洁员526人，公路养护员193人，光伏扶贫电站巡护员6人，生态护林员1030人，河道保洁员38人，公益性岗位45人，余杭区出资开发220名。鼓励在乡镇、村、易迁安置点建设就业扶贫载体，2019年认定东西部扶贫劳务协作扶贫车间15家，并对吸纳建档立卡贫困人员就业的企业按每人2000元的标准发放就业补贴，全年向各类就业扶贫载体发放吸纳就业补贴5.8万元。落实创业担保贷款扶持政策，为18位建档立卡贫困人员发放创业担保贷款210万元。继续实施精准扶贫创业扶持和农家乐扶持，对符合条件的经济实体给予不超过3万元的无偿资金扶持。当年为72家企业（专业合作社、个体工商户）发放精准扶贫就业创业扶持资金108.8万元；为8家个体工商户发放精准扶贫农家乐扶持资金9.4万元。

二是精准发挥城乡居民养老保险兜底作用，落实好为建档立卡等贫困人口代缴保费和发放待遇政策，确保“应保尽保，应享尽享”。对符合城乡居民养老保险参保条件的未参保贫困人员，主动提供参保经办服务，及时纳入保障体系。对建档立卡未标注脱贫人员，及时落实城乡居民养老保险费财政代缴政策，2019年按每人每年100元标准落实代缴14478名，代缴率100%。对年满60周岁未享受居民养老金待遇的贫困人员，逐一核实其在本地或异地参加职工养老保险并享受待遇情况，对未参保贫困人员，由“尖刀班”、工作队和结对帮扶干部入户宣传政策，动员办理参保登记、养老保险费补缴及待遇领取手续后，社保经办机构及时发放养老保险待遇。全县30917名到龄贫困人员按月享受养老金待遇，待遇覆盖率100%。

三是搭建供需对接平台促进转移输出就业。健全数据库，实现信息动态管理。对全县贫困劳动力就业情况开展调查摸底，进一步核实基础信息、就业状态等，完善农村贫困劳动力就业信息数据，并适时更新实现动态管理，核实率达100%。截至2019年底，全县贫困劳动力总数79987人，已就业78931人，贫困劳动力就业率98.87%；全县易地扶贫搬迁户6715户中11728人在外或就近就地务工，实现了“一户有一人以上就业”的目标。利用多载体持续开展送岗位信息服务。每月收集省内外、县内外岗位信息，利用咸丰发布、咸丰在线、村村通广播等媒体按月发布，并以通知形式发送到乡镇、村，同时利用移动网络MAS向缺岗位信息的贫困劳动力发送招聘信息，实现点对点精准推送。组织招聘会，实现供需精准对接，全年组织开展余杭区·咸丰县东西部扶贫协作专场招聘会5场，近350余家企业进场招聘，提供就业岗位800多个，达成就业意向680余人。

【驻村帮扶】 2019年，县人社系统与真假坑村、麻谷溪村、泡桐坝村、旋厂坝村、青山坡村组成结对帮扶，选派第一书记和“尖刀班”到村开展精准脱贫工作。110名干部职工结对帮扶310户贫困户，按照“八个到村到户”要求，每月至少进村入户1次，宣传讲解党的惠民政策，指导发展脱贫产业，协助落实各项政策性待遇。一是基础设施明显改善。至2019年底，5个贫困村都建成集中式管网，解决1262户村民的安全饮水问题，通过低电压改造解决1262户村民的生产生活稳定用电问题，通村公路硬化，通组公路畅通，4G网络信号实现全覆盖。新建村级党员群众服务中心5个、文化广场7个、卫生室5个。向上争取资金150万元，改造真假坑村小学食堂，建立公办幼儿园，改善贫困村办学条件。二是产业发展渐成规模。5个村共发展油茶2586亩、乌龙茶1100亩、白茶798亩、藤茶94亩、绞股蓝20亩，惠及群众1028户。通过公益林收入、集体经济股份合作社入股资金、村级集体土地租赁等方式，5个村均有稳定的集体经济收入，每年达到了9.32万元。三是惠民政策落实处。全年落实25人特困人员供养金、222户460人低保兜底、83人残疾人两补，237人医疗救助，162人纳入重症、慢性病管理，310名学生享受义务教育补助，在贫困户中聘用18名护林员、4名河长、6名公路保洁员。实施易地搬迁和危房改造，精准锁定搬迁对象，累计完成改造危房户267户，174户通过易地扶贫搬迁住进新居。在咸丰县2019年度脱贫攻坚红旗单位和个人评选活动中，黄丽凤、张立新、王娟等6名“尖刀班”成员被评为红旗扶贫干部，真假坑、麻谷溪、青山坡3个“尖刀班”被评为红旗尖刀班；县人社局驻真假坑村“尖刀班”成员丁勇光在全县脱贫攻坚表彰大会上作典型发言。

（方　丽　宋　敏）

社会保险管理

【概　况】 咸丰县社会保险管理局是负责全县养老保险、工伤保险（以下简称社会保险）经办业务的财政全额拨款公益一类正科级事业单位，隶属咸丰县人力资源和社会保障局管理。2019年8月，根据国家、省、州机构改革要求，咸丰县委机构编制委员会印发《关于工伤保险经办职责划转的通知》，明确“工伤保险经办职责由县医疗保障局划转至县社保局”。局机关设10个股室：办公室、机关事业单位养老保险参保股、职业年金股、企业养老保险退管股、机关事业养老保险待遇管理股、城乡居民养老保险参保管理股、城乡居民养老保险待遇管理股、基金财务股、登记核定股、稽核股、工伤保险待遇管理股。年底在职在编职工32名，设局长1名，总经济师1名，副局长2名，股室负责人正职11名。

企业职工基本养老保险。2019年，企业职工基本养老保险参保35359人（其中在职参保20839人，退休14520人，实际缴费人数19391人，完成参保任务人数34300人的103%，在职职工参保任务完成率102%，缴费率93%）。全年核定企业养老保险4万余人次，核定养老保险费23510.65万元，其中灵活就业缴费13668人，征收金额8178.76万元。本期基金静态可支付月数15.68个月，基金上年结余40912万元，期末总收入23409万元，总支出26519万元，期末滚存结余37802万元。

城乡居民基本养老保险。截至2019年底，城乡居民基本养老保险参保197930人。应参保缴费146413人，较2018年同期增长4%，已参保缴费101797人，缴费率68.7%，人均缴费额245元，人均缴费额较2018年同期增长12.9%，法定参保人群参加基本养老保险面不断扩大。基金上年结余17251万元，期末总收入9895万元，期末总支出6719万元，基金滚存结余20297万元。

机关事业单位养老保险。2019年，机关事业养老保险纳入经办单位159家，参保10975人，其中在职职工参保6789人，退休4350人，完成参保任务人数11071人的101%，在职职工参保任务6650人的101%。基金上年结余−25961万元，期末总收入44649万元（征收收入13289万元），期末总支出23426万元，期末滚存结余−4738万元，归集并上划职业年金13999.18万元。

工伤保险。2019年，全县工伤保险参保14464人，完成参保任务人数14551人的99.4%。全年核定工伤保险费1116.16万元（其中农民工工伤保险费870.16万元），全年审核非定期工伤待遇153人次，支付基金1070.96万元，发放定期待遇52人，支付待遇262.63万元。基金上年结余117万元，期末总收入956万元，总支出1345万元，期末滚存结余−272万元。

【社保扶贫】 2019年，全县完成建档立卡贫困人员城乡居民基本养老保险参保登记79880人，为14478名未标注脱贫贫困人员代缴城乡居民养老保险费144.78万元，30917名建档立卡老龄贫困人员享受基本养老保险待遇，实现建档立卡贫困人员应保尽保，待遇应发尽发。

【养老保险待遇】 2019年企业养老保险待遇实现15连调（机关事业单位养老保险同步四连调）。全年共计完成1.83万名退休人员基本养老金调整工作（含机关事业单位养老保险），调整后企业职工基本养老保险与机关事业养老保险分别人均月增资122.85元、209.34元，月人均养老金达到1616.19元、4634.05元。稳步推进机关事业单位养老保险834名“中人”新待遇计发，调整后人均增资511.94元。城乡居民基本养老保险享受待遇人数达到52559人，基础养老金达到103元/人。三大养老保险待遇发放率均实现100%。

（夏建周）

医疗保障

【概　况】 2019年3月，成立咸丰县医疗保障局，县政府工作部门，正科级单位，核定行政编制11名，设局长1名、副局长2名，设4个内设机构，同时完成所属事业单位划转。增加民政的医疗救助经办职责，卫健药品、医用耗材的招标管理及采购平台管理职责，发改的药品、医用耗材、医疗服务项目、设施等医保项目价格管理职责，减少工伤保险经办职责，划归县人社局二级单位县社保局办理。同年8月，原县医疗保险局更名为县医疗保障服务中心，为隶属县医疗保障局管理的副科级公益一类财政全额拨款事业单位，按照“编随事走、人随编走”的原则，从乡镇人力资源和社会保障中心划转全额拨款事业编制15名，调整后，县医疗保障服务中心核定全额拨款事业编制43名，具体承担县、乡医疗保障业务经办工作。组建各乡镇医疗保障服务中心，采取“县管乡用”方式，由县医疗保障服务中心统一派驻2人到乡镇医疗保障服务中心承担参保登记、资格初审、人员异动、医保待遇初审及政策宣传等相关工作，确保构建上下贯通、运行高效的基层医疗保障服务机构。

2019年，县医疗保障局坚持以人民为中心，聚焦改革创新、紧盯行业扶贫、强化基金监管，克难攻坚，扎实开展各项重点工作。推进参保人员待遇享受覆盖率逐步扩面，医保待遇水平稳定提升。完成城乡居民医疗保险参保343284人，住院结算76448人次，发生医疗总费用40579.95万元，政策范围内医疗费用37139.18万元，共计报销29051.85万元，政策范围内综合报销比78.22%；完成城镇职工医疗保险参保22856人，住院结算6949人次，发生医疗总费用5677.75万元，政策范围内医疗费用4934.37万元，共计报销4546.48万元，政策范围内综合报销比92.14%；完成生育保险参保7513人，结算生育保险104人次，支付生育津贴105.5万元。

【优化服务体系】 县医疗保障局不断优化办事流程，精简审批程序，主动作为，靠前服务，通过让数据和工作人员多跑腿，使办事群众少跑路，扎实推动“放管服”改革，不断增强群众的获得感。

落实“一窗一网”制度，窗口服务零距离。2019年6月，县医保局正式进驻县市民之家。将基本医疗报销、医疗救助、大病补充保险、医保转移接续等业务统一窗口办理，通过人员衔接、信息共享等形式实现化零为整，办事群众只需将材料交到市民之家医保前台受理窗口，实现群众办事“只进一扇门”，确保工作运行不断档，服务质量不降低。

落实经办体系建设，推进医保业务下沉。根据省委编委《关于完善市县医疗保障经办服务体系的意见》（鄂编文〔2019〕29号）文件要求，县医保局主动谋划，争取县委、县政府和相关部门支持配合，做好职责调整、机构设置、人员划转等工作。及时组建县、乡医疗保障服务中心，采取“县管乡用”方式确保每个乡镇有2人开展医疗保障服务工作，通过提供优质、便捷、高效的医疗保障服务，打通服务群众“最后一公里”的难关。

落实异地就医“电话报备”，业务办理零障碍。围绕“一切为了群众、为了群众一切”服务宗旨，推动落实异地就医“电话备案”“网上审核”措施，异地长期居住人员，异地长期务工人员通过电话进行转诊备案后，无须再回医保中心办理转诊备案手续，打通群众就医全国“漫游”障碍。积极响应中央、省、州上级主管部门的安排部署，将咸丰县人民医院、县中医医院两家县级医院，接入国家异地就医结算平台，实现与全国及省内其他县市同步结算。2019年，全县共办理异地就医转诊备案人员2630人次，进一步方便了群众就医。

创新医保缴费方式，居民参保缴费零死角。针对城乡居民反映的参保缴费需到社区、医保服务窗口、银行多次往返办理这一热点问题，医保局与县税务局经过多次研讨，进一步优化城乡居民参保缴费流程，创新医保缴费方式，减少群众缴费跑腿次数，减轻各乡（镇）医保中心参保核定工作量。全县城乡居民医保缴费共有5种参保方式供参保对象选择：一是通过“湖北省税务局”手机APP缴费；二是通过电子税务局进行网上缴费；三是在县内工行、农商行、邮储银行专设医保缴费窗口缴费；四是在办税服务大厅缴费；五是到各村组集中缴费。2019年度，有25.75万人通过银行或湖北税务手机APP、电子税务局等网上缴费成功，极大地减轻了基层征缴核定工作量，提高了工作效率。

【落实行业扶贫职责】 围绕精准扶贫总体规划，认真落实省州县医保行业扶贫政策和要求，结合实际，协同相关部门着眼“看得起病”，着力解决贫困对象因病致贫因病返贫问题。一是全面落实参保资助全覆盖。主动与扶贫部门加强对接，落实贫困人口参保资助全覆盖，根据扶贫办提供的建档立卡贫困人口数全员落实贫困人口参保工作，参保应资助率达100%。二是推进“四位一体”结算。持续推进基本医保、大病保险、医疗救助、兜底保障“四位一体”工作机制，全年共有贫困人口40783人次住院享受健康扶贫“四位一体”医疗保障政策，政策范围内医疗费用18280.52万元，“四位一体”报销16921.45万元，政策范围内综合报销比92.56%。三是全面开展贫困人口慢性病评审工作。在坚持评审标准不降低的前提下，进一步简化慢性病评审程序，确保慢性病评审鉴定按月开展，贫困人口享受门诊特殊慢性病待遇达7629人。四是加强医保扶贫政策宣传。认真贯彻执行《州人民政府办公室关于进一步完善农村贫困人口基本医疗保障扶贫政策的通知》（恩施土家族苗族自治州政办发〔2019〕18号）文件精神，通过发放宣传折页、手机短信、设置宣传专栏、农村村村响等方式，广泛宣传医保扶贫政策，提高政策知晓率，确保落实贫困人口待遇“应享尽享”。

【推进重点领域改革】 县医疗保障局着力做好药品招采制度、医保支付方式等重点领域改革。

推动药品招采制度改革。主动沟通对接，扎实做好国家组织药品集中采购和使用试点及扩围工作。一是组织中选药品调查摸底工作，先后两次组织县人民医院、县中医医院、县妇幼保健院、华康医院、爱民医院等县域内7家定点医疗机构对湖北省60个中选药品2017年、2018年两年各医疗机构使用量进行调查摸底，并确定咸丰县首批中选药品约定采购任务。二是推动首批集中招标带量采购工作落地落实，12月30日，县医疗保障局组织召开咸丰县落实国家带量采购药品工作推进会，县人民医院及县中医院等7家定点住院医疗机构分管领导、九州通等8家药品配送企业负责人共计40余人参加会议，8家药品配送企业就25个中选药品分别与咸丰县7家定点住院医疗机构现场签订“三方协议”与委托付款协议共52份，全面完成首批药品集中带量采购任务，明确医疗机构、药品配送企业及权责义务。

深化医保支付方式改革。严格按照省、州部署，全面实行以按总额控费为主，按病种付费、按人头付费、按床日付费等复合型付费方式，全面开展支付方式改革，更好地发挥医疗保障对医疗服务供需双方的引导和对医疗费用的制约作用，提高资金使用率。一是建立县域医共体医保基金“总额预算管理、超支合理分担、结余留用”的激励约束机制，推进县域医共体的建设发展，出台《咸丰县县域医共体城乡基本医疗保险支付方式改革管理办法（试行）》，以县人民医院、中医医院为牵头医院，分别组建2个医共体，覆盖辖区所有乡镇卫生院（村卫生室），开展实施以县人民医院医共体、县中医医院医共体为牵头单位的参保人员基本医疗保险住院医疗费用结算管理模式。二是持续推进单病种付费方式改革，严格执行《州发改委州卫生计生委州人社局关于实施按病种收费改革的通知》文件精神，将住院分娩、小儿肺炎等109个病种纳入县医保支付方式改革范围，2019年共有3446人次实行单病种付费政策，共计补偿单病种费用1311.29万元。

【加强医保基金监管】 县医疗保障局切实加强医保基金监管，保障人民群众的“治病钱、救命钱、健康钱”使用安全。

完善基金分配方案，强化医疗机构协议管理。一是进一步完善基金分配方案，按照“以收定支，收支平衡”的原则，根据县内各定点医疗机构近三年医疗服务及实际发生医疗费用为基础，主动与卫健部门沟通并达成共识，通过精确测算，初拟2019年基金分配方案，将城镇职工与城乡居民医保基金总额控制支出目标细分到各定点医疗机构，并经县人民政府第33次常务会议审议通过并执行。二是强化定点医疗机构协议管理，及时与县域内18家定点医疗机构和州级7家定点医疗机构签订《咸丰县城乡基本医疗保险定点医疗机构服务协议》，163家定点药店及门诊签订《咸丰县城乡基本医疗保险定点药店、门诊服务协议》，进一步明确双方权利、义务和责任，切实提高医疗机构主动控费的意识。

营造打击欺诈骗保氛围，巩固维护基金安全的高压态势。一是成立打击欺诈骗取医保基金专项行动工作领导小组，由分管副县长黄光英任组长，县金融办主任朱峰、县医保局局长张影任副组长，与县卫健局、县人社局、县市场局、县公安局建立联席制度，落实责任机制，确保专项行动有序开展。二是召开专项行动启动大会，4月16日召开全县“打击欺诈骗保维护基金安全”集中宣传月活动启动仪式，县政府分管副县长黄光英参会议并讲话，相关部门及医药机构约180余人参加启动仪式，签订“承诺书”181份，下发“打击欺诈骗保宣传折页”25000余份。三是开展打击欺诈骗保专项宣传，以各定点医药机构等主要场所建立宣传阵地，在定点医疗机构门诊大厅、住院窗口和医保经办窗口等人员密集场所醒目位置张贴宣传海报，发放宣传折页，电子屏滚动播放，宣传欺诈骗取医疗保障基金行为举报投诉渠道等内容，营造“打击欺诈骗保”浓厚宣传氛围。

创新基金监管方式，依法依规查处违规行为。一是变事后稽核为事前监督，前移稽核窗口，审核及结算等业务股室通过信息系统进行大数据比对，提取疑点数据交稽核专班，稽核专班针对性地对住院指针把控不严、不合理检查、不合理治疗等现象进行核查，1—12月通过审核监管共核减违规基金17.21万元。二是联合实施专项行动，根据鄂医保发〔2019〕7号、恩施州医保发〔2019〕5号等文件精神，将打击欺诈骗保专项治理与开展扫黑除恶专项斗争相结合，对全县18个定点医疗机构、123家定点药店、29家定点门诊、7家村级卫生室进行全面检查，共发现涉及违规费用72.11万元，并根据2019年《医保服务协议》予以扣减住院基金。三是重点领域重点管控，针对年底突击套刷门诊特殊慢性病待遇问题进行重点查处，通过对12月全县定点医药机构慢性病待遇刷卡记录比对分析发现，仍有少数机构存在违规大额、分解刷卡行为，对查实的两家违规套刷慢性病待遇的定点药店进行暂停刷卡3个月并予以违规金额3倍扣款处理。

（李相兵　尹　慧）

民政工作

【概　况】 咸丰县民政局是政府主管社会行政事务的职能部门，履行着“上为政府分忧，下为群众解愁”的重要职能，主管社会救助、社会组织管理、基层政权建设、养老服务、儿童福利、婚姻登记、殡葬改革、残疾人权益保护和区划地名等工作。根据2019年“三定方案”和县委编办的调整，全局共核定编制36名，其中行政编制11名，全额拨款事业编制19名，自收自支事业编制6名，2019年在岗29人。内设职能股室4个：办公室（党办）、社会组织管理和基层政权建设股（行政审批股）、社会事务和区划地名股、社会救助养老服务儿童福利股。非常设机构7个：县农村“三留守”人员关爱保护工作领导小组、县城乡社区工作领导小组、县村务公开和民主管理工作领导小组、县城乡社会救助工作领导小组、县第二次全国地名普查工作领导小组、县服务社会组织工作领导小组、县地名委员会。隶属民政局事业单位有5个，其中全额拨款事业单位4个：咸丰县社会救助局、县民政执法大队、县社会福利院、县民政局婚姻登记处。自收自支事业单位1个：县社会福利有奖募捐委员会办公室。

全县各乡（镇、区）均设有民政办公室和农村福利院。截至2019年12月，全县有相对固定民政服务对象6万多人，其中农村特困1666人（福利院集中供养361人、分散供养1305人）、农村低保16528户27816人（其中单人单保9621人）、城市特困11人、城市低保666户976人、残疾人“两项补贴”对象8202人、高龄津贴对象7719人、经济困难的高龄对象1431人、经济困难的失能老年27人、20世纪60年代精简退职人员45人、孤弃儿童92人、留守儿童8717人，农村留守妇女4801人，农村留守老人8495人。

【社会救助】 根据《州人民政府办公室关于调整2019年全州社会救助标准的通知》（恩施州政办发〔2019〕19号）和《咸丰县人民政府办公室〈关于调整2019年全县社会救助标准〉的通知》（咸政办发〔2019〕10号）精神，城市低保标准由560元每人每月提高到600元每人每月；农村低保标准由4200元每人每年提高到4380元每人每年，全县按家庭实际收入分为四个档次，分别为：365/300/240/180元每人每月。分散供养城市特困人员以及集中供养具备生活自理能力城市特困人员供养标准由1120元每人每月提高到1200元每人每月，集中供养部分丧失生活自理能力城市特困人员供养标准由1220元每人每月提高到1300元每人每月，集中供养完全丧失生活自理能力城市特困人员供养标准由2001元每人每月提高到2176元每人每月。分散供养农村特困人员和集中供养具备生活自理能力农村特困人员供养标准由7200元每人每年提高到7920元每人每年，集中供养部分丧失生活自理能力农村特困人员供养标准由8400元每人每年提高到9120元每人每年，集中供养完全丧失生活自理能力农村特困人员供养标准由20739元每人每年调整为22456元每人每年。

制定《咸丰县精准脱贫社会保障兜底专项行动实施方案》，加大精准扶贫对象保障力度，2019年共有建档立卡低保贫困户14072户24907人。严格落实重点救助政策，对低保家庭中的老年人、未成年人、重度残疾人和重病患者分别给予低保标准的30%—50%重点救助金。全年按时社会化发放城乡低保及特困对象救助资金10925.6万元，其中农村低保8261.45万元，农村特困1822.67万元，城市低保823.14万元，城市特困18.34万元。

不断提高临时救助水平，重点对因病、因学、因住房安全的农村建档立卡贫困户加大救助，全年发放临时救助资金5144人次846.1万元，临时救助人均救助水平为1644.8元/人次，较2018年有较大提升。全面落实残疾人“两项补贴”制度，实现应补尽补，全年按时发放残疾人两项补贴120666人次915.56万元。

创新社会救助方式，对流浪乞讨和精神障碍患者实行实物化救助与购买社会服务进行托养相结合。实行全天候排查流浪障碍患者，发现一起收治一起，基本消除沿街乞讨，救助率达100%。对未能确定身份的受助对象，通过媒体及网络系统发布寻亲公告，联合公安机关通过走失人口库和人口信息管理系统采用查询比对、采集血样、录入全国打拐DNA信息库等多种方式让更多受助人员及时返乡。全年共救助流浪乞讨人员和精神障碍患者1060人143.97万元，其中优抚医院收治流浪精神病人90人72.85万元，流浪乞讨人员来站救助904人8.12万元，托养机构代养16人

48万元，巡街救助并发放衣物50人15万元。

【社会组织管理和基层政权建设】 出台《咸丰县社会组织参与脱贫攻坚工作实施方案》，引导和动员社会组织参与脱贫攻坚工作，2019年共有40个社会组织累计帮扶贫困人口4.54万人。开展“互联网+慈善”工作，推进医疗众筹，助力健康扶贫，全年共筹集医疗资金585万元，救助1.45万人次。加强村社互动，共建“幸福家园”，该项目被纳入全省10个试点县之一，村居互动项目基本达到全覆盖。实施“童享阳光”助学，打造阳光慈善，筹聚善款60万元资助咸丰一中150名学生。开展“慈善一日捐”，募集资金91万元，全县干部职工和爱心人士为“小俊伦”等困难群体捐款67万元。2019年福利彩票销售达4600万元。抢抓东西部协作帮扶机遇，先后组织10余名干部赴杭州市和余杭区学习交流，与余杭区民政局签订《结对共建协议书》。利用县慈善总会平台承接余杭区所有组织向咸丰县捐赠物资并向社会发放，2019年余杭区共有20个社会组织为咸丰县捐款捐物合计182.9万元，覆盖教育、文化、产业、医疗等领域，受益对象以儿童、建档立卡贫困户为主，惠及贫困人口13165人。

加强基层群众自治，推广“一统三治六联”社会治理模式，推进民政领域“扫黑除恶”专项斗争。提升城乡社区治理服务水平，开展农村社区试点建设15个，上报公益创投项目1个。积极探索社会组织参与基层社会治理工作，推进“三助行动”和“三区计划”项目实施。深入基层社会治理创新，加强易迁安置点跟进服务，以杨洞安置区为试点，以“党支部+业主委员会+网格化管理”的模式，完善安置区综合服务设施，为县内其他安置点社会治理工作提供样板。全面完成全县263个村14个社区村规民约和居民公约制定（修订）工作，其中唐崖镇四方石村村规民约被省民政厅评选为“2019年优秀村规民约”。

【社会事务和区划地名】 开展殡葬领域突出问题专项整治行动“回头看”活动，重点整治“活人墓”“豪华墓”及不易降解殡葬祭祀产品等突出问题，全县共摸排出违规私建硬化大墓80个，活人墓61个。截至2019年底，共拆除硬化大墓8个，整治活人墓43个，整改生产和销售不易降解祭祀用品经营户57户，整改加工和销售超规格墓碑经营户16户，解决“三沿五区”散埋乱葬问题8个。投入10余万元通过咸丰发布、短信范围覆盖、发放宣传册、召开群众会和开展送文明到山乡活动等多种方式宣传殡葬改革政策。利用清明节之际，举办主题活动，宣传引导群众深入开展健康、文明、环保祭扫，2019年全县272个村（居）均制定“白事制度”。实施惠民殡葬政策，对城乡低保等特殊困难对象基本殡葬服务费用给予3000元补贴。对自愿火化、未套棺木安葬的，按照基本殡葬服务费用标准予以3000元奖补。2019年，共发放惠民殡葬资金2.1万元。

2019年1月18日，州民政局副局长黄世兴到咸丰县麻风病医院参加慰问活动　　李　科　摄

加快地名普查成果转化利用和地名规范化管理，完成地名普查成果归档。持续开展标准地名图、地名故事丛书和标准地名志等编纂工作，扎实推进不规范地名清理整治。2019年咸丰县民政局被湖北省第二次全国地名普查领导小组评为“全省第二次全国地名普查工作突出集体”。深入开展平安边界创建工作，多措并举做好界线领域风险防范工作，促进边界地区稳定发展。

2019年，共办理婚姻登记业务3692对，其中结婚登记2076对、离婚登记916对、补领结婚登记700对。

【养老服务和儿童福利】 优化养老资源配置，按照分类分步原则，将养老设施不完善的曲江镇和大路坝区农村福利院合并至环境优越、入住率低的朝阳寺镇农村福利院。鼓励社会力量参与养老化服务，将咸丰县社会福利院作为改革试点先行推进，在确保国有资产不流失、公益性质和养老用途不改变、服务水平不降低的前提下，将空余床位对外开放社会化养老。实施“平安工程”项目建设，投入130余万元用于福利院改造提档升级。全力防范化解福利院安全风险，一键报警器安装、监控系统接入雪亮工程平台、安保人员及围墙均已达标，完成福利院“三个百分之百”工作任务。2019年共发放高龄津贴91360人次503万元，发放经济困难的高龄或失能老年人补贴14236人次142万元，发放20世纪60年代精简退职人员614人次20.48万元。

制定下发《2019年度咸丰县社会关爱扶贫工作实施方案》，强化民政、教育、妇联、团委、公安等有关部门关爱保护和监督指导责任。印制《咸丰县农村“三留守”关爱工作手册》，对农村“三留守”组织摸底排查，精确掌握“三留守”人员生活现状，实现人员动态管理。2019年全县共有留守儿童8717人，农村留守妇女4801人，农村留守老人8495人。完善留守儿童关爱保护机制，积极推动基层儿童服务体系建设，各乡镇、村分别落实1名儿童督导员和村（居）儿童福利主任，实现儿童福利主任制度全覆盖，乡镇农村“三留守”关爱保护中心覆盖率达64%。积极申报“三助行动”社会工作服务示范项目，助推农村“三留守”关爱保护工作实施。通过开展各种帮扶活动，全县农村留守老人接受关爱和定期探访的比例、留守妇女获得生产生活帮扶的比例和留守儿童获得“希望”公益项目的比例均达100%，乡镇人民政府儿童督导员、村（居）儿童福利主任配备率达100%。强化孤儿福利保障工作，散居孤儿养育标准由1120元每人每月调整为1200元每人每月，机构集中供养孤儿养育标准由1792元每人每月调整为1920元每人每月。2019年共发放孤儿基本生活保障金1372人次153.66万元。

2019年12月24日，省民政厅副厅长胡应海到朝阳寺镇福利院走访慰问　　李　科　摄

【民政项目建设】 县委县政府召开常委会专题研究民政项目工作，坚持殡葬公益属性，本级财政解决资金1350万元用于公益殡葬项目建设。科学规划县级公益性殡仪馆及公墓255亩，县公益性公墓一期建成墓穴1300个，于2019年3月投入使用。县级公益性殡仪馆开工建设，2019年12月底完成货币工程量1200万元，计划2020年3月投入使用。加大对农村公益性公墓建设指导，先行先试推进忠堡板桥村和曲江高滩村2处农村公益性公墓试点建设且投入使用。把各乡镇公益性公墓建设项目纳入长江三峡地区绿色发展实施方案，采取以奖代补开展试点建设，不断完善农村殡葬公益设施。年内，活龙坪乡、唐崖镇、黄金洞乡、清坪镇、小村乡和坪坝营镇公益性公墓建设项目均不同程度完成前期准备工作。

加快推进福利院新建项目，朝阳寺镇农村福利院新建院民楼于2019年7月完成搬迁。清坪镇农村福利院建设项目投入使用。

（贺　洋）

乡 镇

高乐山镇

【概　况】 高乐山镇位于咸丰县东部，唐崖河以南，为县城所在地。东、北接宣恩县，南毗本县忠堡镇、曲江镇，西连本县唐崖镇，西北邻本县清坪镇。距恩施土家族苗族自治州恩施市68千米，距省府武汉市580千米。恩黔高速、省道232、省道248经过镇境。

全镇辖35个行政村、6个社区居委会，357个村民小组、51个居民小区。2019年年末总人口10.2万人，其中农业人口5.37万人。

全镇总面积322平方千米。年末耕地总资源4576.67公顷，其中常用耕地2647公顷、临时性耕地1929.67公顷；常用耕地中，水田1518.67公顷、旱地面积1128.33公顷。林地22386公顷，森林覆盖率71.9%。有古树名木19株。其中一级3株、二级2株、三级14株。主要矿产有煤矿、汞矿、重晶石、大理石、石灰石、白云石、硅矿、铜矿。旅游资源有高乐山革命烈士陵园、官坝苗寨、苗岭老寨、青灵山森林公园、散毛河大鲵自然保护区、龙家界土苗风情园、美丽乡村白岩村等。

2019年，全年城镇常住居民人均可支配收入29220元，同比增长8%；农村常住居民人均可支配收入11439元，同比增长10.1%；完成固定资产投资3.21亿元，招商引资到资1.5亿元。全年520户1333人脱贫，累计稳定脱贫5182户17025人，8个重点贫困村全部脱贫出列，综合贫困发生率由29.74%降至0.31%。

【特色产业发展】 重点发展“两茶一猪一禽”。新发展茶叶3500亩，全年生产茶叶1437吨，产值24918.2万元；管护1.2万亩油茶和29个规模化种植基地；创办白岩长青茶叶等扶贫车间5个，带动105户贫困户就业。两茶产业惠及贫困户1200余户。全年出栏生猪6.92万头、家禽25.31万羽。

【基础设施与项目建设】 全年投资1546.3万元，实施农村安全饮水工程22个，修建水厂11个，水池23个，铺设管网40千米，惠及农户0.7万户，全面解决农户吃水难问题。投资2607.26万元，完成电力补短板项目143个，全面解决低电压问题。累计投入2450万元，完成龙家界村新村委会至老屋基等44条公路66.97千米路面硬化工程，投入106万元维修全镇183.12千米沙石公路。围绕咸丰新城、棚户区改造、宣咸高速公路等全县重点项目，全镇23个项目完成征收土地2233亩，拆迁房屋179栋，搬迁坟墓706座，实现东方城、城西出城口改造、残疾人康复中心、卢家沟主题公园消防通道等5个项目净地交付，凉水井安置区、疾控中心安置区市政道路、新城1号道路等10个项目征迁工作基本结束，宣咸高速和棚户区改造有序推进。

【关注弱势群体】 全年新增低保1193户2050人，发放低保金1833万元；全镇五保供养229人，发放五保供养金187.2万元；发放重度残疾人护理补贴1062人120万元；发放困难残疾人生活补贴1064人54万元；发放高龄津贴1837人110万元，发放临时救助650户133.5万元。加强“三留守”工作，配齐镇儿童督导员，村、居儿童福利主任，摸底排查留守儿童779人、农村留守妇女557人、农村留守老人720人，开展留守妇女两癌筛查557人，留守老人免费体检720人。农村留守老人接受关爱和定期探访比例、留守妇女获得生产生活帮扶比例、留守儿童获得“希望”公益项目比例均达100%。

【文明创建】 按照“七个一”标准完善村级文化阵地，组织开展摆手舞、草把龙、地盘子等非遗项目培训23期，培训文艺骨干500余人，创建村、社区文艺团队83支。围绕创建全国文明县城、新时代文明实践活动，开展“最美系列”评选活动，评选“最美家庭”32户、“最美咸丰人”23位、“最美脱贫致富典型”21户、“最美卫生户”726户，大力弘扬社会主义核心价值观，传递社会正能量。开展双拥工作，成立退役军人服务站，建立镇村两级服务站。

【美丽乡村建设】 筹措资金92万元、水泥2163吨，通过“以奖代补”方式，对3500余户农户进行人居环境整治，拆除破旧房屋1800余栋及破旧猪牛圈、烤房等3200余栋，硬化土地平、土阶沿2.8万平方米，建设硬化户联路5.8千米。编制《忠建河乡村风情画廊总体规划》《龙家界运动康养基地总体规划》。初步建成龙坪合家坪茶园观光旅游区、沙坝滨河公园、杨柳沟观光步游道等乡村旅游观光点。2019年，白岩村被评为“湖北省美丽乡村建设示范村”。

【平安建设】 推行“一统三治六联”基层社会治理模式，完成龙家界、杉树园、猫儿岭等10个基层社会治理亮点村建设。省第三方“一感一度一率一评价”测评结果位列全县前三。加强“七类重点人员”管控，对全镇重点人（群）实行“红、橙、黄”三级分类管理，在重点时段、敏感节点采取人防、技防等措施，圆满完成全国“两会”及“迎大庆、保军运”等重点时段安保维稳任务。畅通信访渠道，全年接待来信来访70批次、112人次，按期办结信访事项97件。充分发挥人民调解作用，全年有效调处各类矛盾纠纷204起。开展平安院落、平安单位系列评选活动，评选“平安家庭”16582户、“平安单位”118个、“平安村、居”32个。开展扫黑除恶，全年查收扫黑除恶线索30条，办结30条；办理涉“黑恶”类案件1件，立案6起，抓获犯罪嫌疑人20人，网上追逃2人。加强法治建设，持续开展“七五”普法工作和“律师三进”，开展“送法下乡”“普法宣传讲座”等形式法治宣传教育活动93场次，提供法律咨询服务119人次，发放各类宣传资料3万余份。

【落实扶贫“三保障”】 聚焦脱贫目标，落实“三保障”。一是义务教育有保障。全年共资助义务教育阶段贫困学生2180人227.825万元；“雨露计划”补助1018人25.45万元；普通高中减免贫困家庭学生学费342人30.75万元；发放国家助学金342人51.3万元；中等职业教育减免学费400人48万元，发放国家助学金244人24.4万元；落实生源地贷款164人115.07万元，资助率达100%。做好控辍保学工作，实行“学校包片、教师包学生、尖刀班成员协助”包保制度，全镇适龄儿童、少年无辍学情况。二是基本医疗有保障。落实“先诊疗后付费”“一站式一票制”结算及“985”医疗报销政策，贫困人口住院报销3779人次，报销医疗费用2139.92万元；落实门诊慢性病补贴1822人，家庭医生签约率100%。三是住房安全有保障。累计实施完成危房改造1106户，兑现奖补资金1185.88万元；完成25个易迁安置点建设，入住率100%，拆除旧房 215 户，复垦土地 170 亩；加大易迁安置点后续扶持，投入资金 271 万元，建成老里坝等 12 个集中安置点配套建设工具房，为大茅坡等 12 个安置点配置菜地。

（陈　丽）

忠堡镇

【概　况】 忠堡镇位于县境东南部。东接宣恩县，南毗来凤县，西、北连本县高乐山镇，西南邻本县曲江镇。2019 年，辖 12 个村 1 个社区 86 个村民小组。治所距咸丰县城 17 千米，国道 242 经过镇境。

全镇总面积 123 平方千米，海拔 800—1200 米。主要山脉有望乡台、三交界、蔡家山、魏家山、花椒山、牛角山、鸡公岭。主要河流有龙洞河、散毛河、三岔河、铁厂溪河、断头河、细皮沟河、桐麻河。已发现方解石、重晶石、大理石、石灰石、白云石、硅矿、铜矿、铝、铅、锌、铁、磷等矿产。主要景点有忠堡大捷革命烈士陵园、大鲵自然保护区散毛河风光、黑洞瀑布、黄木坨溶洞群、龙洞河景观、白岩寨水库、旭田观光农业基地、板桥生态观光、铁厂溪荷花池、马倌屯产业园等。

全镇耕地 71176.88 亩，林地 138287 亩，森林覆盖率 70%，其中松、杉林地 39420 亩。粮食作物以水稻、玉米、马铃薯为主，经济作物以烤烟、蔬菜、魔芋、干鲜果、油菜、箬叶、棕榈、油茶、油菜、党参为主。盛产黄金梨、绞股蓝、鱼腥草、竹笋、食用菌。全年粮食作物种植面积 44219 亩，总产量 12226 吨。其中水稻 19033 亩，产量 7381 吨；玉米 15128 亩，产量 5053 吨；红薯 5690 亩，产量 1324 吨；洋芋 16934 亩，产量 3197 吨。水果产量 747 吨，蔬菜种植 15636 亩。出栏牛 658 头、羊 885 头、生猪 33287 头；出笼家禽 74291 只。

镇内从业农村劳动力 3953 人，其中从事第一产业 2408 人、第二和第三产业 1545 人；外出从业人员 3842 人，实现劳务收入 15201 万元。

【精准扶贫】 2019 年，围绕“五个清零”开展扶贫工作。产业、就业空白户清零。全镇 1400 余户贫困户发展烟叶 4000 余亩、蔬菜作物 1100 余亩、经济作物 2000 余亩、中药材 1000 余亩，养殖中蜂 1200 余桶。危房改造实清零，落实补助 230 余万元，危房改造 280 户。巡视反馈问题整改实现清零，完成 2019 年中央第二巡视组反馈问题 18 个、州委巡察反馈问题 22 个及县委巡察反馈问题 104 个整改任务。政策落实不精准清零，发放教育帮扶资金 130 余万元；发放扶贫贷款 21 户 98 万元；发放农村低保 480 余万元，覆盖 1345 户 1860 人、城市低保 22 户 27 人；发放五保资金 97 万元，惠及 112 人；易迁入住率、拆旧率均达 100%，投入 700 余万元完成易迁产业配套建设，投入 200 余万元完成 12 个易迁安置点问题整改；投入资金 500 万元实施“补短板”项目 26 个，基础设施更加完善；投入 1140 万元完成安全饮水提档升级工程 12 个，农民饮水安全得到保障。农业合作社空壳社清零，清理规范 24 个空壳社，村集体经济健康发展。“尖刀班”遍访贫困户实现全覆盖，全镇 103 名“尖刀班”干部遍访贫困户 2190 户 7477 人，群众认可度大幅提升。全镇建

忠堡镇庙梁子易地扶贫搬迁安置点

吴　昊　提供

档立卡贫困人口 2174 户 7447 人脱贫，贫困发生率由 38.1% 降至 0.16%。

【重点项目建设】 全年共投入 2174 万元实施扶贫项目 26 个、交通项目 13 个、生命安全防护工程 3 个、东西部协作项目 2 个。完成“土地增减挂钩”任务 652 亩，完成招商引资 1.5 亿元，完成固定资产投资 3.76 亿元。启动宣咸高速公路（忠堡段）建设，完成挖沟放线、土地测量、实物清点、房屋及坟墓评估等前期准备工作；启动板桥村公益性墓地建设项目。启动投入 1 亿元，涉及 176 户的忠堡棚户区改造工程。投入 40 余万元，完成白岩寨水库水源地保护工程。投入 200 万元，完成石门坎村河道防洪排涝应急工程。投资 277 万元的龙洞河河堤加固工程完成项目前期工作。投资 230 万元的廖家堡村裤裆河改河道防洪排涝以工代赈项目完成前期工作。

【产业园建设】 咸丰—余杭现代农业产业园完成投资 1200 万元，基础设施更加完善；彩色水稻、小香薯、羊肚菌、花卉容器育苗、轻基质茶叶育苗等产业布局不断优化。咸丰—余杭高新技术产业园，投资 5000 万元完成 F 地块 5.5 万平方米标准化厂房建设、投资 1.6 亿元的 B 地块标准化厂房建设均有序推进，新引进 4 家企业入驻园区，年产 500 万吨新型绿色建材项目取得实质性进展。忠堡大捷红色文化产业园建设，投资 400 万元完成旅游接待中心主体工程，投资 136 万元完成黄连棚指挥所道路硬化加宽及停车场扩建，投资 800 万元的忠堡大捷烈士陵园三期工程加快推进。全国老区宣传工作现场会、五省边区联席会先后在忠堡召开。

【落实惠民政策】 全年发放残疾人“两项补贴”30 余万元，惠及 679 人；发放高龄补贴 20 余万元，惠及高龄老人 404 名。镇村两级医疗卫生机构组织免费体检 500 余人次；计划生育优质服务申报并落实奖特扶 285 人，组织“三查”及“两癌”集中免费参检 800 余人次。举办招聘会 2 次，为立讯公司、镇工业园区输送劳动力 100 余人。推行网上办公，实现网上办件 1800 余件。

【美丽乡村建设】 完成国道 242 沿线示范线建设，提升村庄环境。集镇垃圾处理厂、污水处理厂建成并投入使用。推进“厕所革命”，新建农村公厕 3 座、提升 3 座，改造农村户厕 908 户。清理私搭乱盖的畜圈禽舍 68 所及严重影响环境卫生的场所、建筑物 11 个，清除乱搭建的农配房 30 间、废弃建筑 549 栋（处）。落实河长制、山长制，保护生态环境。马倌屯村被评为国家森林乡村、省级美丽乡村建设示范村、湖北省美好环境与幸福生活共同缔造活动示范村。界坪村被评为“省级生态村”。

【党风廉政建设】 开展“不忘初心、牢记使命”主题教育。镇领导班子及领导干部带头制订学习计划，利用业余时间自学，以理论学习中心组（扩大）形式集中研学；运用支部主题党日、周一夜学、党委中心组等活动形式，组织全体党员学习《习近平关于“不忘初心、牢记使命”论述摘编》《习近平新时代中国特色社会主义思想学习纲要》《党章》《条例》和各级有关党风廉政建设的系列文件精神。全年中心组学习 22 次，镇党委书记带头讲党课 3 次。组织观看《重整行装利剑反腐》《蜕变之鉴》警示教育片。做实调查研究，突出问题检视。镇领导班子成员立足分管工作，确定专题，开展调研，结合各级各类巡视巡察督查督战暗访反馈问题整改“回头看”“大走访、大回访”及“百村万户”行动等工作，坚持问题导向，广泛听取群众意见，找准相关问题具体表现，分析问题原因，研究解决措施，形成调研报告 11 份。开展中央巡视反馈问题和各级各类问题整改工作。针对中央巡视反馈和各级交办问题，召开党委会专题研究，组织镇纪委、扶贫办和组织办人员形成专班到村指导督办工作，各村对标自查，共存在 3 类 7 项 16 种表现形式的 18 个个性问题，全部整改完成。开展扶贫领域腐败和作风问题专项整治，查处和纠正贯彻上级脱贫攻坚决策部署不到位、不落实甚至弄虚作假问题，查处扶贫领域贪污侵占、虚报冒领、截留挪用、挥霍浪费、吃拿卡要、优亲厚友等问题。共立案5件，结案5件，警告处分3人，开除党籍处分2人。

（吴 昊）

曲江镇

【概 况】 曲江镇位于咸丰县城西南部，距县城12千米，距重庆市黔江区37千米，省道椒石公路和恩黔高速公路从腹地穿过，县城总规修订后曲江集镇纳入县城规划区范围内，交通便利。全镇面积196平方千米，辖21个行政村、1个社区，127个村民小组。2019年末有10190户3.2万人，其中9个少数民族占总人口76.5%。耕地面积56355亩，宜林面积3万亩，森林活立木储存量达60万立方米。以白茶、油茶、药材、生猪、烤烟为主导产业。境内以两条河流为主线，曲江河、野猫河分别从西南、东南汇于西北，流入天心孔，经川洞，在断明峡复出，流入唐崖河。曲江河两岸有“内八景”（文峰塔、奎文阁、忠孝节义祠、美善堂、曲江楼、麻元桥、万寿宫、禹王宫）、“外八景”（曲江柳色、板桥钟声、蒜坪积雪、竹岭笼烟、仙掌捧日、石笋朝天、狮岩雄踞、龙岭蜿蜒）等风光，野猫河上有省级文物“风雨凉桥”。

2019年，实现地区生产总值3.06亿元，同比增长7.5%；完成全社会固定资产投资8.05亿元，同比增长15%；财政总收入4496.06万元（其中地方一般公共预算收入4150.46万元、政府性基金收入345.6万元），粮食产量9290吨。居民人均可支配收入实现11592元，同比增长8%；招商引资1.5亿元。全年实现工业销售产值7245.3万元，工业税收284万元。

【重点项目建设】 以高铁新城作为经济社会发展主引擎，涉及新城重点建设项目26个。其中20个项目开展征地拆迁，累计征收土地7349.395亩，征收房屋1050栋，搬迁坟墓1646座；11个重点项目交付净地。黔张常铁路、咸丰大道、国道353、丁甲旅游线建成通车。龙洞湾水库完成大坝主体竣工。推进征拆户的安置房建设，棚户区改造全面铺开。已启动新城防洪排涝、县人民医院等重点项目，其余项目征拆及建设工作正在推进。

【农业结构调整】 坚持以“两茶”为主导，烟叶、蔬菜、林果为支撑的产业布局，累计发展油茶7775亩、白茶3400亩、白茶苗圃基地200亩、中药材2047亩、蔬菜27680亩、花卉苗木1100亩；养殖家禽67602羽、家畜23038头；种植烤烟5000亩；引进市场主体5个、培育专业合作社1个，新建曲江茶谷白叶茶加工厂1栋。

【生态旅游建设】 完成曲江茶谷乡村旅游规划，启动湾田片区美丽乡村旅游扶贫项目建设，完成民居改造35栋，风雨凉桥建设2座，完成赵家楼院落环境整治；完成文化广场、生态停车场、旅游公厕等配套设施建设；完成白叶茶基地及园区道路建设。完成武陵山区珍稀苗木展示园前期工作。完成川洞田园小型污水处理设施建设项目3个，对旅游廊道、旅游景区、周边村、公路等进行洁化绿化美化。投资30万元，规范集镇垃圾清运、环境整治、街道保洁等工作，加强“两违”建筑清理。投资514万元，完成9个村11个点的污水处理终端建设。推进“厕所革命”，新建旅游厕所2个、公厕5个，建成农村无害化厕所1036个。开展秸秆禁烧等专项行动，全年空气质量优良率达89%

【脱贫攻坚】 整合扶贫资金5196万元，统筹实施扶贫项目72个。完成8个党员群众服务中心、16个村级文化广场建设。发展脱贫产业，申报产业发展差异化补贴资金434户81.07万元。全镇易迁全部交房，安置点配套工程建设完工，高坡、魏家堡配套建设扶贫车间投产。发放小额扶贫贴息贷款345万元，兑现生态补偿资金73.34万元，发放贫困学生补助276.7万元，发放各类社会救助兜底保障资金597.18万元，各项扶贫政策全面落实，贫困发生率由44%降至0.48%，通过省交叉考核验收和第三方评估。

2019年4月3日，湾田村羊肚菌种植大棚农民采摘羊肚菌　　曲江镇党政办公室　供图

湾田村村民进行茶叶管护
曲江镇党政办公室　供图

【基础设施建设】 完成农村公路补短板项目19个，新建及改扩建道路51.06千米。完成安全饮水补短板项目建设10个，其中4个水厂建设、4个管网延伸、2个水质提升项目，实现安全饮水全覆盖。新建、改造43个配电台区，完成21个补短板电网项目、39个电网提升工程。

【社会民生事业】 完成家庭医生签约服务1.3万人，医疗条件不断改善，人口计生服务管理持续优化，全面二孩政策有效落实。全年举办计划生育协会活动30场，发放奖扶、奖励资金30.447万元。发放城乡居民养老保险530万元，代缴2019年度城乡居民养老保险13.9万元。完成被征地农民参保摸底核实11个项目10个村2838户9414人；完成新增就业800余人，完成职业技能培训10余场500余人次。贫困人口城乡居民基本医疗保险、城乡居民基本养老保险参保率达100%。完成“四类对象”危房改造102户，一般对象危房改造187户，局部跑风漏雨及破损房屋改造123户，困难群众住房安全问题得到有效解决。

【平安建设】 强化网格化管理，落实领导“四访”、律师“三进”制度，加大积案化解力度，初步形成依法处置、诉访分离格局，全镇信访形势持续好转。开展“扫黑除恶”专项行动，打击处理2起2人扰乱村级办公秩序乱象，打击涉赌案件5起26人，打击涉毒案件7起15人。开展安全生产宣传、培训、检查、整治，防止安全事故发生。组织开展“安全生产楚天行”“安全生产宣教月”活动，重点针对非煤矿山、烟花爆竹、危化品、电力及重点建设项目等领域开展巡查，排查安全事故隐患165条，隐患整改率100%，全镇安全生产形势稳定，未发生较大以上安全生产事故。加强食药安全监管，全年开展15次专项检查，立案5起，办结5起，罚没2万元。

（江　雪）

坪坝营镇

【概　况】 坪坝营镇地处咸丰县南部，镇治甲马池集镇。东接来凤县大河镇龙潭坪村、茶园坡村、老板沟村、白岩山药材场；南接重庆市酉阳县木叶乡干田村、大坂云村；西界重庆市黔江区五里乡（连界处系坪坝营林场、马喇林场原始森林）五里村（社区）、干溪村，邻鄂镇邻鄂村、五马顶居委、沙子场居委、艾坪村、高坪村，舟白街道办事处石门居委、丛山村；北连本县朝阳寺镇水井槽村、鸡鸣坝村，丁寨乡黄泥塘村、万家坝村、岩口村、湾田村、渔泉口村、土地坪村。境内山峦起伏，重岩叠嶂。治所距县城38千米，距恩施治州首府恩施市138千米。经朝阳，距重庆黔江城区44.4千米、火车站53.2千米、飞机场41.5千米；经沙子场，距重庆黔江城区60.3千米、火车站51千米、飞机场60.6千米。

历史上系由鄂入蜀陆路要道，今为渝东往浙、沪、湘、闽、粤、深圳的陆路通道。黔张常铁路、恩黔高速、省道椒石线、县道黄坪线和杨沙线穿过镇境。

境内属武陵山腹地，分为高山、二高山、低山三大类。坪坝营石灰窑海拔1911.5米，是全镇、也是全县最高点。南部高山以坪坝营、小天上坪为主，构成东南部高山山地。坪坝营风景区距离甲马池集镇16.14千米，是坪坝营镇与重庆黔江、酉阳的界山，由岩平、小天上坪、鸡公山、天鹅抱蛋、石灰窑等山组成。北部以梨树坝为主，构成西北高山山地，是坪坝营镇与重庆黔江的界山，由萝卜凼、斋洞槽、石院子、寨堡等山组成。

溪河71条，较大河流4条。曲江（侯家河）源于方家坝联村落耳岩村苏堡营脚下的大洞，南北流向，经筒车坝与甲马池河汇合流入曲江镇，长8千米，河面宽20米，常流量1立方米/秒。白家河源于锣鼓坪村的庙坪，属乌江水系，自北向南流向重庆市酉阳县，镇境内长12千米，河面宽20米，常流量1立方米/秒。甲马池河（曲江支流）源于旋场坝村的大干溪，南北流向，经筒车坝与侯家河汇合入曲江镇，长9千米，河面宽20米，常流量0.3立方米/秒。沿河建有水电站1座，装机254千瓦。唐崖河流经铧厂村、鹿子坨村，境内长约2千米，河面宽60米，常流量72立方米/秒，最大流量达4200立方米/秒（修建朝阳电站前），属朝阳电站库区，常有机动船往来载客。

镇区面积347平方千米，年末耕地总资源7843.06公顷，其中常用耕地6825.59公顷、临时性耕地1017.47公顷。盛产水稻、玉米、洋芋、红苕、小麦、高粱、大豆、杂豆、蚕豌豆等粮食作物；油菜籽、花生、向日葵等油料作物；烟叶、茶叶、药材、水果、蔬菜、食用菌、魔芋、山药、绿肥等作物。畜牧业以生猪、牛、羊、家禽养殖为大宗，畜禽产品产量高。坪坝营蜂蜜供不应求。水产品以鱼类为主，部分农户淡水养殖鱼类。

自然资源丰富。木本植物有乔木、灌木、草本、藤本约160科，500余属，900余种。其中，乔木200余种，灌木200余种，木质藤本50余种，草本400余种。国家重点保护的稀有树种有珙桐、银鹊、银杏、香果树及化香、水青、天丝栗。高级特殊木料黄杨木、紫茎、巴东木莲、黄檀。挂牌保护的古、大、珍、稀树木46株，其中一级8株、二级7株、三级31株。全镇有林地347080.9亩，占总面积65.7%。已知野生动物52科316种，其中哺乳动物210种。水产部门初步查明鱼有5目、12科、45种，鲤科最多，鳅科次之。主要矿藏有煤矿、松香玉、大理石、重质碳酸钙、铜、石灰石等矿种。煤炭储量2885.75万吨，大理石储量706万立方米；其他矿产储量尚未探明。

自然风光秀丽，民族文化浓郁，人文特色突出。主要景点有：坪坝营森林公园、四洞峡、鸡公山索道、幺妹河漂流。大溪洞、圣母洞、蒋家花园、柜子岩、蛮王牌、拨云寺遗址、蛤蟆池石刻等。

2000年，第五次人口普查，全镇居住汉族、土家族、苗族、朝鲜族、蒙古族、满族、回族、侗族、瑶族、维吾尔族、哈尼族、彝族、白族13个民族。其中土家族35979人，呈散居状态；苗族3540人；朝鲜族154人；蒙古族28人；满族16人；回族12人；侗族7人；瑶族6人；维吾尔族3人；哈尼族3人；彝族1人；白族1人。

2019年底，内设党政综合办公室、经济发展办公室（加挂扶贫开发办公室牌子）、社会事务管理办公室、综合治理中心、武装部。编制55人，实有人数57人，离退休人员71人，编外聘用16人。辖41个村、2个社区居委会。

2019年末户籍总人口57996人，其中男性21263人、女性26733人。年底共19869户，常住人口4.2579万人（乡村40750人、城镇1829人），其中城镇常住人口1829人。全年出生人口595人，死亡人口773人。乡村从业人员30360万人，其中农村外出从业人员13596万人。农村常住居民人均可支配收入11476元，比上年增长10.6%。全年最低生活保障人数4394人、保障支出144.22万元。基本养老保险参保人数15325人，其中城乡居民基本养老保险参保人数15325人。

全年地区生产总值6.48亿元，比上年增长2%。按年均常住人口计算，人均生产总值15902元；地方财政总收入7185.78万元，比上年增长62.64%；税收266.8万元，比上年减少0.7%。

全年农林牧渔业总产值2.91亿元，按可比价格计算，比上年增长0.34%。其中农业产值1.38亿元，增长4%；林业产值0.5亿元，增长5%；牧业产值1.02亿元，增长5%；农林牧渔服务业产值0.01亿元，增长3%。实现农林牧渔业增加值1.76元，按可比价格计算，比上年增长2%，其中农业增加值0.955亿元，增长4%；林业增加值0.005亿元，增长2%；牧业增加值0.8亿元，增长5%。主要农产品产量平稳增长。粮食播种面积5699公顷，比上年增长–13.8%；粮食总产量2.477万吨，比上年下降13.6%。油料播种面积757.5公顷，比上年增长28.4%，总产量1825吨，比上年增长38.2%。烟叶播种面积679公顷，比上年增长–7%，烟叶总产量1179吨，比上年下降2%，蔬菜播种面积2339公顷，比上年增长0.8%，蔬菜产量34072830千克，增长5%。药材面积2882公顷，比上年增长10%。年末实有茶园面积1215公顷，其中可采摘面积1080公顷，全年茶叶产量115吨，比上年增长–2%。共有各类果园面积2816公顷，比上年增长13%，园林水果总产量2465吨，比上年增长35%。年内共出栏肥猪4.6万头，比上年下降4%，猪肉总产量3997吨。年末生猪存栏5.1万头，比上年下降0.1%。其中能繁母猪存栏9125万头，比上年下降5%。年末牛存栏6013头，羊存栏2167只。农村生产生活条件进一步改善。乡镇通汽车的村41个，通电话的村41个，自来水受益的村41个。化肥施用量（折纯量）0.4965万吨，比上年减少10.28%。实施精准扶贫，2019年脱贫2136户6176人。完成易地扶贫搬迁1523户5228人，解决2.62万农村人口饮水安全问题。

全年实现工业增加值3.62亿元，在全镇生产总值中的27.8%。乡镇工业企业18家，工业总产值8.1亿元，实现主营业务收入7亿元，利润1.4亿元，工业品产销率90%。

全年实现社会消费品零售总额27311万元，比上年增长6%。乡村消费品零售额27311万元，比上年增长6%。全社会用电量1671万千瓦时，比上年增长36%。

全年招商引资到位资金1.5亿元。其中投资1350万元，新建藤茶加工厂1个。通车公路里程786.85千米，其中国道7.3千米、省道18千米、县道28.9千米、乡道128.03千米、村道604.62千米（已硬面化288.62千米、未硬面化316千米）。农村通公路行政村比重达到100%。全年旅游接待人数5.29万人次，旅游综合收入743.61万元。

2019年末，有各类学校8所（不含幼儿园）。其中普通初中2所，完全小学3所。普通初中专任教师83人，小学专任教师183人。在校学生5234人，其中普通初中在校生1674人，小学在校生3560人。累计建成65个村级文体广场、文化墙43个、图书室43个，开展文化体育活动70

余场。医疗卫生机构44个（含村卫生室），卫生机构床位数120张。

【**产业发展**】2019年，投入380万元，新发展藤茶2500余亩，油茶3000余亩。中蜂产业补短板投入250万元，解决800余贫困户产业空白。

【**东西部协作**】积极与县对接杭州市余杭区对口帮扶。2018年投入专项资金100万元，龙王庙、新场两个村建大棚18000余平方米，用于发展栗蘑产业。余杭区企业对深度贫困村苟家营、真假坑两个村各捐赠10万元，用于残疾人补助以及村公益福利事业补助。2019年，投入资金800万元，建设大型农村安全饮水工程于大铧尖村，建设10万立方米水库，解决杨洞片区22个村安全饮水。

【**金融扶贫**】2019年12月，甲马池农商行扶贫贷余额89.83万元，2019年累放142.3万元，收回80户62.39万元，展期25户，金额129.97万元。催收到期小额贴息贷款，截至2019年11月，逾期贷12笔，涉贷资金56.02万元。通过村“尖刀班”和农商行逐户核实，发放贷款催收通知，大部分农户如期归还贷款，部分信用好的农户续贷或展期。

【**教育扶贫**】2019年春，资助3886人次，金额210.7万元；补发46人，合计金额31625元。2019年秋资助3778人次，其中补发省外103人（小学85人、初中18人），资助金额205.1万元。2019年春，“雨露计划”621人，资金155.25万元。2019年秋，“雨露计划”812人，资金203万元。筛查摸底补发2017—2019年“雨露计划”111人次，资金43.25万元。

【**改善教学条件**】2019年总投资3315万元，解决新小搬迁、杨中小和坪中学校楼差、坪小学生宿舍差和杨中小教师住宿难以及校园封闭、绿化硬化、食堂用电难等问题。坪坝营初级中学投资255万元，1500平方米的教学楼竣工，秋季开学投入使用；投入65万元的工字楼维修，已投入使用；投资120万元的运动场建设工程正在测绘设计，确保2020年秋投入使用。杨洞中小学投资385万元，2200平方米的教学楼竣工，秋季开学投入使用；投资1800万元，1080平方米的教师周转房基本完成；投资40万元的校门建设工程竣工投入使用。投资300万元杨中教学工程进入招投标阶段。新场小学投资300万元，1670平方米的学生宿舍楼竣工。投资204万元的综合楼主体工程竣工。投资300万元的学生宿舍楼工程、投资36万元的学生运动场、投资40万元的学生食堂加工间工程进入施工阶段。投资60万元的校门工程竣工投入使用。真假坑教学点投资144万元，800平方米的幼儿园完成招投标。中心小学投入240万元的学生宿舍楼工程准备施工。投资20万元解决杨中小和坪小校园封闭安保工程。投资50解决杨中小场地硬化和专电问题；投资20万元解决坪中专电问题；投资10万元解决坪小和新小校园封闭问题。

【**改善交通条件**】投入4443.38万元，完成82.65公里通村及通组公路的改造及硬化；投入994.46万元，完善公路安全防护设施，解决16条公路74.51公里安全隐患；投入资102.5万元，解决公路应急抢险工程6处；投入1100万元，对三条公路进行升级改造；投入248.1471万元，对12条28.02公里通组砂石路改造升级；投入79.9544万元，新建烟叶产业基地路11.31千米。

【**安全饮水**】完善农村安全饮水设施，解决季节性缺水等问题。2019年投入3588.91万元，启动农村安全饮水工程14个，新建10万立方米杭恩水库一个，实际蓄水量9.94万立方米，完成饮水管网建设。集中饮水工程9处：旋坨水厂工程，古枣坪和狮子岩村水厂巩固提升工程，梨树垭水厂水源补充工程，落耳岩官岩溪、马岩塘水厂、大铧尖水厂至笔架山、梨树坝水厂至鹿子坨管网延伸工程，梨树坝水厂输水管道改造工程。新建取水坝4座，500方调节池1口。新建管网53.3公里，解决2.62万人饮水安全。

【**通信建设**】布局4G通信基站建设和光纤入户。

2019年中国电信投入180万元，建设基站6个，完成光纤入户4100户，无线用户1900户。中国移动投入建设资金1040万元，建设基站26个，完成宽带光纤入户905户。中国联通投入资金520万元，建设基站13个，完成光纤入户960户。

【杨洞安置区】 该项目总占地61378.4平方米，总建筑面积77055.76平方米（其中商业面积8801.52平方米），总户数536户，总投资约1.13亿元，采用国家易地扶贫搬迁专项资金实施工程建设。

【杨洞污水管网】 总工程量96万元，涉及社区三条主排水通道的维修建设，管网总长1831.5米，需建雨水收集井15个，检查井10个，沉沙井4个。已完成工程量的60%，采用县级专项资金。

【景区垃圾中转站】 工程总占地930平方米，总建筑面积274.2平方米，总投资94.96万元，采用国家环境治理专项资金。已完工验收并交付使用。

（吴友鹏）

唐崖镇

【概　况】 唐崖镇位于咸丰县中西部，与重庆市黔江区中塘乡山水相连，平均海拔850米，面积319平方千米，辖37个行政村、1个社区、361个村民小组。2014年12月15日，由原尖山乡撤乡建镇为唐崖镇，是世界文化遗产唐崖土司城址所在地，拥有“恩施黑猪”的原产地和“湖北仔猪第一镇”称号。镇党政机关驻地唐崖集镇，距咸丰县城28千米。

2019年末，全镇耕地面积128035.5亩，占全镇面积的26.3%；有林业用地351834.75亩，其中天然林90940.05亩，人工林218529.75亩，未成林造林地65101.95亩，全镇森林覆盖率74.2%。古树名木20株（其中一级6株、二级3株、三级11株）。

矿产资源主要分布在唐崖司、大椿树、燕子嵌、小水坪等地。品种主要有煤、方解石、大理石、高岭土、铝土矿、石灰石、砂岩和磷矿、铁矿等。煤矿主要分布在燕朝和小水坪、龙田湾。大椿树“黑玉”大理石储量12万立方米以上，可供开采约9万立方米。高岭土主要分布在唐崖司、杨家营等地，储量约92741吨，可供开采8000万吨。铝土储量约800万吨，品位85%。石灰岩分布较广，在唐崖司、大椿树、燕朝等地较普遍。

旅游资源丰富，有世界文化遗产——唐崖土司城遗址；有咸丰县第三个国家AAAA级旅游景区朝阳画廊（唐崖段）；有省级重点文物保护单位严家祠堂；有休闲避暑胜地青狮峡。2019年，唐崖镇成功创建“湖北省生态乡镇”；唐崖司村入选全国100个古村落，获“全国生态文化村”称号，完成央视国际频道《记住乡愁》栏目专题片拍摄；钟塘村入选“中国最美休闲乡村”和“湖北美丽乡村”。唐崖石刻进入省级“非遗”名录、唐崖坐丧鼓成为州级非遗名录。影视小说《唐崖河》基本定稿。“土司油茶汤”入选全县十大名吃之首。以唐崖土司城为主的唐崖旅游知名度大幅提高。全年接待游客1.9万人次，实现旅游综合收入66万元。

至2019年12月31日，唐崖镇有11163户43237人（农业人口41784人），流出人口10238人；外出务工就业1.2万人。

【项目建设】 唐崖土司文化产业园“九个一”项目中的麻球场片区完成土地挂牌和游客接待中心动工建设，皇城水岸四期安置房完成主体工程建设，青狮榜安置区修建详规通过县规划委员会评审。463省道完成项目前期工作。唐崖至朝阳寺旅游公路建设完成准不工作。青狮河流域河堤治理工程完成项目招标。

【招商引资】 全镇招商引资引进企业10家，培育农民专业合作社50家，3个东西部扶贫协作茶厂企业进驻，实现农产品与市场有效对接。湖北省文化旅游投资集团有限公司进入唐崖，对世界文化遗产唐崖土司城址及周边区域进行整体旅游开发。

【产业发展】 全镇茶叶面积2.2万亩，油茶1.7万亩，水果1500亩。种植中药材3500亩、蔬菜1.25万亩、烟叶4000亩。存栏生猪4.8万头，养殖能繁母猪5000头、牛羊3000头、鸡鸭10.4万只，全镇有养殖大户238户。2019年兑现差异化产业奖补政策1112户243万元，兑现特色产业基地奖补1.48万亩697万元。

【生态保护】 2019年，全镇在建档立卡贫困人口中选聘生态护林员141名，发放管护费56.4万元；全镇纳入生态公益林12.7万亩，发放补贴资金162.5万元；退耕还林4800亩，发放补贴资金195.3万元。集镇垃圾中转站、污水处理厂相继建成投入使用，农村露天农作物秸秆焚烧得到有效控制。新建农村公厕5座，完成农村"厕所革命"改造3003户。完成大石沟村美丽乡村建设，唐崖司村获"全国生态文化村"称号，唐崖镇成功创建"湖北省生态乡镇"。

【基础设施建设】 全年累计争取投入2.3亿元，新建、改扩建、硬化道路255条710千米，全镇37个村级主干道公路硬化率达100%，361个村民小组公路硬化率达78.3%、砂石路通达率达100%，农村交通条件全面改善。累计实施配电网新建、改造项目261个，总投资7515.28万元，变压器增设改造194台，新建或改造线路总里程208.45千米，实现农户电网改造全覆盖。累计投入2810.11万元，实施安全饮水项目15个，全镇饮水安全覆盖率达100%。累计投入2293万元，新建党员群众服务中心10个、维修17个，新建25个村卫生室，同时投入109万元，配齐村卫生室相关医疗设备，保障群众就近就医。投入664万元，新建或扩建村级综合文化活动广场31个，配齐健身器材、音响、投影仪等文体器材。全镇4G基站达到120座，4G网络实现所有行政村居民聚居区全覆盖，广播电视"村村响""户户通"实现全覆盖。

【落实惠民政策】 全镇农村低保2105户3654人，"五保"260人，残疾人1445人，各类特殊困难群体实现应保尽保、应兜尽兜。农村贫困人口按规定享受基本医保、大病保险、医疗救助分别达到100%。落实农村建档立卡贫困人口家庭医生签约服务18479人、体检12360人，筛查鉴定重慢病1216人、落实门诊慢病救助977人。"贫困生资助""雨露计划"等教育扶贫政策全面落实，全年享受政策人数超过3000人。投入347.07万元，实施危房改造258户，其中四类对象（建档立卡贫困户、低保户、分散供养"五保户"、贫困残疾人家庭）149户、一般对象109户。整合镇级财力资金171.4万元，对469户进风漏雨的农房进行整修。安排易迁安置点和行政村保洁员公益岗55名。

【平安法治建设】 全年召开信访联席会议6次，受理办结信访案件46件，排查调处各类矛盾纠纷70起，调解成功率100%。开展安全生产隐患大排查大整治，对道路交通、非煤矿山、医院学校、在建工程、烟花爆竹等重点领域、重点场所进行安全检查20余次，排查隐患174条，全部监督整改到位。推进"七五"普法规划和乡村法治创建工作，制作法治宣传挂历2000余份，印制法律知识读本3000余册，开展集中宣传活动26场次，累计受教育人员2万人次。开展扫黑除恶专项斗争，组织学习扫黑除恶相关文件知识76场次，受理办理涉黑涉恶线索11条。

【精准扶贫】 全年完成1746户4990人减贫任务，全镇综合贫困发生率降至0.47%，10个重点贫困村全部脱贫出列，实现全镇整体脱贫，并通过国家交叉考核和省第三方评估。全镇农村危房改造率、通村公路硬化率、村民小组砂石公路通达率、饮水安全普及率、生产生活用电保障率、4G信号覆盖率实现"六个百分之百"。产业扶贫、易地搬迁、生态扶贫、教育扶贫、健康扶贫、兜底保障等扶贫政策落地生效，贫困群众"两不愁、三保障”突出问题有效解决。生产奖补、劳务补助、以工代赈、社会帮扶等脱贫激励引导机制有效建立，东西部扶贫协作项目全部建成，37个村集体经济收入实现“破零递增”。

【落实生育政策】 全年流出已婚育龄妇女3092人，流入人口32人（其中重点婚育妇女9人），年末已婚育龄妇女9373人。全年出生366人，其中一孩127人、二孩192人、多孩47人（政策外多孩10人），符合政策生育率97.54%，自然增长率1.09%；出生男孩199人，出生女孩167人，性别比119.16%；免费孕前优生健康检查目标人群覆盖率95.37%，孕产妇死亡为零，二孩及以上生育对象孕情监测到位率72.67%，已婚育龄妇女综合避孕率77.02%。流动人口卫生和计划生育基本公共服务均等化到位率100%，流动人口跟踪管理到位率100%。流动人口三类重点对象信息提交率100%，村居计划生育服务管理平台有效应用率达到100%。完成婚检和孕前优检查任务，完成计生家庭意外伤害保险任务，完成计生特扶对象帮扶及签约服务制度。

（曾　丹）

朝阳寺镇

【概　况】 朝阳寺镇位于咸丰西南部，地处北纬29°38′—29°46′，东经108°40′—108°49′。东邻坪坝营镇石板铺村，西抵重庆黔江区石门坎，北与唐崖镇黄阳坪、杨家营接壤，南与坪坝营镇梨树坝相连。面积85平方千米（不含大路坝区工委），其中耕地1681.26公顷、林地3906.97公顷。黔张常铁路、国道353穿镇而过。镇域属于典型的山区丘陵地貌，平均海拔600米，最低海拔440米，有唐崖河、土溪河、泗渡河等河流。镇党政机关驻地水井槽集镇，距咸丰县城32千米、黔江区市中心18千米。因辖区水库内有一座寺庙叫朝阳寺而得名。全镇辖詈沟、凉桥、鸡鸣坝、落马滩、五龙坪、水井槽、长岭7个行政村朝阳社区，共57个村民小组3872户。总人口14815人，其中农村人口12807人，建档立卡贫困人口1489户5502人。

镇政府内设党政综合办公室、经济发展办公室、社会事务办公室、人民武装部。核定行政编制28名，其中领导职数11名；2020年6月末，实有人员36人，其中在职在编26人、工勤人员3人、落岗分流1人、公益性岗位2人、劳务派遣2人、大学生村干部1人、社区挂职2人，另有退休人员17人。

【平安建设】 突出“小事不出村，大事不出镇，矛盾不上交，就地化解”。实行领导包案制度、领导坐班接访制度、每月综治例会制度、“一村一警”制度，落实“五个一”，全镇实现“三个不”，北京实现“三个零”。全国全省两会、“迎大庆·保军运”任务全面完成。全年接待来信来访、县信访局交办件10件，已办理10件；积案共计5件，已化解2件，剩余3件积极化解、稳控中。辖区内矛盾纠纷化解32件，已化解31件。其中律师参与调解5件，成功化解2件，引入司法诉讼程序3件。全镇多部门联合开展专项整治行动7次、平安创建活动11次，不定期对辖区内重点单位、场所进行排查，辖区内重点单位监控设施达到全覆盖。开展网格员集中业务培训3次，提升网格服务能力。对重点人员重新摸排，重建台账，及时在系统平台更新信息，准确掌握重点人员动态。

【精准扶贫】 产业扶贫：全镇以柚子、油茶、茶叶为主的特色产业面积1.1万亩，家禽3.02万羽，生猪存栏1.13万头，中蜂养殖738箱，形成短中长产业格局。清除空壳专业合作社13个，众诚油茶持续完善三方利益机制，各村集体经济收入持续增长。开展实用技术现场培训1578人次，落实公益性岗位44个，贫困户外出务工1593人，创业就业渠道不断拓宽。教育扶贫：以防流控辍保学为重点，全镇正常适龄儿童入学率100%；营养餐改善计划、“两免一补”和“雨露计划”等教育资助政策全面落实。易地搬迁：13个易迁安置点集中安置211户639人，配套杂物间、菜地和“共享猪圈”，实现搬得出、稳得住、能致富。保障兜底：实现应保尽保，全镇保障低保710人、特困供养69人、孤儿10人，高龄津贴、残疾人“两项补贴”全面落实；关注关爱“三留守”人员，儿童督导员和村（居）儿童福利主任全覆盖；全面实行“先诊疗后付费”“一站式”“一票制”医疗保障政策，建档立卡贫困户参合率100%；全镇享受重慢病补助403人，家庭医生签约服务、“两癌”筛查深入开展。生态补偿：全年落实贫困户生态公益林补偿9300余亩，选聘护林员27名，生态扶贫政策全面落实。金融扶贫：发放金融扶贫贷款230笔1600万元，贴息130余万元。到2019年，如期完成了贫困人口减贫、贫困村出列目标任务，全镇未脱贫仅剩9户25人，综合贫困发生率由2014年建档立卡的37.72%下降为0.17%，通过国家贫困县退出考核验收。

【基础设施建设】 全镇围绕“一廊三园”目标，谋划、推动、实施一批重点项目。黔张常铁路建成通车。投资2.5亿元的朝阳大桥及连接线和唐朝旅游公路项目，纳入全县“建养一体化”项目包开工建设，大桥进口路基基本成型，配套调装平台即将动工组建，唐朝旅游公路征拆基本完成。通过实施四大调水工程，全镇自来水入户率98%以上。实施农网改造，全镇10千伏网架结构优良，125台公变布局更加合理，低电压问题彻底消除。实施路网、安防项目，村主干道全面硬化，20户以上自然院落道路硬化基本完成，群众出行更加便利。全镇新建4G基站3个，4G网络实现全覆盖。实施危房改造86户，跑风漏雨户改造263户，住房安全有效保障。完善镇、村便民服务中心规范化建设，“一网通办”快捷便民。建成鸡鸣坝电商平台和落马滩茶厂，为农产品精深加工和线上运营奠定了基础。

【美丽乡村建设】 集镇污水处理厂建成投入使用，垃圾填埋场和中转站建成，集镇环境卫生和农贸市场管理实行规范化运行，公路沿线垃圾实现定期清运。实施“河长制”，朝阳电业资助购置的清漂船下水运行，沿河两岸及库区实现常态化保洁，确保库区水面、沿河岸线随时清漂和省际河道断面水质达标。实施滴水岩、马家营2个示范院落建设，新建公厕2座、改造提升4座，实施农村无害化卫生厕所改造765户。开展“环境卫生示范户”评选活动，挂牌表彰卫生先进户1642户，引领扫干净、摆整齐成为村民自觉。强化天然林保护和退耕还林工程管理，滥砍滥伐、违法占地、违规开采等农村“八乱”行为和秸秆垃圾露天焚烧得到有效治理，鸡鸣坝村获“国家森林乡村”称号。加强农村面源污染管控，强化生态环保知识和法规宣传，群众环保意识明显增强。

（何新雨）

活龙坪乡

【概　况】 活龙坪乡地处咸丰县西北部，东与唐崖镇毗邻，南与大路坝区接壤，西与重庆市黔江区黎水镇、杉岭乡为界，北隔郁江与利川市文斗乡、沙溪乡相望，东北与小村乡相邻。全境东西长30.5千米，南北宽17.3千米。以活龙坪集镇为起点，距咸丰县城89千米、利川市城区80千米、重庆市黔江区城区58千米。

全境地势东南高，西北低，二高山占总面积的60%，有少数山间平槽和岩溶洼地，平地极少，属典型的高山峡谷地貌。最高处二仙岩主峰轿顶山海拔1700.1米，最低处龙井村相思坝小组海拔453米，垂直落差1265.1米。南面有二仙岩和凤凰山。二仙岩南北走向，面积约36平方千米，属国家湿地保护区。凤凰山位于活龙坪村和水坝村交界处，南北偏西走向，三面悬崖，海拔1536米，面积20.5平方千米。西面有冲天坪，四面悬崖，海拔1405米，山顶平地面积4平方千米，森林覆盖率到90%。东北有八家台城墙岩，海拔1460米，面积30平方千米。北有马鞍山，海拔1510米，位于晓溪村与利川市沙溪乡交界处。

溪河100余条，其中较大河流2条。青狮河发源于蛮界村倒角，全长35.5千米，流域面积296.7平方千米。流经拱桥村、大坝村、茅坝村，在唐崖镇与南河汇合。河床均宽4.5米，平均流量8.7立方米每秒，最枯季节流量0.8立方米每秒。龙嘴河，由水坝河、汤岩嵌河、野茶河汇合而成，在龙嘴河注入郁江。境内长33.4千米，流域面积20.18平方千米，平均流量9立方米/秒，年径流量1.79亿立方米。有东湘溪、板栗园、茅坪、老鸹泉4个水库。

全乡总面积312平方千米，占全县面积的12.2%。耕地99876亩，其中常用耕地74446亩。常用耕地中，水田29076亩，旱地45370亩。非耕地中，林地329181.163亩，园地11497亩，交通用地3123.5亩，村镇及工矿用地7618亩。水域7705亩，未利用耕地15393亩。

全乡林地占面积的76.1%。高山地区以天然次生植被为主。植被以落叶林、阔叶林为主，其次是夏绿阔叶林和混交林。代表植被有华山松、落叶松、油松、柳杉、桦木、鹅掌楸、栎类等。林内有箭竹、罄竹多年生禾本科植物。低山地区人工造林面积大。主要树种有：柏树、马尾松、杉树、毛竹及经济林木。以松树为主的木材资源比较丰富，是咸丰县主要木材基地之一。2000年起，以青狮河、龙嘴河流域为重点，在坡度25%以上的耕地实施退耕还林。经济林包括板栗、黑桃、梨子、茶叶、木瓜、厚朴、黄檗、生漆等品种。生态林主要以杉树、刺槐、椿树、毛竹为主。

矿产资源有大理石、铝矿、盐矿等。大理石属石灰岩型，主要分布在大活公路沿线。茅坝村、拱桥村一带古生物化石的大理石藏量丰富。水坝一带有稀有名贵的冰洲石。铝矿主要分布在二仙岩，储量不明。盐矿主要分布在龙嘴河一带。

活龙坪是革命老区，贺龙、关向应等革命家在土地革命时期转战于此。花顺涛、冯义发等红军将领长眠于此。有金家洞、黑岩角革命遗址，茅坪小寨堡建有红军革命烈士陵园。

全乡37个行政村427个村民小组，1个社区居委会。2019年末户籍人口40357人。土家族、苗族、侗族、蒙古族、回族、水族、朝鲜族、瑶族等11个少数民族占总人口的86%，其中土家族占总人口79%；苗族次之，侗族第三。

乡政府内设党政办、综治办、计生办、组织办、纪委办、民政办、村镇办、易迁办、项目办、安办、经普办、脱贫攻坚前线指挥部办公室等，编制48人，在编46人（公务员43名、工勤人员1名、事业编制2名），大学生村干部1名，公益性岗位2名，西部志愿者1名。

2019年，实现公共财政预算收入4963万元，支出2830万元，固定资产投资完成2.16亿元，招商引资到资6000万元，乡域各项银行存款3.6亿元。

【脱贫攻坚】 全乡289名省、州、县、乡、村干部职工组建村“尖刀班”37个。实现脱贫1323户3784人，凤凰、海龙坪、大坝、蛮界、干桩坪等5个重点贫困村出列，贫困发生率由2012年底的45.61%降至0.2%。气窝坝、茅坝、八家台等23个安置点建成，安置676户2474人，实施

活龙坪乡水坝小学校园　　王　勇　提供

危房改造261户，实现“危房不住人、人不住危房”目标。落实政策兜底保障，农村低保1522户3136人，发放低保金967.57万元。特困供养123人，发放特困供养金142万元。享受困难残疾人两项补贴1134人、发放两项补贴82万元。落实“雨露计划”1136人，发放资金284万元。落实教育扶贫政策，解决6名因残无入学就读能力儿童学习问题，义务教育辍学清零，落实教育资助政策2958人。活龙民小教学楼投入运行，晓溪小学教学楼改扩建工程、水坝小学运动场项目、新田坝小学教师周转房加快建设。全乡适龄儿童入学率、巩固率均为100%，初中巩固率98%以上，义务教育完成率100%。

推进健康扶贫“村村行”活动，组织集中体检6000余人，入户体检2000余人，累计发放各种健康处方2600余份，建立贫困户电子健康档案15792人，家庭医生签约24904人，其中贫困人口15440人。大病集中救治106人，慢病筛查1500余人。

【产业发展】 建成以安吉白叶茶为主的茶叶基地3万多亩，成园近2万亩。依托“唐崖”公共品牌，楼子庄、茶林堡、八家台3家茶叶加工厂建成投产，茶叶产业成为脱贫增收主导产业。引进油茶企业3家，带动发展油茶近2万亩，林果及林药、林蔬套种近3万亩，年出栏生猪3万余头。全乡“3万亩茶叶、3万亩林果药、3万头生猪、3000亩烟叶”的“4个三”产业规模基本形成。全年销售茶叶880吨，产值1.76亿元。种植烟叶2500亩，收购265吨，实现税收175万元，烟农收入900万元。

【乡村建设】 解决活龙、茅坝2个集镇环境卫生突出问题，完成集镇市政工程建设，建成集镇雨污分离排水管渠11.2千米，车行道路面黑色化1.7万平方米，人行道路面改造1.07万平方米，新增路灯39盏。拆除乱搭乱建、破旧建筑8处。新建临时停车场7个，停车位达400个。完成厕改1200余户，新建农村公厕9座、改造1座。实施电力项目91个，覆盖28个行政村，投资2833.7万元，新建改造10千伏线路41.3千米，新建台区45个，改造台区32个，电力保障更加到位。活大线旅游资源路、十字岭隧道及接线工程等全面推进。硬化农村公路92.5千米，“组组通”及提档升级公路115.7千米加快建设，内联外通的交通网络格局初步成型。新建铁塔2个、基站50个，基本实现4G网络全覆盖。完成农村饮水巩固提升工程和单户饮水工程，安全饮水实现全覆盖。

【基层治理】 推进扫黑除恶，营造浓厚氛围，悬挂横幅280余条，张贴公告70余张，大小型喷绘125余条，张贴二维码560余张。强化校园安全管理，撤销村级教学点3个，整改校园及周边安全隐患10处，配备保安15人，人防、物防、技防全部到位。强化安全生产，开展安全知识进校园5次、安全知识培训5次；加强道路交通、农村消防、非煤矿山、在建工程、烟花爆竹安全管控，全年未发生安全生产责任事故。排查各类矛盾纠纷121起，调处成功121起，协助村调委会化解矛盾纠纷28起；接待来信来访75人次，受理信访件21件，办结21件。

（刘　奥）

黄金洞乡

【概　况】 黄金洞乡地处咸丰西北边陲，面积215平方千米，占全县总面积8.4%，有咸丰“北大门”之称。乡域东接恩施盛家坝乡，西连咸丰小村乡，南邻咸丰清坪镇，北毗利川毛坝镇，其中东西宽约16.8千米，南北长约20.4千米，最高海拔1751米，最低海拔579米。乡政府驻地黄金洞集镇距咸丰县城58千米，距利川市府62千米，省道248、国道351纵贯全境。

据2019年农林牧渔业年报，黄金洞乡耕地面积77241.61亩，林地面积250589.55亩。乡境动植物资源丰富。重点野生植物有红豆杉科红豆杉、木兰科水青树、樟科桢楠、榆科榉树、杜仲科杜仲、木兰科厚朴、兰果树科珙桐、兰科植物、闽楠等珍稀植物群落等均有分布。重点保护动有乌梢蛇、苍鹰、红腹锦鸡、大林猫、水獭、林麝、花面狸等。矿产资源主要有煤炭、磷矿、页岩气、硝、石灰岩、大理石等，储量尚未探明。

旅游资源主要有七层洞穴大厦黄金洞、羌寨麻柳溪、苍山·茶海大沙坝。黄金洞是世界最大的七层洞穴大厦，集山、水、洞和奇、雄、绝于一体，距今有1.5亿年。麻柳溪属于休闲生态旅游区，境内溪水环抱青山，楼群相映茶园，是湖北省唯一少数民族聚居羌寨，也是全国首个有机茶叶示范基地，享有“中国中部最后的香格里拉”盛誉。苍山·茶海大沙坝景区集山、水、林、茶、屋观光体系于一体，景区内木质观光栈道，樱花滨河走廊，彩色陶瓷自行车道已成为大沙坝美丽乡村标志性景观，大沙坝美丽乡村也成为全县首批农旅融合及乡村旅游示范点。

全乡设黄金洞、向家寨、金洞司、石人坪、青岗园、大沙坝、龙家院、尧坪、巴西坝、石家坝、风背岩、冉家寨、五谷坪、泗渡坝、葫芦坝、兴隆坳、麻柳溪、水杉坪、白果树、黄家村20个行政村，148个村民小组。2019年末9485户25776人。除汉族外，有土家族、苗族、回族、满族、侗族、瑶族、羌族、傈僳族、彝族等少数民族。

乡政府机关内设党政综合办公室、经济发展办公室、社会事务办公室、综合治理办公室和人民武装部，定编44人，实际在编42人。

2019年，全乡完成工业总产值3.80亿元，其中规模以上工业企业总产值5120万元；一般公共预算收入2496万元，一般公共预算支出2725万元。财政收支基本平衡。全乡共20个“尖刀班”175人下沉到户，按照“两不愁、三保障”脱贫标准开展脱贫攻坚工作，至2019年底，留存未脱贫贫困户35户61人，实现“村出列、户销号”目标。

【基本建设】 实施水利、电力、交通、网络等基础设施建设项目68个。完成2018—2019两批共16个安全饮水项目的施工，彻底解决全乡3530户贫困户安全饮水问题。实施农村电力改造提升项目36个，新增变台14个、改造变台17个，改造升级35千伏变电站1座，解决农村低电压问题。农村公路提升项目11个，实现全乡畅通公路总里程218千米，辖区内20个行政村全部通硬化路。实施易地扶贫搬迁产业配套项目5个，其中新建茶厂3个、水稻加工厂1个。加强搬迁户后续扶持，保障搬迁户“搬得出、稳得住、能致富”。

【产业发展】 全乡以烟叶、茶叶为主导，立足原有产业，发展新兴产业，实现产业就业“全覆盖”。发展烟叶4000亩，烟叶销售375吨，销售额1147.5万元，烟叶税收254.92万元。累计发展茶叶11344亩、油茶3068亩、核桃1542亩、老鹰茶340亩、莼菜100亩、猕猴桃100亩，基本实现每户贫困户至少一人有稳定产业或就业。针对年初摸排的219户产业就业“空白户”，有劳动能力的81户已通过养殖生猪、中蜂，种植辣椒、中药材等方式落实产业；剩余无劳动能力的高龄户和残疾户，通过社会兜底和子女赡养等方式全部解决。

【生态保护】 投入48万元完成石人坪集镇美化工程，投入37万元实施黄金洞集镇环境整治，优化雨污分流系统，污水处理厂、垃圾中转站建成投入使用，“户分类、组保洁、村收集、乡转运”垃圾处理模式基本形成，农村垃圾得到有效处理。落实三级“河长制”，健全河道保洁制度，实行专人专班定时清理河道垃圾，确保唐崖河流域山青水绿保持常态。着力保护耕地和基本农田，持之以恒开展秸秆、垃圾禁烧工作，环境空气质量稳中向好。

【惠民政策】 落实生态公益林补偿 2906 户次，补偿金额 124.25 万元；落实农村低保 909 户，发放低保金 358.95 万元；落实残疾人“两项”补贴 484 人次，补贴资金 41.65 万元；发放临时救助 545 户，发放资金 58.14 万元；发放中小学生教育补贴 3116 人次，发放资金 222.95 万元；落实“雨露计划”政策 727 人次，落实资金 181.75 万元；完成危房改造 129 户，落实资金 103 万元，实现危房改造任务“清零”；落实住院报销（1—9 月）2571 人次，报销金额 969.11 万元；落实重慢病政策（1—9 月）137 人次，落实资金 72.37 万元；发放城乡居民养老保险 2451 人次，发放金额 235.59 万元。截至 2019 年底，全乡已累计组织参加创业、技能培训 2177 人次，其中创业培训 9 人、技能培训 178 人、精准扶贫扶持项目 9 人、精准扶贫技能培训 1981 人，共计发放培训补贴 27.69 万元。

【社会治理】 推广“一统三治六联”基层社会治理模式。乡综治中心成立，基层社会治理工作站实现行政村全覆盖。落实领导接访、约访、下访制度，信访渠道进一步拓宽。全乡通过网格化系统共排查出矛盾纠纷 51 起，成功调解 51 起，依照“矛盾纠纷不出村”的原则，多次入户展开“大摸排、大化解”行动。开展“3・8”妇女维权周普法宣传、“3・15”消费者权益保护日宣传、“6・25”全国土地宣传周、机关干部学法述法等专题法治宣传活动共 7 场，派发普法宣传单及宣传礼品共 6000 余份。打击违法犯罪行为，公安机关共接警 221 起，处警 221 起，对辖区内 7 类重点人员进行全面排查并落实管控措施，各类人员未出现参与刑事治安案件情况。排查安全隐患，乡安委会对全乡范围内学校、医院、商店等重点场所开展安全检查 50 余次，整改安全隐患 60 余个。

（陈睿涵）

清坪镇

【概　况】 清坪镇位于县境西北部，东与恩施市、宣恩县接壤，东南与高乐山镇，北与黄金洞乡，西与唐崖镇、小村乡接界。平均海拔 955 米，面积 305 平方千米。党镇机关驻清水塘，距县城 30 千米。

2019 年，全镇耕地 6325.8 公顷，水域面积 521.5 公顷，森林覆盖率 64.34%。境内思乡界、比西坪为两大主要山脉，主峰海拔高度分别为 1181 米、1252 米。唐崖河为境内最大河流，从东南方流入境内，境内流程 34 千米，流域面积 1.7 平方千米，多年平均流址 75 立方米 / 秒。境内探明矿产 20 余种，主要有石英砂岩、高岭土、石灰石、煤矸石、铁矿石、硅石、大理石等，集中分布在把界、艾蒿坪、柏杨坪等村组。其中高岭土储量 1000 万吨以上，大理石储量 3000 万吨以上。

全镇辖 34 个建制村，245 个村民小组，共 13459 户 47027 人，村劳动力资源 23196 人，外出从业人员 9756 人。

镇政府机关设有党政综合办公室、扶贫开发办公室、城建办、旅游新村办公室、综治办、路网办、人民武装部等机构，定编 58 人。

2019 年，全镇实现财政总收入 4102.36 万元，完成烟叶税收 372 万元，新增工业税收 146 万元，增减挂钩收益 543 万元，城乡居民人均可支配收入 11439 元。

【产业发展】 种植业按照全县“三茶一猪一果”发展思路，紧扣“四个万亩”产业布局，持续调结构、抓管护、促增收。粮食作物以稻谷、玉米、土豆、黄豆等为主，经济作物以白茶、油茶、水果、烟叶、花椒、猕猴桃等为主。全年粮食产量 26090 吨、茶叶 1656 吨，其中谷物 16653 吨、豆类 868 吨、薯类 8569 吨。柏杨坪、杨家庄、绵羊洞 3 个千亩茶叶示范基地，龙潭司、麻柳坝、团坝子 3 个千亩水果基地建成投产。全镇有23个村集体经济股份合作社通过土地托管，打包入股，采取“市场主体+基地+村集体经济+农户”模式，引进市场主体28家发展特色产业3.17万亩，带动农户7046户，实现“资源变资产、资金变股金、农民变股民”改革，农户流转土地有租金、土地入股有股金、基地务工有佣金。畜牧及养殖业，生猪出栏43589头，牛出栏2859头，羊出栏987只，家禽出笼88352羽，三文鱼养殖基地建成投产。工业，建兴石业、安塬矿业、锦程锌钢、鑫宇石业、创微微粉转型升级步伐加快，全年招商引资0.92亿元，清阳广场二期商贸开发完成前期准备工作，全年完成1500亩城乡建设用地增减挂钩项目指标，盘活资金3500万余元。旅游业，按照“两河三线四核心”布局，推进乡村旅游示范点建设，建成“龙潭千户土家、泗坝花海茶园、排丰园艺走廊”，高峰、杨家庄、茅坝子等一批美丽乡村建设进展加快。龙潭司村入选国家级少数民族特色村寨，高峰村入选湖北省乡风文明典型案例。

【基础设施建设】 完成省道249大河边—集镇路段公路沿线绿化工程，污水处理厂、烟草站综合楼、加气站等重点项目竣工投入使用，信用社综合楼、小河大桥动工建设，棕树山森林公园完成项目前期工作。投资2721万元实施安全饮水巩固提升工程，完成4549户到户管网铺设，“一管清水进农家”基本实现。投资9789.56万元实施农村电网改造项目261个，完成低电压改造76处，用电质量显著提升。投资2700万元硬化公路37条86.69千米，投资294万元建设安防工程3个。完成基站建设18个，4G网络基本全覆盖。完成危房改造330户，27个易地扶贫搬迁安置点及其附属工程全部完工，安置贫困户878户2946人。

【新农村建设】 把界大河边、龙潭司特色民居改造和村庄环境整治项目基本完工。建成标准化公厕10个，完成2747户户厕改造。污水处理厂投入运行，青岗岭垃圾处理场基本完工。高峰村、马家坪村入选2019年度省级生态村，杨家庄村、高峰村全面启动垃圾分类试点。启动集镇及重点区域禁鞭工作，大气污染得到有效防治。

【脱贫攻坚】 全镇1426户3636人脱贫，小河、灯笼寺、大石坝、杨家庄村整村出列。8个重点贫困村全部出列，5477户17716人脱贫，贫困发生率从41.2%降至0.25%，群众认可度98%。脱贫攻坚通过国家省际交叉考核和东西部协作考核、省第三方评估。

【惠民政策】 发放耕地地力补贴、退耕还林补助1148万元，发放低保金、“五保”供养金、救助金1588.46万元。投资1000万余元建成全州一流农村福利院，可容纳院民120人。

【人民武装】 实行退役军人事务管理站与武装部合署办公，强化武装工作力量，建应急排1个、保交护路连1个、工程机械排1个、普通民兵连34个。按照平时服好务、急时能应急、战时能应战，加强民兵训练和应急演练，开展入队训练、抗洪抢险等应急演练。

【法治建设】 推进“七五”普法，打造“法治文化长廊”，推广“一统三治六联”和龙潭司大坪“党小组+理事会”基层社会治理模式，推进“平安清坪”“法治清坪”创建，社会治安综合治理中心正式挂牌。做好新时代矛盾纠纷排查化解工作，全年排查矛盾纠纷121件，调处成功率97.5%。

【干部培养】 健全年轻干部培养机制，注重在重点项目、基层一线锻炼年轻干部，灵活运用“老带新、新促老”的队伍建设模式。配备村后备干部101名，村定补干部117名，采取集中授课、跟班培养、“一线”锻炼方式，强化后备干部教育培养，重点在综治、信访、民政等重要岗位跟班培养，在扶贫攻坚“一线”培养村级后备干部，确保每村有2名35岁以下重点培养对象。

【党风廉政建设】 各级党组织按照《关于新形势下党内政治生活的若干准则》要求，落实民主生活会、组织生活会和“三会一课”等制度，坚决纠正党内政治生活不正常不规范问题。在34个村设“微腐败”监督公开栏，由村纪检委员专责管护，适时更新，强化监督问效。镇党委专题研究部署党风廉政建设及反腐败工作8次，传达学习各级纪委重要会议精神15次；镇党委书记及纪委书记带头讲廉政党课，将监督关口前置。开展村干部廉政约谈，累计教育300余人次，并进行廉政知识测试，重要时间节点发送廉政短信2000余条次。开展精准扶贫工作督办检查4次，上班工作纪律、重点时间节点值班情况暗访检查2次，下发通报3期，20个（村）单位48名干部被通报批评。开展线索核查37条，核查大数据问题22条，追回违规资金30900元；运用第一种形态教育提醒干部22人，纪律审查4起，结案3起，处分3人。强化阵地建设，完成办案硬件设备“六有”建设，完善廉政宣传公开栏34个，设立监督举报信箱35个、廉政读书角35个。2019年5月21日，恩施州新时代文明实践中心暨农村新时代文明建设现场会在高峰召开。州委书记、州文明委主任柯俊，州委常委、州委宣传部部长、州文明委副主任尹达，州人大常委会副主任、鹤峰县委书记王小平，副州长、州文明委副主任高敬佩，省文明办创建协调处处长刘平安，全州县市委和政府主要负责人、宣传部部长、文明办主任及州直相关部门负责人参加现场观摩活动。同年8月7日，省政协副主席马旭明一行前往高峰调研“协商在一线”工作开展情况。州政协主席刘建平，州委常委、副州长黄璟，县领导县委书记郑东来，县委副书记李娟，县政协主席邹玉萍参加调研。

（杨雪晴）

小村乡

【概　况】 小村乡位于咸丰县西北部，地处北纬29° 5′ —30° 02′，东经108° 51′ —109° 01′。东南连本县清坪镇，西北邻利川市沙溪乡，东北界本县黄金洞乡，西南接本县唐崖镇及活龙坪乡。东西相距18千米，南北相距24千米。东南有三级沥青路与清坪镇相通，西南有四级水泥路与活龙坪乡八家台及利川市花嵌相连，东北有四级水泥路（土地溪至麻柳溪）与黄金洞乡互通。平均海拔1100米，最高海拔1500米（李子溪村天水坪），最低海拔598米（羊蹄村挖断山）。距县城60千米，面积226平方千米，辖1个社区、12个行政村、108个村民小组，共5879户21867人。土家族、苗族等少数民族占总人口85%以上。

小村乡朱家堡风雨凉桥　　李　攀　摄

小村乡有“革命红土”“文化厚土”“绿色沃土”“康养净土”之称。土地革命时期，是鄂川边根据地中心活动区，湘鄂西湘鄂川黔革命根据地重要组成部分，湖北省最早核定的全省革命老区，中共湘鄂西中央分局会议载入中国共产党历史、红二方面军战史。现存“中共湘鄂西中央分局大村会议遗址”、74烈士陵园、韦氏七雄故居、红军洞等红色纪念地。摆手舞、哭嫁歌、“女儿会”、吊脚楼、西兰卡普、打土地等，是巴楚文化、巴渝文化相互交融之结晶，获评“全国文明村镇”“全省卫生乡镇”“全国文明村”（羊蹄村）等荣誉。生态环境优良，物产丰富，属“全国环境优美乡”“湖北森林城镇”，森林覆盖率84%，珍稀植物31种，国家一级保护植物4种（红豆杉、银杏、香楠、水杉），华中地区重要“动植物基因库”承载区之一，“全国乡村旅游重点村”（小村村、大村村、土地溪村），“全国农村一、二、三产业融合发展示范行动项目单位”，“国家地理标志产品”——“红衣米花生”“鸡腿白术”产区，首批“全国农民丰收节”特色村庄（大村村）。“生命火种”硒元素农副产品产区。四季分明、春华秋实、冬暖夏凉，年平均气温18℃、降雨量1717毫米，年均日照时数1212小时，年均空气优良天数350天以上，是“全省生态家园示范乡”。

党政机关内设党政综合办公室、扶贫办公室、计划生育办公室、社会管理综合治理办公室、人民武装部等机构，在编人员43名。

2019年，全乡实现地区生产总值4.3亿元，同比增长13%；规模工业总产值2亿元，增长15%；固定资产投资1.7亿元，增长6.9%；地方公共财政预算收入3653.75万元，农民人均可支配收入11000元，金融机构存、贷款余额分别达3.51亿元、4400万元。

小村乡朱家堡鸟瞰图　　李　攀　摄

【精准扶贫】 围绕解决“两不愁三保障”突出问题，全面落实精准扶贫政策，不断提升群众生产生活水平。如期完成665户1934人减贫目标，累计脱贫2716户9757人，综合贫困率下降至0.35%，群众认可度98%以上，通过省第三方评估。协助落实58名省外就读义务教育阶段学生补助，1185名贫困儿童“两免一补”资助全部到位，发放“雨露计划”补助76.75万元。完善医疗服务体系建设，实现病有所医，全年组织1982人参加门诊特殊慢性病鉴定，115人参加残疾鉴定。改造危房600余户，易地搬迁120户，实现“人不住危房，危房不住人”目标。发挥产业化扶贫政策优势，发放到户产业扶持资金72万元，贫困户到户产业覆盖率达94%，组织开展春风行动专场招聘会，累计安排贫困户就业152人，先后组织4批110个贫困劳动力参加技能培训。

【产业振兴】 围绕生态文化旅游、茶叶、“小村红衣米花生”、“鸡腿”白术四大产业，推进产业长短结合和一、二、三产业融合发展，全力打造“一村一品”“一乡一业”的农村特色产业。小坝至中嘴堡一、二、三产业融合发展产业兴村强县示范行动项目建成达效；发展“鸡腿”白术种繁基地2000亩、“小村红衣米花生”6000亩，改造老茶园1800亩，新增绿色茶园2500亩，丰产茶园巩固提升至4.2万亩；新建村级茶厂3个，白术产业园1个，发展种养基地3家，打造农旅结合扶贫平台1家。特色产业正在全面振兴和升级，成功入选农业农村部“一村一品”示范村镇。

【项目建设】 争取县级重点项目12个，总投资近3亿元，完成投资额目标100%。投资2500万元进行公路建设，清小线二道水至集镇段完成大修，硬化村组公路35公里。投入521万元建设农村饮水安全项目14个，解决4500户安全饮水问题，集镇自来水厂建成投入使用。投资1038万元改造农村电网。集镇三期安置房、公厕、风雨桥建成投入使用。总投资440万元的乡民族中心小学新教学楼项目竣工并投入使用。土地溪村、中心场村新建党员群众服务中心建成并投入使用，新建文化广场8个，村级卫生室、文化综合服务中心，广播电视“村村响”“户户通”实现全覆盖。新建4G基站2个，4G信号覆盖率达92.8%，实现光纤通村入户。大村茶旅体验中心、集镇白术产业园等项目正在实施。

【环境治理与文明创建】 坚持绿色发展，巩固扩大“全国环境优美乡”“全国文明村镇”创建成果，全国卫生乡镇创建通过省、州验收和国家抽检。开展集镇环境综合整治，集镇文化广场、垃圾中转站、污水处理厂建成投入使用，污水管网铺设完成，台湾农民创业园实现绿化美化。开展农村“八乱”治理，进行拆旧复垦和“厕所革命”。推行“河长制”“山长制”管理，实施天然林保护和植树造林等工程。落实环境影响评价和“三同时”（建设项目中防治污染的设施，应当与主体工程同时设计、同时施工、同时投产使用）制度，开展农村环境综合治理。

抓住全县新时代文明实践中心整乡推进试点乡镇机遇，紧扣“凝聚群众、引导群众，以文化人、以文惠民”目标，加强“三风”（党风、政风、民风）建设，促进“三治”（自治、德治、法治）管理。成立新时代文明实践所1个、新时代文明实践站12个。组建党小组60个、乡风文明理事会37个、志愿者服务队37个，文艺宣传队21个，开展志愿服务156场次，文化活动30余场，“两会一队”作用显著。常态化开展“最美系列”“家庭好成员”评选活动，弘扬文明新风。

（滕树宪）

大路坝区工委

【概　况】 大路坝区位于咸丰西南边陲，地跨北纬19°46′，东经108°49′。东与本县唐崖镇小水坪村接壤；西与黔江区小南海镇相连；南与黔江区中塘乡交界；北与本县活龙坪乡二仙岩为邻；西北与黔江区沙岭乡相连；与小南海镇大路居委会、桥梁村犬牙交错。距咸丰县城70千米，距黔江区城25千米，距黔江舟白机场25千米，距黔江正阳火车站30千米。区集镇中心到国家AAAA级地震遗址保护区小南海1.5千米，距二仙岩高山湿地保护区10千米。

2019年农林牧渔业年报统计，全区年末耕地25849亩，林地104960亩。树木有160余科，520余属，900余种，古树名木50余株。名胜古迹有明代女儿寨和集镇禹王宫、万寿宫、温朝钟故居。风景名胜有小南海、汪大海、望岩寺、羊角洞、富尔溪、六井山等。下辖7个村、1个社区，40个小组；总户数2598户9853人，其中农业人口8768人。2019年地方公共财政预算收入802.01万元，其中烟叶税收入5.76万元、各项转移支付收入184.73万元、各项财政补助收入611.52万元。

区工委内设6个办事机构，即党政办、社发办、城建办、扶贫办、路网办、综治中心。至2019年12月底，共有行政编制27个，在编25人。

【脱贫攻坚】 按照全县脱贫攻坚的总体部署，聚焦“两不愁、三保障”，开展住房安全排查2670户，实施危改86户、整治房屋395户，发放扶贫贷款49户205.6万元，落实生态补偿1505户90.08万元，兑现“雨露计划”344人86万元，落实五保、低保政策1076人500.45万元，兑现差异化奖补14户2.096万元，实施易迁拆旧复垦212户91亩，硬化村组道路19.5千米，解决608人安全饮水困难，举办8期1200余人次扶贫专题培训。开展东西部协作，对接余杭仓前街道商会企业20个、落实微心愿60个，获捐环境整治、教育对口资金32万元、衣物200套。

【基础建设】 全年实施基础设施建设项目26个，累计投入1600万元。建成活大线，十字岭隧道全线贯通，集镇黑化、亮化实现全覆盖，硬化道路19.5千米，完成道路安防4.5千米。完成安全饮水项目3个，铺装管网12.7千米，解决212户608人饮水困难，启动集镇水厂扩容增效前期工作。实施农村电网改造项目14个，新建800兆通信基站1个，新开通进村光纤项目7个，新增光纤入户302户。

【环境保护】 建立村、集镇保洁市场化运营服务体系，购置垃圾清运车3辆，配备保洁员34名，实现集镇、易迁安置点、中心村、重点院落保洁全覆盖。投资650余万元，完成集镇10.5千米污水配套管网建设。投资50余万元，修建农村公厕4座、集镇公厕1座，改造农村卫生厕所706户。拆除老旧房屋448栋、废弃栏圈472栋、整治重点院落57个、整治房屋周边环境2000余户。落实河道保洁员8人，实现河道常态管护50.5千米。实施退耕还林奖补1000亩、生态效益补偿33000亩、天然林停伐效益补偿3694亩；同时聘请生态护林员27人，实施生态环境常态保护。

【惠民政策】 发放困难残疾人生活补贴301人18.96万元、重度精神病人护理补贴27人5.98万元、重度残疾人护理补贴212人25.44万元。发放养老金1464人187万元、高龄金214人12.84万元。实施临时救助380人67.47万元，兑现计生奖扶、特扶133人18万元。城乡居民社会养老保险参保3189人、居民医疗保险参保8610人，综合参保率分别达到99.2%、99.4%，贫困户参保率达到100%。发放中小学生生活补贴458人25.15万元。

大路坝万米崖壁局部　　李方庆　摄

【民主法治建设】 全年接待来信来访17件28人次，排查调处各类矛盾纠纷31起，调处办结率100%。全年无赴省进京非访、群体性非访和重要节点信访。“七五”普法教育4000人次，举办边区“法制宣传活动”2次、发放宣传手册4000余份。开展安全生产大检查8次，整改隐患112个。建成新时代文明实践站，实施村级综合文化中心项目7个，组建乡风文明理事会、乡贤联谊会、志愿者服务队各7支，评选文明卫生户、道德模范家庭、好婆婆·好儿媳221人。

（胡明佳）

人　物

先进人物

咸丰县清坪镇卫生院把界村中心卫生室医生杨芳，2019 年 5 月 17 日被省政府授予“湖北省劳动模范”荣誉称号。

咸丰县委原副书记邹炜、县委办公室干部李勇，2018 年 12 月 18 日在前往该县忠堡镇检查脱贫攻坚途中牺牲。2019 年 1 月 25 日，邹炜入选“荆楚楷模”名单。同年 4 月，湖北省总工会追授邹炜、李勇“湖北五一劳动奖章”。同年 12 月，邹炜、李勇入选由中央文明办主办、中国文明网承办的“中国好人”评选活动“中国好人榜”，类型为敬业奉献。同年 12 月 26 日，邹炜被表彰为第三届湖北省“人民满意的公务员”。

咸丰硒源巴特网络科技有限公司总经理吴辉（土家族），2019 年 9 月被国务院表彰全国民族团结进步模范个人；同年 10 月，入选由湖北省委宣传部组织评选的“荆楚楷模”10 月榜单。

咸丰县唐崖镇民族初级中学秦有余，2019 年 9 月 10 日被教育部表彰为“全国优秀教师”。

咸丰县新华油茶专业合作社农民何梅华（女，土家族），2019 年 9 月 25 日被全国绿化委员会表彰，获颁全国绿化奖章。

咸丰县土家吊脚楼营造技艺传承人万桃元（湖北省少数民族非物质文化遗产保护传承示范基地木匠），2019 年 9 月 26 日被授予“荆楚工匠”称号。

咸丰县文联专职副主席吴运辉，2019 年被湖北省人力资源和社会保障厅、湖北省文学艺术界联合会评为“全省文联系统先进工作者”。

咸丰县大路坝区蛇盘溪村村民江文平，2019 年 12 月入选第四期恩施楷模上榜人物。

百岁老人

李光安　女，生于 1917 年，现年 102 岁，朝阳寺镇水井槽村 8 组村民。

辞世人物

曾庆国　男，咸丰县黄金洞乡人，1962 年 11 月出生，1981 年 9 月参加工作，2019 年 11 月因故去世。

1981 年 9 月任咸丰县农业局技术干部、副股长；1990 年 8 月任咸丰县农业局副局长；1994 年 1 月任县农业局副局长、种子公司经理，当选县政协副主席；1995 年 5 月江苏省启东市人民政府挂职任市长助理；1996 年 6 月任咸丰县政协副主席、县农业局副局长；1997 年 3 月任咸丰县政协副主席、县农委副主任；1999 年 3 月任咸丰县政协副主席、县科技局副主任；2004 年 1 月任咸丰县人民政府副县长；2012 年 1 月任咸丰县人民政府调研员；2019 年 5 月任咸丰县人民政府正县级干部。

晏纯武 原名晏绳武，笔名止戈，县内知名文化工作者。湖北孝感人，男，1927 年 1 月生，2019 年 8 月 30 日卒于武汉，享年 92 岁。

1952 年毕业于武汉市行政干部学校，分配到武汉市硚口商业局。1955 年考入武汉师范专科学校，1958 年毕业后自愿支边到恩施，先后在恩施市报社、咸丰县教育局、咸丰县文化馆、咸丰县南剧团、咸丰县师范、咸丰第三中学、第一中学、咸丰县档案局等从事教育、文化工作 40 余年。新中国成立初期开始文学创作，并发表文章，“文化大革命”期间中断。晏纯武一生热爱自然、酷爱文学，走遍了咸丰的山山水水，创作了大批反映“非遗”文化、自然山川的诗歌、散文，并培养了大批文学爱好者。创办咸丰文化馆第一个文学刊物《野菊花》，编辑出版咸丰名人《温朝钟反正》，参与 1982 年启动的《咸丰县志》编纂工作，并担任副总编辑，获得全国县志编纂二等奖。1990 年退休后，重点研习中华诗词，先后成为州文学工作者协会、省民间文学研究会、省社会科学联合会、省诗词学会及中华诗词学会，著有《止戈吟草》诗词集及《红装素裹》散文集。

王水清 男，1930 年 2 月生于湖北省黄冈县贾庙乡下石冲村。2019 年 11 月病逝，享年 89 岁。

1949 年 4 月参加中国人民解放军，历任战士、班长、排长。1951 年选送到军政干部学校学习，毕业后调入湖北省咸丰县兵役局（县人武部）任连级助理员。1954 年加入中国共产党，1955 年授予少尉军衔，1957 年转业到清坪供销社任党支部书记、主任。1964 年调入清坪区公所工作，任财办主任、区委委员、副区长、革委会副主任。1975 年调县对外贸易局任副局长，1986 年离休。

顾必伦 男，1921 年 5 月生于四川会礼。1950 年加入中国共产党，2019 年 11 月 4 日病逝，享年 98 岁。1949 年 2 月参加工作，参加解放咸丰的战斗。新中国成立后转业到咸丰，曾就职县食品公司，小村、清坪粮管所等单位工作，享受科级待遇。

附 录

主要机构及负责人名录

中共咸丰县第十四届委员会

书记　郑东来

副书记　杨　皓　李　娟（女）

县委常委　郑东来　杨　皓　李　娟
　　　　　卢小志　梁爱民　宋爱军
　　　　　刘拥军　宋庆平　田应贵
　　　　　万玉强　张志奇　郑　颖（挂职）

中共咸丰县第十四届纪律检查委员会

县纪委书记　卢小志

副书记　梅振明　朱进友

常委　卢小志　梅振明　朱进友　秦兴会
　　　金　琳（女）　赵　伟
　　　谭长亮（2019 年 11 月—）

咸丰县监察委员会

主任　卢小志

副主任　梅振明　朱进友

委员　秦兴会　赵　伟　瞿青松
　　　谭长亮（—2019 年 11 月）
　　　向雪莉（女，2019 年 11 月—）

县委机构

中共咸丰县委办公室

主任　梁爱民

副主任　姚金阶　陈富兵（—2019 年 3 月）
　　　　田守兵（—2019 年 8 月）
　　　　朱继勇（2019 年 3 月—）
　　　　周铭波（2019 年 10 月—）

中共咸丰县委组织部

部长　宋爱军

副部长　申　艳（女）　王登艳　任兴阳

部务委员　徐美轩

中共咸丰县委宣传部

部长　宋庆平

副部长　刘时义　卢应权　田建华

文明办主任　张沛荣

中共咸丰县委统战部

部长　邓　华（女，—2019 年 7 月）
　　　田应贵（2019 年 8 月—）

副部长　颜克新

副部长、县台办主任　朱　林

副部长、县工商联党组书记　何　标

县台办副主任　陆玉霞（女）

中共咸丰县委政法委

书记　刘拥军

副书记　吴国会　卢建华　邓永刚

政法委政治处主任　罗　辉

中共咸丰县委巡察办
主任　方思伟
副主任　熊国君

中共咸丰县委党校（县行政学校）
县委党校校长　宋爱军
县行政学校校长　王　兵
常务副校长　吴全胜
副校长　祁　斌　龚　华
　　　　黄　赟（2019 年 3 月—）

中共咸丰县委县直机关工委
书记　宋爱军
副书记　申　艳（女）王登艳　任兴阳

咸丰县信访局
局长　刘　进
副局长　游　艺
信访督查专员　李建红

咸丰县档案局（2019 年 3 月止）
局长　刘小燕（女）
副局长　秦雪松　张选君　舒秀容（女）

咸丰县档案馆（2019 年 3 月起）
馆长　刘小燕（女）
副馆长　秦雪松　张选君　舒秀容（女）

咸丰县第十八届人民代表大会常务委员会
主任　欧阳开平
副主任　蔡红萍（女）张建清　邓启胜
　　　　曾永国　邓　华（女）谭　皓
调研员　钱绪政

县人大常委会机构

民族法制委员会
主任委员　吴雪丰
副主任委员　何朝建
委员（按姓名笔画排列）邓梦岳　田　甜
　　　　温一库

财政经济委员会
主任委员　蔡吉星
副主任委员　贺桂生
委员（按姓名笔画排列）白　斌　吴秀静

办公室
主任　华学中
副主任　邢　军
　　　　金玉英（女，—2019 年 7 月）
　　　　陈学军（2019 年 9 月—）
信访室主任　徐晓庆（女）

预算工委
主任　蔡吉星

代表和人事任免工委
主任　廖建成

内务司法工委
主任　李值权

农业农村工委
主任　张万红

教科文卫工委
主任　肖　凯
副主任　向　烜

城乡建设与环境资源保护工委
主任　贺桂生

咸丰县第十八届人民政府

县长　杨　皓（苗族）
副县长　宋庆平　郑　颖　李好文
　　黄光英（女）　杨志高　熊海淞
　　连　庆（挂职）　李红斌（挂职）

湖北咸丰工业园区
党工委书记、管委会主任　张政祥
党工委副书记、管委会副主任　覃章坤
党委委员、纪委书记　孙学民
党工委委员、管委会副主任　何万友
党工委委员　凌　勇

湖北恩施唐崖土司城遗址管理处
县人民政府党组成员、遗址管理处党工委书记、主任　白　斌
遗址管理处党工委副书记、常务副主任
　张铁军
遗址管理处党工委委员、副主任
　王明松　曾晓钰（女）
遗址管理处副主任　何继明

咸丰县人民政府办公室
主任　袁明江
副主任　朱章耀　刘　丰
　　杨　武（2019 年 3 月—）
　　熊　刚（2019 年 4 月—）
　　袁志会（2019 年 8 月—）
金融办主任　朱　峰

咸丰县发改局
党组书记、局长　赵中美
党组成员、副局长　张泽安　杨秀斌　朱述凯
党组成员、铁路办主任　胡　宏
党组成员、重点办主任　梁本宇

咸丰县财政局
党组书记、局长
　李彩英（女，—2019 年 3 月）
党组副书记、副局长
　金　韬（2019 年 4 月—）
党组成员、副局长
　朱远军　熊　刚（—2019 年 4 月）
　朱胜宏（2019 年 4 月—）
副局长　乐正和
党组成员、国资局副局长　邢　国
党组成员、总会计师　聂希来

咸丰县审计局
党组书记　冉从胜
局长　曾令军
党组成员、总会计师　舒建华
党组成员、副局长　朱世洪
党组成员、经济责任审计局局长　杨　琼（女）
副局长　唐　宇

咸丰县公安局
党委书记、局长　熊海淞
党委委员、纪检组组长　刘红雁
党委委员、副政委　雷　震
党委委员、副局长　向洪峰　张　忍
　　辛　强

咸丰县司法局
党组书记、局长　吴锦福
党组成员、副局长　朱承军　王　标
　　邢祖贵

咸丰县扶贫开发办公室
党组书记、主任　罗明午
党组成员、副主任
　魏　荣（女）　陈东平
　陈小忠（余杭区挂职）

江淑峰（2019 年 10 月鄂州对口支援挂职）

咸丰县自然资源和规划局
党组书记、局长　王　辉
党组成员、副局长、总工程师　杨业训
党组成员、副局长　朱世斌
党组成员　刘　明
总规划师　刘艺飚
地质灾害防治监测中心主任　刘凡明
国有土地储备发展中心主任　刘云国
不动产登记中心主任　叶　青

咸丰县水利局
党组书记、局长　杨纯耀
党组成员、副局长　吴贵年　刘学森
党组成员、总工程师　邵　斌
党组成员、县防汛抗旱指挥部办公室常务副主任　莫代雄
副局长　姜尚静

恩施州生态环境局咸丰县分局
局长　吴胜文
副局长　姚成美
总工程师　李　坤

咸丰县统计局
党组书记、局长　杨凤琼（女）
党组成员、副局长　朱琼华　牟　军
总统计师　吴　远

咸丰县人力资源和社会保障局
党组书记、局长　刘忠赤
党组成员、副局长　廖以伦　张鹤翔
李　新　袁宏凯
党组成员、总会计师　安　铭
党组成员、社保局局长　王昆明

咸丰县民政局
党组书记、局长　梅中高
党组成员、副局长　宋剑锋　洪　明

咸丰县应急管理局
党组书记、局长　秦绍国（2019 年 3 月止）
刘爱民（2019 年 3 月任）
党组成员、副局长
袁建民　郑　伟　吕瑞红
秦忠前（2019 年 3 月任）
党组成员、总工程师、安委会办公室专职副主任　孔晓丰

咸丰县市场监督管理局
党组书记、局长　周　宁（2019 年 7 月止）
李高峰（2019 年 8 月任）
党组成员、副局长　余文志　冷国辉
杨卫国　徐　翔
李建美

咸丰县住房和城乡建设局
党组书记、局长　严　凯
党组成员、规划局局长、测绘地理信息局局长　毕　华（女，2019 年 3 月止）
党组成员、副局长
涂绍舜 （2019 年 11 月止） 覃云华
王遇春
党组成员、人防办主任
李全友（州住建委挂职）
党组成员、总工程师　戴忠毅
副局长　李迎双（2019 年 6 月挂职）
蒋　钊（2019 年 6 月挂职）

咸丰县城市管理执法局
局长　杨习武
副局长　蒲元浩　陈林刚

咸丰县卫生健康局

党组书记、局长　陈学军

党组成员、副局长　张　晟　舒　平　黄健碧

党组成员、医改办主任　杨劲松

咸丰县科学技术和经济信息化局

党组书记、局长

凌　勇（2019年7月止）

谭应和（2019年3月任党组书记，7月任局长）

党组成员、副局长　蓝坤山（2019年7月止）

袁　焯（2019年7月止）

候江陵（2019年8月任）

田　双（2019年8月任）

总工程师　杨扶承（2019年8月任）

党组成员　韩红艳（女）

党组成员　贸促会主任　罗安宁

咸丰县交通运输局

党组书记、局长　申金桥

党组成员、副局长　蒲宣融

总工程师　余美蓉

党组成员、县公路管理局局长　鲁邦国

党组成员、县高速公路建设管理办公室主任、县道路运输管理所所长　李军成

咸丰县文化和旅游局

党组书记、局长　谈文才

党组成员、副局长　杨　捷　张　昕

蒋红艳（女）

党组成员、总工程师　满　静（女）

党组成员、县文联专职副主席　吴运辉

党组成员、县旅游发展中心主任　吴大力

党组成员、县南剧艺术传承保护中心主任　李爱民

咸丰县农业农村局

县委农办主任、局党组书记、局长　易能干（2019年3月任）

党组成员、县农村经济管理局局长　杨逢斌

党组成员、副局长　兰　君　吴正华

李　岸　尹　凯

党组成员、县硒资源管理局局长　官明亚

党组成员　陈　露　陈　红

咸丰县政务服务和大数据管理局

党组书记、局长　程　华（2019年3月—）

党组成员、副局长

李　忠（2019年3月—）

冉　琴（女，2019年3月—）

咸丰县机关事务服务中心

主任　汪　荣（女）

副主任　向万松　邓亚玲（女）

咸丰县公共资源交易中心

主任　毕　华（女，2019年3月—）

副主任　张延红（2019年3月任）

陈红兵（2019年3月—）

咸丰县林业局

局长　肖　铭

副局长　田昌海　祝仲贤（—2019年3月）

陈玉龙（2019年3月—）

党组成员、总工程师　刘　欣

党组成员、森林公安局局长　刘仕凯

咸丰县农经管理局

局长　杨逢斌

副局长　卢　亚　杨秀堂

总经济师　金　辉

咸丰县公路管理局
局长　鲁邦国
副局长　田茂权　李先斌　肖立明

咸丰县融媒体中心（2019 年 3 月成立）
主任　李相明
总编辑　袁　凌
副主任　卢发军　李兴平
总工程师　孙东进

咸丰县供销合作社联合社
主任　赵　俊
副主任　罗名贵（女）　龚　斌　杨　惠
监事会主任　钟志咏

政协咸丰县委员会
主席　邹玉萍（女）
副主席　谭　锐（—2019 年 2 月）　黎生华
李方胜　徐子轩　刘玉学
秘书长　严兴权

县政协机构
办公室
主任　严兴权
副主任　杨平章　秦　奎

提案委员会
主任　王进发

经济人口资源环境委员会
主任　冉学良

学习宣传文史资料委员会
主任　张大东

民族法制社会联谊委员会
主任　杨胜祥

科教文卫体委员会
主任　刘小燕（2019.4—）

政协委员工作委员会
主任　杨　斌

咸丰县人民法院
党组书记、院长　佘　华
党组副书记、副院长　刘光辉
党组成员、副院长　杨胜昔
党组成员、执行局长　熊邦杰
党组成员、政治处主任　李　伟
审委会专职委员　刘燕君

咸丰县人民检察院
党组书记、检察长　李美福
党组成员、纪检组组长　官　政
党组成员、副检察长　瞿万兵　杨　诚
廖学军
党组成员、政治部主任　钱　林

群众团体

咸丰县总工会
主席　田应贵
党组书记、常务副主席　邓梦岳
党组成员、副主席　秦永丹
党组成员、经审委主任　李迎双（女）

共青团咸丰县委
书记　胡道成

咸丰县妇女联合会
党组书记、主席　舒　莉（女）
党组成员、副主席　田秀荣（女）
党组成员，妇儿工委办副主任　罗国琼（女）

咸丰县科学技术协会
主席 刘延启
副主席 周安明 阮红飞（女，挂职）
蔡宏涛（挂职） 李红明（挂职）

咸丰县工商业联合会
主席 汪玉明
党组书记 何 标
副主席 侯江陵（—2019 年 8 月）
冉启胜（2019 年 8 月—）

咸丰县残疾人联合会
党组书记、理事长 王 敏（女）
党组成员、副理事长 何华伦
党组成员、兼任办公室主任 李春明

驻咸垂直管理机构

国家税务总局咸丰县税务局
党委书记、局长 苏书亭
党委委员、副局长 万方前 周光远
李 拥（女） 唐安辉
秦 岭 左明禹
杨 猛 扶振华
党委委员、纪检组组长 张新伍

中国人民银行咸丰县支行
党组书记、行长 岳恒皓
党组成员、副行长 李宗倚 邵 鑫
党组成员、纪检组组长 李 捷

咸丰县银监办
主任 陈志斌
副主任 张向东

中国农业银行咸丰县支行
行长 黄华明
副行长 张震宇（—2019 年 6 月）
罗明章（2019 年 4 月—）
纪委书记 卢再平

中国建设银行咸丰县支行
行长 周世勇
副行长 唐志明 刘 薇

中国工商银行咸丰县支行
行长 向玉祥
副行长 龙艳平 戴明军

咸丰县农村商业银行
董事长 刘志会
行长 谭定勇
监事长 龚文军
副行长 严开明 邹 慷

中国邮政储蓄银行股份有限公司咸丰县支行
行长 陆峻峰
副行长 吴德彪

湖北银行咸丰支行
行长 陈明鸣
副行长 覃发裕

恩施兴福村镇银行咸丰支行
行长 谭 卫
副行长 钱值美 冉 军（2019 年 4 月—）

恩施州住房公积金中心咸丰办事处
主任 胡正华
副主任 童红梅（女）

咸丰县气象局
党组书记、局长 袁宏卫
党组成员、副局长 杜耀奎 李 鑫

咸丰县烟草专卖局（营销部）
党组书记、局长（经理） 税 勤
党组成员、纪检组长、副局长（副经理） 田 华
党组成员、副局长（副经理） 谢 勇
副局长 谭云桥（挂职）

咸丰县烟叶分公司
党组书记、经理 魏国胜（2019年8月止）
党组成员、副经理
刘昌华（2019年9月起主持工作）
洪建权 童代伍
班子成员 李满良

中国移动通信集团湖北有限公司咸丰分公司
经理 刘学正
副总经理 李秀宇

中国联合网络通信有限公司咸丰县分公司
总经理 邱 彦
综合支撑中心经理 李春艳（女）

中国电信股份有限公司咸丰分公司
总经理 雷 波
副总经理 何恩华 尹成刚 龚志祥

咸丰县邮政分公司
党总支书记、副总经理（主持工作） 汪 强
副总经理、工会主席 冯宗宪

中国石化销售股份有限公司湖北恩施咸丰石油分公司
经理 周文彬
副经理 向学琴

国网湖北省电力有限公司咸丰县供电公司
党委副书记、总经理
潘宗俊（—2019年9月）
贾宏飞（2019年9月—）
党委书记、副总经理 冉荣华
党委委员、纪委书记、工会主席
田 丰（—2019年3月）
夏 强（2019年3月—）
党委委员、副总经理
朱占春（—2019年3月）
杨 东（2019年3月—）

国电恩施水电开发有限公司咸丰县管理处
经理 田永祥
副经理、工会主席 何越飞
副经理 陈俊才

湖北咸丰朝阳寺电业有限责任公司
专职董事、支部书记 田永祥
总经理 陈桂森
副总经理、总工程师 秦忠志
副总经理、总会计师 谭明怡
副总经理 王明照

乡镇

高乐山镇
党委书记 尹健康（2019年10月—，兼任社会治安综治中心主任）
党委副书记、镇长 张宏武
党委副书记 沈 鹏
党委副书记、综治办主任
李顺治（2019年10月综治办主任免）
镇人大主席 胡 琼
党委委员、纪委书记 杨 亮
党委委员、武装部部长 魏永东
党委委员、副镇长 田珂全
党委宣传统战委员、副镇长 余红文
党委组织委员 王 莉
副镇长 王 雷

综治中心专职副主任
谭克锋（2019 年 10 月—）

忠堡镇
党委书记 李成舟（2019 年 10 月—，兼任社会治安综治中心主任）
党委副书记、镇长 罗朝远
镇人大主席 秦洪波
党委副书记 冉小红
党委副书记、综治办主任
龙朝权（2019 年 10 月综治办主任免）
纪委书记 刘 婧
党委组织委员 罗良彩
党委宣传统战委员、副镇长 刘延阶
党委委员、副镇长 卢瑞超
党委委员、武装部部长 张武华
综治中心专职副主任
谢迪斯（2019 年 10 月—）

曲江镇
党委书记 严克远（2019 年 10 月—，兼任社会治安综治中心主任）
党委副书记、镇长 刘兴华
镇人大主席 彭 建
党委副书记 周 军
党委副书记、综治办主任
郭 迅（2019 年 10 月综治办主任免）
党委委员、纪委书记 袁红艳（女）
党委组织委员 向 超
党委宣传统战委员、副镇长 马 辉
党委委员、副镇长 严武泉
党委委员、武装部部长 肖 锋
副镇长 何世凯
综治中心专职副主任
邢 昊（2019 年 10 月—）

坪坝营镇
党委书记 赵红敏（2019 年 10 月—，兼任社会治安综治中心主任）
党委副书记、镇长 彭明舟
人大主席 龚良双
党委副书记 杨念文
党委副书记、综治办主任
蒯 剑（2019 年 10 月综治办主任免）
党委委员、纪委书记 龙朝举
党委组织委员 胡 玲（女）
党委宣传、统战委员、副镇长 朱 军
党委委员、武装部部长 龚吉云
党委委员、副镇长 牟 锋
党委委员、副镇长
曾凡贵（—2019 年 10 月）
党委委员、副镇长
李 周（2019 年 10 月—）
副镇长 李建宇
综治中心副主任 向 琦（2019 年 10 月—）

朝阳寺镇
党委书记 孟 奎（2019 年 10 月—，兼任社会治安综治中心主任）
党委副书记、镇长 曾胜阳
党委副书记 尹 辉
党委副书记、综治办主任
刘少峰（2019 年 10 月综治办主任免）
党委委员、纪委书记 覃 鄂
人大主席 吴远芳
党委组织委员 田长斌
党委委员、武装部部长 王 锐
党委宣传统战委员、副镇长 刘红敏
党委委员、副镇长 姚胜斌
综治中心副主任 龙 易（2019 年 10 月—）

唐崖镇
党委书记　蔡　玲（2019年10月—，兼任
社会治安综治中心主任）
党委副书记、镇长　张　进
镇人大主席　王梓铭
党委副书记、综治办主任
姚再鹏（2019年10月综治办主任免）
党委副书记　何继国
党委委员、纪委书记　严　弟
党委宣传、统战委员、副镇长　徐　奔
党委组织委员　李　兵
党委委员、副镇长　李　明
党委委员、武装部部长　宋章伟
党委委员、副镇长　林　晨
综治中心副主任　杨元泉（2019年10月—）

活龙坪乡
党委书记　谭　皓（2019年10月—，兼任
社会治安综治中心主任）
党委副书记、乡长　刘　平
人大主席　蒋祥名
党委副书记　冉孝文
党委副书记、综治办主任
任　贵（2019年10月综治办主任免）
党委委员、纪委书记　黄　涛
党委委员、武装部部长　杨昌美
党委组织委员　覃　丰
党委宣传委员、统战委员、副乡长
张立红（—2019年6月）
何　浩（2019年6月—）
党委委员、副乡长　罗　宇
综治中心副主任　刘　喆（2019年10月—）

黄金洞乡
党委书记　何　祥（2019年10月—，兼任
社会治安综治中心主任）
党委副书记、乡长　杨万明
党委副书记　温一庠
党委副书记、综治办主任
黄　燕（2019年10月综治办主任免）
人大主席　张祖芳
党委纪委书记　覃钰铭
党委组织委员　冉　漂
党委宣传统战委员、副乡长　吴春梅
党委委员、武装部部长、副乡长　秦　魁
党委委员、副乡长　孙　晖
综治中心副主任　于绍海（2019年10月—）

清坪镇
党委书记　杨　俊（2019年10月—，兼任
社会治安综治中心主任）
党委副书记、镇长　杨建平
人大主席　姚　勇
党委副书记、综治办主任
任元志（2019年10月综治办主任免）
党委委员、副书记　田大平
党委委员、纪委书记　谢　睿
党委委员、武装部部长　朱家军
党委委员、副镇长　秦华松
党委组织委员　聂　蓉（女）
党委宣传统战委员、副镇长　徐培胜
综治中心副主任　张建斌（2019年10月—）

小村乡
党委书记　田　毅（2019年10月—，兼任
社会治安综治中心主任）
党委副书记、乡长　吴　娟（女）
人大主席　雷　舯
党委副书记　黄项昌
党委副书记、综治办主任
杨　强（2019年10月综治办主任免）
党委委员、纪委书记　莫文艺

党委组织委员　贺方亮

党委委员、武装部部长、副乡长　伍　非

党委宣传、统战委员、副乡长　卢　玮（女）

党委委员、副乡长　邹敬忠

综治中心副主任　张天柱（2019年10月—）

大路坝区工委

工委书记

袁志会（—2019年8月）

田守兵（2019年8月任书记；2019年10月—，兼任社会治安综治中心主任）

工委副书记、主任　冉启胜（—2019年8月）

甘　露（2019年10月—）

工委副书记　杨军才

工委副书记、综治办主任

元洪波（2019年10月综治办主任免）

工委纪委书记　冉　攀

工委人大联络处主任　杨奇军

工委组织委员　李　赟

工委宣传统战委员、副主任　肖　明

工委副主任、武装部长　莫　群

区工委副主任　杨昌学

工委综治中心副主任

周鹏程（2019年10月—）

统计资料

县（市、区）国民经济和社会发展基本情况年报表

表2

序号	指　标	单位	2018年	2019年
1	土地面积	平方千米	2550	2550
2	常住人口	万人	30.96	31.14
3	城镇人口	万人	13.25	13.64
4	乡村人口	万人	17.71	17.5
5	年底总人口	万人	38.56	38.54
6	出生人口	人	3682	3606
7	死亡人口	人	2467	2466
8	年底总户数	万户	14.4	14.37
9	地区生产总值	亿元	83.49	96.18
10	第一产业	亿元	17.29	19.67
11	第二产业	亿元	24.06	16.38
12	#工业	亿元	19.56	9.55
13	第三产业	亿元	42.14	60.13
14	人均地区生产总值	元	27038	30976
15	地区生产总值指数	上年=100	104.80	107.0
16	第一产业	上年=100	103.00	103.10
17	第二产业	上年=100	99.90	106.40
18	#工业	上年=100	102.80	107.20
19	第三产业	上年=100	108.60	108.60
20	人均地区生产总值指数	上年=100	—	—
21	城镇登记失业率	%	0.41	0.64
22	城镇单位就业人员平均工资	元	74256	91319.00
23	固定资产投资（不含农户）	亿元	—	—
24	#房地产开发	亿元	—	—

续表 2

序号	指 标	单位	2018 年	2019 年
25	商品房销售额	亿元	5.8	9.15
26	# 住宅	亿元	4.75	8.62
27	商品房销售面积	万平方米	17.3	21.07
28	# 住宅	万平方米	14.56	19.71
29	财政总收入	亿元	7.86	8.13
30	公共财政预算收入	亿元	4.61	4.73
31	# 税收收入	亿元	3.65	3.52
32	公共财政预算支出	亿元	35.72	41.99
33	农村常住居民人均可支配收入	元	10390	11476
34	农民人均消费支出	元	8691	9758
35	城镇居民人均可支配收入	元	27056	29588
36	城镇居民人均消费支出	元	19612	21797
37	农村人均住房面积	平方米	—	—
38	城镇人均住房建筑面积	平方米	—	—
39	乡村户数	万户	8.34	8.27
40	常用耕地面积	千公顷	28.64	47.65
41	农业机械总动力	万千瓦	29.03	29.87
42	化肥使用量（折纯量）	万吨	3.67	3.51
43	农村用电量	亿千瓦时	0.49	0.51
44	有效灌溉面积	千公顷	7.8	12.12
45	农作物总播种面积	千公顷	95.62	—
46	# 粮食作物	千公顷	46.17	45.44
47	粮食产量	万吨	20.06	20.14
48	棉花产量	吨	0	0
49	油料产量	万吨	1.31	1.96
50	水产品产量	吨	52	27
51	规模以上工业企业单位数	个	36	23
52	工业总产值	亿元	12.17	11.16
53	# 轻工业	亿元	—	—
54	重工业	亿元	—	—
55	农产品加工业产值	亿元	5.65	4.62
56	高新技术产业增加值	亿元	0.49	0.23
57	建筑业总产值	亿元	13.42	14.77
58	房屋建筑施工面积	万平方米	121.99	94.76
59	房屋建筑竣工面积	万平方米	46.65	64.65
60	公路里程	千米	3328.81	4023
61	# 等级公路	千米	3328.81	4023
62	车辆登记数	辆	9780.00	9979.00
63	邮政业务总量	亿元	0.41	5090
64	电信业务总量	亿元	2.35	2.2
65	固定电话用户	万户	10.01	2.43
66	移动电话用户	万户	31.02	32.42
67	互联网宽带接入用户数	万户	10.21	13.29
68	社会消费品零售总额	亿元	50.11	55.53
69	批发和零售业商品销售额	亿元	50.7	—
70	住宿和餐饮业营业额	亿元	5.24	6.10
71	外商直接投资实际使用额	万美元	778	1322

续表 2

序号	指 标	单位	2018 年	2019 年
72	招商引资总额	亿元	52.2	45
73	金融机构本外币存款	亿元	115.17	127.10
74	金融机构本外币贷款	亿元	69.48	80.37
75	在园儿童数	人	11165	10661
76	普通小学在校学生数	人	24497	22334
77	普通中学在校学生数	人	15828	23331
78	公共图书馆	个	1	1
79	卫生机构数	个	373	362
80	卫生机构床位数	张	2101	2298
81	卫生机构人员数	人	736	1701
82	社会保险参保率	%	100	100
83	工业用电量	亿千瓦时	1.03	1.06
84	单位 GDP 能耗降低率	%	3.36	3.52
85	生产安全事故起数	起	7	8
86	生产安全事故死亡人数	人	10	8

咸丰县经济社会发展主要指标一览表

表 3

指标	单位	2000 年	2005 年	2010 年	2015 年	2016 年	2017 年	2018 年	2019 年
常住人口	万人	33.48	30.91	30.77	30.48	30.66	30.8	30.96	31.14
年底总人口	万人	35.48	36.15	38.00	38.57	38.73	38.51	38.56	38.54
年底总户数	万户	9.21	11.65	13.34	14.43	15.33	14.39	14.4	14.37
地区生产总值	亿元	12.61	16.13	34.82	66.20	73.2	79.2	83.49	96.18
第一产业	亿元	6.09	8.25	12.02	14.90	16.8	17.68	17.29	19.67
第二产业	亿元	3.54	2.57	8.23	21.00	22.76	23.89	24.06	—
# 工业	亿元	19.60	2.06	6.56	16.24	17.47	18.83	19.56	—
第三产业	亿元	2.98	5.31	14.57	30.31	33.64	37.66	42.14	60.13
人均地区生产总值	元	3564	4462	114	21742	23946	25783	27038	30976
固定资产投资（不含农户）	亿元	3.64	8.17	18.17	57.47	62.88	74.5	—	—
# 房地产开发	亿元	0.07	0.91	0.73	6.99	6.06	7.59	—	—
财政总收入	亿元	0.96	1.63	3.36	6.14	6.66	7.64	7.86	8.13
公共财政预算收入	亿元	0.66	0.59	1.51	3.68	3.95	4.29	4.61	4.73
# 税收收入	亿元	0.56	0.49	1.16	2.65	2.85	3.13	3.65	3.52
公共财政预算支出	亿元	1.16	2.98	11.48	23.60	35.35	30.14	35.72	41.99
农民常住居民人均可支配收入	元	1492	1618	3246	7856	8613	9475	10390	11476
农民人均消费支出	元	1294	1371	2761	6235	7003	7798	8691	9758
城镇常住居民人均可支配收入	元	4500	6886	10655	20775	22844	24999	27056	29588
城镇居民人均消费支出	元	4993	5891	8540	14300	16086	17678	19612	21797
农村人均住房面积	平方米	31.10	30.40	34.53	42.30	42.9	43	—	—
城镇人均住房建筑面积	平方米	14.50	15.20	27.68	41.80	42.3	42.4	—	—
乡村户数	万户	9.52	9.33	9.68	8.90	8.34	8.34	8.34	8.27
常用耕地面积	千公顷	22.76	22.70	23.06	27.78	28.83	28.64	28.64	47.65
农业机械总动力	万千瓦	4.86	7.46	16.82	25.88	25.9	28.68	29.03	29.87
化肥使用量（折纯量）	万吨	0.56	1.48	2.32	3.70	3.33	3.68	3.67	3.51
农村用电量	亿千瓦时	0.09	0.15	0.29	0.48	0.57	0.48	0.49	0.51
有效灌溉面积	千公顷	7.49	7.42	7.90	7.35	7.85	7.8	7.8	12.12
粮食产量	万吨	17.63	16.30	19.01	23.61	21.04	21.61	20.06	20.14

续表 3

指标	单位	2000 年	2005 年	2010 年	2015 年	2016 年	2017 年	2018 年	2019 年
棉花产量	吨	0.0	0.0	0.0	0.00	0	0	0	0
油料产量	万吨	0.13	0.73	0.98	1.76	1.85	2.05	1.31	1.96
水产品产量	吨	440	498	266	306.00	112	103	52	27
规模以上工业企业单位数	个	13	21	59	66	70	70	36	23
工业总产值	亿元	2.87	2.53	11.71	67.22	72.69	34.2	12.17	11.16
# 轻工业	亿元	1.56	0.74	6.19	38.76	32.37	18.8	—	—
重工业	亿元	1.31	1.79	5.52	28.46	40.32	15.4	—	—
农产品加工业产值	亿元	3.37	3.64	4.61	26.91	29.2	16.1	5.65	4.62
高新技术产业增加值	亿元	0.00	0.00	0.00	0.57	1.09	0.47	0.49	0.23
建筑业总产值	亿元	0.36	0.73	4.19	13.90	16.4	17.3	13.42	14.77
房屋建筑施工面积	万平方米	11.74	7.59	34.06	66.60	79.2	94.4	121.99	94.76
房屋建筑竣工面积	万平方米	6.50	3.69	22.08	61.31	66.95	66.04	46.65	64.65
公路里程	千米	13	2041	2639	2691	2710.5	2795.48	3328.81	4023
# 等级公路	千米	95	356	1756	2163	2173.8	2795.48	3328.81	4023
车辆登记数	辆	4779	14823	4380	64311	69936	69936	9780	9979
邮政业务总量	亿元	0.15	0.49	0.15	0.33	0.38	0.42	0.41	0.51
电信业务总量	亿元	0.09	0.11	1.12	2.05	1.96	2.29	2.35	2.2
固定电话用户	万户	0.80	1.75	4.49	2.55	3.43	9.35	10.01	2.43
移动电话用户	万户	—	9.80	18.44	32.56	21.34	31.5	31.02	32.42
互联网宽带接入用户数	万户	—	0.24	0.35	5.45	8	8.98	10.21	13.29
社会消费品零售总额	亿元	3.68	4.80	12.37	36.22	40.75	45.28	50.11	55.53
批发和零售业商品销售额	亿元	1.98	4.20	11.30	32.95	37.12	37.12	50.7	—
住宿和餐饮业营业额	亿元	0.56	0.56	1.07	3.27	3.63	3.63	5.24	6.10
外商直接投资实际使用额	万美元	—	51.60	180.00	565.00	553	726	778	0.00
招商引资总额	亿元	—	4.20	5.63	29.30	35.3	39.6	52.2	45
金融机构本外币存款	亿元	4.09	9.74	33.52	83.18	92.63	109	115.17	126
金融机构本外币贷款	亿元	5.93	5.67	14.53	34.87	42.63	57.34	69.48	80.37
在园儿童数	人	6000	9996	10432	11667	11607	7474	11165	10661
普通小学在校学生数	人	35169	29757	23526	26884	27653	24901	24497	22334
普通中学在校学生数	人	18831	21684	20370	15026	15311	18969	15828	23331
公共图书馆	个	1	1	1	1	1	1	1	1
卫生机构数	个	11	37	377	298	370	367	373	362
卫生机构床位数	张	561	551	1076	1985	2118	2141	2101	2298
卫生机构人员数	人	409	953	2088	1485	1502	1498	736	1701
工业用电量	亿千瓦时	0.00	0.28	0.74	0.91	0.92	1.12	1.03	1.06
单位 GDP 能耗降低率	%	—	—	5.51	5.34	5.78	3.05	3.36	3.52

说明：农民人均消费支出、城镇居民人均可支配收入、城镇居民人均消费支出，农民人均纯收入 2014 年起更正为农村常住居民人均可支配收入，由于国家统计口径变化，数据修正